DEBERÍAS HABLAR CON ALGUIEN

Lori Gottlieb es psicóloga clínica, licenciada en lengua y cultura y una de las autoras más valoradas y mejor posicionadas en literatura de no ficción. *Deberías hablar con alguien* es su título más aclamado. Además de su práctica clínica, Lori Gottlieb escribe una columna semanal, «Querido terapeuta», para la publicación *Atlantic* y colabora regularmente con *New York Times* y otras publicaciones. Ha escrito cientos de artículos sobre piscología y cultura, muchos de los cuales se han hecho virales, es copresentadora de un pódcast y es una de las expertas en relaciones matrimoniales y *parenting* más solicitadas por los medios.

Nube de tags
Mente – Psicología – Terapia
Código BIC: YF | Código BISAC: JUV000000
Diseño de cubierta: Opalworks

LORI GOTTLIEB

DEBERÍAS HABLAR CON ALGUIEN

UNA PSICÓLOGA, SU TERAPEUTA
Y UN VIAJE REVELADOR
POR EL ALMA HUMANA

Argentina – Chile – Colombia – España
Estados Unidos – México – Perú – Uruguay

Título original: *Maybe You Should Talk to Someone –*
A Therapist, Her Therapist, and Our Lives Revealed
Editor original: Houghton Mifflin Harcourt Publishing Company,
Boston, New York
Traducción: Victoria Simó Perales

1.ª edición en **books4pocket** Julio 2024

Copyright © 2019 *by* Lori Gottlieb
Illustrations copyright página 62 by Arthur Mont
Emojis página 70: Shutterstock
Published by special arrangement with Houghton Mifflin Harcourt Publishing
Company
All Rights Reserved
© 2021 de la traducción *by* Victoria Simó Perales
© 2024 *by* Urano World Spain, S.A.U.
Plaza de los Reyes Magos, 8, piso 1.º C y D – 28007 Madrid
www.edicionesurano.com

ISBN: 978-84-19130-27-3
E-ISBN: 978-84-17780-71-5
Depósito legal: M-12.533-2024

Fotocomposición: Urano World Spain, S.A.U.

Impreso por Novoprint, S.A. – Energía 53 – Sant Andreu de la Barca (Barcelona)

Impreso en España – *Printed in Spain*

Proponemos que la felicidad se clasifique como un trastorno psiquiátrico y se incluya en los principales manuales de diagnóstico bajo un nuevo nombre: trastorno afectivo mayor de tipo placentero. Una revisión de la literatura relevante demuestra que la felicidad es estadísticamente anormal, consiste en un grupo discreto de síntomas, se asocia con una serie de anomalías cognitivas y con toda probabilidad refleja un funcionamiento irregular del sistema nervioso central. Se debe tener en cuenta una posible objeción a esta propuesta: la sociedad no valora negativamente la felicidad. Esta objeción, sin embargo, puede desestimarse por ser científicamente irrelevante.

RICHARD BENTALL

JOURNAL OF MEDICAL ETHICS, 1992

El eminente psiquiatra Carl Jung dijo: «Las personas son capaces de cualquier cosa, por absurda que sea, con tal de no mirar de frente su propia alma».

Pero también afirmó:
«El que mira hacia dentro, despierta».

NOTA DE LA AUTORA

Este libro plantea una pregunta: «¿cómo se produce el cambio?», y responde diciendo: «a través de la relación con los demás». La relación de la que hablo en estas páginas, entre terapeutas y pacientes, requiere de una confianza sagrada para que el cambio sea efectivo. Así pues, además de obtener permiso por escrito, me he esforzado al máximo por disfrazar identidades y cualquier detalle reconocible. En algunos casos los relatos y los escenarios relativos a distintos pacientes se han atribuido a uno solo. He meditado a conciencia todas esas modificaciones y las he escogido con cuidado para permanecer fiel al espíritu de cada historia al mismo tiempo que las colocaba al servicio de un objetivo mayor: poner de relieve la condición humana que compartimos, para que todos podamos vernos con más claridad. Con ello pretendo decir que, si acaso te reconoces en estas páginas, se debe en parte a la casualidad pero también a la voluntad de la autora.

Un apunte sobre la terminología: las personas que acuden a terapia reciben diversas denominaciones, siendo las más habituales *paciente* o *cliente*. Dudo que ninguna de esas palabras llegue a captar la relación que mantengo con los seres humanos que acuden a mi consulta. Sin embargo, hablar de *las personas con las que realizo un trabajo* resultaría demasiado farragoso y el término *cliente* puede inducir a confusión, habida cuenta de sus múltiples connotaciones, así que, en aras de la claridad y la simplicidad, me referiré a mis *pacientes* a lo largo de este libro.

ÍNDICE

SEGUNDA PARTE

TERCERA PARTE

CUARTA PARTE

PRIMERA PARTE

No hay nada más deseable que ser descargado
de un pesar, pero no hay nada tan aterrador
como ser despojado de una muleta.

James Baldwin

PRIMERA PARTE

1

Idiotas

ANOTACIONES INICIALES, JOHN:

El paciente dice sentirse «estresado» y declara problemas para dormir y para entenderse con su esposa. Expresa impaciencia hacia los demás y busca ayuda para «aguantar a tanto idiota».

Sé compasiva.
Suspiro de paciencia infinita.
Sé compasiva, sé compasiva, sé compasiva...
Repito la frase mentalmente, como un mantra, mientras el hombre de cuarenta años que tengo delante me habla de todos los «idiotas» con los que se relaciona a diario. ¿Por qué, quiere saber, hay tantos idiotas en el mundo? ¿Nacieron así? ¿Se volvieron idiotas con el tiempo? Tal vez, musita, su condición sea una consecuencia de todos los aditivos químicos que lleva la comida hoy día.

—Por eso procuro comer productos biológicos —afirma—. Para no convertirme en un idiota, como todos los demás.

Me he perdido. Ya no sé de qué idiota me habla, si del higienista dental que formula una pregunta detrás de otra («y ninguna es retórica»), de su compañero de trabajo que solamente se expresa con interrogantes («nunca afirma nada, porque eso significaría que tiene algo que decir»), del conductor que frenó con el semáforo en ámbar («¿la gente no piensa que algunos tenemos prisa?») o del técnico de la Barra de Genios, en la tienda Apple, que no fue capaz de arreglarle el portátil («menudo genio»).

—John —empiezo a decir, pero ahora está divagando sobre su mujer. No consigo meter baza, aunque en teoría acude a mí en busca de ayuda.

Yo, por cierto, soy su nueva psicóloga. (La anterior, que solamente le duró tres sesiones, era «simpática, pero una idiota».)

—Y entonces Margo se enfada... ¿se lo puede creer? —me está contando—. Y no me dice el motivo de su enfado. Solamente actúa como si estuviera molesta por algo y se supone que yo debo preguntarle qué le pasa. Pero sé muy bien que, si le pregunto, responderá «nada» las tres primeras veces y luego, tal vez a la cuarta o la quinta, dirá: «ya sabes lo que me pasa», y yo le contestaré: «no, no lo sé, si lo supiera no te lo preguntaría».

Sonríe. De oreja a oreja. Yo intento trabajar con esa sonrisa; lo que sea con tal de transformar el monólogo en un diálogo que me permita comunicarme con él.

—Me llama la atención que sonría ahora mismo —observo—, porque me está hablando de la frustración que le producen muchas personas, incluida Margo, y sin embargo parece contento.

Su sonrisa se ensancha. Posee la dentadura más blanca que he visto en mi vida. Le brillan los dientes como diamantes.

—Sonrío, Sherlock, porque conozco muy bien las razones de su disgusto.

—Ah —respondo—. Entonces...

—Espere, espere, que ahora llegamos a la mejor parte —me interrumpe—. Pues bien, como iba diciendo, sé muy bien lo que le pasa, pero no me apetece nada seguir oyendo sus quejas. De manera que esta vez, en lugar de preguntar, decido que voy a...

Se detiene y mira el reloj que descansa la estantería, a mi espalda.

Me gustaría emplear este inciso para pararle los pies a John. Podría comentar la ojeada que acaba de echarle al reloj (¿tiene prisa por marcharse?) o el hecho de que acabe de llamarme «Sherlock» (¿está molesto conmigo por algo?). O podría atenerme a la superficie de lo que llamamos «el contenido» —el relato que me está narrando— e intentar entender por qué equipara los sentimientos de Margo con una queja. Pero si me quedo en el contenido, no conectaremos en esta sesión y John, estoy descubriendo, tiene problemas para establecer contacto con su entorno.

—John —vuelvo a probar—. ¿Por qué no hablamos de lo que pasó...?

—Ah, vale —me corta en mitad de la frase—. Todavía nos quedan veinte minutos.

Y retoma su historia.

Me vienen ganas de bostezar, irrefrenables, y tengo que recurrir a una fuerza de voluntad sobrehumana para mantener la boca cerrada. Mis músculos luchan contra mi mandato, mi semblante adopta todo tipo de expresiones grotescas, pero gracias a Dios el bostezo permanece dentro. Por desgracia, emerge en forma de eructo. Sonoro. Como si estuviera borracha. (No lo estoy. Seré un muestrario de muchas otras cosas desagradables ahora mismo, pero no estoy borracha.)

A causa del eructo, mi boca lucha por abrirse otra vez. Aprieto los labios con tanta fuerza que me lloran los ojos.

Como es natural, John no parece percatarse. Sigue despotricando de Margo. *Margo hizo tal cosa. Margo hizo tal otra. Yo dije esto. Ella dijo lo otro. Y entonces yo le solté...*

Durante las prácticas de psicología clínica, una supervisora me dijo en cierta ocasión: «Todo el mundo posee un aspecto entrañable». Y, para mi sorpresa, descubrí que estaba en lo cierto. Es imposible conocer a alguien a fondo y no tomarle cariño. Deberíamos reunir en una habitación a los archienemigos mundiales y obligarles a compartir su historia y sus experiencias de formación, sus miedos y sus penas. Súbitamente, los peores adversarios se llevarían de maravilla. He descubierto algo entrañable en todas y cada una de las personas con las que he trabajado como terapeuta, incluido el tipo que intentó asesinar a alguien. (Debajo de su rabia, había un corazón de oro.)

Ni siquiera me sentí molesta la semana anterior, en nuestra primera sesión, cuando John me explicó que había contactado conmigo porque yo no era «nadie» en Los Ángeles, en referencia a que no se cruzaría con ninguno de sus colegas de la industria televisiva cuando acudiera a las sesiones. (Sus colegas, sospechaba él, visitaban psicólogos «conocidos y experimentados».) Me limité a anotar la frase para usarla en el futuro, cuando se mostrara más dispuesto a involucrarse. Tampoco me inmuté cuando, al final de esa misma sesión, me tendió un fajo de billetes y me explicó que prefería pagar en metálico para que su esposa no supiera que estaba haciendo terapia.

—Fingiremos que es usted mi amante —sugirió—. O más bien mi fulana. No se ofenda, pero no es el tipo de mujer que escogería como amante... usted ya me entiende.

No le entendía (¿escogería a una mujer más rubia, más joven, con una dentadura más blanca y brillante?), pero consideré el comentario uno más de los mecanismos de defensa que usa John para evitar la posibilidad de acercarse a alguien o de reconocer su necesidad de contacto humano.

—¡Ja, ja, mi fulana! —dijo, deteniéndose ante la puerta—. Acudiré cada semana, liberaré toda la frustración acumulada y nadie se enterará. Qué divertido, ¿verdad?

Oh, sí, quise decirle, *superdivertido.*

Sin embargo, mientras le oía reír por el pasillo, tuve la seguridad de que John acabaría por caerme bien. Debajo de su insufrible exhibicionismo, sin duda emergería algo entrañable, incluso hermoso.

Ahora bien, eso fue la semana pasada.

Hoy tan solo veo a un gilipollas. Un gilipollas con una dentadura espectacular.

Sé compasiva, sé compasiva, sé compasiva. Repito mi silencioso mantra para volver a concentrarme en mi paciente. Ahora está hablando del error que ha cometido un técnico de la serie (un hombre que, según John, se llama sencillamente «el idiota») y en ese preciso instante se me enciende una bombilla: la diatriba de John me resulta familiar hasta extremos inquietantes. No tanto las situaciones que describe como los sentimientos que evocan en él... y en mí. Sé muy bien hasta qué punto es agradable culpar al mundo exterior de tus frustraciones, no responsabilizarte del papel que puedas haber tenido en la obra existencial titulada *Mi importantísima vida.* Conozco lo que significa indignarse desde la superioridad moral, convencida de que tú tienes razón y eres víctima de una terrible injusticia, porque es así, exactamente, como me he sentido a lo largo de todo el día.

Lo que John ignora es que arrastro las secuelas de lo que me sucedió anoche, cuando el hombre con el que en teoría iba a casarme rompió conmigo por las buenas. Hoy intento concentrarme en mis pacientes (me limito a llorar durante los diez minutos de descanso que me tomo entre sesiones, con cuidado de lavarme los rastros de rímel antes de que entren los pacientes).

Dicho de otro modo: afronto el dolor tal y como sospecho que John lidia con el suyo: ocultándolo.

Como psicoterapeuta, entiendo mucho de dolor y de los distintos nexos entre el sufrimiento y la pérdida. Pero también sé algo que no todo el mundo ha entendido: que el cambio y el dolor van de la mano. No hay evolución sin renuncia, y eso explica por qué con tanta frecuencia la gente afirma que quiere cambiar pero se aferra a lo que ya tiene. Para ayudar a John, tendré que averiguar cuál sería su pérdida, pero antes tendré que entender la mía. Porque, ahora mismo, tan solo puedo pensar en la mala pasada que mi novio me jugó anoche.

¡El muy idiota!

Devuelvo la vista a John y pienso: *Te escucho, hermano.*

Espera un momento, estarás pensando. ¿Por qué me cuentas todo esto? ¿No se supone que los terapeutas protegen su vida privada? ¿Acaso no son, en teoría, pizarras en blanco que jamás revelan nada sobre sí mismos, observadores imparciales que no critican a sus pacientes... ni siquiera para sus adentros? Además, ¿no deberían los psicólogos, ellos más que nadie, tener sus vidas bajo control?

En parte, sí. Lo que sucede en el gabinete de terapia debería cumplir el único objetivo de ayudar al paciente, y si un psicólogo no se siente capaz de separar sus propios conflictos de los problemas de la persona a la que acompaña haría bien en escoger una línea de trabajo distinta.

Por otro lado, esto —aquí y ahora, entre tú y yo— no es terapia sino un relato sobre la terapia: cómo sanamos y adónde nos lleva la redención. Igual que esos programas del *National Geographic* que muestran el desarrollo embrionario y el nacimiento de cocodrilos singulares, quiero captar el proceso por el cual los seres humanos, en su esfuerzo por evolucionar, empujan sus cascarones hasta que, en silencio (o gran estrépito) y despacio (pero también de súbito), los rompen.

De manera que, por más que la imagen de mi cara manchada de máscara entre sesiones sea incómoda de contemplar, así comienza esta historia sobre un puñado de seres humanos en apuros a los que estás a punto de conocer: en mi propia condición humana.

Los psicólogos, como es natural, se enfrentan a los mismos rigores cotidianos que el resto del mundo. Esa familiaridad con los problemas de la vida constituye la base del vínculo que forjamos con extraños, que nos confían sus historias y secretos más íntimos. La formación profesional nos brinda teorías, herramientas y técnicas, pero debajo de esa pericia tan ardua de conquistar late el hecho de que sabemos hasta qué punto resulta complicado ser una persona. Eso equivale a decir que acudimos cada día al trabajo siendo nosotros mismos, cada cual con su provisión de vulnerabilidad, sus anhelos e inseguridades y su propia historia. De todas mis credenciales como psicoterapeuta, la más significativa es mi afiliación a la raza humana.

Ahora bien, revelar esa humanidad es harina de otro costal. Una colega me contó que, cuando el médico la llamó para darle la noticia de que su embarazo no era viable, rompió a llorar en mitad del Starbucks. Casualmente una de sus pacientes la vio, canceló la siguiente cita y ya no volvió.

Recuerdo haber oído relatar al escritor Andrew Solomon una anécdota sobre un matrimonio que conoció en un congreso. En el transcurso de un día, explicaba, cada cónyuge le confió por su lado que estaba tomando antidepresivos pero no quería que el otro lo supiera. Por lo visto, escondían la misma medicación en la misma casa. No importa que, como sociedad, nos hayamos abierto a compartir temas que antes se consideraban privados; el estigma en torno a nuestras dificultades emocionales sigue siendo inmenso. Hablamos sin tapujos de nuestra salud física (¿alguien se imagina a un matrimonio escondiéndose mutuamente su medicación para el reflujo?) e incluso de la vida sexual, pero coméntale a alguien que sufres ansiedad, depresión o un sentimiento de pérdida irreparable y es probable que leas en su semblante algo del estilo de: *que alguien me libre de esta conversación, rápido.*

Sin embargo, ¿a qué tenemos tanto miedo? Nadie ha dicho que al mirar en esos rincones oscuros y encender la luz vayamos a encontrar un montón de cucarachas. Las luciérnagas también buscan la oscuridad. Hay belleza en esos lugares. Pero tenemos que mirar para verla.

Mi misión, la misión del terapeuta, consiste en mirar.

Y no solo para ayudar a los pacientes.

Una realidad que apenas se comenta: los psicólogos también hacen terapia. Estamos obligados, de hecho, durante la formación, como parte de las prácticas que requiere la acreditación. Únicamente así podemos saber de primera mano lo que van a experimentar nuestros futuros pacientes. Aprendemos a aceptar las observaciones, a tolerar la incomodidad, a ser conscientes de nuestros puntos ciegos y a observar el efecto que nuestros relatos y conductas ejercen en nosotros mismos y en los demás.

Y cuando por fin obtenemos la acreditación, empezamos a recibir pacientes y... seguimos haciendo terapia. No todo el tiempo y no como condición necesaria, pero la gran mayoría de psicoterapeutas se sienta en el sofá de otra persona en distintos momentos de su carrera profesional, en parte porque hace falta un espacio para hablar del impacto emocional que supone un oficio como el nuestro y en parte porque la vida sigue y la terapia nos ayuda a afrontar nuestros demonios cuando nos visitan.

Y nos visitarán, porque todo el mundo tiene demonios: grandes, pequeños, viejos, nuevos, silenciosos, ruidosos, como sean. Esos demonios comunes constituyen la prueba de que no somos tan distintos, al cabo. Y gracias a esa consciencia podemos entablar una relación distinta con nuestros propios demonios, de tal suerte que ya no tratamos de razonar con una insolente voz interior para librarnos de ella ni de adormecer los sentimientos con distracciones como comer o beber en exceso o pasar horas navegando por internet (una actividad a la que una colega se refiere como «el analgésico sin receta más rápido y eficaz»).

Uno de los pasos más importantes de la terapia consiste en ayudar a las personas a asumir la responsabilidad de las dificultades que afrontan, porque en el momento en que comprenden que pueden (y deben) construir sus propias vidas, son libres para generar cambios. A menudo, sin embargo, la gente se aferra a la idea de que sus problemas son circunstanciales o situacionales en buena parte, es decir, externos. Y si la culpa de sus problemas la tienen las circunstancias u otras personas, agentes que se encuentran *ahí fuera*, ¿por qué molestarse en cambiar? Aun si actuaran de otra manera, ¿acaso el resto del mundo no seguiría comportándose igual?

El argumento tiene su lógica. Pero la vida no funciona así, por lo general.

¿Recuerdas la famosa frase de Sartre «el infierno son los otros»? Es verdad, el mundo está lleno de individuos complicados (o, como diría John, de «idiotas»). Estoy segura de que puedes nombrar cinco personas difíciles ahora mismo sin tener que pensar demasiado; a algunas las evitas siempre que puedes, a otras las evitarías si no fuera porque comparten tu apellido. Sin embargo, en ocasiones —más a menudo de lo que nos gusta aceptar— esa persona difícil es uno mismo.

Como lo oyes: con frecuencia el infierno eres tú.

A veces somos nosotros la causa de nuestras dificultades. Y si encontramos la manera de dejar de ponernos trabas, sucede algo extraordinario.

El terapeuta muestra un espejo a sus pacientes, pero los pacientes, a su vez, ofrecen un reflejo al terapeuta. La terapia nunca discurre en un solo sentido, en absoluto; el proceso es recíproco y en paralelo. Cada día, los pacientes plantean preguntas que también debemos aplicarnos. Y si son capaces de verse con más claridad gracias a la imagen que les devolvemos, igualmente nosotros nos vemos más claramente en la suya. Esto les sucede a los psicólogos que trabajan con pacientes y a los que trabajan con otros psicólogos. Somos espejos que reflejan espejos que reflejan espejos y nos mostramos unos a otros lo que aún no somos capaces de ver.

Y eso me lleva de vuelta a John. Hoy no tengo presente nada de lo que acabo de exponer. En lo que a mí concierne, ha sido un día difícil con un paciente complicado y, por si fuera poco, me ha tocado hablar con John justo después de visitar a una joven recién casada que está muriendo de cáncer. No es la situación ideal para trabajar con nadie, en particular cuando apenas has dormido, tus planes de matrimonio acaban de ser cancelados y sabes que tu dolor es insignificante comparado con el de una mujer que padece una enfermedad terminal; y también presientes (sin ser demasiado consciente) que tu sufrimiento no es nimio en absoluto, porque un auténtico cataclismo se está desencadenando en tu interior.

Mientras tanto, a cosa de un kilómetro y medio de distancia, en una pintoresca construcción de ladrillos de un estrecho callejón, un terapeuta llamado Wendell atiende a sus pacientes en su gabinete, igual que yo. Uno tras otro, se sientan en un sofá con vistas a un jardín interior maravilloso y hablan del mismo tipo de cosas que mis pacientes han compartido conmigo en el último piso de un edificio de oficinas acristalado. Esas personas llevan semanas, meses, puede que años acudiendo a la consulta de Wendell. Yo, en cambio, todavía no lo conozco. De hecho, ni siquiera he oído hablar de él. Pero eso pronto cambiará.

Estoy a punto de convertirme en la nueva paciente de Wendell.

2

Si la reina tuviera pelotas

ANOTACIONES INICIALES, LORI:

Paciente de unos cuarenta y cinco años acude para tratar las consecuencias de una ruptura inesperada. Dice necesitar «solamente unas pocas sesiones para superar esto».

Todo comienza con un problema presentado.

Por definición, el *problema presentado* es la dificultad que empuja a una persona a buscar terapia. Puede ser un ataque de pánico, la pérdida de un empleo, una muerte, un nacimiento, una relación complicada, incapacidad para tomar una decisión trascendente o un episodio de depresión. En ocasiones el problema presentado no es tan específico: una sensación de estancamiento o la noción vaga pero persistente de que algo no va bien.

Sea cual sea el problema, acostumbra a «presentarse» porque la persona se enfrenta a una encrucijada existencial. *¿Giro a la izquierda o a la derecha? ¿Intento dejar las cosas como están o me interno en un territorio inexplorado?* (Aviso: la terapia siempre te llevará a un territorio inexplorado aunque optes por dejar las cosas como están.)

Ahora bien, a los pacientes les traen sin cuidado las encrucijadas cuando acuden a su primera sesión. Por lo general solo quieren dejar de sufrir. Desean contarte su historia, empezando por el problema presentado.

Así pues, dejad que comparta con vosotros mi «percance con Novio».

Para empezar, quisiera aclarar que considero a Novio una persona maravillosa. Es un tipo amable y generoso, divertido e inteligente. Igual te arranca unas carcajadas que te lleva a la farmacia a las dos de la madrugada para comprar el antibiótico cuya toma no puedes aplazar al día siguiente. Si por casualidad pasa por el supermercado Costco, te envía un mensaje de texto para preguntarte si necesitas algo y, cuando le respondes que te vendría bien un envase de detergente, se presenta en tu casa con tus albóndigas favoritas y veinte frascos de sirope de arce para los gofres caseros que acostumbra a prepararte. Transporta los veinte frascos del garaje a la cocina, guarda diecinueve en el estante más alto del armario y deposita uno en la encimera, a punto para el día siguiente.

También te deja notitas de amor en el escritorio, te toma la mano y te cede el paso, y nunca protesta por tener que acompañarte a las reuniones familiares porque le divierte de veras pasar un rato con tus parientes, incluidos los más chismosos o los ancianos. Te envía paquetes de Amazon repletos de libros por nada en especial (para ti, los libros son el equivalente a las flores) y por las noches os acurrucáis juntos y os leéis mutuamente párrafos en voz alta, con pausas para retozar. Mientras os dais un atracón de Netflix, él te frota ese punto de la espalda en el que sufres una leve escoliosis y cuando se detiene y tú lo animas a continuar, sigue masajeándote durante un delicioso minuto más antes de escaquearse con disimulo (tú finges no percatarte). Permite que apures sus bocadillos, que termines sus frases y que uses su crema solar, y escucha las anécdotas del día con tanta atención que, igual que un biógrafo personal, recuerda más detalles de tu vida que tú misma.

Si este retrato te parece tendencioso, has acertado. Hay muchas manera de contar una historia y, si algo me ha enseñado el oficio de psicóloga, es que la mayoría de las personas se pueden considerar lo que nosotros llamamos «narradores no fiables». Con eso no pretendo decir que engañen a sabiendas. El fenómeno se debe más bien a que todo relato posee múltiples matices y tendemos a obviar aquellos que no encajan con nuestro punto de vista. Casi todo lo que me cuentan mis pacientes es la pura verdad... desde su perspectiva actual. Pregúntale a alguien por su cónyuge mientras todavía están enamorados y luego vuelve a interrogarlo después del divorcio; en ambas ocasiones te contarán únicamente la mitad de la historia.

¿Lo que acabas de leer sobre Novio? Es la mitad buena.

Abordemos ahora la otra mitad. Son las diez en punto de una noche entre semana. Estamos en la cama, charlando. Tenemos pensado ir al cine el próximo sábado y acabamos de decidir qué entradas vamos a comprar por anticipado. De súbito, Novio se sume en un silencio extraño.

—¿Estás cansado? —le pregunto. Los dos trabajamos, los dos tenemos hijos y ambos hemos dejado atrás los cuarenta, de modo que el silencio no suele entrañar nada más que agotamiento. E incluso cuando no estamos fatigados, estar juntos sin hablar resulta agradable, relajante. Pero si acaso el silencio se puede oír, el de hoy suena distinto. Y si alguna vez has estado enamorado, ya sabes a qué clase de silencio me refiero: el que vibra en una frecuencia que únicamente ese otro especial puede percibir.

—No —responde. Tan solo es una sílaba, pero un temblor lo traiciona y la palabra va seguida de un mutis todavía más inquietante si cabe. Lo miro. Me devuelve la mirada. Sonríe, sonrío y un silencio ensordecedor se instala de nuevo, quebrado únicamente por el roce nervioso de su pie contra el edredón. Ahora estoy asustada. Durante las sesiones, soy capaz de soportar silencios maratonianos, pero aquí, en mi dormitorio, no aguanto ni tres segundos.

—Oye, ¿pasa algo? —pregunto, intentando adoptar un tono desenfadado. Sin embargo, se trata de una pregunta retórica donde las haya. La respuesta es un notorio «sí», porque, en toda la historia del mundo, nada tranquilizador ha surgido jamás de esta pregunta. Cuando trabajo con parejas en terapia, aun si la respuesta inicial es «no», el tiempo acaba desvelando que la verdadera contestación era alguna versión de *te estoy engañando, me he fundido las tarjetas de crédito, mi anciana madre se viene a vivir con nosotros* o *ya no estoy enamorado/a de ti.*

La respuesta de Novio confirma la regla.

Dice:

—Me he dado cuenta de que no puedo convivir con un niño los próximos diez años.

¿Me he dado cuenta de que no puedo convivir con un niño los próximos diez años?

Estallo en carcajadas. Ya sé que la frase de Novio no tiene ninguna gracia, pero habida cuenta de que planeamos pasar juntos el resto de la vida y que yo tengo un hijo de ocho años, me parece tan absurda que me la tomo a risa.

Novio no dice nada, de manera que dejo de reír. Lo miro. Él desvía la mirada.

—¿De qué estás hablando, si se puede saber? ¿Qué significa que no puedes convivir con un niño los próximos diez años?

—Lo siento —es su respuesta.

—¿Cómo que lo sientes? —insisto, todavía incapaz de creer lo que estoy oyendo—. ¿Hablas en serio? ¿No quieres vivir conmigo?

Me explica que sí quiere vivir conmigo, pero ahora que sus hijas adolescentes están a punto de marcharse a la universidad, se ha dado cuenta de que no quiere esperar otros diez años a que el nido esté vacío.

Lo miro boquiabierta. Literalmente. Abro la boca y permanezco de esa guisa un buen rato. Es la primera noticia que tengo al respecto y tardo un minuto entero en cerrar la mandíbula para poder articular palabra. Mi mente dice: *¿queeeeé?*, pero mis labios preguntan:

—¿Cuánto hace que te sientes así? Si no te hubiera preguntado, ¿no me habrías dicho nada?

Esto no puede estar pasando, pienso. Hace cinco minutos estábamos eligiendo la película del fin de semana. En teoría, íbamos a pasarlo juntos. *¡Pensábamos ir al cine!*

—No lo sé —responde, compungido. Se encoge de hombros sin desplazarlos. Todo su cuerpo se encoge de hombros—. No sabía cómo sacar el tema. No encontraba el momento.

(Cuando les cuento a mis amigas psicólogas esta parte de la historia, al momento lo diagnostican como «un evasivo». Cuando les cuento a mis amigas no psicólogas esta parte de la historia, al momento lo definen como «un cerdo».)

Otro silencio.

Me siento como si estuviera contemplando la escena desde fuera. Veo a una desorientada versión de mí misma atravesar a la velocidad del rayo las famosas cinco etapas del duelo: negación, ira, negociación, depresión y aceptación. Si la risa equivalía a la negación y la pregunta «cuándo narices pensabas decírmelo» ha sido una manifestación de ira, estoy en plena fase de negociación. ¿Qué podemos hacer para que esto funcione?, quiero saber. ¿Le pedimos a la canguro que venga más horas? ¿Salimos solos otra noche más a la semana?

Novio niega con la cabeza. Sus hijas adolescentes no se despiertan a las siete de la mañana para jugar con los Lego. Está deseando recuperar su libertad y quiere poder relajarse los domingos por la mañana. Da igual que mi hijo no necesite ayuda para jugar con sus Lego cuando se levanta. El problema, al parecer, reside en que el niño, de vez en cuando, le dice lo siguiente: «¡Mira qué chulo! ¡Mira lo que acabo de construir con los Lego!».

—La cuestión es —aclara Novio— que no quiero sentirme obligado a mirar sus construcciones. Quiero leer el periódico tranquilamente.

Empiezo a plantearme si un extraterrestre habrá invadido el cuerpo de Novio o si tendrá un tumor cerebral en expansión cuyo primer síntoma es un cambio de personalidad. Me pregunto qué pensaría Novio de mí si rompiera con él porque sus hijas adolescentes me piden que eche un vistazo a sus nuevos *leggins* de Forever 21 cuando estoy leyendo tranquilamente. *No quiero mirar tus* leggins. ¿Qué clase de persona rompe con otra porque no le apetece levantar la vista?

—Pensaba que querías casarte conmigo —es mi penosa observación.

—Y quiero casarme contigo —responde—. Es que no quiero convivir con un niño.

Lo medito un instante, como si me estuviera planteando un acertijo. Se parece al enigma de la Esfinge.

—Pero el niño y yo vamos en el lote —objeto, ahora levantando la voz. Me enfurece que plantee este problema precisamente ahora. Me enfurece que plantee este problema y punto—. No soy un plato a la carta, como una hamburguesa sin las patatas fritas, como una... una...

Acuden a mi mente esos pacientes que describen situaciones ideales e insisten en que solo podrán ser felices en esas circunstancias exactas. *Si no hubiera dejado la escuela de negocios para hacerse escritor, sería el chico ideal (así que rompo con él y sigo viendo a gestores de fondos que me aburren). Si el empleo no implicara un cambio radical, sería la oportunidad perfecta (así que conservaré este empleo sin futuro y seguiré contándote lo mucho que envidio las profesiones de mis amigos). Si no tuviera un hijo, me casaría con ella.*

Todos tenemos innegociables, es natural. Sin embargo, cuando los pacientes recurren una y otra vez a este tipo de argumentos, a veces les digo: «Si la reina tuviera pelotas, sería un rey». O, lo que es lo mismo, si vas por la vida escogiendo y descartando, si no te das cuenta de que «lo perfecto es la antítesis de lo bueno», puede que te estés privando de la felicidad. Al principio los pacientes se sorprenden ante mi crudeza, pero a la postre la observación les ahorra tres meses de terapia.

—La verdad es que no quería salir con una mujer que tuviera hijos —está diciendo Novio—. Pero entonces me enamoré de ti y ya no supe qué hacer.

—No te enamoraste de mí *antes* de nuestra primera cita, cuando te dije que tenía un niño de seis años —objeto—. Entonces sí sabías lo que debías hacer, ¿no?

Más silencio angustiado.

Como seguramente ya habrás adivinado, esta conversación no va a ninguna parte. Yo intento averiguar si el problema es otro; ¿cómo no? Al fin y al cabo, su deseo de libertad no es más que una variante del típico «no eres tú, soy yo» (que siempre equivale a: *no soy yo, eres tú*). ¿Acaso a Novio le disgusta algún aspecto de la relación y no se atreve a decírmelo?, le pregunto con tranquilidad, ahora en tono más suave, porque soy consciente de que las Personas Muy Enfadadas no son Muy Accesibles. Pero Novio insiste en que el problema radica en el hecho de que tenga hijos, no en mí.

Me encuentro en un estado de conmoción mezclada con perplejidad. No entiendo cómo ha podido suceder algo así. ¿Cómo es posible que alguien duerma a pierna suelta a tu lado y planee una vida contigo cuando está considerando en secreto la idea de dejarte? (La respuesta es muy simple: un mecanismo de defensa llamado «compartimentación». Pero ahora mismo estoy demasiado ocupada recurriendo a otro mecanismo de defensa, la negación, como para reparar en ello.)

Novio, dicho sea de paso, es abogado y plantea el caso igual que si tuviera delante a un jurado. De verdad quiere casarse conmigo. De verdad me ama. Sencillamente, querría que pasáramos más tiempo a solas. Le gustaría que pudiéramos hacer una escapada cuando nos viniera en gana, volver a casa del trabajo y salir a cenar sin tener que preocuparnos por una tercera persona. Desea disfrutar de la intimidad que implica la vida en la pareja, no de la sensación comunal que acarrea una familia. Cuando descubrió que yo tenía un hijo pequeño supo que la situación no era ideal, pero no me comentó nada porque pensó que sabría adaptarse. Dos años más tarde, sin embargo, cuando estamos a punto de fundir nuestros hogares en uno y empieza a otear la libertad en el horizonte, ha comprendido hasta qué punto es importante para él. Sabía que la relación estaba sentenciada y por otro lado no quería que acabase; y cuando se planteaba hablarme de ello, no sabía cómo introducir el tema porque las cosas habían llegado muy lejos e imaginaba que yo montaría en cólera. Dudaba si decírmelo, arguye, porque no quería portarse como un cerdo.

La defensa está servida y además lo siente mucho.

—¿Lo sientes? —le espeto—. Bueno, pues ¿sabes qué? ¡Te has esforzado tanto en NO portarte como un cerdo que al final te has portado como el tío más cerdo del mundo!

De nuevo guarda silencio y entonces lo entiendo todo: su extraño mutismo de antes ha sido su forma de colocar el tema sobre el tapete. Y aunque le damos vueltas y más vueltas al problema hasta que el sol se filtre por las rendijas de las persianas, ambos sabemos en lo más profundo del corazón que todo está dicho ya.

Yo tengo un hijo. Él quiere ser libre. Los niños y la libertad se excluyen mutuamente.

Si la reina tuviera pelotas, sería un rey.

Voilà... ya tenía mi problema presentado.

3

El espacio de un solo paso

Cuando comentas que te dedicas a la psicoterapia la reacción habitual suele ser un breve silencio de sorpresa seguido de preguntas incómodas al estilo de: «¡Ah, psicoterapeuta! ¿Tengo que hablarte de mi infancia?». O: «¿Tú me podrías ayudar con un problema que tengo con mi suegra?». O: «¿Me vas a psicoanalizar?». (Las respuestas, por cierto, son: «Por favor, no»; «es posible»; y «¿cómo voy a psicoanalizarte *aquí*? Si fuera ginecóloga, ¿me preguntarías si te voy a hacer un examen pélvico?».

No obstante, entiendo el motivo de esas reacciones. A la postre, todas nacen del miedo; temor a quedar expuestos, a ser desenmascarados. ¿Vas a detectar las inseguridades que tanto me esfuerzo en ocultar? *¿Vas a percibir mi vulnerabilidad, mis mentiras, mi vergüenza?*

¿Vas a ver al ser humano *que hay en mí?*

Me choca que las personas con las que entablo conversación en una barbacoa o en una fiesta no tengan en cuenta que también ellos podrían desenmascararme a mí o intuir aspectos de mi personalidad que yo intento ocultar a mi vez en situaciones sociales. En cuanto se enteran de que soy psicóloga, empiezan a verme como alguien capaz de leer su mente e intentan despistarme con una broma sobre psicólogos o se largan a toda prisa en busca de una copa.

De vez en cuando, sin embargo, la gente formula otro tipo de preguntas, como por ejemplo: «¿Qué clase de gente acude a tu consulta?». Yo les digo que hablo con personas normales y corrientes, esto es, iguales a la persona que tengo delante. Una vez, en una fiesta del Cuatro de Julio, le comenté a un matrimonio que expresó curiosidad que muchas parejas acuden a hacer terapia, y ellos se enzarzaron en una discusión delante de mí. El hombre quería saber por qué la mujer parecía tan intrigada por la terapia de pareja; al fin y al cabo, ellos no tenían problemas (risilla de circunstancias). Ella le preguntó por qué sentía nulo interés en la vida emocional de las parejas; al fin y al cabo, no les vendría mal una ayudita (mirada de rabia). Ahora bien, ¿pensaba yo en ellos como material de terapia? En absoluto. En esa ocasión fui yo la que se largó deprisa y corriendo «a buscar una copa».

La terapia suscita toda clase de reacciones extrañas porque, en cierto sentido, se parece a la pornografía. Ambas implican desnudez de un tipo u otro. Las dos involucran emoción en potencia. Y tanto una como otra poseen millones de usuarios, buena parte de los cuales guardan su condición en secreto. Si bien los investigadores sociales han tratado de cuantificar el número de personas que hacen terapia, las cifras no se consideran fiables, por cuanto muchos de los pacientes prefieren ocultarlo.

Y por más que no reflejen la realidad, las cifras siguen siendo altas. En un año cualquiera, alrededor de treinta millones de adultos estadounidenses se sientan con regularidad en la consulta de un psicólogo, y Estados Unidos ni siquiera lidera el ránking mundial en ese aspecto. (Un dato curioso: los países con más psicoterapeutas en relación con el número de habitantes son, en orden descendiente, Argentina, Austria, Australia, Francia, Canadá, Suiza, Islandia y los Estados Unidos.)

Toda vez que soy psicóloga, cabría pensar que el día siguiente a mi «percance con Novio» decidí buscar terapia yo misma. Trabajo en un gabinete con doce profesionales, mi edificio está lleno de psicólogos y he pertenecido a varios grupos de supervisión en los cuales los terapeutas comentan sus casos, así que tengo infinidad de contactos en el mundillo.

Sin embargo, paralizada en mi cama en posición fetal, no es esa la llamada que hago.

—¡Es un impresentable! —exclama mi amiga de toda la vida, Allison, cuando le cuento la historia desde mi lecho antes de que el niño despierte—. ¡Que le vaya bien! Hay que ser muy mala persona para hacer algo así. Y no solo a ti, también a tu hijo.

—¡Tienes razón! —asiento—. Hay que ser muy mala persona.

Pasamos cosa de veinte minutos poniendo verde a Novio. Cuando el dolor estalla por primera vez, la gente tiende a despotricar de los demás o de sí mismos, a dirigir el malestar hacia fuera o hacia dentro. ¡Allison y yo lo estamos proyectando hacia fuera, nena! Ella se encuentra en el Medio Oeste, de camino al trabajo, con dos horas de ventaja respecto a la costa oeste, y va directa al grano.

—¿Sabes qué deberías hacer? —me dice.

—¿Qué?

Yo me siento como si me hubieran clavado un puñal en el corazón y haría cualquier cosa con tal de que cese el dolor.

—¡Deberías acostarte con alguien! ¡Acuéstate con alguien y olvida al «odianiños»! —Me enamoro al instante del nuevo nombre de Novio: el «odianiños»—. Está claro que no es lo que parecía. Quítatelo de la cabeza.

Casada desde hace veinte años con su gran amor de la universidad, Allison no tiene ni idea de cómo aconsejar a las personas solteras.

—Te ayudará a recuperarte más rápidamente, igual que cuando te caes de la bici. Tienes que volver a montar cuanto antes —prosigue—. Y no pongas los ojos en blanco.

Allison me conoce bien. Mis ojos llorosos e irritados están en blanco ahora mismo.

—Vale, me acostaré con alguien —respondo con voz llorosa. Sé que intenta hacerme reír. Pero al momento estallo en sollozos de nuevo. Me siento como una adolescente de dieciséis años que se enfrenta a su primera ruptura y no me puedo creer que esté reaccionando así a los cuarenta y pico.

—Ay, cielo —dice Allison. Su voz suena como un abrazo—. Estoy aquí para lo que necesites. Lo superarás.

—Ya lo sé —respondo, pero, por alguna razón extraña, no lo siento así. Un proverbio que parafrasea un poema de Robert Frost dice: «Para salir, hay que cruzar.» El único modo de salir por el otro lado del túnel es atravesarlo, no rodearlo. Sin embargo, ahora mismo ni siquiera me imagino la entrada.

Cuando Allison aparca el coche y promete llamarme en cuanto tenga un momento, echo un vistazo al reloj: las seis y media de la mañana. Telefoneo a mi amiga Jen, que es psicoterapeuta y pasa consulta en la otra punta de la ciudad. Responde a la primera señal y oigo a su marido al fondo, que le pregunta quién es. Jen susurra:

—Creo que es Lori.

Debe de haber visto el identificador de llamadas, pero estoy llorando tan desconsoladamente que ni siquiera la he saludado todavía. De no ser por el número de la pantalla, pensaría que soy un psicópata acosador.

Recupero el aliento y le narro lo sucedido. Ella me escucha con atención. No deja de repetir que no se lo puede creer. Pasamos otros veinte minutos despotricando de Novio y luego oigo a su hija entrar en la habitación y decirle que tiene que llegar al colegio temprano para la clase de natación.

—Te llamo a la hora de comer —promete Jen—. De todas formas, dudo de que esto acabe aquí. Me parece una ventolera. A menos que sea un sociópata, no me cuadra con lo que he visto a lo largo de estos dos años.

—Exacto —asiento—. Y eso significa que es un sociópata.

La oigo tomar un trago de agua y dejar el vaso.

—En ese caso —responde, después de tragar—, conozco un chico perfecto para ti. Y no es un odianiños. —A ella también le gusta el nuevo nombre de Novio—. Dentro de unas semanas, cuando estés lista, te lo presentaré.

La idea es tan absurda que prácticamente sonrío. Lo que de verdad necesito estando la ruptura tan fresca es que alguien me acompañe en mi dolor, pero al mismo tiempo entiendo la sensación de impotencia que produce ver a una amiga sufriendo y no poder ofrecerle ninguna solución. El acompañamiento en el dolor es una de esas raras experiencias que acontecen en la seguridad del gabinete, pero cuesta mucho brindarlo u obtenerlo fuera; incluso resulta difícil para Jen, que también es psicóloga.

Cuando cortamos la llamada, pienso en la frase «dentro de unas semanas». ¿De verdad podría salir con alguien dentro de unas semanas? Me imagino quedando con un buen chico que hace esfuerzos por entablar la típica conversación para romper el hielo; sin saberlo, hará referencia a algo que me recordará a Novio (estoy convencida) y yo no seré capaz de contener las lágrimas. El llanto en una primera cita enfría a cualquiera. El llanto de una terapeuta en una primera cita enfría y asusta. Además, ahora mismo solo tengo fuerzas para concentrarme en el presente inmediato.

En estos momentos solo puedo pensar en dar un paso y luego otro.

Eso les digo a los pacientes que están sumidos en una depresión incapacitante, de esas que te llevan al extremo de pensar: *Ahí está el cuarto de baño. A cinco pasos de distancia. Lo veo, pero no soy incapaz de desplazarme hasta allí.* Mueve un pie y luego el otro. No contemples los cinco pasos de una vez. Concéntrate en el primero. Y cuando lo hayas conseguido, da el siguiente. Al final llegarás a la ducha. Y al día de mañana, y al año que viene. *Un paso.* Tal vez no puedan imaginar que su depresión desaparecerá en un futuro cercano, pero no hace falta. Hacer algo te empuja a hacer algo más y ese gesto sustituye un círculo vicioso por uno virtuoso. Las grandes transformaciones acaecen gracias a los cientos de pasos minúsculos, casi imperceptibles, que damos a lo largo del camino.

Muchas cosas pueden suceder en el espacio de un solo paso.

No sé cómo lo hago, pero me las arreglo para despertar a mi hijo, preparar el desayuno, guardarle las cosas en la mochila, entablar conversación, llevarlo al cole y conducir hasta el trabajo, todo sin derramar ni una lágrima. *Puedo hacerlo*, pienso mientras subo a mi despacho en el ascensor. Un pie, luego el otro. Una sesión de cincuenta minutos cada vez.

Llego al gabinete de psicoterapia, saludo a los colegas en el pasillo, abro la puerta de mi despacho y me sumerjo en la rutina: dejo mis cosas en su sitio, silencio los teléfonos, retiro el seguro de los muebles archivadores y ahueco los almohadones del sofá. Luego, algo nada propio de mí, tomo asiento en el sitio del paciente. Miro mi silla de terapeuta vacía y contemplo las vistas desde este lado de la habitación. El gesto me proporciona un consuelo extraño. Me quedo allí hasta que la lucecita verde que hay junto a la puerta parpadea para hacerme saber que mi primer paciente ha llegado.

Estoy lista, pienso. Un pie, luego el otro. *Todo irá bien.*

Salvo que no es así.

4

La lista y la guapa

Siempre me han atraído los relatos; no solamente la trama sino también la forma. Cuando los pacientes acuden a terapia, me concentro en sus narraciones, pero al mismo tiempo estoy pendiente del punto de vista que adoptan. ¿Consideran lo que están relatando la única versión de la historia —la versión «correcta»— o saben que la suya tan solo es una más entre muchas maneras de narrarla? ¿Son conscientes de lo que deciden incluir o dejar fuera, de cómo influye la manera de contar el relato en la opinión que se forma el que escucha?

Pensé mucho en esas cuestiones cuando rondaba la veintena; no en relación con los pacientes en terapia sino a los personajes del cine y la televisión. Por eso, tan pronto como me gradué en la universidad, me puse a trabajar en la industria del entretenimiento, la misma que todos llamamos, para abreviar, «Hollywood».

Una gran agencia de talentos me contrató como ayudante de un agente cinematográfico junior que, como la mayoría de la gente en el negocio, no era mucho mayor que yo. Brad representaba a guionistas y directores y tenía un aspecto tan aniñado, con sus mejillas tersas y esa mata de pelo lacio cuyo flequillo parecía empeñado en taparle los ojos, que su elegante traje y sus carísimos zapatos parecían demasiado serios para él, como si llevara puesta la ropa de su padre.

Estrictamente hablando, mi primer día de trabajo fue un examen. Gloria, de Recursos Humanos (nunca llegué a conocer su apellido; todo el mundo la llamaba «Gloria, de Recursos Humanos») me había dicho que Brad había reducido los candidatos a dos finalistas, y cada una de nosotras trabajaría una jornada de prueba. Durante la tarde de la mía, volviendo del cuarto de la impresora, oí a mi posible jefe y a otro agente, su mentor, charlando en su despacho.

—Gloria, de Recursos Humanos, quiere una respuesta hoy mismo —decía Brad—. ¿Escojo a la lista o a la guapa?

Yo me quedé helada.

—Escoge siempre a la lista —respondió el otro agente, y yo me pregunté cuál de las dos me consideraba Brad.

Una hora más tarde me dieron el empleo. Y si bien la pregunta me pareció ofensivamente inapropiada, fui tan boba de sentirme herida.

Y pese a todo, no entendía por qué Brad me había etiquetado como «la lista». Lo único que hice ese día fue marcar una serie de números telefónicos (y desconectar una y otra vez las llamadas al equivocarme de tecla en la confusa centralita), preparar café (que me devolvieron dos veces), imprimir un guion (marqué diez copias en lugar de una y escondí los nueve guiones sobrantes debajo de un sofá en la sala de descanso) y tropezar con el cable de una lámpara en el despacho de Brad antes de caerme de culo.

La guapa, concluí, debía de ser tonta de remate.

En teoría, ocupaba el cargo de «ayudante literaria de cinematografía», pero en realidad era una secretaria que se pasaba el día haciendo llamadas. Marcaba los números de los estudios de ejecutivos y cineastas, les decía a los ayudantes que mi jefe estaba al teléfono y luego le pasaba la llamada. En la industria, era del dominio público que los ayudantes escuchaban en silencio las conversaciones. Gracias a eso sabíamos qué guiones debíamos enviar sin necesidad de que nos dieran instrucciones. En ocasiones, sin embargo, los interlocutores se olvidaban de nosotros y oíamos toda clase de cotilleos jugosos sobre los amigos famosos de nuestros jefes: quién había discutido con su pareja o qué ejecutivo estaba a punto de ser «enviado al baúl de los recuerdos» con gran discreción, frase en clave para indicar que le iban a asignar la autoproducción de una estrella. Si la persona con la que mi jefe quería contactar no estaba disponible, «dejaba el recado» y pasaba al siguiente nombre de una lista de cien personas. En ocasiones me pedían que devolviera llamadas a horas estratégicamente inoportunas (antes de las nueve y media de la mañana, porque en Hollywood nadie llega al trabajo antes de las diez, o, de manera menos sutil, a la hora del almuerzo) para asegurarse de que la persona en cuestión estuviera ausente.

Si bien el mundo del cine irradiaba glamur —el tarjetero de Brad rebosaba direcciones y números privados de personas que yo admiraba desde hacía años—, el trabajo de ayudante era otro cantar. Los asistentes traen cafés, conciertan citas de pedicura y peluquería, recogen ropa de la tintorería, filtran llamadas de padres o excónyuges, imprimen y envían documentos, llevan coches al mecánico, se encargan de recados personales y siempre, sin excepción, llevan botellines de agua fría a las reuniones (sin dirigir la palabra a los guionistas o directores presentes, a los que te mueres por conocer).

Por fin, a última hora de la noche, redactas diez páginas de notas a un solo espacio sobre los guiones que envían los clientes para que tu jefe pueda hacer comentarios inteligentes en las reuniones del día siguiente sin necesidad de leer nada. Los ayudantes nos esforzábamos mucho en la redacción de esas notas para demostrar que éramos brillantes y capaces, y que a su debido tiempo podríamos (Dios mediante) dejar de trabajar como asistentes y olvidarnos de las soporíferas tareas, las jornadas interminables, los salarios irrisorios y las horas extraordinarias no retribuidas.

Cuando llevaba unos meses en el puesto, empecé a percatarme de que las guapas de mi agencia —y las había a montones entre las ayudantes— recibían toda la atención, mientras que a las listas nos encargaban el trabajo pesado. Dormí muy poco a lo largo de aquel primer año, porque leía y escribía comentarios de una docena de guiones a la semana, siempre fuera del horario laboral y durante los días de descanso. Pero no me importaba. De hecho, esa era mi parte favorita del trabajo. Aprendí a crear historias y me enamoré de fascinantes personajes con tortuosas vidas interiores. A medida que pasaron los meses, fui aprendiendo a confiar en mi instinto y a vencer mis reparos a compartir ideas.

Pronto, una productora me contrató como ejecutiva cinematográfica de nivel inferior, con el cargo de «redactora de historias». Ahora yo participaba en las reuniones mientras otro ayudante traía el agua embotellada. Trabajé codo con codo con guionistas y directores, atrincherada en una sala y repasando el material escena por escena, planteando los cambios que indicaba el estudio de tal modo que los guionistas, que tendían a mostrarse protectores con sus textos, no montasen en cólera y amenazasen con abandonar el proyecto. (Esas negociaciones acabaron constituyendo unas excelentes prácticas para la terapia de pareja.)

En ocasiones, para evitar distracciones en la oficina, trabajaba con los cineastas a primera hora de la mañana en mi minúsculo apartamento. Compraba pastas para el desayuno la noche anterior pensando: *¡Mañana, John Lithgow se comerá este* bagel *en mi cochambrosa sala, con la horrible moqueta y el techo estucado! ¿Puede haber algo mejor?*

Y entonces ocurrió… o eso creía yo. Me ascendieron. A un puesto para el que me había esforzado mucho y que deseaba con toda mi alma. Hasta que lo conseguí.

El problema de este oficio es que llevas a cabo casi todo el trabajo creativo cuando tienes poca experiencia. En tus comienzos, eres la persona entre bastidores, la que redacta el guion en el despacho mientras los ejecutivos de rango más alto están fuera buscando talento, almorzando con agentes o visitando los platós para echar un vistazo a las producciones de la empresa. Cuando asciendes, pasas de ser lo que se conoce como un ejecutivo interno a uno externo, y si te encantaba la vida social del instituto, es la ocupación ideal para ti. Pero si eras la típica empollona, que disfrutaba más haciendo codos en la biblioteca con un par de amigas, lleva cuidado con lo que deseas.

Ahora mi trabajo consistía en realizar torpes intentos por socializar en almuerzos y reuniones. Por si fuera poco, el proceso parecía avanzar a cámara lenta. La producción de una película lleva años —literalmente— y yo tenía la inquietante sensación de que ese trabajo no era para mí. Me había mudado a un adosado con una amiga y cierto día mi compañera observó que veía demasiada televisión por las noches. O sea, una cantidad patológica de televisión.

—Pareces deprimida —comentó preocupada. Yo repliqué que no estaba deprimida, solamente aburrida. No tuve en cuenta que si lo único que te induce a levantarte por las mañanas es saber que después de cenar podrás mirar la tele un rato, seguramente estás deprimida.

Cierto día, más o menos en esa época, estaba almorzando en un restaurante ideal con una agente encantadora, oyéndola hablar del maravilloso contrato que había conseguido, cuando reparé en las cuatro palabras que desfilaban por mi cabeza sin cesar: Me-trae-sin-cuidado. Dijera lo que dijese la agente, las cuatro palabras se repetían en bucle, y no desaparecieron cuanto llegó la cuenta ni durante el trayecto de regreso al despacho. Resonaron en mi mente al día siguiente también y a lo largo de las semanas venideras, hasta que por fin me vi obligada a admitir, meses más tarde, que no iban a desaparecer. *Me-trae-sin-cuidado*.

Y como lo único que me motivaba era la televisión, como el único momento en que sentía algo (o, quizás, formulado con más propiedad, el único momento en que notaba la ausencia de una vaga sensación desagradable) era cuando estaba inmersa en esos mundos imaginarios creados a partir de episodios que llegaban cada semana como un reloj, busqué trabajo en la tele. Al cabo de pocos meses, empecé a trabajar en desarrollo de series para la NBC.

Me pareció un sueño hecho realidad. Pensé: contribuiré a contar historias otra vez. Aún mejor, en lugar de desarrollar películas aisladas, con finales planeados al milímetro, escribiré guiones de series. A lo largo de múltiples episodios y temporadas, desvelaré a los espectadores los secretos sus personajes favoritos, retirando capa tras capa; personajes tan imperfectos y contradictorios como todos nosotros, con historias igual de embrolladas.

Lo consideré la solución perfecta a mi aburrimiento. Tardaría años en darme cuenta de que había resuelto el problema equivocado.

5

Yo prefiero meditar en la cama

ANOTACIONES INICIALES, JULIE:

Profesora universitaria de treinta y tres años acude pidiendo ayuda para afrontar el diagnóstico de cáncer que ha recibido al regreso de su luna de miel.

—¿Eso es un pijama? —pregunta Julie cuando entra en mi consulta. Es la tarde del día siguiente a mi «percance con Novio», justo antes de la cita con John (y sus idiotas), y estoy a punto de dar por superada la jornada.

La miro con perplejidad.

—Su camiseta —aclara, a la vez que se acomoda en el sofá.

Retrocedo mentalmente a primera hora de la mañana, al jersey gris que pretendía enfundarme, y acto seguido, con desaliento, a la imagen de ese mismo jersey extendido sobre mi cama junto a la camiseta del pijama gris de la que me he despojado antes de meterme en la ducha en estado de estupor posruptura.

Ay, Dios.

En uno de sus viajes a Costco, Novio me compró un paquete de pijamas con mensajes estampados del estilo de SOY TAN

GUAPA QUE ESTOY BUENA HASTA EN PIJAMA, HÁBLAME EN PRINGADO Y ZZZZZ RONQUIDO (en absoluto el mensaje que una terapeuta querría transmitir a sus pacientes). Intento recordar cuál llevaba puesta ayer por la noche.

Me preparo y bajo la vista. Mi camiseta dice: YO PREFIERO MEDITAR EN LA CAMA. Julie me está mirando, esperando una respuesta.

Cuando no sé qué decir en sesión —algo más frecuente entre terapeutas de lo que piensan los pacientes— me enfrento a un dilema: guardar silencio hasta tener más controlada la situación o tratar de ofrecer una respuesta, pero haga lo que haga debo ser fiel a la verdad. De manera que, si bien me siento tentada a decirle que hago yoga y que mi top no es más que una camiseta informal, me lo pienso dos veces, por cuanto estaría mintiendo. Julie hace yoga como parte de su programa de Cáncer Consciente y, si empieza a hablar de posturas, tendré que seguir disimulando y fingir que las conozco; o reconocer que no he dicho la verdad.

Recuerdo que, durante las prácticas como internos, un compañero le dijo a una paciente que estaría ausente tres semanas, y ella le preguntó a dónde iba.

«Voy a Hawái», respondió el interno con sinceridad.

«¿De vacaciones?», preguntó la paciente.

«Sí», respondió él aunque, estrictamente hablando, se disponía a casarse y luego pasaría dos semanas de luna de miel en la isla.

«Qué vacaciones más largas», observó ella, y él, pensando que compartir la noticia de su boda sería demasiado personal, decidió centrarse en el comentario de la paciente. ¿Cómo se sentía ella ante la idea de perder tres semanas de sesiones? ¿Qué le sugerían sus sentimientos en relación con su ausencia? Sin duda dos vías que ofrecían abundante material para explorar, pero lo mismo podría decirse de la pregunta indirecta de la paciente: *si no estamos en verano ni en época vacacional, ¿a qué se debe que te tomes tres semanas libres?* Y, como era de esperar, cuando el interno volvió al trabajo, ella reparó en su alianza y se sintió traicionada. *¿Por qué no me dijiste la verdad?*

En retrospectiva, el interno lamentó no haberlo hecho. ¿Y qué, si la chica se enteraba de que se iba a casar? Los terapeutas se casan y los pacientes reaccionan a eso. Ambas situaciones se pueden trabajar. La pérdida de confianza es más difícil de restaurar.

Freud argüía que «los psicólogos deberían ser impenetrables para el paciente e, igual que un espejo, no reflejar nada salvo lo que se les muestra». En la actualidad, sin embargo, la mayoría de terapeutas adopta en su trabajo alguna versión de lo que se conoce como «autorrevelación», ya sea compartiendo algunas de las reacciones que experimentan durante las sesiones o reconociendo que han visto el programa de televisión al que el paciente se ha referido varias veces. (Mejor reconocer que ves *The Bachelor* que fingir ignorancia y sufrir un lapsus nombrando a un personaje que el otro todavía no ha mencionado.)

A pesar de todo, como es inevitable, la cuestión de qué material se comparte y cuál no resulta siempre peliaguda. Una psicóloga que conozco le confió a una paciente a cuyo hijo le acababan de diagnosticar síndrome de Tourette que su retoño sufría el mismo problema... y eso las acercó. Otro colega estuvo tratando a un hombre cuyo padre se había suicidado sin revelarle nunca que su propio padre también se quitó la vida. Cada situación requiere un cálculo, una prueba subjetiva que usamos para sopesar la conveniencia de autorrevelarse: ¿contar con esta información ayudará al paciente?

Si la usas bien, la autorrevelación puede servir para acortar distancias con personas que se sienten aisladas en sus experiencias y tiende a generar mayor apertura por su parte. Sin embargo, si el paciente percibe la información como inapropiada o autoindulgente, podría sentirse incómodo y cerrarse; o abandonar la terapia sin más.

—Sí —le digo a Julie—. Es una camiseta de pijama. Me la he puesto por error.

Aguardo, preguntándome qué responderá. Si me pregunta por qué, le diré la verdad (aunque sin entrar en detalles): esta mañana estaba despistada.

—Ah —contesta, y entonces tuerce la boca como hace cuando está a punto de romper en llanto, pero en vez de eso estalla en carcajadas—. Perdone, no me río de usted. *YO PREFIERO MEDITAR EN LA CAMA...* ¡Es exactamente así como me siento!

Me habla de una mujer de su programa de Cáncer Consciente. Por lo visto, está convencida de que si Julie no se toma el yoga en serio —al igual que los famosos lazos rosa y el optimismo— el cáncer acabará con ella. Da igual que el oncólogo de Julie le haya dicho a las claras que su enfermedad es incurable. La mujer insiste en que el yoga puede sanarla.

Julie la desprecia.

—Imagine que entro en clase de yoga con esa camiseta puesta y...

Ahora tiene un ataque de risa en toda regla. Intenta controlarse y al momento vuelve a empezar. No he visto reír a Julie desde que descubrió que no viviría mucho más. Esta debía de ser su personalidad en la época a la que ella se refiere como a. C. o «antes del cáncer», cuando era feliz y estaba sana y se enamoró de su futuro marido. Su risa suena como una canción y es tan contagiosa que rompo en carcajadas a mi vez.

Las dos estamos riendo, ella de la mojigata de su clase de yoga, yo de mi error; de la facilidad con que nos traiciona la mente, igual que el cuerpo.

Julie descubrió que tenía cáncer mientras mantenía relaciones con su marido en una playa de Tahití. Entonces no sospechó que pudiera ser un tumor. Experimentaba molestias en el pecho y más tarde, en la ducha, notó algo raro en la zona dolorida, pero a menudo tenía sensaciones raras en el pecho y el examen ginecológico nunca revelaba nada más importante que algún cambio en las glándulas mamarias en ciertos momentos del mes. Bueno, pensó, tal vez estuviera embarazada. Ella y su flamante marido, Matt, llevaban juntos tres años y ambos habían hablado de formar una familia tan pronto como se casaran. En las semanas previas a la boda no habían usado ningún método anticonceptivo.

Además, era un buen momento para tener un hijo. Julie acababa de obtener plaza fija en la universidad y, tras años de duro trabajo, por fin podía tomarse un respiro. Ahora dispondría de más tiempo para dedicar a sus pasiones: correr maratones, escalar montañas y preparar pasteles bobos para su sobrino. También habría espacio para el matrimonio y la maternidad.

Cuando Julie regresó de su luna de miel, hizo pis sobre un dispositivo y se lo enseñó a Matt, que la levantó en volandas y bailó con ella por la habitación. Decidieron que el tema que sonaba en la radio —*Walking on sunshine*— sería la canción de su bebé. Emocionados, acudieron al obstetra para la primera cita prenatal y cuando el médico palpó la «glándula» que Julie había notado durante la luna de miel, la sonrisa del hombre perdió algo de alegría.

—No será nada —los tranquilizó—. Pero vamos a asegurarnos.

Era algo. Joven, recién casada y embarazada, sin antecedentes de cáncer en la familia, Julie había sido alcanzada por la arbitrariedad del universo. Luego, mientras lidiaba con la dificultad de soportar el tratamiento estando embarazada, abortó.

Fue entonces cuando Julie aterrizó en mi consulta.

Me pareció una derivación extraña, por cuanto yo no estaba especializada en ese tipo de enfermos. Sin embargo, mi falta de experiencia era exactamente lo que Julie andaba buscando. Le dijo a su doctor que no quería trabajar con una psicóloga «del grupito del cáncer». Deseaba sentirse normal, formar parte de la vida. Y como los médicos parecían confiar en que se recuperaría tras la cirugía y la quimio, prefirió concentrarse en superar el tratamiento y en sus experiencias como recién casada y no en la enfermedad. (¿Qué debía decir en las notas de agradecimiento por los regalos de boda? *¿Muchísimas gracias por la preciosa ensaladera… la dejaré junto a la cama para cuando tenga ganas de vomitar?*)

El tratamiento fue brutal, pero Julie mejoró. El día después de que los médicos la declararan «libre de tumores», Matt y ella hicieron una excursión en globo junto con sus familiares y mejores amigos. Sucedió durante la primera semana del verano y, cuando entrelazaron los brazos y contemplaron el ocaso a trescientos metros de altura, Julie ya no se sintió estafada como se había sentido durante el tratamiento, sino afortunada. Sí, había vivido un infierno. Pero lo había dejado atrás y tenía un futuro por delante. Dentro de seis meses le harían el último TAC, su carta blanca para quedarse embarazada. Esa noche soñó que tenía sesenta años y sostenía en brazos a su primer nieto.

El ánimo de Julie era bueno. Nuestro trabajo había terminado.

No la vi entre el viaje en globo y el TAC. Pero empecé a recibir llamadas de otros pacientes de cáncer, derivados por la oncóloga de Julie. Nada como una enfermedad para perder la sensación de control sobre los acontecimientos, si bien a menudo controlamos menos de lo que imaginamos. No nos gusta pensar que nos puede tocar la china por más que lo hagamos todo bien, ya sea en la vida o en el tratamiento. Y cuando eso sucede, lo único que puedes controlar es la manera de sobrellevar esa china; sobrellevarla a tu manera y no como otros piensan que deberías afrontarla. Yo le había dado espacio a Julie para elegir su proceder; tenía tan poca experiencia que apenas sabía nada del enfoque «correcto» y, por lo visto, el mío había funcionado.

—Sea lo que sea lo que hiciste con ella —dijo la oncóloga de Julie— quedó contenta con el resultado.

Era consciente de que no había hecho nada extraordinario. Por encima de todo, me esforcé mucho en no arredrarme ante la crudeza de la situación. Sin embargo, esa crudeza tenía un límite, porque en aquel entonces ni siquiera considerábamos la posibilidad de la muerte. En cambio, comentábamos pelucas frente a turbantes, sexo e imagen corporal poscirugía. Y la ayudé a meditar cómo afrontar su matrimonio, la relación con sus padres y su vida profesional tal como habría hecho, más o menos, con cualquier otro paciente.

Y entonces, un día, escuchando los mensajes del contestador, oí la voz de Julie. Necesitaba verme cuanto antes.

Acudió a la mañana siguiente, lívida. El TAC que en teoría no debía mostrar nada había revelado un tipo raro de cáncer, distinto del original. Con toda probabilidad, la enfermedad iba a acabar con su vida. Tardaría un año, cinco, diez a lo sumo.

Como es natural, probarían tratamientos experimentales, pero no eran sino eso: procedimientos en fase de prueba.

—¿Me acompañará hasta que muera? —preguntó Julie, y si bien mi primer impulso fue hacer lo mismo que suele hacer la gente cuando alguien saca la muerte a colación, que consiste en negarla por completo (*oh, eh, no nos pongamos en lo peor, Esos tratamientos experimentales podrían funcionar*), tuve que recordarme que estaba allí para ayudar a Julie, no para consolarme a mí misma.

A pesar de todo, me quedé pasmada ante la pregunta, todavía tratando de asimilar la noticia. No estaba segura de ser la persona indicada. ¿Y si decía o hacía algo inapropiado? ¿Se sentiría herida si mi expresión facial o mi lenguaje corporal dejaban traslucir mis sentimientos (incomodidad, miedo, tristeza)? Ella tan solo tendría una oportunidad para llegar hasta el final tal como deseaba. ¿Y si le fallaba?

Debió de percibir mi vacilación.

—Por favor —dijo—. Ya sé que no es un paseo por el parque, pero no quiero acudir a la gente esa del cáncer. Se comportan como una secta. No paran de decirte lo valiente que eres, como si tuvieras alternativa y, además, estoy aterrorizada y todavía retrocedo al ver una aguja, igual que hacía de niña cuando me vacunaban. No soy valiente ni una guerrera dispuesta a librar una batalla. Solo soy una profesora universitaria normal y corriente. —Se inclinó hacia delante, sentada en el sofá—. Tienen las paredes forradas de *afirmaciones*. Por favor.

Mirando a Julie, no pude negarme. Aún más importante si cabe, ahora tampoco quería hacerlo.

Y en ese preciso instante, el carácter de nuestro trabajo compartido cambió: iba a ayudarla a hacer las paces con la idea de morir.

En esta ocasión, mi inexperiencia tal vez marcase la diferencia.

6

Buscando a Wendell

—D eberías hablarlo con alguien —sugiere Jen tres semanas después de la ruptura. Acaba de llamarme al trabajo para saber cómo estoy—. Tienes que encontrar un espacio
en el que no te sientas obligada a comportarte como una psicóloga —añade—. Un lugar en el que te puedas desmoronar por
completo.

Me miro en el espejo que cuelga junto a la puerta de mi
consulta, el que uso para asegurarme de que no llevo lápiz de
labios en los dientes cuando estoy a punto de salir en busca de
un paciente que aguarda en la sala de espera, tras un tentempié
rápido entre sesiones. Mi aspecto es normal, pero estoy mareada
y desorientada. Me desenvuelvo bien en las sesiones —ver pacientes es un alivio, una tregua de cincuenta minutos en mi propia vida— pero el resto del tiempo me siento desquiciada. De
hecho, cada día estoy peor, no mejor.

No puedo dormir. No me puedo concentrar. Desde la ruptura, he olvidado la tarjeta de crédito en Target, he salido de la
gasolinera con el tapón del depósito colgando y me he lastima-
do la rodilla al tropezar en el garaje. Me duele el pecho igual
que si me hubieran aplastado el corazón, pero sé que no es así
porque trabaja aún con más ahínco si cabe, latiendo a toda

velocidad las veinticuatro horas del día; un signo de ansiedad. No dejo de preguntarme cómo se sentirá Novio. Tranquilo y en paz, imagino, mientras que yo paso las noches tirada en el suelo de mi habitación, echándolo de menos. Y entonces empiezo a darle vueltas a la cuestión de si realmente lo echo de menos; ¿acaso lo *conocía* siquiera? ¿Lo añoro a él o a una imagen que yo construí?

De modo que cuando Jen me anima a hablar con un terapeuta, comprendo que tiene razón. Necesito que alguien me ayude a superar esta crisis.

Pero ¿quién?

Buscar psicólogo es peliagudo. No se parece a encontrar, pongamos, un buen internista o un dentista. ¿Un psicoterapeuta? Hay que tener en cuenta:

1. Si le pides a alguien que te recomiende un buen psicólogo clínico y esa persona no está haciendo psicoterapia, podría tomarse mal tu suposición. De manera parecida, si le preguntas a alguien por un buen terapeuta y esa persona sí está viendo a uno, tal vez le angustie que lo hayas deducido con tanta facilidad. *De todas las personas que conoce* —podría decirse— *¿por qué ha pensado en mí?*

2. Cuando preguntas, te arriesgas a que esa persona quiera conocer los motivos que te inducen a hacer terapia. «¿Algo va mal? —se interesará tal vez—. ¿Es tu matrimonio? ¿Estás deprimida?». Y aunque no lo dijera en voz alta, cada vez que te viera podría estar pensando: *¿Algo va mal? ¿Será su matrimonio? ¿Estará deprimida?*

3. Si la amiga en cuestión te da el nombre de su psicólogo, lo que digas en sesión podría ser cotejado sin que tú lo sepas. Si, por ejemplo, tu amiga le cuenta a su psicólogo un incidente que te involucra y te deja en mal lugar y tú le ofreces una versión distinta del mismo episodio —o lo obvias por completo— el terapeuta verá una faceta de ti misma que tú no has elegido mostrarle. Pero no llegarás a averiguar qué sabe acerca de ti en realidad, porque no puede comentar nada mencionado en la sesión de otra persona.

A pesar de estos inconvenientes, el boca a boca suele ser un sistema eficaz para encontrar psicoterapeuta. También puedes acudir a Psychology Today.com y revisar los perfiles de profesionales que ejerzan por tu zona. Ahora bien, hagas lo que hagas, es posible que tengas que hablar con unos cuantos antes de encontrar al adecuado. Sucede así porque conectar con el terapeuta es crucial en sentidos que no afectan a otros profesionales de la salud (como dijo otro psicólogo: no es lo mismo que escoger a un buen cardiólogo, que te ve dos veces al año como mucho y nunca sabrá nada de tus terribles problemas de inseguridad). Estudios y más estudios han demostrado que el factor más importante para el éxito del tratamiento es la relación con el terapeuta, la experiencia del paciente de «sentirse sentido». Influye más que la preparación del profesional, el tipo de enfoque con el que trabaja o la clase de problema con que acudes a terapia.

No obstante, mi búsqueda está sometida a líneas rojas particulares. Para evitar una infracción de tipo ético conocida como «relación dual», no puedo tratar ni ser tratada por nadie de mi entorno: ni el padre o la madre de un compañero de mi hijo, la hermana de un colega o una amiga de mi madre, ni algún vecino. La relación que se establece en consulta tiene que limitarse a ese espacio y no trascenderlo. Esas reglas no se aplican a otros profesionales clínicos. Puedes jugar al tenis o compartir club de lectura con tu cirujano, dermatólogo o quiropráctico, pero no con tu psicólogo.

Dicha restricción limita enormemente mis opciones. Tengo tendencia a derivar pacientes a numerosos colegas de la ciudad, acudir a congresos con ellos y relacionarme de un modo u otro. Por si fuera poco, mis amigas psicólogas, como Jen, conocen a los mismos que yo. Aun si Jen me derivara a algún colega con el que nunca he coincidido, no me sentiría cómoda sabiendo que mi terapeuta y ella se conocen; demasiada proximidad. ¿Y si preguntara a mis propios colegas? Bueno, hay un problema: no quiero que sepan que busco terapia urgente. Tal vez se mostraran reacios, conscientemente o no, a derivarme pacientes.

Así que, si bien vivo rodeada de psicoterapeutas, mi dilema se resume en unos versos de Coleridge: «Agua, agua, por todas partes/ y ni una gota para beber.»

Afortunadamente, a punto de dar la jornada por concluida tengo una idea.

Mi colega Caroline no trabaja en mi gabinete, ni siquiera en mi edificio. No somos amigas, pero nos llevamos bien. En ocasiones compartimos casos: yo llevo a una pareja y ella a uno de los miembros de manera individual, o viceversa. Tengo confianza plena en su criterio.

Marco su número y responde de inmediato.

—Hola, ¿cómo estás? —pregunta.

Le aseguro que estoy de maravilla.

—Genial —repito con entusiasmo. No menciono que apenas duermo ni me alimento, y que me siento como si me fuera a desmayar en cualquier momento. Le pregunto qué tal está ella y luego voy directa al grano.

—Necesito una derivación —expongo—, para un amigo.

Le explico deprisa y corriendo que mi «amigo» está buscando un terapeuta masculino para evitar que Caroline se pregunte por qué no se lo envío a ella.

A través del teléfono, prácticamente oigo girar los engranajes de su cerebro. Alrededor de tres cuartas partes de los psicólogos que ejercen como terapeutas (en lugar de dedicarse a la investigación, a la psicometría o al control de medicamentos) son mujeres, así que tiene que pensarlo un rato antes de que se le ocurra un nombre. Añado que tampoco le puedo recomendar al único psicoterapeuta varón de mi centro, que casualmente es uno de los más brillantes que conozco, porque mi amigo no se sentiría cómodo acudiendo a mi gabinete, donde compartimos sala de espera.

—Hummm —dice Caroline—. ¿Es un hombre de tu edad?

—Sí, de cuarenta y pico —respondo—. Altamente funcional.

Altamente funcional es la expresión en clave que empleamos los terapeutas para hablar de los buenos pacientes, esos con los que a todos nos gusta trabajar y que te compensan por los otros, a los que también tratamos pero que son menos funcionales. Hablamos de pacientes altamente funcionales para referirnos a aquellos que demuestran capacidad para forjar vínculos, asumir responsabilidades adultas y verse a sí mismos. La clase de paciente que no te llama a todas horas entre sesión y sesión con problemas urgentes. Los estudios demuestran, tal como dicta el sentido común, que la mayoría de los profesionales prefieren trabajar con personas locuaces, motivadas, abiertas y responsables; son esas las que progresan con más rapidez. Le he mencionado a Caroline el detalle de la alta funcionalidad con el fin de agrandar la franja de terapeutas que pudieran mostrar interés en el caso y, bueno, me considero altamente funcional, más o menos. (Como mínimo, lo era hasta hace poco.)

—Creo que se sentiría más cómodo si está casado y tiene hijos —prosigo.

Añado esta nueva condición por otra razón. Sé que no estoy siendo ecuánime, pero me temo que una mujer podría estar predispuesta a empatizar con mi situación posruptura y que un hombre, si no está casado ni es padre, tal vez no comprenda los matices que aporta el detalle del niño a la situación. En resumen, quiero saber si *un profesional objetivo que sepa por propia experiencia lo que implica el matrimonio y la paternidad* —un hombre igual a Novio— se horroriza tanto como yo ante la conducta de mi ex, porque en ese caso confirmaré que mi reacción es normal y no me estoy volviendo loca.

Sí, busco objetividad, pero solamente porque estoy convencida de que me va a favorecer.

Oigo a Caroline teclear en el ordenador. *Tap, tap, tap.*

—A lo mejor… no, olvídalo, tiene una opinión de sí mismo demasiado buena —dice de algún terapeuta sin nombre. Vuelve a su teclado.

Tap, tap, tap.

—Hay un colega que antes formaba parte de mi grupo de supervisión —empieza—. Pero no estoy segura. Es genial. Muy hábil. Siempre hace aportaciones interesantes. Pero…

Caroline titubea.

—¿Pero qué?

—Parece tan feliz todo el tiempo. Me resulta... antinatural. En plan, ¿qué le hace tan feliz, si se puede saber? Pero a algunos pacientes les gusta eso. ¿Crees que tu amigo se llevaría bien con él?

—Seguro que no —es mi respuesta. Yo también desconfío de las personas aquejadas de felicidad crónica. A continuación Caroline nombra un buen psicólogo al que conozco bastante bien, así que le digo que no encajará con mi amigo porque hay *conflicto*; expresión en clave que indica: «sus mundos se tocan, pero no puedo revelar más.»

Ella sigue tecleando —tap, tap, tap— y entonces se detiene.

—Ah, oye, hay un psicólogo llamado Wendell Bronson —me dice Caroline—. Hace años que no hablo con él, pero hicimos la residencia juntos y es listo. Casado, con hijos. De cuarenta y tantos, con mucha experiencia. ¿Te paso el contacto?

Digo que me parece bien, o sea, a «mi amigo» le parecerá bien. Intercambiamos unas cuantas frases educadas y nos despedimos.

En este momento, lo único que sé de Wendell es lo que Caroline acaba de decirme y que hay dos horas de estacionamiento gratuito en el aparcamiento de enfrente de su gabinete. Estoy al tanto del detalle del aparcamiento porque, cuando Caroline me envía su teléfono y su dirección un minuto después, advierto que mi centro de depilación se encuentra en la misma calle (*aunque dudo mucho de que me vaya a depilar en un futuro próximo*, pienso, y eso me hace llorar de nuevo).

Recupero la compostura el tiempo suficiente para marcar el número de Wendell y, tal como esperaba, salta el contestador. Los psicoterapeutas rara vez responden al teléfono de la consulta para que los pacientes no se sientan rechazados si acaso llaman en plena crisis y el profesional tan solo les puede ofrecer unos minutos entre sesión y sesión. Las llamadas entre colegas se realizan al móvil o al busca.

Oigo una grabación genérica («Hola, ha llamado a la consulta de Wendell Bronson. Devuelvo las llamadas en horario de oficina de lunes a viernes. Si es una emergencia, por favor llame al...») y, después de la señal, dejo un mensaje conciso con la información que desea un terapeuta, ni más ni menos: nombre, una breve explicación del motivo de mi llamada y número de teléfono. Lo estoy haciendo bien hasta que, pensando que contribuirá a que adelante la cita, añado que yo también soy psicóloga, pero mi voz se rompe al pronunciar la última palabra. Avergonzada, toso para disimular y cuelgo a toda prisa.

Cuando Wendell me devuelve la llamada, una hora más tarde, trato de sonar lo más serena posible mientras le explico que solamente necesito resolver una pequeña crisis, unas pocas semanas para «procesar» una ruptura y todo estará resuelto. Ya he pasado por terapia, así que acudo con las tuercas apretadas. No se ríe de mi broma, de lo cual deduzco que carece de sentido del humor, pero me da igual porque no me hace falta el humor para solventar esta crisis.

Lo que quiero, al fin y al cabo, es volver a levantar cabeza.

Wendell pronuncia unas cinco palabras en el transcurso de toda la llamada. Empleo el término *palabras* en su sentido más amplio, porque en realidad suelta unos cuantos *ajá* antes de ofrecerme una visita a las nueve en punto de la mañana siguiente. Acepto y hemos terminado.

Aunque Wendell no ha dicho gran cosa, la conversación me proporciona consuelo inmediato. Sé que se trata de un efecto placebo muy extendido: *Me van a ayudar con esto. Sí, estoy fatal ahora mismo porque lo sucedido me ha pillado desprevenida, pero pronto las cosas se pondrán en su sitio* (es decir, Wendell me confirmará que Novio es un sociópata). *Cuando vuelva la vista atrás, esta ruptura será una perturbación en el radar de mi vida. Lo consideraré un error del que pude aprender algo, la clase de equivocación que mi hijo llama «un resbalón».*

Esta noche, antes de acostarme, reúno las cosas de Novio —su ropa, artículos de aseo, raqueta de tenis, libros y dispositivos electrónicos— y los guardo en una caja que planeo devolverle. Retiro los pijamas de Costco del cajón y encuentro una papelito autoadhesivo con un mensaje travieso que Novio dejó pegado. Cuando lo escribió, me pregunto, ¿ya sabía que se iba a marchar?

En una presentación de casos a la que acudí la semana anterior a la ruptura, un colega habló de cierta paciente que acababa de descubrir la doble vida de su marido. No solo tenía una amante desde hacía años sino que la había dejado embarazada y ella estaba a punto de dar a luz. Cuando la paciente descubrió todo eso (¿pensaba él decírselo algún día?), ya no supo qué pensar de la vida que había compartido con él. ¿Sus recuerdos eran reales? Por ejemplo, aquellas vacaciones románticas… ¿era exacta su versión del viaje o una ficción, toda vez que él ya había iniciado su aventura en aquel entonces? No solo tenía la sensación de que le habían arrebatado su matrimonio sino también sus recuerdos. De manera similar, cuando Novio colocó la notita en mi pijama —o cuando me compró los pijamas, ya puestos— ¿estaba planeando en secreto, al mismo tiempo, su vida sin hijos? Fulmino la nota con la mirada. *Mentiroso*, pienso.

Llevo la caja al coche y la dejo en el asiento delantero para acordarme de tirarla. Puede que lo haga por la mañana, de camino a la sesión con Wendell.

Estoy deseando oírle decir hasta qué punto Novio es un sociópata.

7

El comienzo del saber

Estoy parada en el umbral del despacho de Wendell y no sé dónde sentarme. He visto numerosos gabinetes de terapia en el ejercicio de mi profesión —los de mis supervisores durante la formación, las consultas de los colegas cuando voy de visita— pero ninguno como este.

Sí, tiene expuestos los diplomas de rigor en las paredes y los libros de psicología en los estantes, además de la palpable ausencia de nada que pueda delatar su vida personal (no hay fotografías sobre el escritorio, por ejemplo; únicamente un portátil solitario). No obstante, en lugar de la disposición estándar, con la butaca del terapeuta en el centro de la sala y asientos contra la pared (durante el internado aprendimos a sentarnos cerca de la puerta por si «las cosas se complicaban» y necesitábamos una vía de escape), la consulta de Wendell cuenta con dos grandes sofás en las paredes del fondo, formando una L, una mesita auxiliar entre los dos... y carece de butaca para el terapeuta.

No entiendo nada.

He aquí un esquema de mi consulta:

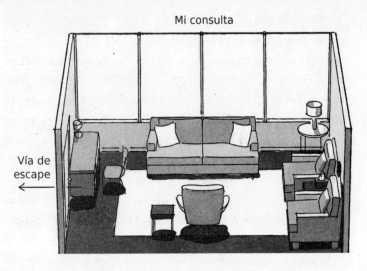

Y he aquí un esquema de la consulta de Wendell.

Wendell, que es muy alto y delgado, con una calva incipiente y la postura encorvada típica de nuestra profesión, está de pie, esperándome para tomar asiento. Doy por supuesto que no nos sentaremos codo con codo en el mismo sofá, pero ¿cuál suele ocupar él? ¿El que está contra la ventana (para poder escapar por allí si acaso las cosas se complican)? ¿O el que se encuentra contra la pared? Decido sentarme en el que queda debajo de la ventana, posición A, antes de que él cierre la puerta, cruce la sala y se acomode en la posición C.

Por lo general, cuando veo a un nuevo paciente, empiezo la conversación con una pregunta para romper el hielo del tipo: «Bueno, cuénteme que le trae por aquí».

Wendell, en cambio, no dice nada. Se limita a mirarme con un interrogante en sus ojos verdes. Lleva un jersey de punto, unos pantalones de sport y mocasines, como si acabara de salir de un cásting de psicólogos.

—Hola —digo.

—Hola —responde. Y aguarda.

Transcurre alrededor de un minuto, que es más tiempo del que pudiera parecer, y yo intento centrarme para exponerle con la máxima claridad el problema relativo a Novio. La verdad es que, desde la ruptura, cada día ha sido peor que la propia noche de la separación, porque ahora un flagrante vacío se ha desplegado en mi vida. A lo largo de los dos años pasados, Novio y yo estábamos en contacto todo el tiempo en el transcurso de la jornada y luego me daba las buenas noches antes de que me fuera a dormir. Ahora, en cambio, no sé nada de él. ¿Ha tenido un buen día? ¿Ha triunfado en la empresa con su presentación? ¿Piensa en mí? ¿O se alegra de haberme soltado la verdad por fin para poder salir en busca de una mujer sin hijos? Yo he notado su ausencia en cada célula de mi cuerpo, así que cuando llego a la consulta de Wendell, esta mañana, estoy destrozada; pero no quiero que sea esa la primera impresión que se lleve de mí.

Ni la segunda, ni la centésima, para ser sincera.

Una paradoja interesante en el proceso terapéutico: para poder hacer su trabajo, los psicoterapeutas intentan ver a sus pacientes tal como son en realidad y eso implica reparar en sus aspectos vulnerables, en sus patrones disfuncionales, en sus dificultades. Los pacientes, como es lógico, quieren que los ayuden pero desean asimismo caer bien y despertar admiración. En otras palabras, tienden a ocultar sus aspectos vulnerables, sus patrones disfuncionales y sus dificultades. Todo ello no significa que el psicoterapeuta no vislumbre los puntos fuertes de la persona que viene a pedir ayuda e intente apoyarse en estos. Lo hacemos. Ahora bien, mientras el profesional trata de descubrir lo que no funciona, los pacientes intentan seguir proyectando una imagen fantástica para evitar la vergüenza de ser desenmascarados; hacen lo posible por aparentar una serenidad que no sienten. Ambas partes tienen en mente un mismo objetivo, que es el bienestar del paciente, pero a menudo trabajan desde lugares distintos.

Con toda la calma que soy capaz de transmitir, empiezo a relatarle a Wendell la historia de Novio, pero mi dignidad pronto se va al garete y me deshago en lágrimas. Le cuento lo sucedido con todo detalle y, para cuando termino, tengo la cara entre las manos, tiemblo de pies a cabeza y estoy recordando lo que me dijo Jen ayer, cuando hablamos por teléfono: «Tienes que encontrar un espacio en el que no te sientas obligada a comportarte como una psicóloga.»

Está claro que no me estoy comportando como una psicóloga ahora mismo. Me dedico a desgranar argumentos para demostrar por qué Novio es el culpable de todo: si él no hubiera sido tan evasivo (diagnóstico de Jen), yo no habría estado tan ciega. Y, añado, debe de ser un sociópata (de nuevo cito a Jen; he aquí la razón exacta por la cual los psicoterapeutas no pueden trabajar con sus amigos), porque yo no tenía ni idea de cómo se sentía. ¡Qué buen actor! E incluso si su perfil no se ajustara del todo al de un sociópata, está claro que le falta un tornillo, porque ¿qué persona en su sano juicio se traicionaría a sí mismo hasta ese punto durante Dios sabe cuánto tiempo? Al fin y al cabo, yo sé muy bien en qué consiste una comunicación normal, sobre todo porque trabajo con un montón de parejas en terapia, y además...

Levanto la vista y creo advertir que Wendell reprime una sonrisa (imagino la burbuja de pensamiento: *¿Esta pirada es psicóloga... y trata a parejas?*) pero no puedo estar segura porque no lo veo bien. Ahora mismo tengo la sensación de mirar a través del parabrisas en plena tormenta, con las escobillas en marcha. De un modo extraño, me alivia llorar a lágrima viva delante de otra persona, aunque esa persona sea un extraño que no dice gran cosa.

Tras una serie de murmullos empáticos, Wendell formula una pregunta:

—¿Es así como suele reaccionar a las rupturas?

Lo plantea en tono amable, pero intuyo por dónde va. Está tratando de determinar cuál es, en mi caso, lo que se conoce como el estilo de apego. Los estilos de apego se instalan en la primera infancia a partir de las interacciones con los cuidadores. Son importantes, porque se manifiestan después en las relaciones adultas e influyen en el tipo de pareja que escogemos (estables o menos estables), cómo nos comportamos en el transcurso de la relación (dependiente, distante o ambivalente) y cómo reaccionamos cuando esta concluye (con tristeza, amistosamente o con furia). La buena noticia es que un estilo de apego inadecuado se puede corregir en la edad adulta; de hecho, constituye buena parte del trabajo en una psicoterapia.

—No, no es nada propio de mí —le aseguro mientras me enjugo las lágrimas con la manga. Le aclaro que he tenido otras relaciones largas y he vivido rupturas previas, pero nunca como esta. Y además, insisto, si he reaccionado así se debe tan solo a que este desengaño en particular me pilló desprevenida, con la guardia totalmente baja, y ¿no está de acuerdo conmigo en que Novio hizo lo más turbio, retorcido e INMORAL que se le puede hacer a alguien?

Estoy segura de que este profesional casado y con hijos está a punto de hacer un comentario reconfortante, algo así como que los golpes duelen más cuando te caen de improviso, pero a la larga daré las gracias, porque he esquivado una bala que no solo iba dirigida a mí sino también a mi hijo. Me arrellano en el sofá, respiro y aguardo su validación.

Wendell, sin embargo, no me la ofrece. Como es lógico, no esperaba que se refiriese a Novio como escoria, que fue la reacción de Allison; un psicólogo recurre a un lenguaje más neutro, del estilo de «por lo que parece, albergaba sentimientos que no fue capaz de comunicarle». En cambio, Wendell no dice nada.

Las lágrimas me salpican los pantalones de nuevo cuando veo de refilón un objeto surcando el aire hacia mí. Al principio lo confundo con un balón y me pregunto si estaré alucinando (a causa de las cero horas de sueño reparador que he disfrutado desde la ruptura), pero entonces comprendo que se trata de una caja de pañuelos marrón; la misma que descansaba en la mesita auxiliar entre los dos sofás, junto al asiento que no he ocupado. Levanto las manos automáticamente para atraparla, pero no lo consigo. Aterriza con pesadez en el almohadón de mi lado, agarro un montón de pañuelos y me sueno la nariz. Tener allí la caja parece acortar el espacio entre el psicoterapeuta y yo, como si acabara de lanzarme un salvavidas atado a una cuerda. A lo largo de los años, he tendido pañuelos a los pacientes innumerables veces, pero había olvidado hasta qué punto un gesto tan sencillo te ayuda a sentirte cuidado.

Una frase que escuché por primera vez en la facultad asoma a mi pensamiento: «centraos en el *acto* terapéutico, no en la palabra terapéutica».

Echo mano de más pañuelos para enjugarme los ojos. Wendell me observa, esperando.

Sigo hablando de Novio y de sus problemas de evasión y recurro a detalles de su pasado para apoyar mi argumentación, incluida su manera de poner fin a su matrimonio, no tan distinta al final de nuestra relación si tenemos en cuenta el impacto y la sorpresa que supuso para su mujer y sus hijos. Le estoy contando a Wendell todo lo que siempre he sabido sobre el historial evasivo de Novio sin darme cuenta de que estoy delatando mi propia reticencia a aceptar sus reticencias; acerca de las cuales, por lo que parece, estaba más que informada.

Wendell tuerce la cabeza con una sonrisa inquisitiva en el semblante.

—Me parece curioso que, sabiendo lo que sabía sobre su historia, esta situación haya supuesto un golpe tan inesperado para usted.

—Pero es que ha sido un golpe bajo —arguyo—. ¡Jamás mencionó que no quisiera convivir con un niño! De hecho, acababa de hablar con el Departamento de Recursos Humanos de su empresa para que incluyeran a mi hijo en su seguro, una vez que estuviéramos casados.

Repaso la cronología de nuevo, ahora añadiendo más pruebas si cabe para corroborar mi historia. En ese momento advierto que la mirada de Wendell se empieza a nublar.

—Ya sé que me estoy repitiendo —reconozco—, pero es que esperaba pasar el resto de mi vida con él, tiene que entenderlo. Así iban a ser las cosas, en teoría, y ahora todo se ha esfumado en el aire. La mitad de mi vida ha *terminado* y no tengo la menor idea de qué va a pasar a continuación. ¿Y si ya nunca me enamoro de nadie más? ¿Y si he perdido el último tren?

—¿El último tren? —Wendell se espabila.

—Sí, el último tren —repito.

Aguarda a que continúe. En vez de eso, rompo a llorar una vez más. No a lágrima viva, como toda esta semana, sino con un llanto más tranquilo y profundo al mismo tiempo.

Más silencioso.

—Ya sé que piensa que no se lo esperaba —admite Wendell—. Pero también me interesa otra cosa que ha dicho. *La mitad de su vida ha terminado*. Tal vez su dolor se deba a algo más que a esa ruptura, por más que su experiencia de la situación haya sido abrumadora. —Se interrumpe y, cuando vuelve a hablar, lo hace en un tono más suave—. Me pregunto si su duelo guarda relación con algo más importante que la pérdida de su novio.

Me lanza una mirada elocuente, como si acabara de decir algo increíblemente trascendente, pero yo siento tentaciones de atizarle un puñetazo en la cara.

Qué montón de chorradas, pienso. O sea, ¿en serio? Yo estaba bien —mejor que bien, estaba de maravilla— antes de este giro inesperado de los acontecimientos. Tengo un hijo al que adoro más de lo que puedo expresar. Tengo una profesión que me encanta. Tengo una familia que me apoya, amigos maravillosos a los que quiero y que me quieren. Me siento agradecida de la vida que he construido... vale, *a veces* me siento agradecida. Sin duda intento sentirme agradecida. Y ahora estoy frustrada. Le estoy pagando a este psicólogo para que me ayude a superar una ruptura dolorosa ¿y me viene con esas tonterías?

Algo más importante que la pérdida de mi novio, y un cuerno.

Antes de que pueda expresarlo en voz alta, me percato de que Wendell me observa de un modo al que no estoy habituada. Sus ojos parecen imanes y cada vez que desvío la vista parecen encontrarme. Su expresión es intensa pero amable, una combinación de anciano sabio y animal disecado, y contiene un mensaje: *en esta sala, te voy a ver, y tu intentarás escabullirte, pero yo te veré de todos modos, y está bien que sea así.*

Sin embargo, yo no he venido para esto. Como ya le dije a Wendell cuando lo llamé para pedirle cita, únicamente necesito que me ayude a gestionar esta crisis.

—En realidad solo he venido a superar la ruptura —aclaro—. Me siento como si me hubieran tirado a una licuadora y no pudiera salir, y por eso estoy aquí... para encontrar la salida.

—Vale —es la respuesta de Wendell, que se retira con elegancia—. Ayúdeme a entender mejor su relación.

Intenta crear lo que se conoce como una alianza terapéutica, el clima de confianza que debe quedar establecido antes de empezar a trabajar. En las primeras sesiones, lograr que los pacientes se sientan escuchados y comprendidos es más importante que inducirlos a lograr cierta introspección o generar cambios.

Aliviada, sigo hablando de Novio, repitiendo de nuevo toda la historia.

Sin embargo, él lo sabe.

Sabe algo que todos los psicoterapeutas conocen. Que el problema presentado, la dificultad que un paciente lleva a terapia, a menudo no es sino un aspecto parcial de una dificultad más importante, cuando no un mero subterfugio. Sabe que la mayoría de las personas tenemos una enorme facilidad para obviar lo que no queremos ver, para emplear distracciones o mecanismos de defensa que nos permitan mantener a raya los sentimientos amenazadores. Sabe que rechazar las emociones tan solo sirve para otorgarles poder, pero antes de entrar al trapo a destruir las defensas de alguien —ya sean esas defensas la obsesión por otra persona o fingir incapacidad para ver lo que tiene delante— hay que ayudar al paciente a reemplazar esos mecanismos por otra cosa, para evitar que se quede desnudo y expuesto sin ninguna clase de protección. Como la propia palabra sugiere, un mecanismo de defensa tiene una función. Protege a las personas contra los daños... hasta que ya no lo necesitan.

Y en esa elipsis trabajan los psicoterapeutas.

Mientras tanto, aquí en mi sofá, aferrada a la caja de pañuelos, una pequeña parte de mí también lo sabe. Por más que le pida validación de mis sentimientos, muy en el fondo soy consciente de que le pago precisamente para oír ese montón de chorradas, porque si de verdad quisiera despotricar de Novio y nada más, podría hacerlo sin gastar un céntimo, con mi familia y amigos (al menos hasta que se les agotara la paciencia). Sé que las personas tendemos a crear relatos falaces para sentirnos mejor en el presente, aunque esa postura nos pase una factura mayor a la larga; y que, en ocasiones, necesitamos a otro para leer entre líneas.

Ahora bien, sé igualmente algo más: Novio es un *maldito sociópata egoísta y un cerdo.*

Estoy en esa fase que discurre entre el saber y el no saber.

—Vamos a dejarlo aquí —dice Wendell y, siguiendo su mirada, me percato de que el reloj ha estado todo el tiempo en la repisa de la ventana, junto a mi hombro. Levanta los brazos y se propina en las rodillas dos sonoras palmadas como para remarcar el final de la sesión, un gesto que pronto reconoceré como su marca personal de despedida. A continuación se levanta y me acompaña a la puerta.

Me dice que si me apetece volver el próximo jueves se lo haga saber, y yo pienso en la semana que tengo por delante, en el vacío que llenaba Novio, y en el consuelo que me supone, como dijo Jen, tener un sitio donde desmoronarme por completo.

—Resérveme la hora —le pido.

Cruzo la calle hacia el aparcamiento donde solía estacionar para depilarme y me siento más ligera y a punto de vomitar al mismo tiempo. Uno de mis supervisores comparó una vez la psicoterapia con una sesión de terapia física. Puede resultar incómoda y provocar dolor, y es posible que tu problema empeore antes de mejorar, pero si acudes con regularidad y trabajas con ahínco mientras dure el proceso, te librarás de los calambres y al final te moverás mucho mejor.

Miro el teléfono.

Un mensaje de Allison:

Recuerda, es escoria. 🚮 🗑 🛍 🚛

Un email de un paciente que quiere cambiar la hora de la sesión.

Un mensaje de voz de mi madre, que me pregunta qué tal estoy.

Novio no ha dado señales de vida. Todavía albergo esperanzas de que me llame. No puedo entender que él esté tan campante mientras yo estoy sufriendo tanto. Al menos, parecía estar tan campante esta mañana, cuando hemos hablado para coordinar la devolución de sus pertenencias. ¿Atravesó su propio periodo de tristeza hace meses, sabiendo que, a la postre, tendría que poner fin a la relación? Y, de ser así, ¿cómo pudo seguir hablando de nuestro futuro en común? ¿Cómo pudo enviarme emails diciendo *te quiero* apenas unas horas antes de la que sería nuestra última conversación, al inicio de la cual hicimos planes para ir al cine el siguiente fin de semana? (Me pregunto si llegó a ver la película.)

Empiezo a alterarme de nuevo durante el trayecto a mi gabinete. Para cuando entro en el aparcamiento del edificio, estoy pensando que Novio no solo me ha hecho perder dos años de mi vida sino que ahora tendré que lidiar en terapia con los efectos colaterales de esos dos años y no tengo tiempo para nada de esto, porque voy de camino a los cincuenta y la mitad de mi vida ha terminado y... ¡Ay, Dios mío, otra vez! *La mitad de mi vida ha terminado*. Nunca había pronunciado esa frase, ni para mis adentros ni de viva voz. ¿Por qué no dejo de repetirla?

Su duelo guarda relación con una pérdida más importante, ha dicho Wendell.

Sin embargo, me olvido de todo en cuanto piso el ascensor para subir a mi despacho.

8

Rosie

—Bueno, ya es oficial —anuncia John tras despojarse de los zapatos y sentarse con la piernas cruzadas en el sofá—. Estoy rodeado de idiotas.

Su teléfono vibra. Cuando alarga la mano para comprobar quién llama, yo enarco las cejas. En respuesta, John pone los ojos en blanco con aire exasperado.

Es su cuarta sesión conmigo y ya he empezado a formarme algunas impresiones iniciales. Tengo la sensación de que, pese a vivir rodeado de gente, John se siente horriblemente aislado; una situación que él mismo ha fomentado. Alguna vivencia del pasado lo ha empujado a considerar peligrosa la intimidad, tan delicada que hace todo lo que está en su mano por evitarla. Posee un buen arsenal, y eficaz: me insulta, da largos rodeos, cambia de tema y me interrumpe cada vez que intento hablar. Si no encuentro la manera de sortear sus defensas, no tendremos ninguna posibilidad de progresar.

Una de esas defensas es el móvil.

La semana pasada, cuando John empezó a enviar mensajes en mitad de la sesión, le hice notar que me siento ignorada cuando se pone a escribir. Mi estrategia se conoce como «trabajar el momento presente». En lugar de centrarse en los relatos del paciente sobre el mundo exterior, el trabajo con el momento presente explora lo que está sucediendo en sesión. Casi siempre, la conducta de un paciente con su psicoterapeuta es la misma que exhibe con los demás, y yo quería que John empezara a tener en cuenta el impacto que causa en el otro. Me arriesgaba a presionarle en exceso, ya lo sabía, y demasiado pronto, pero recordé un detalle de su primera terapia: había durado tres sesiones, exactamente el punto en el que estábamos. No sabía si dispondría de más tiempo para trabajar con él.

Empezaba a sospechar que John había abandonado a su psicóloga anterior por una de dos razones: o bien la terapeuta no le llamó la atención sobre sus tonterías, una actitud que induce a los pacientes a sentirse inseguros, como niños cuyos padres no les exigen responsabilidades, o bien le cuestionó sus tonterías, pero lo hizo demasiado pronto e incurrió en el mismo error que yo podía cometer ahora mismo. A pesar de todo, estaba dispuesta a jugármela. Quería que John se sintiera cómodo en nuestras sesiones, pero no tan cómodo como para no poder ayudarle.

Por encima de todo, me negaba a caer en la trampa que los budistas denominan «la compasión del idiota»; una frase más que adecuada, habida cuenta de la visión del mundo que tiene John. Cuando caes en la compasión del idiota, evitas agitar las aguas para no lastimar a otra persona, aunque las aguas necesiten ser agitadas y tu compasión acabe resultando más perjudicial que tu sinceridad. Tendemos a hacerlo con los adolescentes, los cónyuges, los adictos, incluso con nosotros mismos. El gesto contrario es la compasión del sabio, que implica cuidar al otro pero también ofrecerle una buena dosis de realidad cuando hace falta.

—Sabe qué, John —le dije la semana anterior mientras escribía en el teléfono—. Me gustaría saber si experimenta alguna reacción al hecho de que yo me sienta ignorada cuando hace eso.

Levantó un dedo —*un momento*— pero siguió a lo suyo. Cuando terminó, levantó la vista para mirarme.

—Perdone, ¿qué le estaba diciendo?

Qué maravilla. No «¿qué *me* estaba diciendo?» sino «qué *le* estaba diciendo?».

—Bueno... —empecé, pero entonces su teléfono emitió una señal y él se lanzó de cabeza a responder otro mensaje.

—¿Lo ve? A esto me refiero —gruñó—. No puedo delegar en nadie si quiero que las cosas salgan bien. Enseguida termino.

A juzgar por las señales que entraban, debía de estar manteniendo conversaciones simultáneas. Me pregunté si estaríamos recreando una escena que había representado ya con su mujer.

Margo: ¿Me puedes prestar atención?

John: ¿A quién, a ti?

Era molesto hasta extremos indecibles. ¿Qué podía hacer con mi enfado? Sentarme a esperar (e irritarme todavía más) o cambiar de táctica.

Me levanté, me acerqué a mi escritorio, busqué su teléfono en mi archivo, cogí el móvil y regresé a mi butaca, donde empecé a escribir.

Soy yo, su psicóloga. Estoy aquí.

El teléfono de John emitió una señal. Lo observé mientras leía mi texto, sorprendido.

—¡Por Dios! ¿Ahora me envía mensajes?

Sonreí.

—Quería captar su atención.

—Tiene mi atención —respondió, pero siguió escribiendo.

No me parece que tenga su atención.
Me siento ignorada y una pizca insultada.

Ping.

John exhaló un suspiro dramático y luego reanudó el tecleo.

Y no creo que pueda ayudarle a menos que podamos prestarnos atención plena.
Así pues, si quiere que trabajemos juntos, le voy a pedir que no use el teléfono durante las sesiones.

Ping.

—¿*Qué?* —exclamó John, alzando la vista hacia mí—. ¿Me prohíbe usar el móvil? ¿Como si estuviera en un avión? No puede hacer eso. ¡Es mi sesión!

Me encogí de hombros.

—No quiero hacerle perder el tiempo.

No le mencioné que nuestras sesiones, en realidad, no son exclusivamente suyas. Toda sesión de psicoterapia pertenece tanto al paciente como al terapeuta, a la interacción entre ambos. Fue el psicoanalista Harry Stack Sullivan quien, a principios del siglo xx, desarrolló una teoría sobre psiquiatría basada en las relaciones interpersonales. Alejándose de la postura de Freud, según la cual los trastornos mentales son de origen *intrapsíquico* (es decir, se encuentran en el interior de la mente), Sullivan creía que nuestras dificultades son de origen interpersonal (es decir, relacionales). Llegó a afirmar que «a los psicólogos y psicólogas clínicos más experimentados se los reconoce porque son la misma persona en el salón de su casa que en la consulta». No podemos enseñar a los pacientes a conectar emocionalmente si no conectamos con ellos.

El teléfono de John volvió a emitir una señal, pero esta vez no era yo. Pasó la vista del móvil a mi persona, indeciso. Mientras él libraba esa batalla interna, me limité a esperar. Casi estaba preparada para que se levantara y se marchara, pero también sabía que, si no quisiera estar aquí, no habría venido. Tanto si lo entendía como si no, estaba sacando provecho de esto. Ahora mismo, yo debía de ser la única persona de todas las que conocía dispuesta a escucharle.

—Oh, por el amor de Dios —exclamó, al tiempo que lanzaba el teléfono a la silla que tenía enfrente—. Vale, dejaré el maldito teléfono.

Y cambió de tema.

Esperaba que se enfadase, pero tuve la sensación, por un instante, de que había lágrimas en sus ojos. ¿Era tristeza? ¿O un reflejo del sol que entraba por la ventana? Acaricié la idea de interrogarlo al respecto, pero solamente quedaba un minuto de sesión, un ratito que se suele dedicar a recomponer a los pacientes más que a inducirlos a abrirse. Decidí guardarme la información para un momento más oportuno.

Como un minero que acaba de localizar una veta de oro, sospeché que había dado con algo.

Hoy, con grandes dosis de autocontrol, John se detiene en mitad del movimiento, hace caso omiso del teléfono que vibra y sigue hablando de que está, literalmente, rodeado de idiotas.

—Incluso Rosie se está portando como una idiota —dice. Me sorprende oírle hablar así de su hija, que tiene cuatro años—. Le digo que no se acerque a mi portátil y ¿qué hace? Se sube a la cama, lo que me parece de maravilla, pero no si salta encima del ordenador. ¡Será idiota! Y cuando le grito «¡no!», se hace pis en la cama. Ya puedo tirar el colchón. No se había hecho pis desde que era pequeña.

La historia me preocupa. Cuenta la leyenda que los psicólogos no nos inmutamos por nada, pero ¿quién es así? Somos seres humanos, no robots. De hecho, en lugar de ser objetivos, los psicoterapeutas nos esforzamos en advertir nuestros sentimientos subjetivos, prejuicios y opiniones (lo que llamamos contratransferencia) para poder dar un paso atrás y discurrir qué hacer con ellos. Más que reprimir las emociones, las usamos para decidir el rumbo del tratamiento. Y esta historia de Rosie me enfurece. Muchos padres gritan a sus hijos en sus momentos parentales menos memorables, pero me invaden las dudas sobre la relación de John con su hija. Cuando trabajo la empatía con las parejas, a menudo les aconsejo: «Antes de hablar, pregúntate cómo se sentirá el otro.» Tomo nota mental de que debo compartir esta idea con John en algún momento.

—Entiendo que se sintiera frustrado —intervengo—. ¿Cree que la asustó? Un grito puede dar mucho miedo.

—No, le grito constantemente —es su respuesta—. Cuanto más alto mejor. Es la única manera de que haga caso.

—¿La única manera? —pregunto.

—Bueno, cuando era más joven, la llevaba fuera y corría con ella por el jardín, para que se desfogase. A veces necesita pasar un ratito al aire libre. Pero últimamente se porta fatal. Incluso ha intentado morderme.

—¿Por qué?

—Quería jugar conmigo, pero... ah, esto le va a encantar.

Imagino por dónde va.

—Estaba escribiendo un mensaje en el móvil y le pedí que esperara, pero se puso como una fiera. Margo estaba de viaje, así que Rosie pasaba el día con su Danny y...

—¿Me recuerda quién es Danny?

—Danny, no. Su danny. Ya sabe, una niñera de perros.

Lo miro de hito en hito.

—La canguro del perro. *Dog nanny*. Danny.

—Ah, Rosie es su perro —digo.

—¿Y de quién narices pensaba que le estaba hablando?

—Pensaba que su hija se llamaba...

—Ruby —me interrumpe—. La pequeña se llama Ruby. Es evidente que hablaba de un perro, ¿no?

Suspira y sacude la cabeza como si yo fuera la mayor idiota de todo su reino de idiotas.

Nunca antes había mencionado que tiene un perro. Considero una victoria haber recordado la inicial de su hija, a la que se refirió de pasada hace dos semanas. Sin embargo, más que la indignación de John, me sorprende lo siguiente: me está mostrando un lado tierno que nunca antes había revelado.

—La quiere mucho —observo.

—Pues claro. Es mi hija.

—No, me refiero a Rosie. Le tiene un gran cariño.

Estoy intentando conmoverlo de algún modo, acercarlo un poco más a sus emociones, que sé que están ahí, pero atrofiadas, como un músculo no ejercitado.

Desdeña mi comentario con un gesto de la mano.

—Es un perro.

—¿Qué clase de perro?

Su semblante se ilumina.

—Un cruce. Es adoptada. Estaba hecha un desastre cuando la llevamos a casa, por culpa de esos idiotas que, en teoría, la estaban cuidando, pero ahora... Le enseñaré una foto si me deja usar el maldito teléfono.

Asiento.

Mientras desliza el dedo por la pantalla, sonríe para sí.

—Estoy buscando un plano bueno —explica—. Para que vea qué mona es.

Sonríe un poco más con cada foto y yo atisbo nuevamente su perfecta dentadura.

—¡Aquí la tiene! —exclama con orgullo, y me tiende el teléfono.

Miro la foto. Resulta que me encantan los perros, pero Rosie, pobrecita mía, es el chucho más feo que he visto jamás. Tiene los belfos caídos, los ojos desiguales y el pelo sembrado de calvas. Además, carece de cola. John sigue sonriendo, embelesado.

—Salta a la vista que la quiere muchísimo —comento mientras le devuelvo el móvil.

—No la quiero. Es un maldito perro.

Parece un niño de quinto negando que le gusta una compañera de clase. *A John le gusta Rosie...*

—Ah —respondo con suavidad—. Por su manera de hablar de ella, percibo mucho amor en usted.

—¿Quiere parar de decir eso?

Me lo espeta en un tono irritado, pero veo dolor en sus ojos. Retrocedo a las sesiones anteriores; el amor y el cariño, por alguna razón, le resultan dolorosos. A otro paciente le preguntaría por qué mis palabras lo alteran tanto. Pero sé que John evitará el tema discutiendo conmigo el hecho de que quiera a su perro. Así que le digo:

—La gente que tiene mascotas suele quererlas mucho. —Bajo tanto la voz que casi tiene que echarse hacia delante para oírme. Los neurocientíficos han descubierto que las personas poseemos un tipo de células cerebrales llamadas «neuronas espejo» que nos inducen a imitar a los demás. Cuando una persona se encuentra emocionalmente alterada, una voz suave tiende a apaciguar su sistema nervioso y la ayuda a estar presente—. Llámelo como quiera. Eso no cambia nada.

—¡Esta conversación es absurda! —protesta John.

Está mirando al suelo, pero advierto que está pendiente de mis palabras.

—Usted ha sacado el tema de Rosie a colación por una razón. Su perrita le importa y últimamente se comporta de un modo que le preocupa... porque la quiere.

—Quiero a las personas —insiste John—. A mi mujer, a mis hijos. A la gente.

Echa un vistazo al móvil, que vibra de nuevo, pero yo no sigo su mirada. Me quedo con él, sosteniéndolo, para que no se retire cada vez que lo asalta un sentimiento no deseado y se aletargue. La gente tiende a confundir la insensibilidad con la nada, pero la insensibilidad no equivale a ausencia de sentimientos; es un modo de reaccionar al exceso de sentimientos.

John despega la vista del móvil para mirarme.

—¿Quiere saber lo que me encanta de Rosie? —dice—. Es la única que no me pide nada. La única que no se siente, de un modo u otro, decepcionada conmigo; o cuando menos no se sentía hasta que me mordió. ¿Cómo no querer a alguien así?

Se ríe estrepitosamente, como si estuviéramos en un bar y acabara de soltar un chiste. Yo intento hablar de la decepción —¿a quién ha decepcionado John y por qué?— pero afirma que solo era una broma y ¿acaso no pillo las bromas? Y si bien hoy no vamos a llegar a ninguna parte, ambos sabemos muy bien lo que me ha revelado: debajo de todas esas púas tiene un corazón y la capacidad de amar.

Para empezar, adora a ese perrito tan horrible.

9

Instantáneas de uno mismo

Las personas que acuden a terapia ofrecen instantáneas de sí mismas y, a partir de esas imágenes congeladas en el tiempo, el psicólogo tiene que extrapolar. Los pacientes aparecen, si no en su peor momento, sin duda no en el mejor. Están desesperados, a la defensiva, desorientados o hechos un lío. Por lo general, llegan de muy mal humor.

Así que se sientan en el sofá del terapeuta y nos miran con expectación, esperando comprensión y, antes o después (a poder ser de inmediato), una solución. Pero no podemos ofrecerles una cura instantánea, porque tenemos delante a unos completos extraños. Necesitamos tiempo para familiarizarnos con sus esperanzas y sus sueños, con sus sentimientos y sus dinámicas repetitivas, para conocerlos, a menudo más profundamente de lo que se conocen a sí mismos. Si hace falta explorar desde el día del nacimiento hasta el momento en que llegaron a la consulta para desentrañar lo que sea que les preocupa, o si un problema lleva muchos meses incubándose, no es difícil deducir que van a necesitar más de un par de sesiones de cincuenta minutos para conseguir ese alivio que ansían.

Sin embargo, cuando alguien llega con una angustia insoportable, quiere que el psicólogo, el profesional, haga algo. Las personas que acuden a terapia nos piden paciencia, pero no siempre hacen gala de ella. Sus exigencias pueden ser manifiestas o tácitas y —en particular al principio— colocan una gran presión sobre el psicoterapeuta.

¿Por qué escogemos una profesión que nos obliga a recibir a personas infelices, angustiadas, desagradables o inconscientes y sentarnos con ellas, un día tras otro, a solas en una sala? La respuesta es la siguiente: porque los psicoterapeutas sabemos que, al principio, cada paciente no es sino una instantánea, una persona capturada en un momento aislado. Se parece a una foto tomada en un ángulo poco favorecedor y con una expresión rara en la cara. También habrá fotos en las que aparezcan radiantes, captadas mientras abren un regalo o en mitad de una carcajada junto a una persona amada. Ambas los retratan en una fracción de tiempo y ninguna refleja su enteridad.

Así que los psicólogos escuchamos, azuzamos, guiamos y, de vez en cuando, arrancamos revelaciones a los pacientes para sacar a la luz otras instantáneas, para cambiar su experiencia de lo que sucede en su interior y en torno a ellos. Revisamos las instantáneas y no pasa mucho tiempo antes de que comprendamos que esas imágenes aparentemente inconexas giran en torno a un tema común, uno que tal vez ni siquiera atisbaran cuando tomaron la decisión de hacer terapia.

Algunas instantáneas son inquietantes y vislumbrarlas me recuerda que todos tenemos un lado oscuro. Otras están borrosas. Las personas no siempre retienen los sucesos o las conversaciones, pero conservan un recuerdo nítido de los sentimientos que les provocaron esas experiencias. Los psicólogos interpretan las instantáneas borrosas, conscientes de que los pacientes *necesitan* velarlas hasta cierto punto, porque esas opacidades les ayudan a adormecer los sentimientos dolorosos que alteran su paz mental. Con el tiempo, descubren que no están en guerra, que el camino a la paz es declarar una tregua consigo mismos.

Por eso, cuando los pacientes acuden por primera vez, tratamos de imaginarlos más avanzado el proceso. Y no lo hacemos únicamente el primer día sino en cada sesión, porque esa imagen nos permite sostener la misma esperanza que ellos no ven al tiempo que nos ayuda a entrever cómo avanza el tratamiento.

Una vez escuché que la creatividad es la capacidad de captar la esencia de una cosa, la esencia de otra muy distinta, y mezclarlas para crear algo totalmente nuevo. Eso hacemos los terapeutas también. Tomamos la esencia de esa instantánea inicial y la esencia de otra imaginaria y las amalgamamos para crear otra diferente.

Tengo esta idea presente cada vez que recibo a un nuevo paciente.

Espero que Wendell haga lo propio, porque en estas primeras sesiones las instantáneas que ofrezco son... bueno, poco halagadoras.

10

El futuro también
es el presente

Hoy he llegado temprano a la cita con Wendell, así que me siento en la sala de espera y echo un vistazo a mi alrededor. Resulta que su antesala es tan inusual como la consulta. En lugar de un mobiliario profesional y de los típicos objetos decorativos —un póster enmarcado de una pintura abstracta y quizás una máscara africana— sus muebles parecen heredados de la abuela. Incluso percibo el clásico tufillo rancio. En una esquina hay dos sillas de comedor con respaldo alto, muy gastadas, tapizadas con un anticuado brocado en color oro con dibujos de cachemira, una alfombra igual de raída y pasada sobre la moqueta beis, un aparador cubierto con un mantel de encaje rematado con tapetes —¡tapetes!— y un jarrón de flores artificiales. En el suelo, entre las sillas, hay una máquina de ruido blanco y, delante de estas, a guisa de mesita baja, descansa lo que debía de ser una mesa auxiliar de salón, ahora descascarillada y cubierta por un montón de revistas desordenadas. Un biombo de papel separa la zona de espera del camino que lleva al despacho de Wendell para ofrecer intimidad a los pacientes, pero nada te impide fisgar entre las rendijas que crean las bisagras.

Ya sé que no estoy aquí por la decoración, pero empiezo a preguntarme: *¿podrá ayudarme alguien que tiene tan mal gusto? ¿Es esto un reflejo de su capacidad?* (Una conocida me contó en cierta ocasión que los cuadros torcidos de la consulta de su psicóloga no paraban de distraerla; ¿por qué no los endereza, maldita sea?)

Durante cosa de cinco minutos, me dedico a ojear las cubiertas de las revistas —*Time, Ser padres, Vanity Fair*— y entonces la puerta de la consulta se abre para ceder el paso a una mujer. Pasa zumbando tras el biombo, pero me basta esa milésima de segundo para advertir que es guapa, va bien vestida y ha llorado. En ese momento aparece Wendell en la zona de espera.

—Vuelvo enseguida —dice, y se aleja por el pasillo, cabe suponer que al cuarto de baño.

Mientras espero, me pregunto por qué lloraba la mujer guapa.

Cuando Wendell regresa, me indica con un gesto que pase al despacho. Esta vez no me quedo titubeando en el umbral. Me encamino con decisión a la posición A, debajo de la ventana, él ocupa la posición C, al lado de la mesita, y yo procedo a soltarle mi perorata.

—Bla, bla, bla, bla, bla —empiezo—. Y Novio dijo: bla, bla, bla, bla, bla. ¿Se lo puede creer? Así que le respondí: Bueno, ¿bla, bla, bla?

O, al menos, eso es lo que oye Wendell, estoy segura. La situación se prolonga durante un rato. He traído páginas y páginas de notas a esta sesión, numeradas, comentadas y en orden cronológico, igual que organizaba las entrevistas en mi época de periodista, antes de convertirme en psicóloga.

Le confieso a Wendell que he flaqueado y he llamado a Novio, pero saltó el contestador. Humillada, tuve que esperar un día entero con su noche a que me devolviera la llamada, sabiendo todo el tiempo que lo último que nadie desea es hablar con una expareja a la que acabas de dejar y que está deseando volver contigo.

—Querrá saber qué pretendía conseguir con esa llamada, supongo —le digo, previendo la siguiente pregunta.

Wendell enarca una ceja —solamente una, advierto, y me pregunto cómo lo hace— pero antes de que responda, yo sigo adelante. En primer lugar, explico, quería escuchar que Novio me echaba de menos y que todo había sido un gran error. Pero salvando esa «improbable posibilidad» (justificación que añado para informar a Wendell de que soy consciente de mi posición, si bien esperaba oírle decir a Novio que había reconsiderado la idea de volver), pretendía que me aclarase cómo hemos acabado así. Si conseguía que respondiera a mis preguntas, dejaría de darle vueltas al tema de la ruptura en un bucle infinito de confusión. Y eso explica por qué, le digo a Wendell, sometí a Novio a varias horas de interrogatorio —quiero decir, *conversación*— durante las cuales intenté resolver el misterio de «qué leches provocó nuestro repentino adiós».

—Y entonces me suelta: «Vivir con un niño te desconcentra y te limita» —prosigo, citando las palabras textuales—. «Nunca tendríamos tiempo para nosotros. Y comprendí que, por muy encantador que sea tu hijo, jamás querré convivir con ningún niño que no sea mío.» Y yo le dije: «¿Y por qué me lo ocultaste?». A lo que me respondió: «Porque quería tenerlo claro antes de decir nada.» Y yo le señalé: «Pero ¿no crees que deberíamos haberlo hablado?». Y él me espetó: «¿Hablar qué? Es dicotómico. O puedes convivir con un niño o no, y yo era el único que podía responder a eso.» Y justo cuando mi cerebro está a punto de estallar, añade: «Te quiero, de verdad que sí, pero el amor no lo arregla todo».

—¡Dicotómico! —exclamo, a la vez que agito mis papeles en el aire. Puse un asterisco en mis notas junto a esa palabra—. ¡*Dicotómico*! Si tan dicotómico es, ¿por qué se mete en una dicotomía, para empezar?

Soy inaguantable y lo sé, pero no puedo detenerme.

Durante las semanas siguientes, acudo a la consulta de Wendell para informarle de mis repetitivas conversaciones con Novio (hay muchas más, lo reconozco) mientras él intenta intercalar algo útil (no está seguro de cómo me ayuda eso; mi conducta tiene rasgos masoquistas; cuento la misma historia una y otra vez con la esperanza de que el desenlace sea distinto). Observa que le pido a Novio que me explique su postura —cuando ya me la ha aclarado— pero yo vuelvo a lo mismo porque su explicación no me satisface. Wendell afirma que, si me he dedicado a tomar unas notas tan profusas durante nuestras conversaciones telefónicas, es poco probable que haya prestado atención a Novio y, si pretendo entender su punto de vista, difícilmente lo voy a lograr cuando estoy más empeñada en tener razón que en mantener una verdadera interacción. Y, añade, estoy adoptando esa misma actitud en *nuestras* sesiones.

Asiento y luego sigo despotricando contra novio.

En una sesión, le explico con doloroso detalle cómo nos organizamos para que mi ex recupere sus pertenencias. En otra, repito sin cesar: «¿Estoy loca o lo está él?» (Wendell contesta que ninguno de los dos lo está, una respuesta que me enfurece).

La siguiente consiste en analizar qué clase de persona hay que ser para decir: «Quiero casarme contigo, pero no si aportas un hijo al matrimonio». Para esta sesión, he creado una infografía sobre las diferencias de género. Un hombre puede decir: «No quiero sentirme obligado a mirar cómo juega» y «nunca podré querer a un niño que no sea mío» y quedarse tan fresco. Si una mujer dijera eso, la pondrían verde.

También sazono nuestras sesiones con las novedades que he descubierto espiándolo en Google a diario: la mujer con la que Novio debe de estar saliendo (sobre la base de las elaboradas historias que he fabulado a través de los «likes» en los medios sociales); la fantástica vida que lleva sin mí (a partir de sus tuits sobre sus viajes de negocios); el hecho de que ni siquiera esté triste por nuestra ruptura (porque fotografía ensaladas en restaurantes; ¿cómo puede comer siquiera?). Estoy convencida de que Novio ha transitado en un abrir y cerrar de ojos a la vida después de mí sin despeinarse. Reconozco el patrón. Es idéntico al de muchas parejas en proceso de divorcio que acuden a mi consulta: un miembro sufre lo indecible mientras que el otro parece encantado, feliz incluso, de pasar página.

Le digo a Wendell que, igual que esos pacientes, me gustaría haber dejado alguna marca a mi paso. Quiero saber, en resumidas cuentas, que yo le importaba.

—¿Le importaba? —pregunto, incansable.

Continúo en ese plan, exhibiendo mis desvaríos, hasta que Wendell me propina un puntapié.

Una mañana, mientras le suelto mi rollo sobre Novio, Wendell se desplaza al borde del sofá, se levanta, se encamina hacia mí y, con su larguísima pierna, me patea el pie con suavidad. Sonriendo, vuelve a su asiento.

—¡Ay! —protesto automáticamente, aunque no me ha hecho daño. Me ha pillado por sorpresa—. ¿A qué ha venido eso?

—Bueno, parece disfrutar con la experiencia del sufrimiento, así que me ha parecido buena idea echarle una mano.

—¿Qué?

—Hay diferencias entre el dolor y el sufrimiento —aclara Wendell—. El dolor es inevitable; todo el mundo lo experimenta en algún momento. Pero no hace falta sufrir tanto. Usted no ha escogido el dolor, sino el sufrimiento.

A continuación me explica que tanta insistencia, toda esta cavilación y especulación constante en torno a la vida de Novio, aumenta el dolor y me hace sufrir. Así pues, sugiere, puesto que me aferro al sufrimiento con tanta intensidad, debe de ser por algo. Algún beneficio debe aportarme.

¿Es así?

Medito por qué puedo estar espiando a Novio compulsivamente en Google, a sabiendas de que me perjudica. ¿Será un modo de permanecer conectada a él y a su rutina, aunque solo sea a una banda? Tal vez. ¿Lo hago para adormecerme y no tener que aceptar la realidad de lo que pasó? Es posible. ¿Intento esquivar un aspecto de mi vida que no quiero afrontar, aunque debería?

En una sesión anterior, Wendell señaló que me distancié de Novio —haciendo caso omiso de las pistas que habrían atenuado el golpe— porque, si me hubiera interesado por ellas, habría escuchado algo que no quería oír. Yo restaba importancia a su tendencia a quejarse de la presencia de niños en lugares públicos, a que hiciera recados para nosotros en lugar de asistir a los partidos de baloncesto de mi hijo, al comentario de que a él no le molestaba tanto como a su exesposa el hecho de no tener descendencia cuando decidieron hacer un tratamiento de fertilidad, a que su hermano y su cuñada se hospedaran en un hotel cuando acudían de visita porque a Novio no le apetecía que los tres hijos de la pareja corretearan por casa. Y sin embargo, ni él ni yo comentamos jamás nuestros sentimientos respecto a los niños directamente. Yo pensaba: *Es padre, le gustan los críos.*

Wendell y yo consideramos si tal vez pasé por alto ciertos aspectos de la historia de Novio, algunos comentarios y su lenguaje corporal, con el fin de silenciar la alarma que habría saltado si les hubiera prestado atención. Y ahora Wendell se pregunta si esta obsesión con leerle mis notas y la elección del asiento en la consulta no será también una estrategia para distanciarme de *él*.

Echo un vistazo a la disposición de los sofás en forma de L.

—¿No se sienta aquí la mayoría de los pacientes? —pregunto desde mi sitio, debajo de la ventana. Estoy segura de que nadie comparte el sofá con él, de manera que la posición D queda descartada. En cuanto a la B, en diagonal con Wendell, ¿quién ocuparía un sitio tan próximo a su psicólogo? Nadie, tampoco.

—Algunos —es la respuesta de Wendell.

—¿De verdad? ¿Y dónde se sientan los demás?

—En cualquier parte entre ahí y aquí.

Hace un gesto que abarca desde mi sitio hasta la posición B.

De súbito, la distancia que nos separa me parece inmensa, pero todavía no me puedo creer que la gente tome asiento tan cerca de él.

—¿Me está diciendo que algunas personas entran en su consulta por primera vez, echan una ojeada a la sala, y se acomodan ahí mismo, sabiendo que usted estará a pocos centímetros de distancia?

—Sí —responde Wendell, lacónico. Me acuerdo de la caja de pañuelos que Wendell me lanzó. Estaba en la mesita auxiliar, junto a la posición B, porque, acabo de comprenderlo, casi todo el mundo debe de acomodarse ahí.

—Ah —digo—. ¿Me cambio de sitio?

Wendell se encoge de hombros.

—Eso debe decidirlo usted.

Me levanto y me siento en perpendicular a Wendell. Tengo que colocar las piernas a un lado para que mis rodillas no rocen las suyas. Advierto una nota gris en las raíces de su cabello oscuro. La alianza en el dedo. Recuerdo haberle pedido a Caroline que me recomendase —o a mi «amigo»— un psicólogo casado, pero ahora que estoy aquí comprendo que en realidad daba igual. No se ha puesto de mi parte ni ha corroborado mi teoría de que Novio es un sociópata.

Ahueco los almohadones e intento ponerme cómoda. Es una situación rara. Miro mis notas pero ya no me apetece leerlas. Me siento expuesta y tengo ganas de echar a correr.

—No me puedo sentar aquí —digo.

Wendell pregunta por qué y le confieso que no lo sé.

—No saber es un buen punto de partida —declara, y sus palabras se me antojan una revelación. Dedico muchísimo tiempo a averiguar cosas, a buscar respuestas, pero sienta bien *no saber*.

Guardamos silencio un ratito. A continuación me levanto para sentarme más lejos, a medio camino entre las posiciones A y B. Respiro aliviada.

Pienso en una cita de Flannery O'Connor: «La verdad no cambia en función de nuestra capacidad de encajarla». ¿De qué me estoy protegiendo? ¿Qué intento ocultarle a Wendell?

Llevo todo este tiempo jurándole que no le deseo nada malo a Novio (como que su próxima novia lo abandone de improviso);

solo me gustaría recuperar la relación. Le he asegurado impertérrita que no busco venganza, que no lo odio, que no estoy enfadada, únicamente desorientada.

Wendell me ha escuchado en todas las ocasiones, pero no se lo traga. Salta a la vista que quiero venganza, odio a Novio y estoy furiosa.

«Sus sentimientos no tienen por qué ajustarse a los que juzga apropiados —me explicó en otra sesión—. Están ahí de todos modos, así que más le conviene aceptarlos, porque albergan pistas importantes.»

¿Cuántas veces habré dicho algo parecido a mis pacientes? Aquí, sin embargo, me siento como si oyera esas palabras por primera vez. *No juzgues tus sentimientos; obsérvalos. Empléalos como mapa. No tengas miedo a la verdad.*

A mis amigos, a mi familia —a mí misma— les cuesta contemplar la posibilidad de que Novio sea un tipo decente que estaba confuso y dividido. En vez de eso, o bien se ha portado como un egoísta o es un mentiroso. Tampoco han considerado nunca la eventualidad de que, si bien Novio se justificó alegando que no podía convivir con un niño, es posible que tampoco quisiera vivir conmigo. Puede que, en aspectos que ni él mismo advertía, yo le recuerde demasiado a sus padres o a su ex o a la chica que, según mencionó en cierta ocasión, le hizo daño en la universidad. «Me juré a mí mismo que jamás volvería a pasar por lo mismo», me confesó al principio de la relación. Le pedí que me contara más, pero él no quiso hablar de ello y yo, en connivencia con sus tendencias evasivas, no lo presioné.

Wendell, sin embargo, me ha señalado de cuántas maneras distintas nos evitábamos mutuamente, escondidos detrás del amor, del parloteo y de los planes de futuro. Y ahora me retuerzo de dolor y estoy creando mi propio sufrimiento; y mi psicólogo intenta infundirme un poco de sentido común a patadas, literalmente.

Descruza las piernas, derecha sobre izquierda, para volver a cruzarlas, izquierda sobre derecha, algo que hacen los terapeutas cuando se les duermen las extremidades. Hoy sus calcetines a rayas hacen juego con el jersey, como si hubiera comprado todo el conjunto. Señala con la barbilla los papeles que tengo en la mano.

—No creo que vaya a encontrar las respuestas que busca en esas notas.

La frase «su duelo guarda relación con una pérdida más importante» vuelve a mi pensamiento, como esas canciones que no te puedes quitar de la cabeza.

—Pero si no hablo de la ruptura, no tendré nada que decir —insisto.

Wendell tuerce la cabeza a un lado.

—Podría hablar de las cosas importantes.

Le creo y no le creo. Cada vez que Wendell sugiere que esto se debe a algo más trascendente que la pérdida de Novio, me pongo a la defensiva, así que algo de razón tendrá. Los temas que nos irritan a menudo son los mismos que deberíamos observar.

—Puede —concedo, pero me siento incómoda—. Ahora mismo me gustaría acabar de contarle lo que dijo Novio. ¿Me deja relatarle una última cosa?

Toma aliento pero guarda silencio, titubeante, como si se mordiera la lengua.

—Claro —responde Wendell. Ya me ha presionado bastante y lo sabe. Me ha dejado sin mi droga —hablar de Novio— demasiado rato y necesito otra dosis.

Empiezo a hojear mis papeles, pero ya no recuerdo por dónde iba. Repaso las notas en busca de la maldita cita que pensaba leerle a continuación, pero hay demasiados asteriscos y demasiadas anotaciones, y percibo los ojos de Wendell clavados en mi persona. Me pregunto qué pensaría yo si un paciente parecido a mí estuviera en mi consulta ahora mismo. En realidad, lo sé. Estaría pensando en el cartel plastificado que una compañera del centro prendió a la parte interior del armario archivador: «Uno siempre tiene que estar decidiendo si escapar del dolor o tolerarlo y, en consecuencia, transformarlo.»

Renuncio a las notas.

—Vale —miro a Wendell—. ¿Qué me quería decir?

Me explica que experimento dolor en el presente, pero que en realidad el sufrimiento pertenece al pasado y al futuro al mismo tiempo. Los psicólogos hablan mucho de cómo el pasado conforma el ahora; cómo la historia personal influye en nuestra manera de pensar, sentir y comportarnos en el momento presente, y de la necesidad de renunciar, en algún momento de la vida, a la fantasía de cambiar lo que ya pasó. Si no aceptamos que no hay vuelta atrás, por más que nos empeñemos en que nuestros padres, hermanos o pareja arreglen lo que sucedió hace tiempo, seguiremos atascados en el pasado. Cambiar la relación con el ayer es un eje de la psicoterapia. Sin embargo, a menudos olvidamos que la relación con el futuro conforma el presente también. Nuestra idea del mañana puede constituir un obstáculo igual de poderoso que la noción del ayer.

En realidad, prosigue Wendell, he perdido mucho más que mi relación presente. He perdido mi relación futura. Tendemos a pensar que el mañana sucede más tarde, pero lo creamos mentalmente a diario. Cuando el presente se desmorona, lo hace asimismo el futuro que asociamos con él. Y perder el futuro es el giro inesperado por excelencia. Ahora bien, si dedicamos el momento actual a tratar de reparar el pasado o a controlar el porvenir, permanecemos atrapados en el mismo sitio, en un estado de reproche permanente. Espiando a Novio en Google, he visto cómo su futuro se desplegaba ante mis ojos mientras yo seguía paralizada en el ayer. Pero si quiero vivir aquí y ahora, tendré que aceptar la pérdida de mi futuro tal cómo lo concebía.

¿Puedo transitar el dolor o prefiero seguir sufriendo?

—En ese caso —le digo a Wendell— supongo que debería dejar de interrogar a Novio... y de espiarlo en Google.

Él sonríe con indulgencia, tal como le sonreirías a una fumadora que anuncia su decisión de dejarlo de un día para otro, sin reparar en lo ambicioso de su propósito.

—O cuando menos intentarlo —rectifico—. Pasar menos tiempo en su futuro, más en mi presente.

Wendell asiente y, acto seguido, se propina dos palmadas en las rodillas y se levanta. La sesión ha terminado pero yo quiero continuar.

Tengo la sensación de que acabamos de empezar.

11

Adiós, Hollywood

Llevaba una semana trabajando para la NBC cuando me destinaron a dos series que estaban a punto de estrenarse, *Urgencias*, un drama médico, y *Friends*, una comedia de situación. Estos programas catapultarían a la cadena al número uno y liderarían la audiencia de la noche de los jueves durante varios años.

Las series se estrenaron en otoño, tras un proceso mucho más rápido que en el mundo cinematográfico. En pocos meses se contrataron actores y equipos, se construyeron decorados y empezó la producción. Yo estaba presente cuando Jennifer Aniston y Courteney Cox se presentaron a las pruebas para los papeles protagonistas de *Friends*. Yo sopesé si el personaje de Julianna Margulies de *Urgencias* debía morir al final del primer episodio y estuve en el plató con George Clooney antes de que nadie supiera hasta qué punto la serie lo encumbraría.

Motivada por el nuevo trabajo, veía menos televisión en casa. Contribuía a crear historias que me apasionaban con colegas que compartían mi pasión y de nuevo me sentía conectada a mi trabajo.

Un día, los guionistas de *Urgencias* llamaron a un hospital cercano para consultar una duda médica y, casualmente, un tal doctor Joe respondió a la llamada. Fue como si el destino hubiera obrado su magia; además del doctorado en medicina, el médico había cursado un máster en producción cinematográfica.

Cuando los guionistas descubrieron el currículum de Joe, empezaron a consultarle con regularidad. Pronto lo contrataron como asesor técnico para revisar las elaboradas escenas de traumatología, enseñar a los actores a pronunciar los términos médicos y conseguir que las intervenciones fueran más fieles a la realidad (extraer el aire de la jeringuilla, frotar la piel con alcohol antes de aplicar una vía, sostener el cuello del paciente en la posición adecuada cuando le insertas un respirador). Por supuesto, en ocasiones prescindíamos de las mascarillas quirúrgicas porque todo el mundo quería verle la cara a George Clooney.

En el plató, Joe era un ejemplo de tranquilidad y competencia, las mismas cualidades de las que hacía gala en las urgencias reales. Durante los descansos, hablaba de sus casos recientes y yo absorbía hasta la última palabra. *¡Menudas historias!*, pensaba. Cierto día le pregunté a Joe si podía verlo en acción —para investigar, alegué— y me ofreció acceso a su servicio de urgencias. Allí, con un uniforme prestado, lo acompañé a todas partes durante las horas que duró su turno.

—Los conductores borrachos y los pandilleros heridos no empiezan a entrar hasta la noche —me explicó cuando llegué un sábado por la tarde y me sorprendí ante la calma reinante. Pero al poco corríamos de sala en sala, de paciente en paciente, mientras yo intentaba retener los nombres, los historiales y los diagnósticos al vuelo. En el transcurso de una hora, vi a Joe practicar una punción lumbar, mirar el útero de una mujer embarazada y sostener la mano de una madre de gemelos, de treinta y nueve años, mientras le decían que su migraña era en realidad un tumor cerebral.

—No, verá, yo solo quería que me dieran algo para la migraña —fue su única respuesta; negación que pronto cedería el paso a un mar de lágrimas. Su marido se disculpó alegando que necesitaba ir al baño pero vomitó por el camino. Durante un segundo imaginé ese mismo drama en la televisión —un instinto muy arraigado cuando tu trabajo consiste en inventar historias— pero presentía que no estaba allí únicamente en busca de material televisivo. Y Joe también lo notó. Semana tras semana, yo regresaba a urgencias.

—Pareces más interesada en lo que hacemos aquí que en tu trabajo diario —me comentó Joe una noche, meses después, mientras mirábamos juntos una radiografía y me enseñaba dónde estaba la fractura. Luego, como de pasada, añadió—: Todavía podrías estudiar medicina, ¿sabes?

—¿Medicina? —repetí. Lo miré como si hubiera perdido la chaveta. Yo tenía veintiocho años y había cursado un grado de lengua en la universidad. Es verdad que en el instituto me presentaba a torneos de matemáticas y de ciencias, pero en mi vida no académica siempre me habían atraído las palabras y los relatos. Y ahora tenía un fantástico empleo en la NBC por el que me sentía más que afortunada.

A pesar de todo, no dejaba de escaparme de los rodajes para acudir a las urgencias del hospital. Y no solo seguía a Joe a todas partes sino también a cualquier otro médico que me dejara ser su sombra. Era consciente de que mi presencia allí tenía ya poco que ver con la investigación. Había devenido una afición. ¿Y qué? ¿Acaso no tiene todo el mundo aficiones? Y, vale, claro, puede que pasar la noche en urgencias se hubiera convertido en el equivalente a mirar la tele compulsivamente cuando no me sentía a gusto trabajando para el cine. De nuevo: ¿y qué? Desde luego no iba a abandonar mi profesión para empezar de cero en la facultad de Medicina. Además, el empleo en la NBC no me aburría. Sencillamente sentía que algo real, grande y trascendente acontecía en urgencias, algo que no podía pasar en la televisión, del mismo modo. Y mi nueva afición llenaba esos vacíos; para eso son los entretenimientos.

En ocasiones, sin embargo, en los momentos de tranquilidad entre emergencias, comprendía hasta qué punto me sentía cómoda en las salas del hospital y, cada vez más, me preguntaba si Joe no tendría algo de razón.

Poco tiempo después, mi afición me trasladó de las urgencias a un quirófano de neurocirugía. El caso que me habían invitado a presenciar era un hombre de mediana edad con un tumor pituitario que preveían benigno pero que se debía extraer para evitar que presionase los nervios craneales. Cubierta con bata y mascarilla y calzada con zapatillas deportivas para mayor comodidad, me planté junto al señor Sánchez con los ojos clavados en su cráneo. Tras serrarle el hueso (con una herramienta que parecía comprada en una ferretería), el cirujano y su equipo procedieron a retirar con suma meticulosidad capa tras capa de fascia hasta llegar al cerebro desnudo.

Por fin lo tenía delante, idéntico a las imágenes que había visto en un libro la noche anterior, pero allí, en aquel instante, con mis propios sesos a pocos centímetros del cerebro del señor Sánchez, me sentí sobrecogida. Todo lo que era ese hombre —su personalidad, sus recuerdos y experiencias, sus gustos y aversiones— se alojaba en el órgano de kilo y medio que tenía delante. Pierdes una pierna o un riñón y sigues siendo tú mismo, pero si pierdes una parte del cerebro —si, literalmente, pierdes la cabeza— ¿quién eres entonces?

Me asaltó un pensamiento retorcido: *¡he visitado la mente de una persona!* Hollywood intenta constantemente entrar en la cabeza de la gente a través de la investigación de mercado y la publicidad, pero yo había estado allí de veras, en las profundidades del cráneo de ese hombre. Me pregunté si los eslóganes con los que las cadenas de televisión bombardeaban a los espectadores llegaban a su destino: *¡No se lo pierda!*

Una música clásica empezó a sonar de fondo, suave, y dos neurocirujanos fueron retirando el tumor y depositando los trozos en una bandeja de metal. Recordé los frenéticos platós de Hollywood, una locura de órdenes y conmoción.

«¡Venga, chicos! ¡Vamos allá! —Transportaban a un actor en camilla por un pasillo, la ropa empapándose de líquido rojo, pero alguien doblaba la esquina con excesiva precipitación—. ¡Mierda! —exclamaba el director—. ¡Por Dios, a ver si lo hacéis bien esta vez! —Tipos fornidos cargados con cámaras y focos corrían de un lado para otro para rehacer la escena. Veía a un productor llevarse una pastilla a la boca (¿Tylenol, Xanax o Prozac?) y tragársela con un sorbo de agua con gas—. Si no dejamos lista esta escena hoy, me va a dar un infarto —suspiraba el director—. Lo juro, me voy a morir.»

En el quirófano, con el señor Sánchez, no había gritos ni la sensación de que nadie estuviera al borde del infarto. Incluso el paciente, con la cabeza serrada en dos, parecía menos estresado que la gente del plató. Concentrado en su trabajo, el equipo de cirugía acompañaba cada petición con frases de cortesía: «por favor» y «gracias». Nadie pensaría que un flujo de sangre constante circulaba de la cabeza del hombre a la bolsa que pendía cerca de mi pierna. Podría haber confundido la escena con una fantasía. Y en cierto sentido lo era. Se trataba de lo más auténtico que había presenciado jamás y, al mismo tiempo, estaba a años luz de mi vida real en Hollywood, un lugar que no tenía intención de abandonar.

Sin embargo, pasados unos meses, todo cambió.

Estoy acompañando a un médico de urgencias en un hospital municipal, un domingo. Según nos acercamos a un cortina, dice:

—Paciente de cuarenta y cinco años con complicaciones diabéticas.

Retira la cortina y veo a una mujer tendida en la camilla, tapada con una sábana. En ese momento, el hedor golpea mis fosas nasales; un mazazo tan tremendo que me siento al borde del desmayo. No puedo identificar el olor, porque jamás he percibido nada tan nauseabundo. ¿Ha defecado? ¿Vomitado?

No veo señales de ninguna de las dos cosas, pero la pestilencia se torna tan intensa que el almuerzo asciende por mi garganta y trago con fuerza para empujarlo hacia abajo. Espero que la paciente no repare en mi palidez ni en el revuelo que ha provocado en mis tripas. Pienso: *Puede que el pestazo proceda de la cama contigua. Tal vez si me cambio de lado, no lo notaré tanto.* Me concentro en la cara de la mujer: ojos llorosos, mejillas enrojecidas, flequillo sobre la sudorosa frente. El médico le hace preguntas y yo no entiendo cómo consigue respirar. Llevo conteniendo el aliento desde que he entrado, pero necesito tomar aire.

Vale, me digo. *Allá vamos.*

Empiezo a respirar y el horrible olor invade mi cuerpo. Buscando apoyo en la pared, observo cómo el doctor levanta la sábana que cubre las piernas de la paciente. Pero no hay piernas. La diabetes le ha provocado una vasculitis severa y únicamente conserva dos muñones por debajo de las rodillas. Uno está gangrenado y yo no tengo claro si la imagen de ese muñón infectado, negro y podrido como una fruta putrefacta, es aún peor si cabe que la pestilencia.

Hay poco espacio y yo me acerco a la cabeza de la mujer, tan lejos como puedo del muñón infectado, y en ese momento sucede algo extraordinario. La paciente me toma la mano y sonríe como diciendo: *Ya sé que te horroriza mirarlo, pero todo va bien.* Aunque debería ser yo la que le sostuviera la mano, aunque es ella la que ha perdido las extremidades y sufre una infección masiva, me está tranquilizando. Y si bien la situación ofrece una excelente trama secundaria para *Urgencias*, sé, en esa milésima de segundo, que no seguiré trabajando mucho más tiempo en la serie.

Me voy a matricular en la facultad de Medicina.

Puede que mi decisión se deba a un impulso del momento —al hecho de que esa encantadora desconocida con un muñón renegrido me sostenga la mano mientras intento no vomitar— pero algo acaba de suceder en mi interior que jamás he sentido en ninguno de los trabajos que he desempeñado en Hollywood. Me encanta la televisión, pero la realidad de las historias que estoy experimentando en persona me conmueve profundamente y empequeñece los relatos imaginarios. *Friends* habla del sentimiento de comunidad, pero de un modo que no es real. *Urgencias* trata de la vida y la muerte, aunque solamente en la ficción. En lugar de tomar estas historias que presencio y llevarlas a mi mundo televisivo, quiero que la vida real —las personas de verdad— sean mi mundo.

Ese día, mientras recorro en coche el trayecto que va del hospital a casa, no sé cómo o cuándo sucederá ni qué tipo de crédito voy a tener que solicitar para estudiar medicina; ni siquiera si me admitirán en la facultad. Desconozco cuántas asignaturas de ciencias tendré que cursar para cumplir los requisitos y prepararme para el examen de ingreso y dónde estudiar esas asignaturas, pues hace seis años que dejé la universidad.

Sin embargo, de algún modo, conseguiré que suceda y no puedo hacerlo si tengo que trabajar sesenta horas a la semana en No Se Lo Pierda TV.

12

Bienvenidos a Holanda

Cuando Julie descubrió que se estaba muriendo, su mejor amiga, Dara, le envió el famoso texto «Bienvenidos a Holanda» con la intención de ayudarla. Escrito por Emily Perl Kingsley, madre de un niño con síndrome de Down, aborda la experiencia de saber que tus expectativas vitales acaban de alterarse por completo:

Esperar el nacimiento de un hijo se parece a planear unas fabulosas vacaciones en Italia. Compras un montón de guías turísticas y haces planes maravillosos: el Coliseo, el David de Miguel Ángel, las góndolas de Venecia... Incluso puedes aprender unas cuantas frases en italiano, que te van a venir muy bien. Todo es muy emocionante.

Tras meses de ilusionada espera, llega el ansiado día. Preparas las maletas y te pones en camino. Varias horas más tarde, cuando el avión aterriza, un auxiliar de vuelo anuncia:

—Bienvenidos a Holanda.

—¿Holanda? —preguntas—. ¿Cómo que Holanda? ¡Yo he comprado un billete a Italia! ¿Por qué me han traído a otro país? Llevo toda la vida soñando con viajar a Italia.

Pero los planes de vuelo han cambiado. El avión ha aterrizado en Holanda y allí te vas a quedar.

Lo principal es que no te han llevado a un sitio horrible, mugriento y desagradable, donde la miseria y las enfermedades campan a sus anchas. Simplemente has llegado a un lugar distinto.

Así que te toca salir y comprar nuevas guías. E incluso aprender un idioma nuevo. Y conocerás a personas que de otro modo nunca habrías conocido.

Estás en otro sitio, nada más. El ritmo es más pausado que en Italia; el entorno, menos deslumbrante. Pero después de pasar un tiempo en el país y recuperar el aliento, miras a tu alrededor... y adviertes que en Holanda hay molinos de viento y tulipanes. En Holanda hay incluso obras de Rembrandt.

Pero todos tus conocidos están muy ocupados yendo y viniendo de Italia, y presumen de las maravillosas experiencias que han vivido allí. Y durante el resto de tu vida, te dirás:

—Sí, yo también pensaba ir a Italia. Ese fue el viaje que planeé.

El dolor jamás desaparecerá, porque la pérdida de ese sueño es, en verdad, muy significativa. Ahora bien, si malgastas la vida lamentando el hecho de que nunca llegaste a conocer Italia, tal vez jamás seas libre para disfrutar de las experiencias especiales y maravillosas que te esperan en Holanda.

«Bienvenidos a Holanda» enfureció a Julie. Al fin y al cabo, ¿qué tiene el cáncer de especial o maravilloso? Pero Dara, cuyo

111

hijo tiene diagnosticado un autismo severo, le dijo a Julie que no había captado la idea. Reconocía que el diagnóstico de su amiga era devastador e injusto, y le exigía una ruptura total con el rumbo que, en teoría, iba a tomar su vida. Pero no quería que Julie pasara el tiempo que le pudiera quedar —quizás tanto como diez años— perdiéndose lo que aún le reservaba la vida. Su matrimonio. Su familia. Su trabajo. Todavía podía disfrutar de una versión de todas esas experiencias en Holanda.

Julie pensó: *Que te den.*

Y también: *Tienes razón.*

Porque Dara lo sabía mejor que nadie.

Julie ya me había hablado de Dara, igual que todos mis pacientes me hablan de sus mejores amigos. Sabía que la joven estaba desesperada de pena y de preocupación ante los incansables golpes y cabezazos de su hijo, sus rabietas, su incapacidad de mantener una conversación o de comer solo a los cuatro años, su necesidad de múltiples terapias semanales que le absorbían buena parte de su vida pero que tampoco parecían ayudar, según la joven le relataba a Julie, desalentada.

—Bueno, no me siento orgullosa de lo que le voy a contar —dijo Julie después de narrarme cómo se había enfadado al principio con su amiga—, pero cuando vi lo que Dara estaba pasando con su hijo, supe que por nada del mundo querría vivir algo parecido. La quiero mucho y pensé que cualquier esperanza de conocer la vida a la que aspiraba se había esfumado.

—Lo mismo que siente usted ahora.

Julie asintió.

Me relató que Dara pasó mucho tiempo diciendo: «¡yo no me esperaba esto!» y luego recitaba la lista de todas las pérdidas que implicaba su situación. Su marido y ella nunca podrían acurrucarse con su hijo, ni se turnarían con otros padres los viajes al colegio, ni le leerían a su pequeño cuentos de buenas noches. El niño no crecería para convertirse en un adulto independiente. Dara miraba a su marido, me contó Julie, y pensaba: *es un padre maravilloso*, pero luego empezaba a rumiar hasta qué punto habría sido un papá fabuloso de haber tenido un hijo con el que pudiera interactuar plenamente. La tristeza se apoderaba de ella, sin que pudiera evitarlo, cada vez que le daba por pensar en la clase de experiencias que jamás compartirían con el niño.

Dara se sentía egoísta y culpable por su tristeza, porque si deseaba que la vida del niño fuera más fácil, si soñaba que pudiera tener una existencia plena, con amigos, amores y trabajo, era ante todo por el bien de *él*. La invadían el dolor y la envidia cuando veía a otras madres jugar con sus hijos de cuatro años en el parque, sabiendo que, en una situación parecida, su hijo perdería el control y con toda probabilidad lo invitarían a marcharse. Siendo consciente de que la gente seguiría evitando a su hijo cuando creciera, y a ella. Las miradas que le dispensaban las otras madres, esas que tenían hijos típicos con problemas típicos, incrementaban su sensación de aislamiento.

A lo largo de aquel año, Dara telefoneaba a Julie a menudo, cada llamada más desesperada que la anterior. Con los recursos financieros, emocionales y prácticos agotados, decidieron no añadir otro hermano a la combinación. ¿Cómo pagarían los gastos y de dónde sacarían el tiempo para otro hijo? ¿Y si ese niño también padecía autismo? Dara ya había dejado de trabajar para poder ocuparse del pequeño, su marido había buscado un segundo empleo y ella no sabía cómo sobrellevarlo todo. Hasta que un día llegó a sus manos «Bienvenidos a Holanda» y comprendió que no solo tendría que vivir en esa tierra extraña sino encontrar motivos de alegría donde pudiera. Todavía podía disfrutar de la vida, si se lo permitía.

En Holanda, Dara encontró amigos que comprendían su situación familiar. Halló maneras de conectar con su hijo, divertirse con él y amarlo tal como era, sin centrarse en las carencias. Aprendió a dejar de buscar información obsesivamente sobre el atún, la soja o los productos químicos de los cosméticos que pudieran haber perjudicado el desarrollo de su hijo durante el embarazo. Buscó ayuda para cuidar del niño con el fin de poder cuidar también de sí misma, trabajar media jornada en algo que le gustaba y disfrutar de tiempo libre significativo. Su marido y ella se reencontraron y recuperaron su matrimonio al tiempo que lidiaban con los problemas que no podían eludir. En lugar de pasar todo el viaje encerrados en el hotel, decidieron salir y visitar el país.

Ahora Dara estaba invitando a Julie a hacer lo mismo, a mirar los tulipanes y los Rembrandt. Y cuando la ira de Julie ante «Bienvenidos a Holanda» remitió, comprendió que siempre habría alguien cuya vida le pareciera más —o menos— envidiable. ¿Le cambiaría el sitio a Dara, ahora mismo? Su primera reacción: sí, con los ojos cerrados. La segunda: puede que no. Se planteó distintas posibilidades: si pudiera disfrutar de diez años fantásticos con un hijo sano, ¿cambiaría eso por una vida más larga? ¿Es más difícil estar enferma que compartir la vida con un niño que lo está? Se sentía despreciable por albergar esos pensamientos, pero tampoco podía negarlos.

—¿Cree que soy mala persona? —me preguntaba, y yo le aseguraba que a todo aquel que acude a terapia le preocupa que sus pensamientos no sean «buenos» o «normales» y, sin embargo, tan solo la sinceridad con uno mismo nos ayuda a extraer el sentido de nuestras vidas, con todos sus matices y complejidades.

Reprime esos pensamientos y es probable que te comportes «mal». Acéptalos y crecerás.

A través de esas reflexiones, Julie empezó a comprender que todos estamos en Holanda, porque casi nadie llega a tener la vida que soñó. Aun si eres tan afortunada como para viajar a Italia, te pueden cancelar el vuelo o tal vez llueva sin parar. O, durante un viaje de aniversario, tu marido podría sufrir un infarto en la ducha diez minutos después de compartir contigo un sexo maravilloso en un lujoso hotel de Roma, como le sucedió a una conocida mía.

Así que Julie se marchaba de viaje a Holanda. No sabía cuánto tiempo duraría su estancia, pero habíamos hecho reservas para diez años y cambiaríamos el itinerario de ser necesario.

Mientras tanto, trabajaríamos juntas para averiguar qué quería hacer allí.

Julie solamente puso una condición.

—Si cometo algún disparate, ¿promete decírmelo? O sea, ahora que voy a morir antes de lo que jamás hubiera pensado, no hace falta que sea tan... sensata, ¿verdad? Así que, si me paso de la raya y me desmadro demasiado, ¿me avisará?

Le prometí hacerlo. Julie siempre había sido una persona concienzuda y responsable. Lo hacía todo como Dios manda y no podía imaginar qué entendía ella por «desmadrarse». Supuse que, en todo caso, no llegaría más lejos que la típica niña buena que un día se desmelena bebiendo alguna cerveza de más en una fiesta.

Había olvidado que las personas mostramos nuestro lado más interesante cuando tenemos una pistola metafórica en la sien.

—Cosas que quiero hacer antes de morir —dijo Julie durante la sesión, cuando iniciamos el trabajo de visualizarla en Holanda—. Qué expresión más curiosa, ¿verdad?

No pude sino asentir. ¿Qué nos gustaría hacer antes de criar malvas?

A menudo empezamos a pensar en nuestra lista de sueños pendientes cuando muere alguien cercano. Ese fue el caso de la artista Candy Chang que, en 2009, creó un espacio público en Nueva Orleans con la entrada: *Antes de morir* _____. Al cabo de pocos días, el muro estaba repleto de inscripciones. La gente escribió cosas como *Antes de morir, me gustaría poner un pie a cada lado de la línea internacional del cambio de fecha. Antes de morir, quiero cantar delante de millones de personas. Antes de morir, quiero ser yo mismo.* Pronto la idea se extendió a miles de muros en todo el mundo: *Antes de morir, me gustaría estar más unida a mi hermana. Ser un padre genial. Tirarme en paracaídas. Cambiar la vida de alguien.*

No sé si lo pusieron en práctica, pero a juzgar por lo que he visto en mi consulta, es posible que más de uno viviera su epifanía, escarbara en su alma, añadiera más elementos a la lista... y luego no hiciera nada. Cuando la muerte tan solo existe en la teoría, la gente tiende a soñar sin más.

Pensamos que hacemos listas de cosas pendientes para no dejarnos nada en el tintero, pero en realidad lo hacemos para defendernos de la muerte. Al fin y al cabo, cuanto más largas sean nuestras listas, más tiempo creemos tener para cumplir todo lo que contienen. Acortar la lista, sin embargo, debilita una pizca nuestro sistema de negación y nos obliga a reconocer una verdad incuestionable: la tasa de mortalidad de la vida es del cien por cien. Todos y cada uno de nosotros vamos a morir y la mayoría no tenemos la menor idea de cómo ni cuándo sucederá.

De hecho, con cada segundo que pasa, más cerca estamos del inevitable final. Como dicen por ahí: ninguno de nosotros saldrá vivo de aquí.

Imagino que ahora mismo te alegras mucho de que yo no sea tu terapeuta. ¿Quién quiere pensar en eso? ¡Es mucho más agradable procrastinar en relación con la muerte! Muchos damos por sentadas a las personas que amamos y las cosas que nos importan hasta que comprendemos, cuando nos anuncian la fecha de expiración, que el gran proyecto todavía está por hacer: nuestra vida.

Ahora, sin embargo, Julie tenía que decir adiós a todas aquellas cosas que quedarían *fuera* de su lista. A diferencia de las personas mayores, que se lamentan de lo que van a perder y dejar atrás, Julie estaba de duelo por lo que nunca tendría todas las metas y primeras veces que las personas de treinta años dan por supuesto que alcanzarán. Julie tenía, según ella misma lo expresó, «un vencimiento muy concreto». Lo que en inglés se conoce como *deadline*, dijo, siendo *dead* (muerte), la clave de la palabra. Un plazo tan implacable que buena parte de lo que esperaba vivir nunca sucedería.

Cierto día Julie me confesó que había empezado a notar la frecuencia con que la gente, en las conversaciones informales, hace referencia al futuro. *Voy a adelgazar. La semana que viene empiezo a hacer ejercicio. Este año nos iremos de vacaciones. Dentro de tres años conseguiré el ascenso. Estoy ahorrando para comprar una casa. Tendremos otro hijo dentro de un par de años. Dentro de cinco años acudiré a la siguiente reunión de exalumnos.*

Hacen planes.

A Julie le costaba planificar el porvenir sin saber cuánto tiempo tenía. ¿Qué haces cuando la diferencia entre un año y diez es inmensa?

Y entonces sucedió un milagro. El tratamiento experimental de Julie estaba reduciendo los tumores. En cuestión de semanas, prácticamente habían desaparecido. Los médicos se mostraban optimistas; tal vez tuviera más tiempo del que pensaban. Puede que los medicamentos funcionasen a largo plazo y no solo en el presente o durante unos pocos años. Había tantos «quizás» que, cuando los tumores desaparecieron por completo, ella y Matt empezaron, con suma cautela, a ser de esas personas que hacen planes.

Cuando Julie examinó su lista de sueños pendientes, Matt y ella hablaron de tener un hijo. ¿Debían ser padres aunque quizás para cuando el niño empezase la primaria Julie ya no estuviera o, en el peor de los casos, ni siquiera para preescolar? ¿Se sentía capaz Matt de enfrentarse a eso? ¿Y qué pasaba con el niño? ¿Era justo que Julie fuera madre en esas circunstancias? ¿O acaso el máximo gesto de amor materno fuera precisamente la decisión de no serlo, aunque implicase el mayor sacrificio que había hecho jamás?

Julie y Matt decidieron que la vida debía continuar, aun delante de una incertidumbre tan grande. Si algo habían aprendido es que la vida es aleatoria por definición. ¿Y si Julie optaba por la precaución y renunciaban a tener un hijo por si el cáncer regresaba... pero nunca lo hacía? Matt le aseguró a Julie que sería un padre implicado pasara lo que pase. Siempre estaría presente para su hijo.

Así pues, estaba decidido. Mirar a la muerte a los ojos les obligaba a vivir con plenitud; no en el futuro, con una larga lista de objetivos por delante, sino en el momento presente.

Julie redujo su lista al mínimo: formarían una familia.

No importaba si acababan en Italia, en Holanda o en algún lugar distinto. Subirían a bordo del avión y ya se vería dónde aterrizaban.

13

Cómo lidian los niños
con la pena

Al poco tiempo de la ruptura, compartí la noticia con Zach, mi hijo, de ocho años. Estábamos cenando y yo se lo dije sin rodeos: Novio y yo habíamos decidido (licencia poética) que no íbamos a estar juntos, al cabo.

Se quedó de piedra. Parecía sorprendido y aturdido al mismo tiempo. (*¡Bienvenido al club!*, pensé.)

—¿Por qué? —quiso saber. Le expliqué que cuando dos personas planean casarse antes tienen que averiguar si van a formar un buen equipo, no solo en el presente sino también durante el resto de sus vidas. Y si bien Novio y yo nos amábamos, ambos habíamos comprendido (otra licencia poética) que ese no era nuestro caso y que sería más conveniente para nosotros buscar otras personas con las que nos lleváramos mejor.

En esencia le había dicho la verdad, menos algunos detalles y más de un par de sustituciones pronominales.

—¿Por qué? —volvió a preguntar Zach—. ¿Por qué no formáis un buen equipo?

Su rostro era un gran interrogante. Verlo me partía el corazón.

—Bueno —respondí yo—. ¿Te acuerdas de que Asher y tú erais muy amigos pero entonces él se aficionó al fútbol y tú empezaste a jugar al baloncesto?

Asintió.

—Todavía sois amigos, pero ahora tú pasas más tiempo con niños que tienen intereses parecidos a los tuyos.

—Entonces, ¿os gustan cosas distintas?

—Eso es —asentí yo. *A mí me gustan los niños y él los odia.*

—¿Qué cosas?

Suspiro.

—Bueno, pues cosas como que yo quiero estar más en casa y él prefiere viajar.

Los niños y la libertad se excluyen mutuamente. Si la reina tuviera pelotas...

—¿Y por qué no podéis llegar a un acuerdo? Podrías quedaros en casa unas veces y viajar otras.

Medité la propuesta.

—Puede que sí, pero nos pasa lo mismo que a Sonja y a ti cuando tuvisteis que preparar juntos un cartel y ella quería llenarlo de mariposas y tú querías que tuviera un montón de soldados clon, y al final pintasteis dragones amarillos. Quedó chulo, pero no era lo que queríais ninguno de los dos. Así que, en el siguiente proyecto, formaste pareja con Theo y aunque pensáis de manera distinta, vuestras ideas se parecen más. Tuvisteis que negociar pero no tanto como Sonja y tú.

Zach tenía la mirada clavada en la mesa.

—Todo el mundo tiene que negociar para llevarse bien —le expliqué—, pero si tienes que negociar *demasiado,* el matrimonio puede resultar complicado. Si uno de nosotros quisiera viajar a menudo y el otro prefiriese quedarse en casa casi siempre, los dos acabaríamos muy frustrados. ¿Me explico?

—Sí —respondió mi hijo. Seguimos sentados un rato y luego, de súbito, alzó la vista y me espetó—: ¿Los plátanos se mueren cuando te los comes?

—¿Qué? —le pregunté, descolocada por la irrelevancia de su pregunta.

—Matamos a las vacas para comérnoslas y por eso los vegetarianos no comen carne, ¿no?

—Ajá.

—Bueno —prosiguió—, si arrancamos un plátano del árbol, ¿no lo matamos también?

—No, es más parecido al pelo —aclaré—. Los pelos caen cuando ya no pueden seguir creciendo para que el cabello nuevo los pueda reemplazar. Los plátanos nuevos sustituyen a los viejos.

Zach se inclinó hacia delante.

—Pero nosotros arrancamos los plátanos antes de que caigan, cuando todavía están vivos. ¿Y si alguien TE ARRANCARA el pelo antes de que estuviera listo para caer? ¿No mata eso al plátano? ¿Y no le duele al árbol que le arranques el fruto?

Ah. Era la estrategia de Zach para afrontar la noticia. Él era el árbol. O el plátano. En cualquier caso, le dolía.

—No lo sé —respondí—. Puede que no pretendamos hacerle daño al árbol ni al plátano, pero es posible que les duela de todos modos, aunque preferiríamos mil veces no hacerlo.

Se quedó callado un rato. Luego:

—¿Lo volveré a ver?

Le dije que no lo creía.

—¿Y ya no volveremos a jugar al Goblet?

El Goblet era un juego de mesa que había pertenecido a las hijas de Novio cuando eran niñas. Zach y Novio jugaban juntos de vez en cuando.

121

Le respondí que no, no con Novio. Pero, si le apetecía, yo jugaría con él.

—Puede —aceptó con voz queda—. Pero es que él jugaba muy bien.

—Jugaba muy bien —asentí—. Ya sé que es un gran cambio —añadí, y luego dejé de hablar porque nada de lo que dijera iba a ayudar a mi hijo en ese momento. Tendría que experimentar la tristeza. Sabía que durante los días y semanas e incluso meses siguientes me tocaría mantener muchas conversaciones con él para ayudarle a superar esto (la ventaja de ser el hijo de una psicóloga es que nada se barre debajo de la alfombra; la desventaja es que lo vas a pasar fatal de todos modos). Mientras tanto, el niño tendría que digerir la noticia.

—Vale —musitó Zach. Se levantó de la mesa, se acercó al frutero, escogió un plátano, lo abrió y, con aire dramático, le hincó el diente.

—Ñammmm —dijo, con una curiosa expresión de alegría en el semblante. ¿Estaba asesinando al plátano? Se lo zampó de tres grandes bocados y entró en su habitación.

Cinco minutos más tarde, regresó cargado con el Goblet.

—Vamos a donarlo —propuso a la vez que dejaba el juego junto a la puerta. Se acercó para abrazarme—. De todas formas, ya no me gusta.

14

Harold y Maude

En la facultad de Medicina, mi cadáver se llamaba Harold. O, más bien, así lo bautizaron mis compañeros de laboratorio después de que el otro grupo diera el nombre de Maude al suyo. Acabábamos de empezar el curso de anatomía macroscópica, la clásica asignatura de disección de primer año, y cada equipo trabajaba en el cadáver de una persona que, con gran generosidad, había donado su cuerpo a la ciencia.

Los profesores nos hicieron dos recomendaciones antes de entrar en el laboratorio. Una: era conveniente imaginar que el cadáver perteneció a nuestra abuela y demostrarle respeto en consonancia. («¿La gente normal disecciona a sus abuelas?», replicó un alumno, horrorizado.) Dos: deberíamos prestar atención a las emociones que experimentáramos durante un proceso que, según nos dijeron, iba a ser muy intenso.

No nos ofrecieron ninguna información relativa a los cadáveres: ni nombre, ni edad, historial médico o causa de la defunción. Los nombres se ocultaban por discreción y el resto porque el objetivo del ejercicio era resolver un misterio, no «quién lo hizo» sino «qué». ¿Por qué murió esa persona? ¿Fumaba? ¿Le encantaba la carne roja? ¿Era diabético?

A lo largo del semestre, descubrí que Harold llevaba una prótesis de cadera (pista: las grapas de metal en el costado); sufría insuficiencia mitral (pista: agrandamiento del lado izquierdo del corazón); padecía estreñimiento, seguramente por haber pasado la última etapa de su vida tendido en una cama de hospital (pista: las heces atascadas en el colon). Sus ojos eran de un tono azul pálido y tenía una dentadura uniforme, una pizca amarillenta, una gran calva rodeada de cabello blanco y los dedos musculosos de un constructor, pianista o cirujano. Más tarde, descubrí que había muerto de neumonía a los noventa y dos años. El dato nos sorprendió a todos, incluido el profesor, que declaró:

—Sus órganos podrían haber pertenecido a un hombre de sesenta.

Maude, en cambio, tenía los pulmones llenos de tumores y sus bonitas uñas pintadas de rosa contrastaban con las manchas de nicotina de sus dedos, que traicionaban su hábito. Al contrario que Harold, su cuerpo había envejecido prematuramente y sus órganos parecían los de una persona mucho mayor. Cierto día, el «equipo Maude», como llamábamos al otro grupo de laboratorio, le extrajo el corazón. Un alumno lo levantó con tiento para que los demás pudieran observarlo, pero se le resbaló entre los dedos enguantados, cayó y se partió en dos. Todos ahogamos un grito: un corazón roto. *Qué fácil es*, pensé yo, *romper el corazón de alguien, aun si llevas gran cuidado para no hacerlo.*

Prestad atención a vuestras emociones, nos habían instruido, pero todo resultaba más sencillo si las guardabas a buen recaudo mientras retirabas el cuero cabelludo y serrabas el cráneo como si fuera un melón. («Otro día de bricolaje», dijo el profesor cuando nos recibió para la segunda clase. Una semana más tarde, haríamos una «disección cuidadosa» del oído, que implicaba el uso de cinceles y martillos, pero no sierras.)

Comenzábamos cada sesión de laboratorio abriendo la bolsa que contenía nuestro cadáver y guardando un minuto de silencio para honrar a las personas que nos permitían desmantelar sus cuerpos. Empezábamos por debajo del cuello, absteniéndonos de destapar la cabeza por respeto, y cuando ascendíamos a la cara manteníamos los párpados cerrados, igualmente por respeto pero también porque así parecían menos humanos; menos reales.

La disección nos enseñó que la vida es precaria y, para distanciarnos de esa realidad, aligerábamos el ambiente con trucos mnemotécnicos groseros que pasaban de clase en clase, como el que ayudaba a memorizar los nervios craneales (olfatorio, óptico, motor ocular, patético, trigémino, motor ocular externo, facial, auditivo, glosofaríngeo, vago, espinal e hipogloso): oh, oh, mamá, papá, traigo minifalda, ahora mis glúteos van a estar helados. Mientras diseccionábamos la cabeza y el cuello, la clase gritaba la cantinela al unísono. Luego hacíamos codos y nos preparábamos para la siguiente sesión de laboratorio.

El duro trabajo mereció la pena. Clavamos cada uno de los temas, pero dudo que ninguno de nosotros prestara atención a sus emociones.

Cuando llegaron los exámenes, nos tocó hacer nuestra primera deambulación. Como su nombre indica, consiste en deambular por una sala llena de piel, huesos y vísceras como si examinaras los restos de un horrible accidente de avión, salvo que tu trabajo no consiste en identificar a las víctimas sino las partes del cuerpo. En lugar de decir «me parece que este es John Smith», intentas averiguar si la pieza carnosa que descansa aislada en una mesa pertenece a una mano o a un pie y, a continuación, deduces: «Me parece que es un músculo extensor radial largo del carpo». Y esa ni siquiera fue la experiencia más sangrienta que vivimos.

El día que diseccionamos el pene de Harold —frío, correoso, inerme— los alumnos de la mesa de Maude, al carecer su cadáver de órganos masculinos, se unieron a nosotros para observar. Kate, mi compañera de laboratorio, se caracterizaba por su meticulosidad en las disecciones (hacía gala de una atención, solía decir el profesor, «aguda como una hoja del nueve»), pero ahora los gritos del equipo Maude la distraían. Cuanto más profundo era el corte, más estridentes se tornaban los chillidos.

—¡Ay!

—¡Puaj!

—¡Voy a vomitar!

Más compañeros se acercaron a mirar y un montón de chicos empezaron a bailotear a la vez que se protegían la entrepierna con libros de texto meticulosamente forrados.

—Teatreros —musitó Kate. No tenía paciencia con los aprensivos; aspiraba a ser cirujana. Recuperando la atención, usó una sonda para localizar el cordón espermático y practicó una incisión vertical en la base del pene para abrirlo en dos mitades, como un perrito caliente.

—¡Vale, ya está, me largo! —anunció un chico antes de que él y varios de sus compañeros abandonaran el laboratorio a toda prisa.

El último día del curso celebramos una ceremonia oficial en la que presentamos nuestros respetos a esas personas que nos

habían permitido aprender de sus restos. Leímos notas indivi-
duales de agradecimiento, tocamos música y expresamos nuestras bendiciones, con la esperanza de que, si bien sus cuerpos
habían sido desmantelados, sus almas permaneciesen intactas y
dispuestas a recibir nuestra gratitud. Hablamos mucho de la vulnerabilidad de esos cadáveres, expuestos y a nuestra merced,
abiertos y escudriñados bajo el microscopio, milímetro a milímetro, en muestras de tejidos. Sin embargo, éramos nosotros los
más vulnerables, más todavía si cabe a causa de nuestra resistencia a admitirlo: un grupo de alumnos de primero tratando de
averiguar si se podrían abrir paso en este campo; jóvenes que
veían la muerte de cerca por primera vez; estudiantes que no
sabían cómo gestionar las lágrimas que derramaban de vez en
cuando, en los momentos más inesperados.

Nos habían dicho que tuviéramos presentes nuestras
emociones, pero no veíamos con claridad qué emociones eran
esas ni qué hacer con ellas. Algunos se apuntaron a las clases
de meditación que ofrecía la facultad de medicina. Otros re-
currieron a la actividad física o se refugiaron en los libros. Un
alumno del equipo de Maud empezó a fumar y, cada vez que
tenía un descanso, salía corriendo a dar unas caladas, reacio
a creer que acabaría infestado de tumores como el cadáver
que estudiaba. Yo me presenté voluntaria a un programa de
lectura para preescolares —¡qué sanos estaban!, ¡qué vivos!,
¡qué intactos sus organismos!— y cuando no leía a los niños,
escribía. Al principio contaba mis experiencias, más tarde
empecé a interesarme también por las vivencias ajenas y acabé narrando todas esas historias en artículos para periódicos
y revistas.

En cierto momento escribí sobre una asignatura llamada
Médico-Paciente, que te enseñaba a interactuar con las personas

a las que ibas a tratar. Como parte del examen final, grabaron a cada alumno interrogando a un enfermo acerca de su historial clínico, y mi profesor comentó que yo había sido la única en preguntarle cómo se sentía en general.

—Esa debería ser la primera pregunta —señaló al grupo.

En Stanford se hace hincapié en la necesidad de tratar a los enfermos como personas, no como casos. Sin embargo, decían los profesores, cada vez resultaba más complicado adoptar esa actitud, porque la práctica de la medicina estaba cambiando. Las relaciones de años entre médicos y pacientes, así como los encuentros significativos, habían pasado a la historia, remplazados por un moderno sistema denominado «atención médica administrada», con visitas de quince minutos, actitud de cadena de montaje y restricciones a los cuidados que el médico puede prestar. A medida que anatomía macroscópica iba quedando atrás, yo empezaba a plantearme qué especialidad escoger; ¿existía alguna que me permitiera trabajar de acuerdo con el antiguo modelo, basado en la figura del médico de familia? ¿O tendría que conformarme con no conocer siquiera el nombre de muchos de mis pacientes, por no hablar de sus vidas?

Estuve acompañando a doctores de especialidades diversas y descarté aquellas que implicaban una interacción mínima con el enfermo. (Medicina de emergencia: emocionante, pero casi nunca vuelves a ver a las personas. Radiología: trabajas con imágenes, no con gente. Anestesiología: los enfermos están dormidos. Cirugía: ídem.) Me gustaban la medicina interna y la pediatría, pero los profesionales con los que hablé me advirtieron que esas prácticas se estaban volviendo menos personales cada vez: para cumplir con las directrices, los médicos tenían que visitar treinta pacientes cada día. Si tuvieran que empezar de nuevo, comentaron algunos, tal vez escogerían otra especialidad.

—¿Por qué quieres ser médico si sabes escribir? —me preguntó un profesor después de leer un artículo mío en una revista.

Cuando trabajaba en la NBC, creaba historias pero ansiaba formar parte de la vida real. Ahora que vivía inmersa en la realidad, dudaba de que en la práctica moderna de la medicina tuvieran cabida las historias de las personas. Si algo me satisfacía, descubrí, era sumergirme en las vidas de otros, y cuanto más escribía para distintas publicaciones, más tiempo y pasión dedicaba a esta actividad.

Cierto día le comenté mi dilema a una profesora y me sugirió que hiciera las dos cosas: periodismo y medicina. Si ganaba un sueldo como escritora, razonó, podría tener menos pacientes y visitarlos a la antigua usanza. Eso sí, añadió, todavía tendría que responder ante las mutuas, con su interminable burocracia, una actividad que restaría tiempo a las consultas médicas. *¿De verdad hemos llegado a eso?*, me horroricé. *¿Tengo que escribir para poder ganarme la vida como médico? ¿No se suponía que la cosa era al revés?*

Tuve en cuenta la sugerencia, de todos modos. Sin embargo, en ese momento tenía treinta y tres años, dos cursos por delante en la facultad de Medicina, un mínimo de tres años de residencia, tal vez una plaza en prácticas en algún hospital; y sabía que deseaba formar una familia. Cuanto más observaba los efectos de la atención médica administrada, menos me imaginaba dedicando años y años a completar mi formación, si acaso lo lograba, para luego encontrar la manera de practicar la medicina tal como deseaba y escribir al mismo tiempo. Además, no estaba segura de poder hacer ambas cosas —de poder hacerlas *bien*— sin sacrificar mi vida personal. Cuando el curso llegó a su fin, supe que tenía que escoger: periodismo o medicina.

Escogí el periodismo y, a lo largo de los años siguientes, publiqué libros y escribí cientos de artículos para diarios y revistas. *Por fin*, pensé, *he encontrado mi vocación.*

En cuanto al resto de mi vida —la familia— fluiría por sí sola. En el momento en que dejé la facultad de Medicina, estaba convencida de ello.

15

Nada de mayonesa

—¿Me toma el pelo? ¿Acaso los psicólogos no piensan en otra cosa?

John está de nuevo instalado en mi sofá, descalzo y con las piernas cruzadas. Se ha presentado calzado con chanclas porque hoy el pedicuro ha visitado el estudio. Las uñas de sus pies, advierto, lucen tan impecables como su dentadura.

Acabo de formularle una pregunta sobre su infancia y no se lo ha tomado bien.

—¿Cuántas veces tengo que decírselo? Tuve una infancia maravillosa —prosigue—. Mis padres eran unos santos. ¡Unos santos!

Cada vez que oigo hablar de padres sacrosantos, desconfío. Conste que no intento buscarle tres pies al gato. Sencillamente sé que los padres y las madres santos no existen. La mayoría acabamos siendo los progenitores «suficientemente buenos» que, según afirmaba Donald Winnicott, el prestigioso pediatra y psiquiatra infantil inglés, bastarán para criar un hijo bien adaptado.

A pesar de todo, el poeta Philip Larkin lo expresó mejor: «Te joden, mamá y papá / Tal vez no sea su intención, pero lo hacen.»

Tuve que convertirme en psicoterapeuta para llegar a entender dos aspectos cruciales de la terapia:

1. El objetivo de preguntar a los pacientes por sus padres no es unirse a las críticas, ni señalar a los progenitores con el dedo, ni culparlos de nada. De hecho, la pregunta guarda poca relación con los progenitores. Se formula exclusivamente para entender cómo las experiencias tempranas han influido en el adulto que el paciente ha llegado a ser con el fin de que sea capaz de separar el pasado del presente (y no seguir llevando prendas psicológicas que ya no le caben).

2. Los padres de la mayoría lo hicieron lo mejor que pudieron, ya sea ese «mejor» un sobresaliente bajo o un suspenso. Por limitados que sean, hay pocos progenitores que no quieran el bien de sus hijos. Eso no significa que uno no pueda albergar sentimientos complicados en relación con las limitaciones (o problemas mentales) de sus padres. Solo tienen que decidir qué hacer con ellos.

He aquí lo que sé de John hasta el momento: tiene cuarenta años, lleva doce casado, es padre de dos niñas, de diez y cuatro años, y dueño de un perro. Escribe y produce series de televisión muy conocidas y, cuando me dice cuáles son, no me sorprendo: ha ganado varios Emmys precisamente porque crea unos personajes tan brillantes como retorcidos e insensibles. Se queja de que su mujer está deprimida (aunque, como dicen por ahí, «antes de diagnosticar una depresión, asegúrate de que esa persona no esté rodeada de imbéciles»), sus hijas no lo respetan, sus colegas le hacen perder el tiempo y todo el mundo le exige demasiado.

Su padre y sus dos hermanos viven en el Medio Oeste, donde John se crio; él fue el único que decidió marcharse. Su madre murió cuando él tenía seis años y sus hermanos, doce y catorce. La mujer era profesora de teatro y salía del instituto después de un ensayo cuando vio a uno de sus alumnos en el camino de un coche que se acercaba a gran velocidad. Logró apartar al niño, pero fue atropellada y murió en el acto. John me relató esa parte sin emoción, como si me estuviera narrando el argumento de una de sus series. Su padre, un profesor de lengua aspirante a escritor, se ocupó de los chicos hasta que tres años más tarde se casó con una viuda sin hijos, vecina de la familia. John describió a su madrastra como «una seta, pero no tengo nada contra ella».

Si bien John se prodiga en críticas hacia los numerosos idiotas que pueblan su vida, sus padres no suelen aparecer en nuestras conversaciones. Durante el internado, un supervisor me sugirió que, con los pacientes que oponen gran resistencia, un modo de abordar el pasado podría ser decirles: «sin pararte a pensar, ¿qué tres adjetivos te vienen a la cabeza para describir la personalidad de tu madre [o padre]?». Este tipo de respuestas espontáneas siempre me han ofrecido (y a mis pacientes) útiles intuiciones acerca de su relación parental.

Sin embargo, nada de eso funciona con John.

—Santos, santos y santos. Esas son las tres palabras que me vienen a la cabeza en ambos casos —replica, usando solamente un adjetivo en lugar de tres. (Más tarde descubriré que su padre «pudo» beber más de la cuenta tras la muerte de su esposa, y «tal vez» lo siga haciendo, y que, según el hermano mayor de

John, su madre quizás tuviera un «leve trastorno bipolar», aunque, afirmó John, «mi hermano exageraba».)

La infancia de John me despierta curiosidad a causa de su narcisismo. Rasgos como el egocentrismo, la actitud defensiva, la tendencia a degradar a los demás, la necesidad de dominar la conversación, el sentimiento de superioridad —en resumen, el hecho de que sea un imbécil— encajan en los criterios diagnósticos del trastorno de personalidad narcisista. Advertí esas peculiaridades desde la primera sesión y si bien algunos psicoterapeutas habrían derivado a John (las personalidades narcisistas no se consideran buenos candidatos para un terapia introspectiva, orientada al autoconocimiento, a causa de sus dificultades para verse y ver a los demás con claridad), yo me lancé.

No quería que el diagnóstico me impidiese ver a la persona.

Sí, John me había comparado con una prostituta, se comportaba como si no hubiera nadie más en el mundo y se creía mejor que cualquiera. Sin embargo, debajo de todo eso, ¿de verdad era distinto al resto de nosotros?

El término *trastorno de personalidad* evoca toda clase de asociaciones, no solo entre los psicólogos, que consideran a estos pacientes especialmente problemáticos, sino también en la cultura popular. Existe incluso una entrada de Wikipedia que clasifica a los personajes de las películas en función de los trastornos de personalidad que ejemplifican.

La versión más reciente del *Manual diagnóstico y estadístico de los trastornos mentales*, considerado la biblia clínica de las disfunciones psicológicas, identifica diez tipos de trastornos de la personalidad, divididos en tres grupos:

Grupo A (excéntricos, extraños, solitarios):

TP paranoide, TP esquizoide, TP esquizotípico

Grupo B (dramáticos y erráticos):

TP antisocial, TP límite, TP histriónico, TP narcisista

Grupo C (ansiosos, inhibidos):

TP evasivo, TP dependiente, TP obsesivo compulsivo

En la clínica ambulatoria, vemos principalmente a pacientes del grupo B. Las personas desconfiadas (paranoide), solitarias (esquizoide) o excéntricas (esquizotípico) no suelen buscar ayuda profesional, así que podemos descartar el grupo A. Los que evitan la conexión (evasivo), tienen dificultades para funcionar como adultos (dependiente) o son adictos al trabajo hasta extremos patológicos (obsesivo-compulsivo) tampoco acostumbran a recurrir a un psicólogo, lo que deja fuera el grupo C. Igualmente, pocos antisociales del grupo B buscarán ayuda. Sin embargo, los individuos que tienen problemas para relacionarse con los demás y son emocionales en extremo (histriónicos y límite) o están casados con ese tipo de personalidades (a menudo narcisistas) tienden a buscar ayuda. (Las personas con un trastorno límite suelen emparejarse con narcisistas y vemos esa combinación a menudo en las terapias de pareja.)

Hasta épocas recientes, buena parte de los profesionales de salud mental consideraban incurables los trastornos de la personalidad porque, a diferencia de los del estado de ánimo, como la depresión y la ansiedad, los primeros son un tipo de patrón de conducta, prolongado y generalizado, que define en buena medida la *personalidad* del individuo. Dicho de otro modo, los trastornos de la personalidad son egosintónicos, es decir, guardan armonía con la autoimagen. De ahí que las personas que padecen ese tipo de problemas atribuyen a los demás el origen de sus dificultades. Los trastornos del estado de ánimo, en cambio, son egodistónicos y por eso provocan angustia al individuo que los sufre. Alguien afectado de un trastorno del estado de ánimo no desea estar deprimido, ni sentir ansiedad, ni tener que encender y apagar la luz diez veces antes de salir de casa. Es consciente de que algo va mal.

Ahora bien, los trastornos de la personalidad deben ubicarse dentro de un espectro. Las personas con trastorno límite sienten terror al abandono, pero para algunas eso podría involucrar tan solo ansiedad cuando su pareja tarda en responder a los mensajes; para otras, tal vez signifique aferrarse a relaciones inestables y disfuncionales, porque prefieren eso a estar solas. Pensemos, por ejemplo, en los narcisistas. ¿Quién no conoce a alguien que encaja con el perfil en mayor o menor grado? ¿Una persona eficaz, carismática, inteligente e ingeniosa pero excesivamente egocéntrica?

Es importante recordar que presentar *rasgos* de un trastorno de la personalidad no implica necesariamente cumplir los criterios para un diagnóstico oficial. De vez en cuando —cuando tienes un día horrible o te tocan tu punto débil— todo el mundo exhibe algún atisbo de uno u otro trastorno, porque todos ellos se encuentran enraizados en la necesidad de autoprotección, aceptación y seguridad que es consustancial al ser humano. (Si crees que no se aplica en tu caso, pregunta a tu cónyuge o a tu mejor amiga). Dicho de otra manera, igual que yo me esfuerzo en ver a la persona en su totalidad y no solo la instantánea del momento, procuro vislumbrar asimismo sus luchas internas en lugar de los cinco dígitos que corresponden al código de diagnóstico en algún formulario. Si me apoyo demasiado en ese código, empiezo a contemplar todos y cada uno de los aspectos del tratamiento a través de ese prisma, lo que me impide crear una relación auténtica con el individuo especial y único que tengo delante. Es posible que John sea narcisista, pero también es... John. Un hombre que puede mostrarse arrogante y, recurriendo a términos ajenos a la clínica, ser un tipo insufrible.

No obstante...

El diagnóstico posee su utilidad. Sé, por ejemplo, que las personas exigentes, críticas e irascibles tienden a sentirse terriblemente solas. He aprendido que, cuando alguien actúa de ese modo, desea ser tenido en cuenta y al mismo tiempo le aterroriza que lo tengan en cuenta. Pienso que a John le avergüenza y le horroriza la experiencia de la vulnerabilidad; e intuyo que alguien lo animó a no mostrar «debilidad» a los seis años, cuando su madre murió. Si pasara el más mínimo tiempo en compañía de sus emociones, es probable que estas lo arrollaran, así que las proyecta en los demás en forma de rabia, burla o crítica. Por eso los pacientes como John suponen un gran desafío: son expertos en el arte de sacarte de quicio; todo al servicio de la evasión.

Mi trabajo consiste en ayudarle a averiguar de qué se esconde. Ha construido castillos y fosos para que no pueda entrar, pero yo sé que una parte de él está pidiendo ayuda desde el torreón con la esperanza de que lo rescate; de qué, todavía no lo he averiguado. Y yo recurriré a todos mis conocimientos sobre diagnósticos, sin dejarme deslumbrar por ellos, para ayudar a John a comprender que su propio comportamiento le causa más problemas que todos esos «idiotas» que tiene alrededor.

—Se ha encendido la luz.

Le estoy preguntando a John por qué se irrita tanto cuando me intereso en su infancia y entonces me informa de que el piloto verde que hay junto a la puerta, conectado a la sala de espera, se ha encendido. Echo un vistazo a la luz y luego al reloj. Tan solo llevamos cinco minutos de sesión y concluyo que el paciente siguiente, por alguna razón, se ha adelantado casi una hora.

—Sí —respondo, al tiempo que me pregunto si John intenta cambiar de tema o si el hecho de descubrir que tengo más pacientes le provoca algún tipo de sentimiento. Muchas de las personas que acuden a terapia desean en secreto ser los únicos pacientes del psicólogo. O, cuando menos, el favorito: el más divertido, el más entretenido y, por encima de todo, el más amado.

—¿Le puede decir que pase? —me pide John, señalando el piloto con un gesto—. Es mi almuerzo.

No le entiendo.

—¿Su almuerzo?

—El repartidor está ahí fuera. Dijo que nada de móviles, de modo que le he pedido que pulse el botón. Aún no he comido y, puesto que tengo una hora libre, o sea, *cincuenta* minutos, debería almorzar.

Estoy anonadada. Casi nadie come en terapia pero, si acaso lo hacen, se disculpan con una frase del estilo de «¿le importa que almuerce aquí hoy?». Y se traen su propia comida. Tengo un paciente que sufre hipoglucemia y solamente se trajo el almuerzo en una ocasión, para no entrar en choque.

—No se preocupe —dice John al ver mi expresión—. Podemos compartirla si quiere.

Se levanta, sale al pasillo y recoge el pedido en la sala de espera, donde aguarda el repartidor.

Cuando entra, abre la bolsa, se extiende la servilleta sobre las rodillas, desenvuelve el bocadillo, lo muerde y monta en cólera.

—¡Por Dios, lo he pedido sin mayonesa! ¡Mire esto!

Separa las dos mitades del bocadillo para mostrarme la mayonesa y, con la mano libre, busca el teléfono —para reclamar, supongo— pero le recuerdo con una mirada que los móviles están prohibidos en terapia.

Se pone rojo como la grana y yo me pregunto si será capaz de gritarme. En vez de eso, explota:

—¡*Idiota!*

—¿Yo? —pregunto.

—¿Usted qué?

—Una vez describió a su última psicóloga como «simpática pero idiota». ¿Yo también soy simpática pero idiota?

—No, para nada —es su respuesta, y yo me alegro de oírlo. Acaba de reconocer que al menos una de las personas de su entorno no es idiota.

—Gracias —le digo.

—¿Por qué?

—Por decir que no soy idiota.

—No quería decir eso —me espeta—. Quería decir que no, usted no es simpática. No me deja usar el teléfono para llamar al idiota que ha puesto mayonesa en mi bocadillo.

—Entonces ¿soy mala persona e idiota?

Sonríe y, cuando lo hace, le brillan los ojos y se le marcan los hoyuelos de las mejillas. Durante un segundo entiendo por qué algunas personas lo consideran encantador.

—Bueno, es mala persona, eso seguro. La otra parte todavía no la tengo clara.

Está coqueteando y yo le sonrío a mi vez.

—Uf —respiro—. Por lo menos está dispuesto a conocerme mejor. Se lo agradezco.

Se revuelve en el asiento, incómodo con mi intento de conectar. Está tan desesperado por huir de este instante de conexión humana que empieza a zamparse el bocadillo con mayonesa y todo, sin mirarme. Pero no está discutiendo conmigo, así que voy a tirar del hilo. Percibo un resquicio microscópico.

—Lamento que tenga la impresión de que no le trato bien —prosigo—. ¿De ahí el comentario sobre la duración de las sesiones?

El insulto de la amante —eso de que soy más bien su fulana— era más complejo, pero supongo que ha lanzado la apostilla de los cincuenta minutos por las mismas razones que lo hace todo el mundo: les gustaría quedarse más rato, pero no se atreven a verbalizarlo. Reconocer que hay un vínculo de apego les hace sentir demasiado vulnerables.

—¡No, me alegro de que solamente duren cincuenta minutos! —replica—. Bien sabe Dios que, si me quedara una hora, empezaría a preguntarme por mi infancia.

—Solo quiero conocerle mejor —aclaro.

—¿Qué más necesita saber? Sufro ansiedad y no puedo dormir. Hago malabarismos con tres series al mismo tiempo, mi mujer no para de quejarse, mi hija de diez años se comporta como una adolescente, mi hija de cuatro añora a su canguro que ha empezado la universidad, el maldito perro se porta fatal y estoy rodeado de idiotas que me complican la vida. Y, la verdad, estoy hasta las narices.

—No es poco —reconozco—. Tiene muchos frentes abiertos.

John no responde. Está comiendo y observando una mancha del suelo, junto a sus chanclas.

—Maldita sea —suelta por fin—. ¿Qué parte de las tres palabras no han entendido? *Nada-de-mayonesa.* ¡Es muy fácil!

—En relación con todos esos idiotas —empiezo—. Tengo una idea al respecto. ¿Y si las personas que le sacan de quicio no pretendieran hacerlo? ¿Y si no fueran idiotas sino individuos con una inteligencia aceptable que hacen lo que pueden con lo que tienen?

John enarca una pizca las cejas, como si estuviera considerando la idea.

—¿Y —añado con suavidad, pensando que si es tan duro con los demás, debe de serlo el triple consigo mismo— si ese fuera también su caso?

John se dispone a decir algo, pero se detiene. Devuelve la vista a las chanclas, recoge la servilleta y finge retirarse las migas de los labios. Pero lo veo de todos modos. Desplaza la servilleta a toda prisa hacia arriba, a la zona del ojo.

—Qué porquería de bocadillo —gruñe, e introduce la servilleta en la bolsa de papel junto con los restos del sándwich antes de lanzarlo todo a la papelera que hay debajo de mi escritorio. *Swish.* Un tiro perfecto.

Mira el reloj.

—Esto es de locos. Me muero de hambre, es el único rato que tengo para comer y ni siquiera puedo usar el teléfono para pedir algo. ¿Llama a esto terapia?

Sí, esto es terapia, me gustaría decirle. Cara a cara, sin teléfonos ni bocadillos, para que dos personas puedan sentarse juntas y conectar. Pero sé que John se limitará a disentir con algún comentario cínico. Pienso en la pobre Margo y me pregunto qué problemas psicológicos tendrá para haber escogido a John.

—Hagamos un trato —propone—. Le hablaré de mi infancia si me deja pedir algo al restaurante que hay un poco más arriba. Para los dos. Portémonos como personas civilizadas y mantengamos una conversación mientras nos zampamos una buena ensalada china, ¿de acuerdo?

Me mira, esperando.

Por lo general, le diría que no. Sin embargo, no hay fórmulas en terapia. Debemos marcar límites profesionales, pero si son demasiado amplios, como el mar, o demasiado rígidos, como una pecera, empiezan los problemas. Un acuario tiene la medida ideal. Hay que dejar espacio a la espontaneidad; de ahí que el puntapié de Wendell cumpliera su objetivo. Y si John necesita poner barreras, como una ensalada, para sentirse más cómodo hablando conmigo, me parece bien.

Le digo que podemos encargar comida, pero que no está obligado a hablar de su infancia. Esto no es un toma y daca. Sin hacerme ni caso, llama al restaurante para encargar el pedido, un proceso que, como cabía esperar, le provoca una frustración inmensa.

—Eso es, sin aliño. No, piña no, ¡aliño! —está gritando al teléfono, que tiene puesto el altavoz—. A-l-i-ñ-o.

Suspira con paciencia infinita, pone los ojos en blanco.

—¿Doble aliño? —pregunta el tipo del restaurante, que apenas si chapurrea inglés, y John parece a punto de sufrir una apoplejía mientras intenta explicarle que quiere el aliño aparte. Todo conspira contra él: tienen Pepsi diet, no Coca-cola light; pueden llegar en veinte minutos, no en quince. Observo la escena, horrorizada y perpleja. *Qué complicado debe de ser el mundo para él*, pienso. Mientras ultiman los detalles, John dice algo en chino, pero el otro no lo entiende. John no concibe que el chico no entienda «su propia lengua» y este le explica que habla cantonés.

Finalizan la llamada y John me mira con incredulidad.

—¿Cómo? ¿No hablan mandarín?

—Si sabe chino, ¿por qué no lo ha usado para encargar el pedido? —pregunto.

John me aniquila con la mirada.

—Porque yo hablo inglés.

Vaya.

John no deja de gruñir hasta que llega el almuerzo, pero una vez que tenemos las ensaladas delante, baja una pizca el puente levadizo. Yo ya he almorzado pero picoteo un par de bocados para acompañarlo; nada estrecha tanto los lazos entre dos personas como comer juntas. Me cuenta anécdotas de su padre y de sus hermanos mayores, y comenta que, aunque apenas recuerda a su madre, empezó a soñar con ella hace unos años. Siempre tiene distintas versiones del mismo sueño, como *Atrapado en el tiempo*, y no se puede librar de él. Preferiría no soñar. Ni siquiera mientras duerme lo dejan tranquilo. Solo desea un poco de paz.

Le pregunto por su sueño, pero me dice que se sentiría incómodo hablando de ello y no me paga para que le incomode. ¿Acaso no acaba de decirme que necesita un poco de paz? ¿No nos enseñan «técnicas de escucha» a los psicólogos o qué? Yo deseo hablar de lo que acaba de decir, rebatirle la idea de que uno va a terapia a estar cómodo o que es posible experimentar paz sin soportar antes cierto malestar; pero necesito tiempo para eso y tan solo nos quedan un par de minutos.

Le pregunto en qué momentos se siente en paz.

—Cuando paseo al perro —me confiesa—. Hasta que Rosie empezó a portarse mal. Antes me sentía en paz.

Medito el hecho de que no desee comentar el sueño en terapia. ¿Se habrá convertido este despacho en una especie de santuario para él, lejos de su trabajo, de su esposa, sus hijas, su perro, los idiotas que lo rodean y el fantasma de su madre que se le aparece en sueños?

—John —pruebo—. ¿Se siente en paz ahora mismo?

Entierra los palillos en la bolsa, donde acaba de depositar los restos de la ensalada.

—Pues claro que no —replica, y de nuevo pone los ojos en blanco con impaciencia.

—Ah —es mi respuesta, dando el tema por zanjado. No para él. La sesión ha terminado y se levanta para marcharse.

—¿Me toma el pelo? —prosigue, según avanza hacia la puerta—. ¿Aquí? ¿Paz?

Ahora una sonrisa ha remplazado su expresión exasperada. No es una sonrisilla condescendiente, sino un secreto revelado. Un gesto encantador y luminoso, y no a causa de su deslumbrante dentadura.

—Eso me parecía.

16

El chico diez

Advertencia, *spoiler*: tras dejar la facultad de Medicina, el resto de mi vida no fluyó por sí solo como esperaba.

Tres años más tarde, a punto de cumplir treinta y nueve, la relación que mantenía desde hacía dos llegó a su fin. La despedida fue triste pero amistosa y no me pilló por sorpresa como la partida de Novio. A pesar de todo, sucedió en el peor momento posible para una mujer que desea tener un hijo.

Siempre había sabido, desde un convencimiento pleno, que quería ser madre. Había pasado buena parte de mi vida adulta haciendo voluntariados relacionados con niños y daba por supuesto que algún día criaría a uno propio. Ahora, sin embargo, con los cuarenta a la vuelta de la esquina, me moría por tener un hijo, aunque no tanto como para casarme con el primero que apareciese. Mi postura me colocaba ante un dilema endiablado: desesperada pero selectiva.

Fue entonces cuando una amiga me sugirió que alterase el orden: primero el niño, luego la pareja. Una noche me envió enlaces a páginas web de donantes de esperma. Yo nunca había oído hablar de nada parecido y al principio no estaba segura de mis sentimientos al respecto. Sin embargo, tras meditar las alternativas que tenía, tomé la decisión de seguir adelante con el asunto.

Solo tenía que escoger un donante.

Como es natural, el elegido debía contar con un buen historial clínico, pero esas páginas te planteaban otras cualidades a tener en cuenta y no solo el color del pelo o la estatura. ¿Quería que el donante fuera jugador de lacrosse o licenciado en literatura? ¿Aficionado a Truffaut o trombonista? ¿Extrovertido o introvertido?

Me sorprendió descubrir que, en muchos sentidos, los perfiles de los candidatos se parecían a los de las páginas de citas, salvo que buena parte de los donantes eran estudiantes universitarios y aportaban sus notas de las pruebas de acceso. Y había otras diferencias importantes, la principal de las cuales eran los comentarios de las supuestas «chicas del laboratorio». Estas eran las mujeres (por alguna razón, no parecía que hubiera hombres) que trabajaban en los bancos de esperma y que interactuaban con los candidatos cuando acudían a entregar su «donación» (no en el sentido económico). Las chicas del laboratorio redactaban entonces lo que denominaban «impresiones del personal», pero la clase de sensaciones que compartían carecían de la más mínima estructura. Sus comentarios variaban enormemente, desde *tiene unos bíceps increíbles* hasta *tiende a procrastinar, pero al final cumple.* (Yo desconfiaba de cualquier universitario cuya tendencia a postergar abarcase la masturbación.)

Concedía una gran importancia a las impresiones del personal, porque cuantos más perfiles leía, más comprendía que deseaba sentir una conexión sutil con el donante que a su vez estaría conectado con mi hijo. Quería que me *gustara*, por impreciso que suene: tener la sensación de que, si nos sentáramos a compartir una cena familiar, me sentiría cómoda con él. Sin embargo, por más que leyese las sensaciones de las chicas y escuchase los archivos de audio con las entrevistas a los candidatos («¿qué es lo más divertido que le ha pasado?», «¿cómo describiría su personalidad?» y, la más extraña, «¿cómo describiría una primera cita ideal?»), el asunto me parecía igual de frío e impersonal.

Cierto día llamé al banco de esperma con una duda acerca del historial clínico de cierto donante y me pasaron a una chica del laboratorio llamada Kathleen. Mientras ella miraba los documentos médicos, empecé a charlar con ella y descubrí que Kathleen había recibido a ese chico en particular. No pude evitarlo.

—¿Es mono? —le pregunté en tono desenfadado. No sabía si les permitían responder a eso.

—Bueno... —titubeó Kathleen, alargando la palabra con su fuerte acento de Nueva York—. Yo no diría que es feo. Pero no lo miraría dos veces en el metro.

Tras eso, Kathleen se convirtió en mi consejera, la persona que me sugería donantes y respondía a mis preguntas. Confiaba en ella porque, si bien algunas de las chicas hinchaban las valoraciones —trataban de vender esperma, al fin y al cabo— Kathleen era sincera hasta la médula. Colocaba el listón muy alto, igual que yo, una actitud que planteaba un problema, porque nadie pasaba nuestros filtros.

A decir verdad, daba por supuesto que mi futuro hijo querría que fuera exigente. Y había multitud de factores a tener en cuenta. Si encontraba un donante que me agradaba, había otros inconvenientes, como aspectos del historial clínico familiar que no casaban bien con los míos (cáncer de pecho antes de los sesenta, insuficiencia renal). Y si daba con el candidato ideal desde el punto de vista médico, resultaba ser un danés de metro ochenta con rasgos nórdicos, un aspecto que llamaría la atención —y tal vez acomplejase a mi hijo— en mi familia de judíos asquenazí, menudos y morenos. Otros parecían tener buena salud, ser listos y exhibir rasgos parecidos a los míos, pero alguna otra cosa me disparaba la alarma, como que su color favorito era el negro, *Lolita* su libro preferido o le encantaba *La naranja mecánica*. Imaginaba a mi retoño leyendo el perfil algún día y mirándome con perplejidad: «¿por qué lo escogiste?». Tampoco quería saber nada de donantes que escribían con faltas de ortografía o que no supieran puntuar.

El proceso se prolongó durante tres meses agotadores, en el transcurso de los cuales empecé a perder la esperanza de dar con un tipo sano del que pudiera sentirme orgullosa delante de mi hijo.

Y entonces —¡por fin!— lo encontré.

Una noche, al llegar a casa a una hora avanzada, descubrí que me estaba esperando un mensaje de voz de Kathleen. Me pedía que echara un vistazo a un candidato al que describió como «un joven George Clooney». Añadió que le gustaba especialmente porque siempre era amable y estaba de buen humor cuando pasaba a dejar la muestra. Yo puse los ojos en blanco. Al fin y al cabo, si eres un chico de veinte años que está a punto de ver porno y tener un orgasmo —y encima te van a pagar por ello— ¿cómo vas a estar enfurruñado? Pero Kathleen lo puso por las nubes: buena salud, guapo, muy inteligente y carismático.

—Es un hombre diez —me aseguró, convencida.

Nunca había visto a Kathleen tan entusiasmada, así que me conecté para echar un vistazo, pinché su perfil, leí de cabo a rabo su historial clínico, devoré sus textos, escuché el audio con la entrevista y supe al instante, del mismo modo que algunas personas hablan de amor a primera vista, que lo había encontrado: era Él.

Todo en mi candidato —sus aficiones, sus aversiones, su sentido del humor, sus intereses y valores— me recordaba a mí misma. Eufórica pero agotada, decidí dormir un poco y ocuparme de los detalles por la mañana. Quiso la casualidad que al día siguiente fuera mi cumpleaños y esa noche tuve vívidos sueños con mi pequeño durante lo que se me antojaron ocho horas seguidas. Por primera vez, era capaz de imaginar un bebé creado por dos personas concretas en lugar de un niño difuso con la mitad de su ascendencia en blanco.

Por la mañana me levanté brincando de la emoción mientras la canción *Child of mine* sonaba en mi cabeza. *¡Feliz cumpleaños!*, me deseé. Hacía varios años que deseaba tener un hijo y haber encontrado un donante con el que me sentía tan cómoda me parecía el mejor regalo de cumpleaños del mundo. De camino al ordenador, sonreí ante mi buena suerte; iba a hacerlo. Tecleé la URL del banco de esperma, encontré el perfil y de nuevo lo leí detenidamente. Me sentí tan segura como la noche anterior de que era Él; la persona de la que hablaría con orgullo a mi retoño cuando me preguntase por qué, de todos los donantes posibles, había escogido a ese.

Coloqué su nombre en mi carrito de la compra —igual que habría hecho con un libro de Amazon—, confirmé el pedido y luego pinché en «comprar pajuelas». ¡Voy a tener un bebé!, pensé. La sensación fue estratosférica.

Mientras se procesaba la orden, empecé a pensar en lo que haría a continuación: pedir cita para la inseminación, comprar vitaminas prenatales, crear una lista de nacimiento, preparar la habitación del bebé. Entre un pensamiento y otro, advertí que el proceso se demoraba. El círculo giratorio de mi pantalla, conocido como «la ruleta de la muerte» llevaba demasiado rato dando vueltas. Esperé, esperé un poco más y por fin intenté retroceder a la pantalla anterior por si el ordenador se había quedado colgado. Pero no pude. Por fin, la rueda de la muerte desapareció y asomó un mensaje: *agotado*.

¿Agotado? Supuse que debía de ser un fallo técnico —¿quizás al apretar la tecla de escape?— así que llamé al banco de esperma y pregunté por Kathleen, pero estaba fuera y me pasaron con una comercial de atención al cliente llamada Barb.

La chica echó un vistazo y me informó de que no había ningún fallo técnico. Había escogido un donante muy popular, dijo. Siguió explicando que las muestras de los más solicitados duraban poco y, si bien la empresa intentaba «reponer» las «existencias» con frecuencia, tardaban seis meses en hacer las pruebas para poder ofrecer garantías. Y aunque hubiera existencias disponibles, prosiguió, el plazo sería largo, porque algunas personas estaban en lista de espera. Mientras Barb hablaba, pensé que Kathleen me había llamado ayer mismo. Comprendí que tal vez había sugerido ese mismo candidato a varias mujeres. Seguro que muchas, igual que yo, habían conectado con Kathleen a causa precisamente de sus sinceras evaluaciones.

Barb me puso en lista de espera («no sea tonta, es una pérdida de tiempo», me advirtió, ceniza) y dejé el teléfono anonadada. Después de varios meses de búsqueda infructuosa, había encontrado un chico diez, y mi futuro bebé parecía una realidad más que una idea en mi mente. Pero ahora, el día de mi cumpleaños, tenía que renunciar a ese niño. Volvía a estar en el punto de partida.

Cerré el portátil mirando al infinito. Me quedé allí sentada largo rato hasta que vi, de refilón, la tarjeta de visita que un joven me había dado en un evento de *networking*. Era un cineasta de veintisiete años llamado Álex. Hablé con él cosa de cinco minutos, pero parecía listo y saludable. Con la impulsividad propia de alguien que se está quedando sin opciones, consideré la idea de prescindir de bancos de semen y buscar a mi donante en el mundo real. Álex daba el perfil del tipo de hombre que buscaba. ¿Por qué no preguntarle si se avendría? Al fin y al cabo, el «no» ya lo tenía.

Escogí el asunto del email con cuidado (*Una pregunta inusual*) y redacté un mensaje ambiguo (Eh, ¿te acuerdas de mí, del evento de *networking*?) A continuación le propuse que quedáramos para tomar un café, con el fin de formularle mi «pregunta inusual». Álex respondió sugiriendo que le planteara mi duda por correo. Respondí diciendo que prefería hablarlo en persona y respondió: *Claro*. Y así, sin más, quedamos para tomar un café un domingo a mediodía.

Yo estaba, por expresarlo con suavidad, hecha un manojo de nervios cuando llegué al Urth Café. Después de enviar el impulsivo email, empecé a pensar que Álex respondería con una negativa y luego les contaría a todos sus conocidos lo que le había propuesto y yo acabaría tan hundida en la miseria que no volvería a acudir a un evento en toda mi vida. Me planteé si echarme atrás, pero deseaba tanto ser madre que decidí lanzarme a pesar de todo, por si acaso. *La respuesta a una pregunta no formulada siempre es «no»*, me repetía una y otra vez.

Álex me saludó con cariño y la charla fluyó con facilidad; con tanta facilidad que, antes de que nos diéramos cuenta, estábamos pasando un rato estupendo. Cosa de una hora más tarde, de hecho, casi había olvidado por qué estábamos allí. En ese momento, Álex se echó hacia delante, me miró a los ojos y preguntó con coquetería, como si hubiera deducido que le había escrito para ligar:

—Y bien, ¿cuál era esa «pregunta inusual»?

Al instante noté un cosquilleo las mejillas y las palmas de las manos me empezaron a sudar. Reaccioné como habría reaccionado cualquiera en esas circunstancias: enmudecí. Lo que estaba a punto de hacer era tan importante, y tan absurdo, que me sentía incapaz de verbalizarlo.

Álex esperó hasta que fui capaz de hablar, titubeando, usando analogías incoherentes para explicar mi petición. Decía cosas como: «yo no tengo todos los ingredientes que requiere la receta» y «se parece a donar un riñón, pero sin perder el órgano». En el instante en que pronuncié la palabra «órgano» me aturullé aún más si cabe e intenté cambiar de rumbo.

—Se parece a donar sangre —dije—, salvo que requiere sexo en vez de agujas.

Tras eso, me ordené a mí misma cerrar el pico. Álex me miraba con una expresión extraña en el rostro, como si pensara: *dudo que jamás llegue a presenciar nada más patético que esto.*

Y sin embargo, lo presenció. Porque pronto se hizo evidente que Álex no tenía la menor idea de lo que le estaba pidiendo.

—Mira —conseguí decir—. Tengo treinta y siete años y quiero ser madre. No he tenido suerte con los bancos de esperma y me preguntaba si tú…

Esta vez sí lo captó, porque todo su cuerpo se paralizó; incluso el té chai con leche que tenía en la mano se quedó suspendido en el aire. Aparte de un paciente catatónico en la facultad de Medicina, jamás había visto a nadie tan inmóvil en toda mi vida. Por fin, los labios de Álex se movieron para articular una única palabra:

—Hala.

Y luego, despacio, siguió hablando.

—Es lo último que me esperaba.

—Ya lo sé —respondí. Me sentía fatal por haberlo colocado en una situación tan incómoda, por haber mencionado el tema siquiera, y estaba a punto de decírselo cuando, para mi asombro, añadió—: Pero estoy dispuesto a hablarlo.

Ahora me tocaba a mí quedarme paralizada antes de responder a mi vez:

—Hala.

Las horas siguientes pasaron volando. Álex y yo conversamos acerca de todo, desde nuestra infancia hasta nuestros sueños de futuro. Por lo visto, hablar de esperma había derribado nuestras barreras emocionales igual que acostarse con alguien por primera vez puede abrir las compuertas de los sentimientos. Cuando por fin nos levantamos para marcharnos, Álex me dijo que tenía que pensarlo y a mí me pareció bien, cómo no. Estaríamos en contacto. Albergaba la seguridad, sin embargo, de que una vez que lo meditase a fondo, no volvería a saber de él.

A pesar de todo, esa noche el nombre de Álex apareció en mi bandeja de entrada. Abrí el mensaje, esperando leer una amable negativa. En vez de eso, había escrito: *De momento es un sí, pero tengo más preguntas.* Así que acordamos otro encuentro.

A lo largo de los dos meses siguientes, nos reunimos en el Urth con tanta frecuencia que empecé a referirme al café como mi «despacho de esperma». Mis amigas lo llamaban sencillamente el «espurth». En el Espurth, hablamos de todo, desde muestras de esperma e historiales médicos hasta contratos y contacto con el niño. Finalmente llegó el momento de abordar el tema de la transferencia: ¿acudíamos a un médico para hacer la inseminación o manteníamos relaciones para incrementar las posibilidades de concepción?

Escogió mantener relaciones.

A decir verdad, no puse reparos. ¿Y siendo del todo sincera? Estaba encantada con ese giro de los acontecimientos. Al fin y al cabo, no creía que en mi futura vida de mamá abundaran la ocasiones de acostarme con un apuesto joven de veintisiete años como Álex, con sus abdominales ondulados y sus pómulos marcados.

Mientras tanto, controlaba obsesivamente mis ciclos menstruales. Cierto día en el Espurth, le mencioné a Álex que estaba a punto de ovular, de manera que, si queríamos intentarlo ese mes, tenía una semana exacta para tomar la decisión definitiva. En otras circunstancias el comentario habría supuesto una presión excesiva, pero el asunto parecía cosa hecha y yo no tenía tiempo que perder. Ya habíamos analizado el plan desde todos los ángulos posibles: legal, emocional, ético, práctico. Además, a esas alturas ya compartíamos bromas privadas, habíamos creado motes cariñosos para el otro y teníamos muy claro hasta qué punto ese nuevo ser sería una bendición para los dos. La semana anterior Álex había llegado a preguntarme si «se lo había ofrecido a otros», como si estuviéramos hablando de una oportunidad de negocio. Sentí la tentación fugaz de inventar una guerra de pujas para animarlo a cerrar el trato (Pete se lo está pensando y Gary ha mostrado interés, así que dime algo cuanto antes, porque la cosa está que arde). Pero quería que nuestra relación se basara en la sinceridad y, en cualquier caso, estaba segura de que Álex iba a aceptar.

El día después de que le fijara el plazo, decidimos dar un paseo por la playa para comentar una última vez los detalles del contrato que habíamos redactado. Mientras caminábamos por la orilla, una llovizna apareció de la nada. Nos miramos —¿sería mejor volver?— pero la llovizna mudó en tormenta. Ambos íbamos en manga corta y Álex se desató la chaqueta que llevaba atada a la cintura y me cubrió los hombros con ella. Y sosteniéndome la mirada, empapados de lluvia en la playa, me dio la luz verde oficial. Después de tantas negociaciones, de tanto conocernos mutuamente, de tanto dudar sobre lo que ese paso significaría para nosotros y para el futuro niño, estábamos listos.

—¡Tengamos un hijo! —exclamó, y dimos media vuelta, abrazados y sonrientes, yo envuelta en una chaqueta enorme que me tapaba hasta las rodillas, aferrada a ese hombre que me iba a ofrecer su esperma. Algún día le contaría esa historia a mi hijo.

Cuando llegamos a su coche, Álex me entregó su copia del contrato, firmada.

Y entonces desapareció.

No tuve noticias suyas en tres días. Es posible que no parezca mucho tiempo, pero si tienes treinta y tantos, estás a punto de ovular y tu única alternativa es un pedido pendiente sin fecha de entrega, tres días te parecen una eternidad. Intenté no sacar conclusiones (el estrés no favorece la concepción). Sin embargo, lo siguiente que supe de Álex fue un mensaje que decía: «Tenemos que hablar». Se me cayó el alma a los pies. Como cualquier adulto del planeta, sabía exactamente lo que significaba esa frase: estaban a punto de mandarme a paseo.

Al día siguiente, cuando nos sentamos a nuestra mesa habitual del Espurth, Álex desvió la vista y empezó a recitar los consabidos clichés de ruptura: «No eres tú soy yo»; «hay tantas cosas ahora mismo en mi vida que no sé si puedo comprometerme, así que prefiero no marearte más». Y el más popular de siempre: «Espero que sigamos siendo amigos».

—No pasa nada, hay más peces en el mar —respondí, protegiéndome con un chiste malo. Lo hice para quitarle hierro al momento, para transmitirle que mi parte racional entendía por qué no se sentía con fuerzas para seguir adelante con la donación. Sin embargo, por dentro estaba destrozada, porque se trataba del segundo bebé que imaginaba con absoluta claridad y que nunca acunaría entre mis brazos. Una amiga que abortó por segunda vez más o menos en la misma época me dijo que sentía exactamente lo mismo. Volví a casa y decidí darme un respiro en la búsqueda de donante porque no podría soportar otro desengaño. E, igual que mi amiga, evitaba ver bebés todo lo que podía. Incluso los anuncios de pañales me inducían a salir corriendo en busca del mando.

Pasados unos meses, comprendí que tendría que volver a entrar en internet para reanudar la búsqueda. Y cuando estaba a punto de registrarme de nuevo, recibí una llamada inesperada.

Era Kathleen, la chica del banco de esperma.

—¡Lori, buenas noticias! —anunció con su fuerte acento de Brooklyn—. Alguien ha devuelto una pajuela del peque Clooney.

El peque Clooney... Mi niño. El chico diez.

—¿Devuelto? —pregunté. No sabía qué pensar de un semen *devuelto*. Recordé que en Whole Foods no te dejan devolver ningún producto de higiene personal, ni siquiera presentando el recibo. Pero Kathleen me aseguró que la pajuela no había salido de su tanque de nitrógeno y que el «producto» estaba en perfectas condiciones. Sencillamente una mujer se había quedado embarazada de algún otro modo y ya no necesitaba el refuerzo. Si lo quería, tenía que comprarlo ya.

—Clooney tiene lista de espera, ¿sabes? —empezó, pero antes de que terminara la frase, yo ya había respondido «sí».

En otoño, cuando salimos a cenar después de la fiesta de regalos para el bebé, mi madre vio al auténtico George Clooney sentado a una mesa cercana. Todos los presentes conocían la descripción que Kathleen había hecho del «joven Gegorge Clooney» y, uno a uno, todos mis familiares y amigos señalaron mi enorme barriga antes de volverse a mirar a la estrella de cine.

Cuánto había cambiado desde que fuera el joven protagonista de *Urgencias*. Yo también me sentía muy cambiada desde mis tiempos como joven ejecutiva de la NBC. Habían pasado tantas cosas desde entonces en su vida y en la mía... Él estaba a punto de ganar un Oscar. Yo estaba a punto de ser madre.

Una semana más tarde el «peque Clooney» ya tenía nombre: Zachary Julian. ZJ. Es puro amor, alegría, magia y maravilla. Es, como diría Kathleen, «el chico diez».

Ocho años más tarde, viviré una especie de *déjà vu*. Cuando Novio diga: «No puedo convivir con un niño de ocho años», me sentiré transportada a ese día en el Urth, cuando Álex me comunicó que no sería mi donante, al fin y al cabo. Recordaré hasta qué punto se me partió el corazón, pero también que Kathleen llamó poco después para resucitar lo que viví como la muerte de un sueño.

Las situaciones se parecen tanto —el giro imprevisto, los planes destrozados— que debajo del dolor que arrastro desde el anuncio de Novio, debería encontrar confianza en que las cosas se arreglarán por sí solas.

Sin embargo, esta vez todo parece distinto.

17

Sin memoria ni deseo

A mediados del siglo xx, el psicoanalista británico Wilfred Bion planteó que los psicoterapeutas deberían acercarse a sus pacientes «sin memoria ni deseo». Bajo su punto de vista, la memoria del terapeuta es propensa a la interpretación subjetiva y los recuerdos se transforman con el tiempo, mientras que sus deseos podrían contradecir la voluntad del paciente. Unidos, recuerdos y deseos tienen a crear prejuicios que orientan el tratamiento (conocidos como ideas formuladas). Bion proponía que los analistas abordasen cada sesión desde el compromiso de escuchar a la persona en el momento presente (sin dejarse influir por los recuerdos) y permanecer abiertos a distintos desenlaces (en lugar de guiarse por su deseo).

A comienzos del internado, me supervisó un entusiasta de Bion y me desafié a mí misma a afrontar cada sesión «sin memoria ni deseo». La idea de no permitir que preconcepciones o expectativas distorsionasen mis percepciones me parecía muy atractiva. Asimismo advertía las similitudes con el zen, por cuanto ambos enfoques te animaban a renunciar a los apegos. En la práctica, en cambio, me sentía más bien como si tratara de emular al famoso paciente H.M. del neurólogo Oliver Sacks, un hombre que, a causa de una lesión cerebral, vivía en un instante presente perpetuo, sin capacidad para recordar el pasado inmediato ni para conceptualizar el futuro. A mí, que tenía el lóbulo frontal intacto, me resultaba complicado inducirme ese tipo de amnesia.

Soy consciente, obviamente, de que la propuesta de Bion posee muchos más matices y que la idea de prescindir de los aspectos de la memoria y el deseo que interfieren en el tratamiento constituye una aportación valiosa. Si saco a colación a Bion ahora mismo es porque hoy, mientras me dirijo en coche a la consulta de Wendell, me asalta la idea de que, desde la perspectiva del paciente —desde mi perspectiva— «sin recuerdos (de Novio) ni deseos (de Novio)» sería algo parecido al nirvana.

Es jueves por la mañana y estoy sentada en el sofá de Wendell, a medio camino entre las posiciones A y B, con los almohadones ya bien ajustados a mi espalda.

Estoy totalmente predispuesta a compartir lo que me sucedió ayer en el trabajo, cuando encontré un ejemplar de la revista *Divorcio* en la cocina de nuestro centro, sobre un montón de material de lectura pendiente de colocar en la sala de espera. Imaginé a los suscriptores llegando a casa al final del día para descubrir, entre facturas y folletos de propaganda, esa revista con la palabra DIVORCIO escrita en la portada con estridentes letras amarillas. Luego imaginé a esas mismas personas entrando en su casa vacía, encendiendo la luz, calentando un plato precocinado en el microondas o haciendo un pedido para uno por teléfono y echando un vistazo a las páginas de la revista con una pregunta en la mente: ¿cómo he acabado así? Las personas que ya habían superado el divorcio tendrían cosas más interesantes a las que dedicar el tiempo que leer esa revista, supuse.

La mayoría de suscriptores debía de ser gente como yo, todavía con la herida reciente e intentando entender qué había pasado.

Yo no me había casado con Novio, obviamente, así que lo mío no era un divorcio. Pero *se suponía que nos íbamos a casar* y eso, según mi mentalidad de entonces, situaba las dos circunstancias en una misma categoría. Incluso tenía la sensación de que esa ruptura pudiera ser peor que un divorcio en cierto sentido. Cuando te divorcias, la relación ya se ha deteriorado; de ahí la separación. Si vas a tener que llorar una pérdida, ¿acaso no es preferible contar con un arsenal de recuerdos desagradables —silencios pétreos, peleas a gritos, infidelidades, decepción a mansalva— para contrarrestar los buenos? ¿No resulta más difícil separarse de una relación cuando abundan las memorias felices?

Para mí, la respuesta era un rotundo «sí».

De modo que estaba sentada a la mesa comiendo un yogur mientras echaba un vistazo a los titulares de la revista («Cómo superar el rechazo»; «Aprende a gestionar los pensamientos negativos»; «¡Crea un nuevo yo!») cuando el móvil emitió una señal para indicar que había entrado un email. No era de Novio, como yo (ilusa de mí) todavía esperaba. El asunto decía *¡Prepárate para la mejor noche de tu vida!* Correo basura, supuse; por otro lado, si por casualidad no lo era, ¿quién era yo para rechazar la mejor noche de mi vida, habida cuenta de lo mal que me sentía?

Cuando abrí el correo, descubrí que se trataba de la confirmación de las entradas para un concierto que había comprado meses atrás, como regalo sorpresa para el cumpleaños de Novio. A los dos nos encantaba el grupo y considerábamos sus temas la banda sonora de nuestra relación. En la primera cita descubrimos que compartíamos una misma canción favorita de siempre.

No concebía acudir a ese concierto con alguien que no fuera Novio; especialmente siendo su cumpleaños. ¿Debía ir? ¿Con quién? ¿Y no era lógico que estuviera pensando en él, dadas las fechas? Una idea que a la fuerza me llevó a la siguiente: ¿estaría él pensando en mí? Y en caso de que no fuera así, ¿implicaba eso que no signifiqué nada para él? Volví a mirar el titular de *Divorcio*: «Aprende a gestionar los pensamientos negativos».

Me costaba mucho gestionar los pensamientos negativos porque, fuera de la consulta de Wendell, apenas si tenía forma de darles salida. Las rupturas tienden a enmarcarse en la categoría de pérdidas silenciosas, menos tangibles para los demás. Tu embarazo se ha malogrado pero no has perdido un bebé. Has roto con tu pareja pero no has perdido a tu cónyuge. En consecuencia, los amigos dan por supuesto que pasarás página con relativa facilidad y sucesos como las entradas del concierto se convierten en validaciones externas, casi de agradecer, de la ausencia; no solo de la persona sino también del tiempo compartido, la compañía y las rutinas cotidianas, de las bromas privadas y las referencias y los recuerdos comunes que ahora te pertenecen solo a ti.

Tengo intención de contarle a Wendell todo eso cuando me acomodo en el sofá, pero en lugar de hacerlo estallo en un llanto amargo.

A través de las lágrimas veo la caja de pañuelos planeando hacia mí. Tampoco esta vez consigo atraparla. (Encima de que me han dejado, pienso, tengo problemas de motricidad.)

Mi reacción me sorprende y avergüenza —ni siquiera nos hemos saludado todavía— y cada vez que intento recuperar la compostura, musito una rápida disculpa antes de romper a llorar de nuevo. Durante cosa de cinco minutos, la sesión discurre del modo siguiente: llanto. Intento serenarme. *Lo siento*. Llanto.

De nuevo trato de serenarme. *Lo siento*. Llanto. Pruebo otra vez a recuperar la compostura. *Oh, Dios mío, cuánto lo siento*.

Wendell quiere saber a qué vienen tantas disculpas.

Me señalo el pecho.

—¡Míreme!

Me sueno ruidosamente con un pañuelo de papel.

Wendell se encoge de hombros como diciendo: *sí, bueno, ¿y qué?*

Y a partir de ese momento ni quiera me interrumpo para disculparme; me limito a llorar. Intento rehacerme. Llanto. Vuelta a empezar.

La situación se prolonga varios minutos más.

Mientras sollozo, recuerdo que el día siguiente a la ruptura, tras una noche de insomnio, me levanté y reanudé mi vida cotidiana como si nada.

Dejé a Zach en el colegio y le dije: «Te quiero». Él se apeó del coche, miró a su alrededor para asegurarse de que nadie le oía y respondió «¡Te quiero!» antes de salir corriendo para reunirse con sus amigos.

De camino al trabajo, reproduje en mi mente el comentario de Jen una y otra vez: *no tengo nada claro que esta historia haya terminado*.

Mientras subía en el ascensor, llegué a reírme recordando la broma que circula por ahí: negación *no es un río de Egipto*. Y, a pesar de todo, yo me empeñaba en negar la realidad. *Puede que cambie de idea*, pensaba. *Es posible que todo esto sea un gran malentendido*.

Es obvio que no hubo ningún malentendido, porque aquí estoy, llorando a lágrima viva delante de Wendell y expresándole una y otra vez hasta qué punto me desprecio por hallarme en este estado, por seguir hecha un asco, todavía.

—Hagamos un trato —propone—. ¿Y si acordamos que será amable consigo misma mientras se encuentre aquí? Luego, en cuanto salga por la puerta, podrá flagelarse todo lo que quiera, ¿de acuerdo?

Ser amable conmigo misma. Ni se me había ocurrido.

—Pero si solo es una ruptura —insisto, olvidando al instante la idea de tratarme bien.

—O, si lo prefiere, le dejo unos guantes de boxeo a la entrada para que pueda dedicar toda la sesión a machacarse. ¿Lo prefiere?

Wendell sonríe y yo consigo inspirar, soltar el aire, abrir espacio a la benevolencia. Rescato un pensamiento que a menudo me cruza la mente cuando mis propios pacientes se fustigan en sesión: *tú no eres la persona más indicada para hablar contigo ahora mismo.* Hay diferencias, les señalo, entre la autoinculpación y la responsabilidad personal, tal como señaló Jack Kornfield: «La benevolencia es inherente al desarrollo espiritual. Nace del gesto fundamental que supone la aceptación de uno mismo». En terapia, aspiramos a la compasión hacia uno mismo *(¿soy humano?)* y no a la autoestima, que implica un juicio de valor *(¿soy bueno o malo?).*

—Mejor nos olvidamos de los guantes —digo—. Es que ya empezaba a estar mejor y de repente no puedo parar de llorar, otra vez. Tengo la sensación de que he retrocedido al punto en el que me encontraba la semana misma de la ruptura.

Wendell ladea la cabeza.

—Permita que le haga una pregunta —empieza, y yo, dando por supuesto que me va a interrogar sobre algún aspecto de mi relación, me enjugo las lágrimas y espero, interesada.

—En su ejercicio como terapeuta —plantea—, ¿alguna vez ha acompañado a alguien en un proceso de duelo?

La observación me deja helada.

He acompañado a personas que estaban atravesando toda clase de duelos: la pérdida de un hijo, la defunción de un padre o de una madre, de un cónyuge, de un hermano, el final de un matrimonio, la muerte de un perro, la pérdida de un trabajo, de la identidad misma, de un sueño, de una parte del cuerpo, de la juventud. Me he sentado delante de pacientes cuyas caras se descomponían, cuyos ojos se tornaban rendijas, cuyas bocas abiertas recordaban al gesto de *El grito*, de Munch. He sostenido a individuos que describían su dolor con palabras como «monstruoso» e «insoportable»; una paciente, citando algo que había leído, dijo que su pena la hacía sentir anestesiada y presa de un dolor desgarrador, alternativamente.

También he presenciado el más profundo desconsuelo de lejos, como me pasó una vez en la facultad de Medicina. Estaba transportando muestras de sangre a urgencias cuando se dejó oír un sonido tan extraño que estuve a punto de soltar los tubos. Era un aullido, más animal que humano, penetrante y primigenio. Tardé un minuto en averiguar de dónde procedía. En el pasillo había una madre cuya hija de tres años se había ahogado al salir corriendo por la puerta trasera y caer en la piscina. Sucedió en el transcurso de los dos minutos que la mujer pasó en la planta superior cambiándole el pañal al hermano menor. El gemido proseguía cuando vi llegar al padre, que recibió la noticia a su vez, y de nuevo escuché el horror brotar en forma de gritos de su garganta, a coro con el lamento de la madre. Era la primera vez que percibía la música de la angustia y la desesperación en estado puro, pero me ha tocado escucharla en incontables ocasiones desde entonces.

A nadie le sorprenderá saber que el duelo se parece en muchos aspectos a la depresión y por esa razón, hace unos años, los manuales de diagnóstico incluían la expresión *exclusión por duelo*. Si una persona mostraba síntomas de depresión a lo largo de dos meses con posterioridad a una pérdida, se consideraba que estaba en proceso de duelo. Sin embargo, si los síntomas persistían más tiempo, se le diagnosticaba depresión. La exclusión por duelo se ha suprimido de los manuales, en parte por la brevedad del plazo: ¿de verdad entendemos que el proceso de duelo estará resuelto en dos meses? ¿Acaso el dolor no puede durar seis meses, un año o, de un modo u otro, toda una vida?

Igualmente debemos tener en cuenta que las pérdidas constan de varias capas. Está la pérdida real (en mi caso, la de Novio) y la subyacente (lo que representa). De ahí que, para muchas personas, el dolor provocado por un divorcio esté causado solo en parte por la separación; a menudo abarca asimismo todo eso que el cambio *representa*: fracaso, rechazo, traición, miedo a lo desconocido y una historia vital distinta a la esperada. Si el divorcio nos sorprende en la mediana edad, la pérdida podría implicar la necesidad de afrontar que habrá limitaciones en el proceso de conocer a alguien y dejarse conocer, pues es posible que el grado de intimidad de la pareja nunca llegue a ser tan profundo. Recuerdo haber leído la experiencia de una divorciada que inició una nueva relación tras un matrimonio de décadas: «David y yo nunca nos miraremos a los ojos en la sala de partos —escribió—. Ni siquiera he conocido a su madre.»

Y por eso la pregunta de Wendell es tan importante. Al pedirme que recuerde lo que implica sostener a alguien en proceso de duelo, me está mostrando lo que puede hacer por mí ahora mismo. No puede arreglar mi relación rota. No puede cambiar la realidad. Pero tiene la capacidad de ayudarme, porque sabe lo siguiente: todos albergamos el anhelo de comprendernos y ser comprendidos. En las terapias de pareja, la queja principal no suele ser tanto «no me amas» como «no me comprendes». (Una mujer le dijo a su marido: «¿Sabes qué dos palabras me parecen aún más románticas que "te quiero"?». «¿Eres preciosa?», probó él. «No —respondió ella—. Te *comprendo*.»

El llanto vuelve a brotar mientras pienso cómo debe de sentirse Wendell ahora mismo, sosteniéndome. La historia del psicoterapeuta influye en todo lo que hace, dice o siente mientras acompaña a un paciente. Mis propias experiencias se manifestarán en mi forma de conducirme en una sesión concreta, a una hora determinada. El mensaje de texto que acabo de recibir, la conversación que he mantenido con una amiga, la interacción en el servicio de atención al cliente cuando intento que corrijan un error en la factura, la cantidad de horas que he dormido, lo que he soñado antes de la primera sesión del día, un recuerdo suscitado por el relato de un paciente; todo tendrá un impacto a lo largo del tratamiento. Ahora no soy la misma que fui antes de Novio. La que era cuando mi hijo contaba tan solo unos meses ya no es la que acude a las sesiones, incluida esta con Wendell. Y él es distinto también a raíz de lo que sea que haya acontecido a lo largo de su vida hasta este momento. Puede que mis lágrimas evoquen en él algún dolor del pasado y le resulte difícil acompañarme en esto. Wendell representa para mí un misterio tan grande como yo lo soy para él y sin embargo aquí estamos, uniendo fuerzas para averiguar cómo he acabado así.

La tarea de Wendell consiste en ayudarme a editar mi historia. Todos los psicoterapeutas lo hacen: ¿qué material es superfluo? ¿Son importantes los personajes secundarios o nos están despistando? ¿Avanza el relato o el protagonista se mueve en círculos? ¿Apuntan los distintos subtemas que van apareciendo a un tema global?

Las técnicas que empleamos se parecen a esas neurocirugías en las que el paciente permanece despierto para que el cirujano pueda interactuar con él: *¿nota esto? ¿Puede decir estas palabras? ¿Podría repetir esta frase?* Evalúan constantemente su cercanía con las zonas más delicadas del cerebro y, si acaso tocan una, se retiran a toda prisa para no dañarla. Los psicoterapeutas hurgamos en la mente más que en el cerebro y el menor gesto o expresión nos avisa de que hemos rozado una fibra sensible. Sin embargo, a diferencia de los neurocirujanos, nosotros gravitamos en torno a esa zona, regresamos a ella para pulsarla con delicadeza, aun si el roce incomoda al paciente.

A través de este gesto, llegamos al significado profundo de la historia, a menudo al núcleo de alguna forma de dolor. Sin embargo, buena parte de la trama discurre en una región intermedia.

Una paciente llamada Samantha, de poco más de veinte años, acudió a terapia buscando entender la muerte de su amado padre. De niña le habían contado que falleció en un accidente de navegación, pero al hacerse mayor empezó a sospechar que se había suicidado. El suicidio a menudo deposita en manos de los supervivientes un misterio no resuelto: *¿por qué? ¿Qué se podría haber hecho para evitarlo?*

Mientras tanto, Samantha no dejaba de buscar defectos en sus relaciones, a la caza de problemas que le ofrecieran una excusa para marcharse. Empeñada en evitar que sus novios devinieran el enigma que fue su padre, recreaba sin pretenderlo la historia del abandono; salvo que en esta versión era ella la que huía. De ese modo conseguía su objetivo de controlar la situación, pero acababa sola. En terapia, descubrió que en realidad estaba tratando de resolver un misterio mucho mayor que la verdad sobre la muerte de su padre. El enigma incluía el anhelo de saber quién era el hombre *cuando estaba vivo* y en quién se había convertido ella a consecuencia de esa presencia.

Queremos entender y ser entendidos pero el gran problema, para la mayoría, radica en el hecho de no saber qué diantre nos pasa. Tropezamos una y otra vez en la misma piedra. ¿Por qué no dejo de repetir una conducta que a la postre me garantiza mi propia infelicidad?

El llanto no cesa, y mientras lloro me pregunto cómo es posible que lleve tantas lágrimas dentro. ¿Me estaré deshidratando? Y entonces sollozo aún con más fuerza si cabe. Antes de que me dé cuenta, Wendell se propina dos palmadas en las rodillas para señalar que la sesión ha terminado. Respiro y me percato de que ahora me inunda una extraña sensación de paz. Expresar mi desgarro en la consulta de Wendell ha sido como acurrucarme debajo de una manta cálida y segura que me aísla del mundo exterior. Vuelvo a pensar en la cita de Jack Kornfield, particularmente en la idea de la autoaceptación, pero entonces empiezo a juzgarme: *¿de verdad le estoy pagando a alguien para que me mire llorar durante cuarenta y cinco minutos seguidos?*

Sí y no.

Wendell y yo hemos mantenido una conversación, aunque no hayamos intercambiado palabras. Ha observado mi dolor sin interrumpirme ni analizar el problema para que me sintiera más cómoda. Me ha permitido contar mi historia del modo que necesitaba hacerlo hoy.

Mientras me enjugo las lágrimas y me levanto para marcharme, reparo en que cada vez que Wendell me pregunta por otros aspectos de mi vida —qué más sucedía mientras Novio y

yo estábamos juntos, cómo era mi día a día antes de conocerlo— le doy una respuesta parcial (familia, trabajo, amigos;
¡*lárguense, aquí no hay nada que ver!*) antes de regresar al
tema de Novio. Pero ahora, mientras tiro los pañuelos a la
papelera, comprendo que no le he mostrado la fotografía completa.

No he mentido exactamente. Pero no he contado toda la
verdad.

Digamos que me he guardado algunos detalles.

SEGUNDA PARTE

La honestidad es una medicina más poderosa que la lástima. Esta última consuela, pero también esconde.

Gretel Ehrlich

18

Los viernes a las cuatro

Estamos en el despacho de mi colega Maxine; sillas con faldón, madera envejecida, tejidos *vintage* y tonos crema. Me toca a mí presentar un caso en la sesión de supervisión de hoy y quiero hablar de una paciente a la que no sé cómo ayudar.

¿Es ella el problema? ¿Soy yo? Eso es lo que me propongo averiguar.

Becca tiene treinta años y acudió a mí doce meses atrás por sus dificultades para socializar. Tenía un buen trabajo, pero se sentía excluida: sus compañeros nunca la invitaban a unirse a ellos para almorzar o tomar una copa y eso le dolía. Mientras tanto, había salido con una serie de hombres que al principio parecían entusiasmados pero rompían con ella pasados un par de meses.

¿Era ella el problema? ¿Eran ellos? Eso se proponía averiguar en terapia.

No es la primera vez que saco el tema de Becca un viernes a las cuatro, que es la hora fijada para nuestro encuentro semanal. Aunque no son obligatorios, los grupos de supervisión forman parte de la vida de numerosos psicoterapeutas. Como trabajamos en solitario, no podemos beneficiarnos de las aportaciones de otras personas, ya sea un elogio por un acierto o una observación que nos ayude a mejorar. En este espacio no solo analizamos a nuestros pacientes sino también *a nosotros mismos en relación con ellos*.

En el transcurso de estas reuniones, Andrea me señala, por ejemplo: «Ese paciente habla igual que tu hermano. Por eso reaccionas de ese modo». O yo intento ayudar a Ian a gestionar sus sentimientos hacia una joven que empieza cada sesión dándole el parte astrológico. («No soporto el rollo esotérico», se queja). El grupo de supervisión es un sistema —imperfecto pero valioso— de control y equilibro para asegurarnos de que no perdemos la objetividad, abordamos los temas importantes y no pasamos por alto nada llamativo durante el tratamiento.

Debo reconocer igualmente que en las tardes del viernes abunda la cháchara; a menudo junto con vino y picoteo.

—Seguimos en las mismas —le comento al grupo: Maxine, Andrea, Claire e Ian (nuestra Ione masculina). Todo el mundo tiene puntos ciegos, añado, pero lo curioso de Becca es que apenas demuestra curiosidad por conocerse.

Los miembros del grupo asienten. Muchas personas inician la terapia más interesadas por los demás que por ellas mismas. *¿Por qué mi marido hace tal cosa?* Ahora bien, con cada conversación, espolvoreamos semillas de curiosidad, porque este tipo de trabajo no puede ayudar a la gente que no desea conocerse mejor. Llegado el momento, puede que digamos algo parecido a «me parece raro que yo sienta más interés por conocerla que usted misma», para ver cómo reacciona la paciente. Por lo general, mi pregunta les despierta la curiosidad. Pero no a Becca.

Inspiro hondo antes de proseguir.

—No le satisface lo que estoy haciendo, no avanza y, en lugar de cambiar de terapeuta, sigue volviendo cada semana; casi como si quisiera demostrar que ella tiene razón y yo me equivoco.

Maxine, que lleva ejerciendo treinta años y es la matriarca del grupo, agita el vino en la copa.

—¿Y tú por qué la sigues viendo?

Lo medito mientras corto una loncha de queso de la cuña que hay sobre la mesa. De hecho, todas las ideas que el grupo me ha ofrecido a lo largo de los últimos meses han caído en saco roto. Si, por ejemplo, le pregunto a Becca a qué atribuye las lágrimas, ella replica: «Pues para eso vengo a terapia. Si supiera lo que me pasa, no estaría aquí». Si le hablo de lo que está sucediendo en sesión —su decepción conmigo, el hecho de que se sienta incomprendida, la percepción que tiene de que no la ayudo— se va por las ramas alegando que no suele bloquearse con nadie, solo conmigo. Cuando intento que la conversación gire en torno a nosotras —¿se ha sentido acusada, criticada?— se enfada. Si la invito a hablar de la ira, se cierra en banda. Cuando le sugerí que tal vez estuviera boicoteando la comunicación por miedo a oír algo que pudiera herirla, volvió a decir que yo no la entendía. Si le preguntaba por qué seguía viniendo a terapia, habida cuenta de que se sentía tan incomprendida, decía que me gustaría abandonarla y que en el fondo deseaba perderla de vista; igual que sus novios y sus compañeros de trabajo. Cuando intentaba ayudarla a entender por qué sus novios o sus compañeros la podían estar relegando, alegaba que esos chicos tenían fobia al compromiso y que sus compañeros eran unos esnobs.

Por lo general, lo que ocurre entre terapeuta y paciente se parece a la experiencia de este último en el mundo exterior, y la psicoterapia ofrece un espacio seguro en el que explorar esas dinámicas. (Si acaso la danza entre ambos no es un reflejo de su vida cotidiana, casi siempre se debe a que el paciente no se relaciona con nadie en profundidad... para evitar conflictos. Es fácil disfrutar de relaciones plácidas cuando las mantienes en un plano superficial.) Yo tenía la sensación de que Becca estaba recreando conmigo y con el resto del mundo una versión de la relación con sus padres, pero tampoco se mostraba dispuesta a hablar de ello.

Como es natural, hay ocasiones en que la relación entre terapeuta y paciente no acaba de fluir, a menudo cuando la contratransferencia del psicólogo se interpone en el proceso. Una señal de alarma: los sentimientos negativos hacia la persona que viene a verte.

Becca me irrita, le confieso al grupo. Ahora bien, ¿reacciono con impaciencia porque me recuerda a alguien del pasado o porque de verdad es una persona difícil?

Los psicoterapeutas recurrimos a tres fuentes de información cuando trabajamos con los pacientes: lo que dicen, lo que hacen y cómo nos sentimos en su compañía. Hay personas que prácticamente llevan un cartel colgado del cuello diciendo: ¡TE RECUERDO A TU MADRE! No obstante, durante las prácticas de la formación, un mentor nos inculcó una idea importante: «Los sentimientos que os asaltan en los encuentros con los pacientes son reales; usadlos.» Nuestras experiencias con ellos son importantes porque, seguramente, estamos sintiendo lo mismo que las personas con las que conviven a diario.

Ser consciente de ello me ayudó a empatizar con Becca, a comprender el verdadero alcance de sus dificultades. El difunto periodista Alex Tizon pensaba que toda persona posee una historia épica alojada «en alguna parte de la maraña que forman el pasado y el deseo del sujeto». Pero yo no lograba llegar tan lejos con mi paciente. Las sesiones me agotaban cada vez más, y no hablo de un cansancio mental sino más bien de tedio. Me aseguraba de tener chocolate cerca y hacía saltos de tijera antes de su llegada para espabilarme. Al final, cambié la hora de sus sesiones, de última hora de la tarde a primera de la mañana. Pero daba igual; en cuanto me sentaba, se instalaba el aburrimiento y me sentía incapaz de ayudarla.

—Necesita que te sientas incompetente para saberse más poderosa —aporta hoy Claire, una psicoanalista muy requerida—. Tu fracaso la ayuda a sentirse menos fracasada.

Puede que Claire tenga razón. Los pacientes más difíciles no son los del estilo de John, personas que están cambiando pero no acaban de percatarse. Los más complicados se parecen más bien a Becca, que siguen viniendo pero no cambian.

Hace poco, Becca empezó a salir con un chico nuevo, un joven llamado Wade, y la semana pasada me habló de la discusión que habían mantenido. Él había notado que la joven se quejaba de sus propios amigos más de la cuenta. «Si tan infeliz te hacen —le dijo—, ¿por qué no dejas de verlos?».

Becca «no se podía creer» la reacción de Wade. ¿Acaso no entendía que simplemente se estaba desahogando? ¿Que estaba compartiendo con él sus pensamientos en vez de «cerrarse en banda»?

Los paralelismos resultaban evidentes. Le pregunté a Becca si acaso venía a verme para desahogarse y si, igual que le sucedía con sus amigos, valoraba nuestra relación, por más que en ocasiones se sintiera frustrada. No, replicó ella, lo había entendido mal una vez más. Ella acudía a mí para hablar de Wade. Con él no tenía los problemas de comunicación que tenía conmigo, hasta el punto de sentirse incomunicada. No estaba dispuesta a analizar cuál era su responsabilidad en sus dificultades para obtener de los demás lo que deseaba. Y si bien Becca acudió a mí solicitando que la ayudara a cambiar ciertos aspectos de su vida, no mostraba el menor interés en evolucionar. Estaba atascada en una «discusión histórica», una postura que boicotea el proceso terapéutico. E igual que Becca tenía sus limitaciones, yo también. Todos los psicólogos que conozco han tenido que afrontar los suyos.

Maxine vuelve a preguntar por qué sigo viendo a Becca. Señala que he recurrido a todos mis conocimientos y experiencia, he probado todo lo que el grupo me ha propuesto, y la chica no hace progresos.

—No quiero que se sienta emocionalmente abandonada —alego.

—Ya se siente emocionalmente abandonada —señala Maxine—. Por todo su entorno, incluida tú.

—Es verdad —admito—. Pero me da miedo que, si la derivo, se instale en ella la idea de que nadie puede ayudarla.

Andrea enarca las cejas.

—¿Qué pasa? —pregunto.

—No tienes por qué demostrarle a Becca tu competencia profesional —es su respuesta.

—Ya lo sé. Es ella la que me preocupa.

Ian tose aparatosamente y luego finge atragantarse. El grupo al completo estalla en risas.

—Vale, puede que sí. —Unto queso en una galleta salada—. La situación me recuerda a la de otra paciente. Sale con un chico que no la trata demasiado bien y no quiere dejarlo porque, a algún nivel, necesita demostrarle que merece su respeto. Nunca se lo va a demostrar, pero no deja de intentarlo.

—Tienes que darte por vencida —sentencia Andrea.

—Nunca antes he roto con un paciente —objeto.

—Las rupturas son horribles —asiente Claire, al tiempo que se lleva unas pasas a la boca—. Pero sería negligente por nuestra parte no cortar el hilo cuando es necesario.

Un murmullo de asentimientos se propaga por el despacho. Ian nos observa, negando con la cabeza.

—Me vais a saltar a la yugular por lo que voy a decir —en nuestro grupo, Ian tiene fama de generalizar en torno a los roles de género—, pero allá va. Las mujeres aguantan más porquería que los hombres. Si una chica trata mal a su novio, a él le cuesta menos dejarla. Si un paciente no se está beneficiando de lo que puedo ofrecerle y tengo la seguridad de haber hecho cuanto estaba en mi mano, lo derivo.

Como de costumbre, lo miramos de arriba abajo. Las mujeres somos tan capaces como los hombres de cortar una relación. No obstante, también sabemos que podría tener una pizca de razón.

—Por la ruptura —dice Maxine. Brindamos, pero no con alegría.

Es descorazonador fallarle a un paciente que había depositado en ti sus esperanzas. En esos casos, siempre te queda una duda: si hubiera actuado de otra manera, ¿habría dado con la clave a tiempo? ¿Podría haberla ayudado? La respuesta que te das: seguramente. Diga lo que diga el grupo de supervisión, no he sabido comunicarme con Becca tal como ella necesitaba y, en ese sentido, le he fallado.

La terapia es exigente... y no solo para el psicoterapeuta. Sucede así porque la responsabilidad del cambio pertenece en exclusiva al paciente.

Si esperas que el psicólogo se pase una hora asintiendo con simpatía, has ido al lugar equivocado. Los psicoterapeutas apoyamos a las personas que acuden a terapia, pero lo hacemos para contribuir a su crecimiento, no para corroborar la mala opinión que tienen de su pareja. (Nuestra función es comprender tu punto de vista, aunque no tenemos por qué suscribirlo.) En terapia, te van a pedir que te responsabilices e igualmente que seas capaz de mostrarte vulnerable. Más que arrastrar a las personas al núcleo del problema, las instamos a descifrarlo por sí mismas, porque las verdades más poderosas —esas que nos tomamos en serio— son aquellas que vislumbramos, poco a poco, por nuestra cuenta. El contrato terapéutico lleva implícita la disposición del paciente a tolerar cierto malestar, porque esa incomodidad es necesaria para la efectividad del proceso.

O, como dijo Maxine aquel viernes por la tarde: «Yo no hago terapia del tipo "¡tú puedes, chica!"».

Puede parecer paradójico, pero la terapia funciona mejor cuando los pacientes empiezan a mejorar; cuando están menos deprimidos o ansiosos, o la crisis ha quedado atrás. A partir de ese momento son menos reactivos, están más presentes y demuestran más capacidad de implicarse en el trabajo. Por desgracia, en ocasiones se marchan justo cuando los síntomas empiezan a remitir, sin comprender (o quizás sabiendo muy bien) que el proceso está en sus comienzos y que, para seguir adelante, tendrán que aplicar aún más esfuerzo.

Cierto día, al final de una sesión con Wendell, le revelé que algunas veces, cuando me marcho más alterada que al llegar —abandonada en el mundo cruel, con tantas cosas por decir todavía, presa de un millón de sentimientos dolorosos— detesto la terapia.

«Las cosas que merecen la pena a menudo son dolorosas», respondió él. No lo dijo por decir; su tono y la expresión de su rostro me indujeron a pensar que hablaba por propia experiencia. Y si bien es verdad que todo el mundo desea sentirse mejor al terminar la sesión, añadió, yo, más que nadie, debería saber que la terapia no siempre funciona así. Si quería sentirme mejor a corto plazo, debería comerme un trozo de pastel o tener un orgasmo. Pero él no trabajaba en el negocio de las gratificaciones inmediatas.

Y yo, añadió, tampoco.

Salvo que yo era... una paciente. La terapia resulta engorrosa porque nos exige mirarnos desde ángulos que, por lo general, preferimos obviar. Los psicólogos sostienen el espejo con toda la empatía del mundo, pero depende del paciente echar un buen vistazo al reflejo, sostenerle la vista y decir: «Oh, es muy interesante. ¿Y ahora qué?», en lugar de dar media vuelta.

Decidí seguir el consejo del grupo y poner fin a las sesiones con Becca. Tras eso, ambas nos sentimos decepcionadas y liberadas. Cuando comparto la novedad con Wendell en la siguiente sesión, afirma que entiende muy bien lo que estaba viviendo con ella.

—¿Tiene algún paciente parecido? —pregunto.

—Sí —responde, y esboza una gran sonrisa sin desviar la mirada.

Tardo un minuto, pero lo pillo: se refiere a *mí*. ¿Practica el salto de tijera o se hincha a cafeína antes de nuestras sesiones, como hacía yo? Muchos pacientes piensan que el relato de sus vidas, que perciben como insulsas, nos aburre, pero se equivocan por completo. En terapia, las personas aburridas son aquellas que *no comparten* sus vidas, que se pasan la sesión sonriendo o nos largan historias intrascendentes y repetitivas en todas las ocasiones, hasta que acabamos sumidos en la perplejidad. *¿Por qué me cuenta esto? ¿Qué importancia* *tiene?* Los individuos agresivamente aburridos pretenden mantenerte a distancia.

Y precisamente eso es lo que hago con Wendell al hablarle de Novio sin cesar: no puede comunicarse conmigo porque no lo dejo entrar. Ahora mismo acaba de evidenciarlo: estoy mostrando hacia Wendell el mismo comportamiento que adoptamos Novio y yo mutuamente durante la relación; no soy tan distinta de Becca, al cabo.

—Se lo digo a guisa de invitación —sugiere Wendell, y yo pienso en cuántas invitaciones mías ha rechazado Becca. No quiero hacerle eso a mi terapeuta.

Si no fui capaz de ayudar a Becca, tal vez ella sí pueda ayudarme a mí.

19

El material de los sueños

Un día, una mujer de veinticuatro años con la que llevaba trabajando unos meses, entró y me relató el sueño que había tenido la noche anterior.

—Estoy en un centro comercial —empezó Holly— y me topo con una chica, Liza, que se portó fatal conmigo en el instituto. No se burlaba de mí a la cara, como hacían otras. Sencillamente me ignoraba por completo. No digo que me importase, si no fuera porque fingía no saber quién era yo cuando me cruzaba con ella fuera del instituto. Y era absurdo, porque hacía tres años que asistíamos al mismo centro y compartíamos varias clases.

»En fin, Liza vivía a pocas manzanas de mi casa, así que coincidíamos a menudo, ya sabe, en el barrio y por ahí, y yo tenía que fingir que no la veía, porque si le decía «hola» o la saludaba con un gesto o algo parecido, fruncía el ceño y me miraba como si le sonara de algo pero no pudiera ubicarme. Me decía, con un tono afectado: «Perdona, ¿nos conocemos?» o «¿nos hemos visto antes?». O también, si tenía suerte: «Lo siento mucho, pero no consigo recordar tu nombre».

La voz de Holly se quebró un instante. A continuación prosiguió el relato.

—En el sueño, estoy en el centro comercial y Liza también anda por allí. Ya no voy al instituto y tengo un aspecto distinto; he adelgazado, llevo un conjunto perfecto y me he alisado el cabello. Estoy mirando vestidos en un expositor cuando Liza se acerca a echar un vistazo y hace un par de comentarios sobre las prendas, igual que harías con una desconocida. Al principio me enfado: ya estamos otra vez, sigue fingiendo que no me conoce. Salvo que esta vez no representa un papel; no me reconoce porque estoy fantástica.

Holly se revuelve en el asiento y se tapa con la manta. Ya hemos hablado otras veces de su tendencia a usar la manta para ocultar su cuerpo; para esconder su talla.

—Así que disimulo y seguimos charlando, de los vestidos, de nuestras profesiones y, mientras hablamos, advierto en su expresión que empieza a recordar quién soy. Tengo la impresión de que intenta conciliar la imagen de mi antiguo yo, el de bachillerato (ya sabe, con granos, gorda, cabello encrespado) con la persona que tiene delante. Su cerebro ata cabos y exclama: «¡Oh, Dios mío! ¡Holly! ¡Fuimos juntas al instituto!».

Ahora Holly se reía con ganas. De largo cabello castaño y ojos del color del océano tropical, era alta y despampanante, y todavía pesaba veinte kilos de más.

—Así pues —prosiguió—, frunzo el ceño y le digo, con el mismo tono afectado que usaba ella para dirigirse a mí: «Perdona, lo siento, pero ¿nos conocemos?». Y ella responde: «Pues claro que nos conocemos. ¡Soy Liza! Íbamos juntas a clase de geometría, de historia antigua y de francés. ¿No te acuerdas de la señorita Hyatt?». Y yo respondo: «Sí, yo iba a la clase de la señorita Hyatt, pero, vaya, no me acuerdo de ti. ¿Tú también ibas a su clase?». Y ella insiste: «¡Holly! Vivíamos a una manzana de distancia y te veía en el cine y en la tienda de yogures. Y una vez coincidimos junto a los vestuarios de Victorias's Secret...»

Holly lanzó otra carcajada.

—Me está confesando que sí me había reconocido en todas esas ocasiones. Pero yo sigo en mis trece: «Hala, qué raro. No me acuerdo de ti, pero me alegro de haberte visto.» En ese momento suena mi teléfono y es su novio del instituto, que me dice que me dé prisa o llegaremos tarde al cine. Así que la obsequio con la misma sonrisa condescendiente que ella siempre me dedicaba y me alejo. Y ella se queda allí sintiendo lo mismo que sentía yo en tiempos del instituto. Y entonces me percato de que el timbre del teléfono es en realidad la alarma del despertador y todo ha sido un sueño.

Más adelante, Holly se referiría a su experiencia como «un sueño de justicia poética», pero, en mi opinión, más bien aborda un tema universal que aparece a menudo en terapia, y no solamente en los sueños: la exclusión. El miedo a quedar al margen, a ser ignorado, a que te rehúyan, a acabar solo y sin amor.

Carl Jung acuñó el término *inconsciente colectivo* para referirse a la parte de la psique que alberga la memoria ancestral o las experiencias comunes a toda la humanidad. Mientras que Freud interpretaba los sueños en el marco del sujeto singular, analizando cómo el contenido del sueño se relaciona con el soñador en la vida real (el elenco de personajes, las situaciones específicas), la psicología de Jung sitúa los sueños en el marco del sujeto universal al analizar cómo se relacionan con los motivos recurrentes del inconsciente colectivo.

No debe sorprendernos pues que con frecuencia soñemos con nuestros miedos. Y tenemos muchos.

¿A qué tenemos miedo?

Tenemos miedo a que nos hagan daño. A que nos humillen. Al fracaso y también al éxito. Nos asusta estar solos y nos aterra conectar con los demás. Nos da miedo escuchar lo que nos dice el corazón. Nos atemoriza la posibilidad de ser infelices e igualmente la de ser demasiado felices (en esos sueños, se nos castiga por nuestra dicha). Tenemos miedo a no recibir la aprobación de nuestros padres y a aceptarnos tal como somos. A la mala salud y a la buena suerte. Nos asusta nuestra propia envidia y nos da miedo tener demasiado. Nos aterra hacernos ilusiones, por si nos llevamos un desengaño. Nos da pánico el cambio y la posibilidad de no cambiar. Nos asusta que les pase algo a nuestros hijos y quedarnos sin trabajo. Tememos perder el control y nos aterra nuestro propio poder. Tenemos miedo a la brevedad de nuestras vidas y a la cantidad de tiempo que pasaremos muertos. (Nos aterroriza haber sido irrelevantes, después de morir.) Nos asusta hacernos responsables de nuestra existencia.

En ocasiones tardamos un tiempo en admitir nuestros miedos, en particular ante nosotros mismos.

He advertido que algunos sueños preceden una autoconfesión; como si fueran una especie de preconfesión. Algo enterrado en la psique asciende más cerca de la superficie, pero no del todo. Una paciente sueña que está tumbada en la cama abrazada a su compañera de piso. Al principio piensa que su sueño habla de la estrecha amistad que las une, pero más tarde se da cuenta de que se siente atraída por las mujeres. Un hombre tiene un sueño recurrente en el que la policía lo detiene cuando circula por la autopista a toda velocidad. Al cabo de un año empieza a plantearse, después de décadas, que seguir evadiendo impuestos —saltándose las reglas— podría tener consecuencias.

Llevo varios meses trabajando con Wendell cuando el sueño de mi paciente sobre su compañera del instituto se cuela en uno de los míos. Estoy en el centro comercial mirando vestidos y, de súbito, Novio aparece a mi lado. Por lo visto, está buscando un regalo de cumpleaños para su nueva pareja.

—Ah, ¿cuántos cumple? —le pregunto en el sueño.

—Cincuenta —es su respuesta. Al principio me invade un alivio mezquino; no solo no se ajusta al cliché de los veinticinco sino que me lleva muchos años. Todo cuadra. Novio no quería niños en casa y ella es lo bastante mayor como para tener hijos en la universidad. Novio y yo mantenemos una agradable conversación —amistosa, inocua— hasta que atisbo mi reflejo en el espejo que hay junto al expositor. En ese momento me percato de que en realidad soy una anciana: de setenta y pico, quizás de ochenta. Resulta que la novia de cincuenta es décadas más joven que yo.

—¿Llegaste a escribir el libro? —pregunta Novio.

—¿Qué libro? —digo, observando el movimiento de mis labios, arrugados como una pasa, en el espejo.

—El libro sobre tu muerte —responde como si nada.

Y entonces suena la alarma del despertador. A lo largo de todo el día, mientras escucho las ensoñaciones de mis pacientes, no puedo dejar de pensar en el mío. Este sueño me atormenta.

Me atormenta porque es una preconfesión.

20

La primera confesión

Permitid que dedique un momento a justificarme. Veréis, cuando le aseguré a Wendell que todo en mi vida iba bien hasta la ruptura, le dije la pura verdad. O, más bien, la verdad tal como yo la conocía. Lo que equivale a decir que le dije la verdad tal como yo quería verla.

Y ahora prescindamos de justificaciones: estaba mintiendo.

Una de las cosas que no le he contado a Wendell es que, en teoría, debería estar escribiendo un libro y que el proyecto no va viento en popa. Al decir que «no va viento en popa» me refiero a que todavía no he escrito ni una línea. El retraso no tendría mayor importancia si no hubiera firmado un contrato y, en consecuencia, no estuviera legalmente obligada a entregar un libro terminado o, en su defecto, a devolver el anticipo que ya se ha esfumado de mi cuenta bancaria. En realidad, tendría importancia aun si pudiera devolver el dinero por cuanto, además de ser psicóloga, soy escritora —no se trata de algo que hago únicamente, sino de *quién soy*— y si no puedo plasmar mis ideas en el papel, me falta una parte importante de mí misma. Además, por si fuera poco, mi agente me ha advertido que si no presento el libro nadie me encargará otro.

No digo que me sienta incapaz de escribir. De hecho, durante el tiempo que debería haber ocupado redactando el borrador me dediqué a confeccionar emails tan ingeniosos como insinuantes para Novio. Mientras tanto, les decía a mis amigos, familia e incluso al mismo Novio que estaba ocupada con el libro. Me había convertido en el clásico ludópata en el armario que se viste cada mañana para ir al trabajo, se despide de su familia con un beso y luego se dirige al casino en lugar de ir al despacho.

Llevo un tiempo queriendo comentar con Wendell la situación, pero estoy tan centrada en superar la ruptura que no he tenido ocasión.

Eso, desde luego, también es un cuento.

No le he hablado a Wendell del libro que no estoy escribiendo porque si pienso en ello me invade el pánico, el terror, el remordimiento y la vergüenza. Cada vez que la circunstancia asoma a mi pensamiento (algo que sucede constantemente; como dijo Fitzgerald: «En la noche más oscura del alma, siempre son las tres de la madrugada, día tras día») se me anuda el estómago y me siento paralizada. Luego empiezo a plantearme cada mala decisión que he tomado en cada encrucijada del camino, porque estoy convencida de que me encuentro en esta situación a causa de la que considero uno de los patinazos más garrafales de mi vida.

Puede que ahora mismo estés pensando: *¿Va en serio? ¿Tienes tanta suerte como para que te encarguen un libro y todavía te quejas? ¡Ay, pobrecita! ¡Ponte a trabajar doce horas al día en una fábrica, por el amor de Dios!* Entiendo la impresión que produce. O sea ¿quién me he creído que soy, Elizabeth Gilbert al principio de *Come, reza, ama*, cuando está llorando en el suelo del baño y piensa en dejar a su marido, que tanto la ama? ¿Gretchen Rubin en *Objetivo: felicidad*, que tiene un marido apuesto y cariñoso, dos hijas sanas y más dinero del que la mayoría de la gente verá jamás y, pese a todo, no puede librarse de la sensación de que le falta algo?

Y eso me recuerda que... he olvidado mencionar un detalle importante acerca del libro que no estoy escribiendo. ¿El tema? La felicidad. Sí, tengo muy presente la ironía de la situación: un libro sobre la felicidad me está haciendo desgraciada.

Nunca debería haber aceptado el encargo de una obra sobre ese tema, y no solamente porque llevo un tiempo deprimida, si acaso la teoría «su duelo se debe a un pérdida más importante» de Wendell es acertada. Veréis: cuando tomé la decisión de escribir el libro, acababa de abrir mi consulta privada y la revista *Atlantic* había publicado recientemente mi artículo estrella «Cómo empujar a tus hijos a terapia: por qué nuestra obsesión con la felicidad de los niños los podría estar condenando a la desdicha», que, en su momento, fue la pieza más compartida de la publicación en sus más de cien años de historia. Me invitaron a hablar del tema en televisiones y radios de ámbito nacional; los medios de todo el mundo me llamaron para entrevistarme y, de la noche a la mañana, me convertí en una «experta en parentalidad».

Al cabo de nada, distintas editoriales me estaban pidiendo que convirtiera el artículo en un libro. Y cuando hablo de «pedir», me refiero a que me ofrecían una cifra desorbitada. Más dinero del que una madre soltera como yo podía soñar, tanto como para proporcionar a una familia monoparental como la mía cierto alivio financiero durante largo tiempo. Un libro como ese me garantizaría ofertas para pronunciar conferencias (una actividad que me encanta) en los colegios de todo el país así como un flujo constante de pacientes (que no me vendrían mal, por cuanto estaba empezando). Incluso me compraron los derechos del artículo para una serie de televisión (que tal vez se habría materializado de haber existido un libro superventas sobre el tema).

Ahora bien, cuando me dieron la oportunidad de trasladar a una obra más larga el tema de «Cómo empujar a tus hijos a terapia», una obra capaz de cambiar por completo mi futuro profesional y financiero, respondí, con una pasmosa estrechez de miras: *Muchas gracias, es muy amable por su parte, pero... prefería no hacerlo.*

No, no me había dado un golpe en la cabeza. Sencillamente dije «no».

Y lo dije porque no me parecía bien. Ante todo, pensaba que el mundo no necesitaba otro libro sobre «padres helicóptero». Montones de obras inteligentes e interesantes sobre hiperparentalidad habían abordado el tema desde todos los ángulos posibles. Al fin y al cabo, *dos siglos atrás*, el filósofo Johann Wolfgang von Goethe resumió a la perfección el sentimiento: «Demasiados padres complican la vida de sus hijos cuando pretenden, con un exceso de celo, facilitársela.» Incluso en la historia reciente —2003, para ser exactos— uno de los primeros libros sobre hiperparentalidad, titulado con mucho acierto *Worried all the time* (Preocupados todo el tiempo), lo expresó de este modo: «Las reglas fundamentales de una buena crianza —moderación, empatía y adaptarse al temperamento del niño— son sencillas y no parece probable que los últimos hallazgos científicos puedan mejorarlas».

En cuanto que madre, yo no era inmune a la ansiedad parental. Escribí el artículo original, de hecho, con la esperanza de que ayudara a los padres de manera similar a como lo hace la psicoterapia. Ahora bien, si conseguía transformarlo en un libro con el fin de subirme al carro comercial y me unía a las filas de los *instaexpertos*, me convertiría en parte del problema. Los progenitores no necesitaban otro libro más que los animara a tomarse las cosas con calma y darse un respiro. Lo que necesitaban era un *respiro* de esa avalancha de manuales de crianza. (Algunos meses más tarde, *The New Yorker* publicó un artículo humorístico sobre la proliferación de manifiestos sobre parentalidad, diciendo que «la cosa ha alcanzado tales extremos que otro libro más sería una crueldad.)

Así pues, igual que Bartleby el escribiente (y con resultados similarmente trágicos), respondí: «preferiría no hacerlo». Y después pasé los años siguientes presenciando cómo nuevos títulos sobre hiperparentalidad pegaban con fuerza, y martirizándome con una pregunta sancionadora tras otra: ¿había sido una actitud responsable por mi parte rechazar tanto dinero? Acababa de terminar un internado no remunerado, tenía préstamos universitarios que devolver y era la única fuente de ingresos de mi familia; ¿no podría haber escrito el libro, recogido los beneficios personales y profesionales y todos tan felices? Al fin y al cabo, ¿cuántas personas se pueden conceder el lujo de trabajar en aquello que les importa de verdad?

Por si no estuviera ya bastante arrepentida de haber rechazado la oferta, cada semana recibía correos de lectores y ofertas para impartir charlas sobre «Cómo empujar a tus hijos a terapia». «¿Habrá un libro?», me preguntaban una y otra vez. *No*, quería decirles, *porque soy idiota*.

Y me sentía una idiota, ante todo porque, a cambio de no venderme y sacar tajada de la locura parental, había accedido a escribir el manual sobre la felicidad, el mismo que ahora me inspira terror y me mantiene sumida en la angustia y depresión. Para poder pagar las facturas mientras mi consulta arrancaba, tendría que escribir *una* obra, la que fuera, y en aquel momento pensé que tenía algo que ofrecer a los lectores. En lugar de insistir en que los padres nos esforzamos demasiado en hacer felices a nuestros hijos, demostraría que nosotros, los progenitores, estamos obsesionados con alcanzar la dicha. Me parecía un planteamiento más acorde con mi sentir.

Sin embargo, cada vez que me sentaba a escribir, me sentía tan desconectada del tema como antes del asunto de los padres helicóptero. La investigación no reflejaba —no podía reflejar— los matices de lo que yo presenciaba en la consulta de terapia. Unos científicos habían ideado incluso una compleja ecuación matemática para predecir el júbilo, basada en la premisa de que la felicidad no aparece cuando las cosas van bien, sino tan solo cuando nos van *mejor de lo esperado*. La ecuación tiene este aspecto:

$$\text{Felicidad } (t) = w_0 + w_1 \sum_{j=1}^{t} \gamma^{t-j} CR_j + w_2 \sum_{j=1}^{t} \gamma^{t-j} EV_j + w_3 \sum_{j=1}^{t} \gamma^{t-j} RPE_j$$

En realidad, todo se reduce a: felicidad es igual a realidad menos expectativas. Por lo visto, para hacer feliz a alguien basta con darle una mala noticia y luego desmentirla (algo que a mí personalmente más bien me enfurecería).

A pesar de todo, sabía que podía armar la información de unos cuantos estudios interesantes, pero tenía la sensación de que tan solo estaría arañando la superficie de algo importante que quería decir pero todavía no sabía cómo expresar con claridad. Y en mi nueva profesión, así como en el conjunto de mi vida, ya no tenía bastante con arañar la superficie. Es imposible formarse como psicoterapeuta y no cambiar en alguna medida, no convertirse en una persona, casi sin darte cuenta, que aspira a acercarse al núcleo.

Me dije que no importaba. *Escribe el libro y acaba de una vez.* Ya había metido la pata con la obra sobre parentalidad; no podía pifiarla también con el manual de la felicidad. Pero pasaban los días y yo no encontraba el enfoque adecuado.

Igual que no supe encontrarlo en la ocasión anterior. ¿Cómo me había colocado en esta situación, de nuevo?

En la universidad presenciábamos sesiones de terapia a través de espejos de una sola dirección. En ocasiones, en los momentos en que me sentaba a escribir el libro de la felicidad, pensaba en un paciente de treinta y cinco años al que había observado. Decidió hacer terapia porque, si bien amaba a su mujer y se sentía atraído por ella, no podía dejar de engañarla. Ni la esposa ni él entendían la lógica de este comportamiento, tan opuesto a lo que él creía desear: confianza, estabilidad, intimidad. En la sesión, explicó que detestaba la conmoción que sus aventuras provocaban en su matrimonio y en su esposa y reconoció que no era el padre ni el marido que aspiraba a ser. Estuvo hablando un rato de que deseaba con toda su alma dejar de engañarla y confesó no tener ni idea de las razones que lo empujaban a hacerlo.

La terapeuta le explicó que, con frecuencia, partes distintas de uno mismo quieren cosas diferentes y, si amordazamos a las facetas que nos parecen inaceptables, estas encuentran otros modos de hacerse oír. Le pidió al hombre que se trasladara a una silla situada en el otro extremo de la habitación y observara lo que pasaba cuando esa parte suya que optaba por engañar podía expresarse en lugar de ser silenciada.

Al principio, el pobre hombre se quedó en blanco, pero luego, poco a poco, empezó a dar voz a su parte oculta, la misma que incitaba al marido cariñoso y responsable a enzarzarse en una conducta autodestructiva. Estaba dividido entre esos dos aspectos de sí mismo, igual que yo me hallaba dividida entre la parte de mí que deseaba ofrecer un sustento a mi familia y esa otra deseosa de hacer algo significativo; algo que me saliera del alma y, con suerte, llegara al alma de otros.

Novio apareció en escena en el momento más oportuno para distraerme de mi batalla interna. Y, cuando se marchó, llené el vacío acechándolo a través de Google cuando debería haberme sentado a escribir. Buena parte de nuestras conductas autodestructivas nacen de un vacío emocional, una nada que pide a gritos ser llenada. Pero ahora que Wendell y yo hemos acordado que no acecharé a Novio por internet, me siento responsable de mí misma. No tengo excusa para no sentarme a escribir este libro sobre la felicidad que tan desgraciada me hace.

O, cuando menos, no la tengo para seguir ocultándole a Wendell la verdad sobre este lío en el que estoy metida.

21

Terapia con protección

—Hola, soy yo —dice una voz, cuando escucho los mensajes del contestador entre sesiones. Me da un vuelco el corazón: es Novio. Si bien hace tres meses que no hablamos, su voz me transporta al pasado de inmediato, igual que cuando oyes una vieja canción. Sin embargo, conforme el mensaje prosigue, comprendo que no es él, porque (a) Novio no me llamaría al número del despacho y (b) no trabaja en una serie de televisión.

El «yo» del mensaje es John (su voz, grave y queda, se parece a la de Novio hasta extremos espeluznantes). Nunca antes un paciente me había llamado al gabinete sin identificarse. Lo hace como si fuera la única persona que acude a mi consulta y por supuesto el único «yo» de mi vida. Incluso los pacientes suicidas dejan su nombre. Jamás nadie me ha dejado un mensaje diciendo: *Hola, soy yo. Me dijiste que te llamara si me asaltaba la idea de quitarme la vida.*

John me informa de que no podrá llegar a la sesión porque no puede abandonar el estudio, así que se conectará por Skype. Me da su nombre de usuario y se despide diciendo:

—Hablamos a las tres.

Advierto que no ha preguntado si podemos hacer la sesión por Skype, ni siquiera si tengo por costumbre emplear la aplicación en caso de ser necesario. Da por supuesto que sucederá porque así funciona el mundo para él. Y si bien recurro a Skype con los pacientes en determinadas circunstancias, no me parece una buena idea en el caso de John. Buena parte de las estrategias que empleo para ayudarle radican en la interacción que mantenemos cara a cara. Podrán ensalzar cuanto quieran las maravillas de la tecnología, pero celebrar una sesión a través de la pantalla se parece, como dijo una colega en una ocasión, «a hacer terapia con preservativo».

El trabajo no se basa únicamente en las palabras del paciente, ni siquiera en el lenguaje corporal: el pie que baila, un tic facial sutil, el temblor del labio inferior, los ojos que se entornan con rabia. Más allá de lo que vemos y oímos, hay algo menos tangible pero igual de importante: la energía de la sala, el hecho de estar juntos. Pierdes esa inefable dimensión cuando no compartes el mismo espacio físico.

(Por no mencionar el asunto de los problemas técnicos. Una vez celebré una sesión por Skype con una paciente que había tenido que trasladarse a Australia de manera temporal y, en el instante en que empezó a llorar a lágrima viva, el volumen desapareció. Únicamente veía sus labios en movimiento y ella no sabía que no podía escucharla. Antes de que se lo hiciera saber, la conexión cayó por completo. Tardé diez minutos en volver a conectar con ella, y para entonces no solo el momento se había esfumado sino que el tiempo se había agotado.)

Le envío a John un correo electrónico rápido para proponerle que cambiemos la sesión a otra día, pero me responde con un mensaje equivalente a un telegrama moderno: *No puedo esperar. Urgente. Por favor.* Me sorprende que lo pida *por favor* y aún más que solicite ayuda urgente. Reconoce que me necesita en lugar de tratarme como un elemento prescindible. Accedo: hablaremos por Skype a las tres.

Algo va mal, deduzco.

A las tres en punto, entro en Skype y llamo a John. Espero encontrarlo sentado en un despacho, ante un escritorio. En vez de eso, la llamada entra y me sorprendo observando una casa que conozco bien. La conozco porque se trata de uno de los decorados principales de una serie que Novio y yo mirábamos compulsivamente en el sofá, con los brazos y las piernas entrelazados. Al otro lado de la pantalla, los cámaras y los técnicos de iluminación pululan de acá para allá por el interior de un dormitorio que he visto millones de veces. Aparece la cara de John.

—Espere un momento —es su saludo. Su cara desaparece y ahora veo sus pies. Hoy lleva unas deportivas de lona, a cuadros, y parece estar desplazándose mientras me lleva consigo. Deduzco que busca intimidad. Además de sus zapatos, atisbo cables eléctricos en el suelo y oigo, de fondo, una gran conmoción. Por fin reaparece la cara de mi paciente.

—Vale —dice—. Estoy listo.

Ahora tiene una pared detrás y empieza a susurrar a toda máquina.

—Es Margo y el idiota de su psicólogo. No sé quién le ha dado el título, pero en vez de mejorar las cosas, las está empeorando. En teoría tenía que buscar ayuda para la depresión y, en vez de eso, está cada vez más molesta conmigo: no soy accesible, no la escucho, me muestro distante, la evito, olvido no sé qué fecha significativa. ¿Le he contado que ha creado un calendario de Google compartido para asegurarse de que no olvido los asuntos «importantes»? —con la mano libre, John dibuja unas comillas en el aire—. Así que ahora estoy aún más estresado si cabe porque no para de incluir cosas y mi agenda ya está a tope.

John ya me ha contado todo eso, así que no acabo de entender a qué viene tanta urgencia. Al principio presionó a Margo para que hiciera terapia («así podrá despotricar de mí») pero ahora que ella ha empezado el tratamiento John me dice a menudo que «el idiota de su psicólogo» le está «comiendo el coco» a su esposa y «metiéndole ideas absurdas en la cabeza». Yo intuyo que el terapeuta de Margo la está ayudando a ver con más claridad lo que puede y no puede tolerar, un trabajo que la mujer necesitaba como agua de mayo. O sea, no puede ser fácil estar casada con John.

Al mismo tiempo, empatizo con John, porque su reacción es muy habitual. Cada vez que una persona de la constelación familiar empieza a cambiar, por más que los cambios sean sanos y positivos, los otros miembros tienden a hacer todo lo que está en su mano por devolver las cosas a su antiguo estado con el fin de recuperar la homeostasis. Si un adicto deja de beber, por ejemplo, el resto de la familia boicotea inconscientemente su recuperación, porque para recuperar la homeostasis del sistema, *alguien* tiene que hacer el papel de oveja negra. ¿Y quién quiere el papel? En ocasiones las personas oponen resistencia incluso a los cambios positivos de sus amigos: *¿Por qué vas tanto al gimnasio? ¿Por qué quieres irte a dormir?; ¡no necesitas dormir tanto! ¿Por qué te esfuerzas tanto por conseguir ese ascenso? ¡Ya no eres divertido!*

Si la mujer de John empieza a superar la depresión, ¿cómo conservará John su rol de persona cuerda en el sistema familiar? Si ella intenta acercarse a él con una actitud más sana,

¿cómo podrá él mantener la cómoda distancia que con tanta habilidad ha preservado todos estos años? No me sorprende que John reaccione mal a la terapia de Margo. Su psicólogo parece estar haciendo un buen trabajo.

—Pues bien —prosigue John—, ayer por la noche, Margo me pidió que fuera a la cama y le dije: «voy enseguida, tengo que contestar unos emails». Normalmente la tengo encima a los dos minutos. *¿Por qué no vienes? ¿Por qué estás siempre trabajando?* Pero anoche no hizo nada de eso. ¡Me quedé de piedra! Pensé, Dios mío, parece que la terapia empieza a funcionar. Por fin ha entendido que pincharme no me ayuda a terminar antes. Así que rematé los correos y, cuando llegué, Margo estaba dormida. El caso es que esta mañana, cuando nos hemos levantado, Margo me ha dicho: «Me alegro de que terminaras el trabajo, pero te eché de menos. Siempre te echo de menos. Solo quiero que lo sepas».

John vuelve la cabeza hacia la izquierda y ahora oigo lo que él oye: una conversación sobre la iluminación. Sin decir una palabra, veo las deportivas de John según se desplazan por el suelo. Cuando su rostro vuelve a asomar, la pared que tenía detrás ha desparecido y, al fondo, atisbo a la estrella de la serie, en la esquina superior derecha de mi pantalla, que ríe con su archienemigo y con una pretendiente de la que abusa verbalmente en la ficción. (Estoy segura de que el personaje protagonista es una creación de John.)

Me encantan esos actores, de modo que fuerzo la vista para verlos mejor a través del ordenador, como esas personas que alargan el cuello a la entrada de los Emmy para avistar por un instante a alguna celebridad; salvo que esto no es la alfombra roja y yo los estoy observando mientras charlan y toman sorbos de agua entre una escena y otra. *Los paparazzi matarían por esta imagen*, pienso, y tengo que recurrir a una inmensa fuerza de voluntad para devolverle la atención a mi paciente.

—En fin —susurra—. Ya sabía yo que era demasiado bueno para ser verdad. Pensaba que había entrado en razón ayer por la noche, pero, como era de esperar, las quejas se han reanudado en cuanto nos hemos levantado. Así que le he soltado: «¿Me echas de menos? ¿A qué viene eso? ¿Intentas que me sienta culpable?». O sea, estoy ahí. Estoy ahí cada noche. Soy fiel al ciento por ciento. Nunca la he engañado y nunca lo haré. Le proporciono una buena vida. Soy un padre implicado. Incluso me ocupo del perro, porque Margo odia ir por ahí recogiendo cacas con una bolsa. Y cuando no estoy en casa me dedico a trabajar. No me paso la vida de vacaciones en el Cabo, que digamos. Y le he dicho que puedo dejar mi empleo para que no me añore tanto y pasarme el día en casa mano sobre mano o conservarlo y asegurarme de que sigamos teniendo un techo que nos cobije. ¡Voy enseguida! —le grita a alguien que no alcanzo a ver antes de continuar—: ¿Y sabe lo que ha hecho al oír eso? Me ha respondido, en plan Oprah —aquí clava el tono exacto de la presentadora—: «Ya sé que te esfuerzas, y te lo agradezco, pero también te echo de menos cuando estás aquí».

Intento intervenir pero John no me lo permite. Nunca lo había visto tan alterado.

—Y, por un segundo, me he sentido aliviado, porque normalmente ya estaría gritando a estas alturas, pero entonces me he percatado de lo que está pasando. Eso no es propio de Margo. ¡Está tramando algo! Y entonces me dice: «Necesito que prestes atención a esto». Y yo le respondo: «Te estoy prestando atención, ¿vale? No soy sordo. Intentaré acostarme más temprano, pero antes tengo que acabar el trabajo». Ella me mira con tristeza, como si estuviera a punto de echarse a llorar, y yo me quiero morir cuando me mira así, porque lo último que deseo es verla triste. Lo último que deseo es decepcionarla. Pero antes de que diga nada, me suelta: «Necesito que sepas hasta qué punto te añoro porque, si no me haces caso, no sé cuánto tiempo más te lo podré seguir diciendo». «¿Ahora nos amenazamos?», la acuso, y ella responde: «No es una amenaza, es la realidad».

John abre unos ojos como platos y su mano libre sale disparada hacia arriba como diciendo: *¿se lo puede creer?*

—No creo que sea capaz de hacerlo —supone—, pero me he quedado de piedra porque ninguno de los dos había amenazado nunca con marcharse. Cuando nos casamos, prometimos que nunca recurriríamos a ese tipo de chantaje, por mucho que nos enfadáramos, y no lo hemos hecho en doce años. —Mira a su derecha—. Vale, Tommy, ahora le echo un vistazo...

John se interrumpe y, de sopetón, estoy viendo nuevamente sus deportivas. Cuando termina con Tommy, echa a andar hacia alguna otra parte. Un minuto más tarde asoma su semblante otra vez. Ahora está delante de otra pared.

—John —lo interrumpo—. Vamos a retroceder un poco. En primer lugar, ya sé que está disgustado por los comentarios de Margo...

—¿Los comentarios de Margo? ¡Ni siquiera son sus palabras! Es el idiota de su terapeuta haciendo de ventrílocuo. Adora a ese tío. Siempre lo está citando, como si fuera su puñetero gurú. Seguro que echa algo en la bebida, y las mujeres de toda la ciudad se están divorciando porque se tragan las chorradas de ese tipo. Busqué sus credenciales en internet y, claro, algún comité profesional de idiotas le dio el título. Wendell Bronson, puñetero doctor en psicología.

Espera un momento.

¿Wendell Bronson?

¡!

¡¡!!

¡¡¡¡!!!!

¡¡¡¡¡!!!!!

¿Margo está viendo a *mi* Wendell? ¿El «idiota del psicólogo» es Wendell? Me va a estallar la cabeza. Me pregunto qué sitio del sofá escogió Margo el primer día. Me pregunto si Wendell le lanza la caja de pañuelos o si Margo se sienta tan cerca como para alcanzarlos ella misma. Si nos hemos cruzado al salir o al entrar (¿la mujer guapa que lloraba cuando yo estaba esperando?). Si alguna vez ha mencionado mi nombre en sus sesiones: «John tiene una terapeuta horrible, una tal Lori Gottlieb, y le ha dicho que...». Pero entonces me acuerdo de que John no le ha contado a Margo que hace terapia —yo soy la «fulana» a la que paga en efectivo— y ahora mismo doy infinitas gracias por esta circunstancia. No sé dónde colocar esta información, así que opto por el curso de acción que nos aconsejaron en la formación en caso de experimentar una reacción complicada y necesitar más tiempo para entenderla. No hago nada... de momento. Ya consultaré al respecto.

—Vamos a quedarnos con Margo un instante —digo, más para mí que para John—. Opino que fue un comentario muy tierno. Debe de amarle con locura.

—¿Cómo? ¡Está amenazando con dejarme!

—Bueno, se puede ver de otro modo —propongo—. Ya hemos hablado antes de la diferencia entre crítica y queja. La primera contiene un juicio de valor mientras que la segunda alberga una petición. Pero una queja puede ser al mismo tiempo un cumplido implícito. Ya sé que las palabras de Margo a menudo parecen una retahíla de quejas. Y lo son. Pero también contienen un elemento de ternura, porque dentro de cada una hay un cumplido. Si bien la forma no es la ideal, le está diciendo que lo ama. Necesita más. Lo añora. Le está pidiendo que se acerque. Y ahora le dice que la experiencia de querer estar con usted y no ser correspondida le resulta tan dolorosa que no sabe si será capaz de seguir soportándola porque *lo ama con toda su alma*. —Quiero que asimile esa última parte—. A mí me parece un cumplido.

Con John, me dedico ante todo a trabajar sus sentimientos en el momento presente, porque lo que sentimos se traduce en comportamientos. Una vez que sabemos lo que nos pasa por dentro, podemos elegir qué hacer con las emociones. Pero si las negamos en cuanto aparecen, a menudo tomamos la dirección equivocada y acabamos perdidos en tierra de nadie.

Los hombres están en desventaja en ese aspecto, porque no han sido criados para orientarse por sus mundos internos. Socialmente no está bien visto que los hombres hablen de sus emociones. Y mientras que las mujeres están sometidas a la presión social de cuidar su apariencia física, los hombres se enfrentan al imperativo de cuidar su apariencia emocional. Nosotras tendemos a sincerarnos con las amigas y miembros de la familia, pero cuando ellos me dicen cómo se sienten en terapia, casi siempre soy la primera persona a la que le confiesan sus emociones. Igual que mis pacientes femeninas, los hombres lidian con el matrimonio, la autoestima, la identidad, el éxito, sus padres, su infancia, la necesidad de sentirse amados y comprendidos; y sin embargo son temas difíciles de abordar de manera significativa con sus amigos masculinos. No me extraña que los índices de abuso de sustancias y suicidio entre hombres de mediana edad sigan aumentando. Muchos tienen la sensación de que no tienen nada más a lo que recurrir.

Así que le concedo a John un rato para descifrar los sentimientos que le inspira la «amenaza» de Margo y el mensaje, más tierno, que podría haber detrás. Nunca lo he visto permanecer tanto rato consigo mismo y me admira que sea capaz de hacerlo ahora.

John ha bajado la vista hacia un lado, un gesto que suelen adoptar los pacientes cuando algo de lo que digo toca una fibra sensible, y me alegro. Es imposible crecer si no estás dispuesto a aceptar tu vulnerabilidad. Parece que todavía está asimilando mis palabras, que el impacto que causa en Margo resuena en él por primera vez.

Por fin John alza la vista.

—Hola, perdone. He tenido que silenciarla un momento. Estaban grabando. Me he perdido lo último. ¿Qué estaba diciendo?

Es el colmo. He estado, literalmente, hablando conmigo misma. ¡No me extraña que Margo quiera dejarlo! Debería haber hecho caso a mi instinto y haber cambiado el día de la sesión, pero me ha enredado con su actitud suplicante.

—John —le digo—. Quiero ayudarle, de veras, pero esto es demasiado importante para hablarlo por Skype. Vamos a programar otra hora y viene a mi consulta, donde no habrá tantas distrac...

—Oh, no, no, no, no, no —me interrumpe—. Esto no puede esperar. Tengo que ponerla al día para que pueda hablar con él.

—Con...

—¡El idiota del psicólogo! Solo ha oído una versión de la historia y ni siquiera muy exacta. Pero usted me conoce. Usted puede interceder por mí. Puede explicarle cómo son las cosas antes de que a Margo se le vaya la olla.

Me hago una composición mental de la escena: *John quiere que llame a mi terapeuta para comentarle por qué mi paciente no está contento con el trabajo que está realizando con la esposa de mi paciente.*

Esto... no.

Y aunque Wendell no fuera mi psicólogo, tampoco haría esa llamada. En ocasiones llamo a otro psicoterapeuta si, pongamos, yo estoy trabajando con la pareja y un colega está viendo a uno de los miembros, y hay una razón de peso para intercambiar información (alguien piensa en el suicidio o es potencialmente violento o quizás estamos trabajando en un marco que se podría reforzar en otro. También si necesito una perspectiva más amplia). Pero, en esos casos, ambas partes han firmado su consentimiento al respecto. Tanto si se trata de Wendell como si no, no puedo llamar al terapeuta de la esposa de mi paciente sin una razón clínica de peso y sin que los dos hayan consentido por escrito.

—¿Le puedo hacer una pregunta? —le dijo a John.

—¿Qué?

—¿Usted echa de menos a Margo?

—¿Si la echo de menos?

—Sí.

—No va a llamar al psicólogo de Margo, ¿verdad?

—No, y usted no me va a decir lo que siente por ella, ¿no es cierto?

Tengo el presentimiento de que hay un gran amor enterrado entre John y Margo, porque si algo he aprendido es que el amor a menudo se expresa de muchas formas que parecen otra cosa.

John sonríe y veo a una persona que debe de ser Tommy entrar en el encuadre con un guion en la mano. Me veo proyectada hacia el suelo a tal velocidad que me mareo, como si fuera montada en una montaña rusa e iniciara un descenso a toda velocidad. Mirando los zapatos de John, los oigo debatir acerca de si un personaje —¡mi favorito!— debe comportarse como un completo imbécil en esa escena o darse cuenta hasta cierto punto de que está siendo insufrible (John escoge conciencia, qué curioso). Tras eso, Tommy da las gracias y se marcha. Me divierte presenciar cómo John exhibe unas maneras amables; se disculpa con Tommy por su ausencia y le explica que está ocupado «apagando un fuego en la cadena». (Yo soy «la cadena»). Puede que sea educado con sus compañeros de trabajo, en contra de lo que cabría esperar.

O puede que no. Espera a que Tommy se marche, me devuelve al nivel de su rostro y articula *idiota* con los labios, al tiempo que pone los ojos en blanco.

—No entiendo cómo el psicólogo, que además es un tío, no es capaz de ver la situación desde mi punto de vista —continúa—. ¡Incluso usted la ve desde mi punto de vista!

¿Incluso yo? Sonrío.

—¿Me acaba de hacer un cumplido?

—No se ofenda. Quería decir que… ya sabe.

Lo sé, pero quiero que lo diga. A su manera, está apegado a mí y quiero que permanezca en ese mundo emocional un poco más. Pero John insiste de nuevo en que Margo está enredando a su terapeuta. Además, dice, Wendell es un charlatán porque sus sesiones solo duran cuarenta y cinco minutos y no los cincuenta de rigor. (Yo comparto su fastidio al respecto, por cierto.) De súbito me asalta la idea de que John está hablando de Wendell igual que un marido hablaría del hombre que se ha ganado el corazón de su mujer. Creo que está celoso y se siente desplazado de lo que sea que está sucediendo entre Margo y el psicólogo en ese despacho. (¡Yo también estoy celosa! ¿Se ríe Wendell de las bromas de la mujer? ¿Le cae ella mejor que yo?) Quiero devolver a John a ese momento en que ha estado a punto de conectar conmigo.

—Me alegra que piense que yo le comprendo —digo. John me mira como un ciervo sorprendido por unos faros, pero en seguida vuelve a lo suyo.

—Yo solo quiero saber cómo debo comportarme con Margo.

—Ella ya se lo ha dicho —es mi respuesta—. Lo añora. Conozco de primera mano la facilidad que usted tiene para rechazar a las personas que lo aprecian. Yo no le voy a dejar, pero Margo le está diciendo que podría hacerlo. Así que tendrá que probar algo distinto con ella. Quizás hacerle saber que usted también la echa de menos. —Dejo un silencio—. Porque es posible que me equivoque, pero creo que desearía tenerla más cerca.

Se encoge de hombros y esta vez, cuando baja la mirada, no me ha silenciado.

—Echo de menos los buenos tiempos —dice.

Ahora su expresión muestra tristeza en lugar de rabia. La rabia es la emoción por defecto de la mayoría, porque se proyecta hacia fuera; echar la culpa a los demás evoca una deliciosa sensación de virtud. No obstante, esa sensación suele ser la punta del iceberg y si miras bajo la superficie verás sentimientos sumergidos, ya sean inconscientes u ocultos a los demás: miedo, indefensión, envidia, soledad, inseguridad. Y si eres capaz de soportar esos sentimientos el tiempo suficiente para entenderlos y escuchar lo que te dicen, no solo podrás controlar la ira de maneras más productivas sino que dejarás de estar enfadado todo el tiempo.

Como cabe imaginar, la rabia cumple igualmente otro propósito: aleja a las personas e impide que se acerquen tanto como para ver tu verdadero yo. Me pregunto si John necesita que los demás estén enfadados con él para que no adviertan su tristeza.

Empiezo a hablar, pero alguien llama a John a gritos y él se sobresalta. El móvil se le resbala de la mano y cuando creo que mi cara se va a estrellar contra el suelo, John lo recoge y vuelve a aparecer en pantalla.

—Porras... ¡tengo que irme! —exclama. A continuación, entre dientes—. Malditos imbéciles.

Y la imagen desaparece.

Por lo visto, la sesión ha terminado.

Como tengo un rato antes de que llegue mi próximo paciente, me encamino a la cocina para comer algo. Dos de mis colegas están allí. Hillary prepara té. Mike come un bocadillo.

—Hipotéticamente hablando —empiezo—, ¿qué haríais si la mujer de un paciente estuviera viendo a vuestro psicoterapeuta y el paciente pensara que ese psicólogo es idiota?

Me miran con las cejas enarcadas. En esta cocina, las situaciones hipotéticas nunca lo son.

—Cambiaría de terapeuta —dice Hillary.

—Yo me quedaría con mi terapeuta e intercambiaría los pacientes —propone Mike.

Sueltan sendas carcajadas.

—No, en serio —insisto—. ¿Qué haríais? La cosa es todavía peor: quiere que hable con mi psicólogo acerca de su mujer. Ella todavía no sabe que él está haciendo terapia, pero ¿y si en algún momento se lo dice y me pide que hable con el psicólogo de su esposa, y ella lo aprueba? ¿Tengo que revelar quién es mi terapeuta?

—Claro que sí —responde Hillary.

—No necesariamente —dice Mike al mismo tiempo.

—Exacto —concluyo—. La cosa no está nada clara. ¿Y sabéis por qué? ¡Porque esas cosas NUNCA PASAN! ¿A quién le ha sucedido alguna vez algo así?

Hillary me sirve una taza de té.

—Hace tiempo vino a verme un matrimonio, cada uno por su lado, inmediatamente después de separarse —relata Mike—. Tenían apellidos distintos y las direcciones no coincidían, porque no vivían juntos, así que no supe que estaban casados hasta la segunda sesión con cada uno, cuando me percaté de que estaba oyendo dos versiones de la misma historia. Un amigo mutuo, antiguo paciente mío, les había proporcionado mi nombre a los dos. Tuve que derivarlos a ambos.

—Sí —admito—, pero en este caso no hay dos pacientes con un conflicto de intereses. Es mi terapeuta el que está en medio. ¿Qué probabilidades hay de que pase algo así?

Advierto que Hillary ha desviado la vista.

—¿Qué pasa? —quiero saber.

—Nada.

Mike la mira. Ella se ruboriza.

—Suéltalo —ordena él.

Hillary suspira.

—Vale. Hará cosa de veinte años, cuando estaba empezando, trataba a un paciente que sufría depresión. Yo tenía la sensación de que estábamos avanzando pero en cierto momento la terapia se atascó. Pensé que él oponía resistencia, cuando la verdad es que yo no tenía suficiente experiencia y estaba demasiado verde para darme cuenta. Da igual, el caso es que él se marchó y, al cabo de un año, me lo encontré en la consulta de mi psicóloga.

Mike sonríe.

—¿Tu paciente te dejó por tu terapeuta?

Hillary asiente.

—Lo más curioso es que, en sesión, le había contado que había llegado a un punto muerto con ese paciente y hasta qué punto me sentí impotente cuando se marchó. Estoy segura de que él le habló de la ineptitud de su antigua terapeuta e incluso mencionó mi nombre en algún momento. Me juego algo a que ella sumó dos y dos.

Medito la historia en relación con la situación con Wendell.

—¿Pero tu psicóloga no dijo nada?

—Nunca —asiente Hillary—. Así que un día saqué el tema a colación. Y, como es lógico, ella no reconoció que estaba tratando a ese chico, así que nos centramos en cómo afrontaba yo la inseguridad que me inspiraba el hecho de ser nueva en esto. *Pfff.* ¿Mis sentimientos? ¿A quién le importaban? Yo me moría por saber cómo le iba con el chico, qué estaba haciendo distinto, por qué su estrategia funcionaba mejor.

—Nunca lo sabrás —sentencié.

Hillary niega con un movimiento de la cabeza.

—Nunca lo sabré.

—Somos como tumbas —dice Mike—. No soltamos prenda.

Hillary se vuelve a mirarme.

—¿Y entonces qué? ¿Se lo vas a decir a tu psicólogo?

—¿Debería?

Ambos se encogen de hombros. Mike echa una ojeada al reloj, tira los restos del bocadillo a la basura. Hillary y yo apuramos los últimos sorbos de té. Es hora de volver al trabajo. Una a una, las luces verdes del panel de la cocina se encienden, y salimos en fila india a buscar a nuestros pacientes en la sala de espera.

22

Entre rejas

—Hum —murmura Wendell cuando le confieso el asunto del libro, bien avanzada la sesión. He tardado un buen rato en reunir el valor necesario para contárselo.

Llevo dos semanas sentándome en la posición B con la intención de confesarme, pero cuando lo tengo delante, rodillas contra rodillas en la esquina del sofá, me acobardo. Hablo de la maestra de mi hijo (embarazada), de la salud de mi padre (mala), de un sueño (raro), del chocolate (una huida por la tangente, lo reconozco), las arrugas que se me empiezan a dibujar en la frente (para mi sorpresa, no es una huida por la tangente) y el significado de la vida (la mía). Wendell intenta que me centre, pero yo salto tan deprisa de un tema al siguiente que le gano la partida. O eso me parece.

De sopetón, Wendell bosteza. Es un bostezo fingido, estratégico, espectacular, exagerado, ostentoso. Es un bostezo que dice: *a menos que me cuentes lo que tienes en la cabeza de verdad, te vas a quedar atascada donde estás.* A continuación se recuesta en el asiento y me observa con atención.

—Tengo que contarle una cosa —empiezo.

Me mira como diciendo: *no me digas.*

Y le suelto toda la historia de un tirón.

—Hum —dice—. Así que no quiere escribir ese libro.

Asiento.

—¿Y si no lo presenta, habrá graves consecuencias financieras y profesionales para usted?

—Exacto. —Me encojo de hombros con un gesto que viene a decir: ¿*se da cuenta hasta qué punto estoy hundida en la miseria?*—. Si hubiera escrito el libro de parentalidad —le explico— no me encontraría en esta situación.

Me repito este sonsonete cada día —en ocasiones cada hora— desde hace varios años.

Wendell, como tiene por costumbre, se encoge de hombros con un amago de sonrisa.

—Ya lo sé —suspiro—. He cometido un error monumental. No hay vuelta atrás.

El pánico me inunda de nuevo.

—No es eso lo que estoy pensando —dice.

—¿No? ¿Y qué está pensando?

Empieza a cantar.

—He perdido la mitad de mi vida, oh, sí. Media vida que ya nunca recuperaré.

Pongo los ojos en blanco con impaciencia, pero él continúa sin darse por aludido. La melodía recuerda a un blues y yo intento ubicarla. ¿Es un tema de Etta James? ¿De B. B. King?

—Ojalá pudiera retroceder, cambiar el pasado. Tener más años, arreglarlo...

Y entonces me percato de que no está cantando ningún tema famoso. Se trata de una composición de Wendell Bronson, improvisador. La letra es horrible, pero su voz, potente y vibrante, me pilla por sorpresa.

La canción continúa y él está cada vez más motivado. Sigue el ritmo con los pies. Hace chasquear los dedos. Si estuviéramos en cualquier otra parte, lo tomaría por un pardillo enfundado en un jersey de punto, pero aquí me asombran su confianza en sí mismo y su espontaneidad, su capacidad de mostrarse tal como es, sin importarle quedar como un bobo o parecer poco profesional. No me imagino haciendo algo así delante de mis pacientes.

—Porque he perdido la mitad de mi viiiiida.

Cierra con una variación e incluso agita las manos como un bailarín de jazz.

Wendell deja de cantar y me mira con seriedad. Quiero decirle que no ha tenido gracia. Está trivializando un problema que me genera, desde un punto de vista realista y práctico, una gran ansiedad. Pero antes de que llegue a decirlo, una pesada tristeza desciende sobre mí, como surgida de la nada. La melodía de Wendell resuena en mi cabeza.

—¿Conoce el poema de Mary Oliver? —le pregunto a Wendell— «¿Qué vas a hacer con tu preciosa, salvaje, única vida?». Así me siento. Creía saber lo que iba a hacer y ahora todo ha cambiado. Iba a vivir con Novio. Iba a escribir un libro del que me sintiera orgullosa. Nunca imaginé...

—...que se encontraría en esta situación.

Me lanza una mirada elocuente. *Ya estamos otra vez.* Somos como un viejo matrimonio, que termina las frases del otro.

Sin embargo, ahora Wendell guarda silencio, y no me parece la clase de mutismo intencionado al que estoy acostumbrada. Me asalta la idea de que tal vez se haya quedado sin palabras, igual que me quedo yo a veces en sesión, cuando mis pacientes están atascados y yo me atasco con ellos. Ha probado con el bostezo y la canción, ha tratado de reencauzarme y ha formulado preguntas importantes. Y, a pesar de todo, yo he regresado al mismo lugar de siempre, a la historia de mis pérdidas.

—Me estaba planteando qué ha venido a buscar aquí —dice—. ¿Cómo cree que la puedo ayudar?

La pregunta me desconcierta. No sé si me pide ayuda como colega o si se lo plantea a la paciente. En cualquier caso, no lo tengo claro; ¿qué le pido a la terapia?

—No lo sé —es mi respuesta, y tan pronto como lo digo, me asalta el miedo. Es posible que Wendell no pueda socorrerme. Quizás nada pueda socorrerme. Tal vez tenga que aprender a vivir con mis decisiones.

—Tengo recursos para ayudarla —expone—, pero tal vez no del modo que usted imagina. No le puedo devolver a su novio y no le puedo ofrecer una segunda oportunidad. Y ahora tiene este problema con el libro y quiere que la rescate también. Y no puedo hacerlo.

Resoplo ante el disparate que acabo de oír.

—No pretendo que me rescate —protesto—. Soy cabeza de familia, no una damisela en apuros.

Me sostiene la mirada. Desvío la vista.

—No necesito que nadie me rescate de nada —insisto, aunque esta vez una parte de mí se pregunta: ¿*o sí*? ¿No es eso lo que queremos todos, de alguna manera? Pienso en las personas que acuden a terapia con la esperanza de sentirse mejor, pero ¿qué significa *mejor* en realidad?

Alguien colgó un imán en la cocina de nuestro centro: PAZ NO SIGNIFICA ESTAR EN UN LUGAR SIN RUIDO, PROBLEMAS NI ESFUERZO. SIGNIFICA ESTAR INMERSO EN TODO ESO Y SEGUIR SINTIENDO CALMA EN EL CORAZÓN. Podemos ayudar a los pacientes a encontrar la paz, pero quizás no el tipo de paz que imaginaban cuando empezaron el tratamiento. Como advierte la famosa frase del difunto psicoterapeuta John Weakland: «Antes de una terapia finalizada con éxito, te enfrentas a lo mismo una y otra vez. Después de una terapia finalizada con éxito, te enfrentas a una cosa después de otra».

Ya sé que la terapia no borrará mis problemas como por arte de magia, impedirá que aparezcan otros nuevos ni me garantizará que siempre vaya a actuar desde la claridad y la conciencia. Los psicoterapeutas no llevan a cabo trasplantes de personalidad; tan solo ayudan a limar aristas. Tras la terapia, los pacientes tienden a mostrarse menos reactivos o críticos, más abiertos y capaces de conectar con los demás. En otras palabras, la terapia consiste en entender mejor tu propio ser. Ahora bien, una parte de conocerse implica *desconocerse*: desanudar los relatos que te has venido contando acerca de quién eres, para que no coarten tus movimientos, y empezar a explorar tu verdad, no la historia que has construido acerca de tu existencia.

Ahora bien, la cuestión de cómo ayudar a las personas a llevar a cabo ese proceso es otro cantar.

Yo formulo el problema mentalmente una y otra vez: *tengo que escribir un libro para tener un techo sobre mi cabeza. He desaprovechado la oportunidad de crear una obra que me habría garantizado la subsistencia durante varios años. No me sentí capaz de escribir un manual estúpido sobre un tema estúpido que me está haciendo desgraciada. Me obligué a mí misma a escribir un estúpido libro sobre la felicidad. He intentado obligarme a redactar el estúpido manual sobre la felicidad, pero siempre acabo en Facebook, envidiando a las personas que se las ingenian para hacerlo todo como Dios manda.*

Recuerdo una cita de Einstein: «Ningún problema se puede resolver desde el mismo nivel de conciencia que lo creó». Siempre me ha parecido una máxima sabia. Pero, como la mayoría de nosotros, también pensaba que encontraría la respuesta a mi apuro pensando una y otra vez cómo he acabado en esta situación.

—No le veo solución —sentencio—. Y no me refiero al libro únicamente. Hablo de todo esto… de todo lo que ha pasado.

Wendell se recuesta en el sofá, descruza las piernas y las vuelve a cruzar. A continuación cierra los ojos, algo que hace cuando necesita ordenar sus pensamientos.

Cuando los abre, nos limitamos a seguir sentados, sin hablar, dos psicólogos que se sienten cómodos con el silencio. Yo me retrepo en el asiento y lo disfruto, y medito cuánto me gustaría que todo el mundo fuera capaz de hacer esto mismo en la vida diaria, estar juntos sencillamente, sin teléfonos ni portátiles, sin televisión ni parloteo banal. Únicamente presencia. La situación me relaja y me carga las pilas al mismo tiempo.

Por fin, Wendell rompe a hablar.

—Me estoy acordando de una famosa viñeta. Un reo agita los barrotes de una celda, desesperado por escapar. Pero a su derecha y a su izquierda no hay barrotes, nada.

Guarda silencio para que asimile la imagen.

—Lo único que tiene que hacer el prisionero es rodearlos. Y sin embargo no hace nada más que sacudir los barrotes, frenético. Esa imagen nos describe a casi todos. Nos *sentimos* atrapados, presos de nuestras celdas emocionales, pero hay una salida… siempre y cuando estemos dispuestos a verla.

Deja que esa última frase flote entre los dos. *Siempre y cuando estemos dispuestos a verla.* Con la mano, señala una celda imaginaria, como invitándome a mirarla.

Desvío la vista, pero noto los ojos de Wendell fijos en mí.

Suspiro. *Vale.*

Cierro los ojos e inspiro. Imagino la cárcel, una celda minúscula con paredes anodinas de color beis. Visualizo los barrotes metálicos, gruesos, grises y oxidados. Me veo a mí misma vestida con un mono naranja, agitando los barrotes con furia, suplicando que me dejen salir. Imagino que vivo en esa diminuta celda, donde no hay nada salvo el tufo acre de la orina y la perspectiva de un futuro deprimente y limitado. Me veo gritando: «¡Sáquenme de aquí! ¡Que alguien me ayude!». Me visualizo mirando frenética a diestra y siniestra, y luego volviendo a mirar a ambos lados, atónita. Mi cuerpo reacciona; me siento más ligera, como si me hubieran quitado quinientos kilos de encima, cuando comprendo la realidad: *eres tu propio carcelero.*

Abro los ojos y miro a Wendell de refilón, que enarca la ceja derecha como si dijera: *lo sé... lo has visto. He presenciado cómo lo veías.*

—Siga mirando —susurra.

Cierro los ojos de nuevo. Ahora estoy rodeando los barrotes y me encamino hacia la salida, con inseguridad al principio pero, según me acerco, empiezo a correr. En el exterior, noto el suelo bajo mis pies, la brisa en la piel, los rayos de sol en el rostro. ¡Soy libre! Me apresuro tanto como puedo y al cabo de un rato aminoro el paso para mirar a mi espalda. Ningún guardia me persigue. Me percato de que ni siquiera había guardias. ¡Pues claro que no!

Casi todos nos sentimos atrapados cuando llegamos a terapia; prisioneros de nuestros pensamientos, conductas, matrimonios, empleos, miedos o pasado. En ocasiones nos confinamos tras los barrotes de un relato autopunitivo. Si tenemos la opción de elegir entre dos ideas, aun habiendo pruebas que respalden ambas —*me pueden querer, no me pueden querer*— elegimos la que nos hace sentir mal. ¿Por qué sintonizamos nuestros aparatos de radio con las mismas emisoras repletas de interferencias (radio «todo el mundo tiene más suerte que yo», radio «no se puede confiar en nadie», radio «todo me sale mal») en lugar de desplazar el dial? Cambia de emisora. Rodea los barrotes. ¿Quién nos lo impide, salvo nosotros mismos?

Hay una salida... *siempre y cuando estés dispuesta a verla.* Una caricatura, nada menos, acaba de enseñarme el secreto de la vida.

Abro los ojos y sonrío. Wendell me devuelve la sonrisa. Es un gesto de complicidad, que viene a decir: *No te engañes. Tal vez creas que acabas de experimentar una revelación trascendental, pero esto solo es el principio.* Conozco muy bien los desafíos que tengo por delante y Wendell es consciente de que lo sé, porque ambos tenemos muy claro algo más: la libertad implica responsabilidad y en todos nosotros hay una parte que siente terror a hacerse responsable.

¿Me sentiría más segura en la cárcel? Vuelvo a imaginar los barrotes y los lados abiertos. Por un lado ansío quedarme; por otro, partir. Escojo salir. Pero rodear los barrotes mentalmente no es lo mismo que hacerlo en la vida real.

«La mirada interior es el premio de consolación de la psicoterapia» reza mi máxima favorita del gremio. Significa que puedes tener toda la capacidad de autoanálisis del mundo, pero si no cambias en la vida real, tu mirada interior —y la terapia— no te servirá para nada. La mirada interior te permite preguntarte *¿esto viene de fuera o de dentro?* La respuesta te ofrece opciones, pero las decisiones dependen de ti.

—¿Se siente preparada para hablar de la lucha que está librando? —pregunta Wendell.

—¿Se refiere a la lucha con Novio? —pregunto—. ¿O conmigo misma...?

—No, a su lucha con la muerte —aclara Wendell.

Durante un segundo no sé de qué me habla, pero entonces me viene a la mente el sueño en el que me encontraba a Novio en el centro comercial. Él: *¿Llegaste a escribir el libro? Yo: ¿Qué libro? Él: El libro sobre tu muerte.*

Ay. Dios. Mío.

Es habitual que los psicoterapeutas vayamos varios pasos por delante de los pacientes; no porque seamos más listos ni más sabios, sino porque contamos con la ventaja de observar sus vidas desde fuera. Si un paciente ha comprado el anillo pero no encuentra el momento para pedirle matrimonio a su novia, le diré: «No parece usted muy convencido de querer casarse con ella». Y él protestará: «¿Cómo? ¡Pues claro que lo estoy! ¡Este fin de semana se lo pido sin falta!». Pero volverá a casa y seguirá sin declararse porque hacía mal tiempo y quería pedirle matrimonio en la playa. Mantendremos el mismo diálogo durante semanas, hasta que un día se sentará en mi consulta y admitirá: «Puede que no quiera casarme con ella». Muchas personas repiten en terapia: «No, yo no soy así». Y más tarde, al cabo de un mes o de un año entero, reconocen: «Sí, en realidad soy así».

Tengo el presentimiento de que Wendell tenía la pregunta guardada desde hacía tiempo, esperando el momento adecuado para plantearla. Los psicoterapeutas siempre están sopesando el equilibrio entre crear una alianza basada en la confianza y empezar a trabajar de verdad para que el paciente no tenga que seguir sufriendo. Desde el principio, avanzamos despacio y deprisa al mismo tiempo, moderando el contenido, acelerando la relación, sembrando semillas estratégicamente a lo largo del camino. Igual que sucede en la naturaleza, si plantas las semillas demasiado pronto, no brotarán. Si las siembras demasiado tarde, es posible que la persona haga progresos, pero el terreno ya no será tan fértil. Ahora bien, si colocas las semillas en el momento oportuno, absorberán todos los nutrientes y crecerán. Nuestro trabajo es una intrincada danza entre el apoyo y la confrontación.

Wendell me pregunta por mi lucha con la muerte en el momento preciso... por más razones de las que él intuye siquiera.

23

Trader Joe's

Reina el bullicio en el Trader Joe's este sábado por la mañana y yo estoy observando las colas para calcular cuál es la más corta cuando mi hijo sale corriendo para echar un vistazo al expositor de chocolatinas. Los cajeros parecen inmunes al caos. Un joven con los brazos tatuados de arriba abajo toca un timbre y una empaquetadora enfundada en unas mallas se acerca bailoteando y guarda en bolsas la compra de un cliente, al ritmo de la música que suena de fondo. En el siguiente pasillo, un hípster con un corte de pelo estilo mohicano pregunta el precio de un artículo y, al principio de la cola, una rubia muy guapa hace malabarismos con tres naranjas para distraer a un niño que llora en su cochecito.

Tardo un minuto en darme cuenta de que la malabarista es Julie, mi paciente. Todavía no la había visto con su peluca rubia, aunque había mencionado la novedad en terapia.

—¿Le parece un disparate? —me preguntó tras plantearse la idea de ser rubia, obligándome así a sostener mi promesa de avisarla si se pasaba de la raya. Me formuló la misma pregunta acerca de contestar al anuncio de un grupo que buscaba cantante, ir a un concurso de la tele y apuntarse a un retiro budista que requería pasar una semana entera en silencio. Todo ello antes de que el medicamento milagroso obrara su magia en los tumores.

He disfrutado viéndola superar la aversión al riesgo que la había acompañado toda la vida. Julie siempre había creído que conseguir la plaza de profesora le proporcionaría libertad, pero ahora estaba saboreando una clase de liberación del todo distinta.

—¿Es demasiado excéntrico? —quería saber antes de abordar un nuevo plan. Estaba ansiosa por desviarse del rumbo esperado, pero no tanto como para perderse. Sin embargo, nada de lo que proponía me sorprendía.

Y entonces, por fin, Julie tuvo una idea que me pilló desprevenida. Me dijo que cierto día, haciendo cola en el Trader's Joe durante aquellas semanas en que creyó tener los días contados, se quedó hipnotizada viendo a los cajeros del supermercado. Su manera de interactuar con los clientes y entre ellos, de entablar conversación sobre las pequeñas cosas cotidianas que en realidad conforman la vida —la comida, el tráfico, el tiempo— le pareció el colmo de la autenticidad. Qué distinto ese empleo del suyo, una ocupación que le encantaba pero que también entrañaba la presión constante de producir y publicar, de posicionarse para seguir ascendiendo. Ahora que su futuro se había acortado tanto, se imaginaba realizando un trabajo cuyos resultados fueran tangibles en el momento; empaquetas provisiones, animas a los clientes, repones artículos. Al final del día, has hecho algo útil y concreto.

Julie decidió que si acaso tenía, pongamos, un año de vida por delante, se presentaría para trabajar de cajera los fines de semana en el Trader's Joe. Era consciente de que estaba idealizando el empleo. Pero, con todo y con eso, deseaba experimentar un sentimiento de significado y comunidad, ser una pequeña parte en la existencia de muchas personas distintas, aunque solo fuera durante el breve instante de cobrarles los alimentos.

—Puede que el Trader Joe's forme parte de mi Holanda —musitó.

A mí no me gustó la idea y guardé silencio un minuto tratando de entender las razones. Tal vez tuviera algo que ver con el dilema al que me enfrenté cuando acepté tratar a Julie. De no haber tenido cáncer, habría intentado ayudarla a explorar esa parte que había reprimido tanto tiempo. Parecía estar destapando aspectos de sí misma que hasta entonces apenas si había dejado respirar.

Sin embargo, si el paciente está muriendo, ¿tiene sentido hacer una terapia al uso o basta con ofrecerle apoyo? ¿Debía tratar a Julie como a una persona sana en el sentido de aspirar a objetivos más ambiciosos o limitarme a sostenerla y no levantar la liebre? Me pregunté si Julie se habría planteado nunca los interrogantes sobre el riesgo, la seguridad y la identidad que dormitaban debajo de su circunspección de no haberse enfrentado al horror de una muerte inminente. Y ahora que lo había hecho, ¿en qué medida debíamos ahondar en ellos?

Esas son las dudas que nos embargan a todos de manera menos radical: ¿cuánto queremos saber? ¿Cuánto es demasiado? Y ¿cuánto es demasiado si estás al borde de la muerte?

La fantasía del Trader Joe's parecía representar alguna clase de huida —igual que un niño diciendo: «¡Me voy a Disneylandia!»— y me pregunté en qué medida esa ilusión guardaba relación con su yo previo al cáncer. Pero, por encima de todo, no tenía nada claro que tuviera fuerzas para un empleo como ese. El tratamiento experimental le provocaba fatiga. Julie necesitaba descansar.

A su marido, me dijo, la idea le parecía una locura.

—Sabes que se te acaba el tiempo y ¿tu sueño es trabajar en el Trader Joe's? —le preguntó.

—¿Por qué lo dices? ¿Qué harías tú si te quedara un año de vida? —replicó ella.

—Trabajaría menos —fue la respuesta de su marido—, no más.

Cuando Julie me relató la reacción de Matt, me percaté de que ninguno de los dos la estaba apoyando, aunque queríamos que Julie fuera feliz. Cierto que había algún que otro inconveniente de tipo práctico pero ¿no estaríamos sintiendo, de algún modo retorcido, cierta envidia de Julie y de su decisión de cumplir su sueño, por excéntrico que fuera? Los psicoterapeutas siempre dicen: si experimentas envidia, síguela; te mostrará lo que deseas. ¿Acaso el despertar de Julie ponía en evidencia el hecho de que nosotros éramos demasiado cobardes como para agarrar por los cuernos nuestra versión del Trader Joe's? ¿Y si pretendíamos, muy en el fondo, que Julie hiciera como nosotros, soñar sin llegar a hacer nada, limitados por nada más que los falsos barrotes de nuestras celdas?

¿O tenía que hablar solamente por mí?

—Además —añadió Matt en el transcurso de su conversación con Julie—, ¿no quieres que pasemos ese tiempo juntos?

Claro que sí, fue la respuesta de ella, pero también quería trabajar en el Trader Joe's y su deseo se convirtió en una especie de obsesión. De modo que presentó una solicitud. El mismo día que descubrió que los tumores habían remitido, le ofrecieron el turno del sábado por la mañana.

Cuando llegó a mi consulta, tras conocer la noticia, Julie buscó el teléfono y reprodujo ambos mensajes, uno de su oncólogo y otro del encargado de Trader Joe's. Su sonrisa no era la de alguien que ha ganado una lotería cualquiera, sino el gran bote de los megamillones.

—He aceptado —me confesó cuando el mensaje del supermercado concluyó.

Me explicó que nadie sabía si los tumores reaparecerían y ella no deseaba añadir nuevos sueños a su lista de cosas pendientes; prefería ir tachando alguno.

—Tienes que poner manos a la obra —añadió—. En caso contrario, la lista es un ejercicio inútil de nostalgia por lo que pudo ser.

Y aquí estoy, en el supermercado, sin saber qué fila escoger. Ya sabía, como es natural, que Julie había entrado a trabajar en la cadena de supermercados, pero no tenía ni idea de que la hubieran contratado en este establecimiento.

Todavía no me ha visto y la observo un rato de lejos; no puedo evitarlo. Toca el timbre para pedir un empaquetador, le tiende a un niño un montón de pegatinas y comparte unas risas con un cliente acerca de algo que no alcanzo a oír. Parece la reina de las cajeras, la fiesta a la que todo el mundo desea asistir. La gente se comporta como si la conociera y ella demuestra una extraordinaria eficiencia, lo que no me sorprende; su cola avanza ligera. Se me saltan las lágrimas y, cuando me quiero dar cuenta, mi hijo grita desde la cola de Julie:

—Mamá, por aquí.

Titubeo. Al fin y al cabo, la joven podría sentirse incómoda por el hecho de toparse con su psicóloga. Y, a decir verdad, es posible que yo sintiera lo propio. Sabe tan poco de mí que aun mostrarle el contenido de mi carro de la compra se me antoja demasiada información. No obstante, por encima de todo, estoy pensando en la tristeza que Julie experimenta, según me ha revelado, cuando ve a los hijos de sus amigas, mientras su marido y ella tratan de encontrar la manera de ser padres. ¿Cómo se sentirá al verme con mi pequeño?

—¡Aquí! —respondo, y le señalo a Zach otra cola.

—¡Pero esta es más corta! —grita, y tiene toda la razón, porque Julie es la más eficiente de todas, maldición. En ese momento ella se vuelve a mirar a mi hijo y sigue la mirada del niño hacia mí.

Pillada.

Sonrío. Sonríe. Echo a andar hacia la otra cola, pero Julie grita:

—¡Eh, señora, escuche al niño! Esta cola es más corta.

Me uno a Zach en la fila de Julie.

Intento no mirarla con demasiada atención mientras aguardamos el turno, pero estoy hipnotizada. Tengo ante mis ojos la materialización de aquella visión que me describió en terapia: literalmente, su sueño hecho realidad. Cuando Zach y yo llegamos a la caja registradora, Julie parlotea con nosotros igual que hace con todos los clientes.

—Cereales Joe's O's —le dice a mi hijo—. Qué buen desayuno.

—Son de mi madre —responde él—. No se ofenda, pero a mí me gustan más los Cheerios.

Julie mira a su alrededor para asegurarse de que nadie la oye, le guiña el ojo con disimulo y susurra:

—No se lo digas a nadie, pero a mí también.

Se pasan el rato comentando las cualidades de las distintas barras de chocolate que ha elegido el niño. Cuando lo tenemos todo en bolsas y nos alejamos, Zach examina las pegatinas que le ha regalado Julie.

—Me cae bien esa señora —observa.

—A mí también.

Solo cuando ha pasado media hora y estoy guardando las cosas en la cocina veo algo garabateado en el recibo de la tarjeta de crédito.

¡Estoy embarazada!, dice.

24

Hola, familia

ANOTACIONES INICIALES, RITA:

La paciente es una mujer divorciada con síntomas de depresión. Expresa remordimientos por lo que considera «malas decisiones» y una vida desaprovechada. Afirma que si las cosas no mejoran en un año, tiene pensado «acabar con todo».

—Tengo algo que enseñarle —anuncia Rita.

En el pasillo que discurre entre la sala de espera y mi consulta, me tiende el móvil. Rita nunca antes me había ofrecido su teléfono y mucho menos empezado a hablar antes de que estuviéramos instaladas en mi despacho con la puerta cerrada, así que el gesto me sorprende. Me anima a echar un vistazo.

En la pantalla veo un perfil de una aplicación de citas llamada Bumble. Rita ha empezado a usarla últimamente, porque, a diferencia de otras apps más orientadas al ligue ocasional, como Tinder (¡repugnante!, fue su comentario), en Bumble solamente las mujeres pueden abrir contacto. Por pura casualidad, mi amiga Jen leyó hace poco un artículo al respecto y me lo reenvió acompañado del mensaje: *Para cuando sea que estés lista.* Le contesté: *Cuando sea no ha llegado todavía.*

Levanto la vista para mirar a Rita.

—¿Y bien? —me pregunta expectante cuando entramos en mi despacho.

—¿Y bien, qué? —respondo a mi vez, devolviéndole el teléfono. Aún no he captado por dónde va.

—¿Y bien, *qué*? —repite con incredulidad—. ¡Es un hombre de ochenta y dos! No soy ninguna chiquilla, pero... ¡por el amor de Dios! Sé perfectamente el aspecto que tiene un octogenario desnudo, porque la imagen me provocó pesadillas durante una semana entera. Lo siento, pero setenta y cinco es mi tope. ¡Y no intente convencerme de lo contrario!

Rita, por cierto, tiene sesenta y nueve años.

Hace unas semanas, tras varios meses animándola sin resultado, Rita decidió probar una aplicación de citas. Al fin y al cabo, no iba a conocer a ningún hombre mayor y soltero en su vida diaria, y menos uno que cumpliera sus requisitos: inteligente, amable, bien situado («no quiero a nadie que ande buscando una enfermera y una cartera») y atlético (alguien que todavía pueda tener una erección cuando haga falta). Podía prescindir del pelo, pero no de los dientes, insistía.

Antes del ochentón, conoció a un caballero de su misma edad que no fue nada caballeroso. Salieron a cenar y, la noche antes del que debía ser el segundo encuentro, Rita le envió un mensaje con la receta y la foto de un plato que él quería probar. *Mmmm,* respondió el hombre. *Tiene una pinta deliciosa.* Rita estaba a punto de contestar cuando le llegó otro *mmmm* seguido de: *Me estás volviendo loco.* Y luego: *Si no paras, no podré aguantar.* Por fin, un minuto más tarde: *Perdona, le estaba explicando a mi hija que me duele mucho la espalda.*

—¡La espalda, y un cuerno, el muy pervertido! —exclamó Rita—. ¡Estaba haciendo vete a saber qué con vete a saber quién y desde luego no hablaba de mi plato de salmón!

No hubo segunda cita y ningún encuentro en absoluto hasta el tipo de ochenta.

Rita acudió a mi consulta a comienzos de la primavera. En la primera sesión estaba tan deprimida que, cuando me explicó su situación, tuve la sensación de que me estaba leyendo una esquela. El final ya estaba escrito y la vida de Rita, creía ella, era una tragedia. Divorciada tres veces y madre de cuatro adultos problemáticos (a causa de su pésima maternidad, me explicó), sin nietos y sola en el mundo, jubilada de un empleo que nunca le gustó, Rita no veía motivos para levantarse por las mañanas.

Su lista de errores era larga: escoger a los maridos equivocados, no ser capaz de colocar las necesidades de sus hijos por delante de las propias (incluido el hecho de no protegerlos de un padre alcohólico), no usar sus capacidades para realizarse profesionalmente, no esforzarse en la juventud por crear una tribu. Se había protegido detrás de la negación mientras le funcionó. De un tiempo a esta parte, la estrategia había perdido eficacia. Ni siquiera le apetecía pintar, la única actividad que disfrutaba y en la que destacaba.

Ahora que los setenta estaban a la vuelta de la esquina, había acordado consigo que si su vida no había mejorado para entonces, la abandonaría.

—Temo que sea demasiado tarde para buscar ayuda —concluyó—, pero quiero probar, para estar segura.

Sin presiones, pensé. Si bien los pensamientos suicidas —conocidos como «ideación suicida»— son frecuentes en las depresiones, la mayoría de la gente responde al tratamiento y nunca lleva a la práctica esos impulsos destructivos. De hecho, el riesgo de suicidio se incrementa cuando el paciente empieza a mejorar. Durante un breve lapso de tiempo, ya no están tan deprimidos como para que alimentarse o vestirse se les antoje un esfuerzo monumental, pero todavía sufren tanto como para querer acabar con todo; una peligrosa mezcla de angustia residual y energía recién adquirida. Sin embargo, una vez que la depresión desaparece y los pensamientos suicidas remiten, se abre una nueva ventana. Es entonces cuando la persona adquiere la capacidad de realizar cambios que mejoran significativamente su vida a largo plazo.

Cuando aparece el tema de poner fin a la propia vida —bien porque lo menciona el paciente, bien porque lo hace el psicoterapeuta (sacarlo a colación no «siembra» la idea en la mente de nadie, como algunas personas sospechan), el psicólogo tiene que valorar la situación. ¿El paciente ha ideado un plan concreto? ¿Cuenta con los medios para ponerlo en práctica (una pistola en la casa, el cónyuge ausente)? ¿Lo ha intentado con anterioridad? ¿Concurren factores de riesgo (falta de apoyo social o género, por cuanto los hombres cometen suicidio en una proporción tres veces mayor que las mujeres)? A menudo las personas hablan de suicidio no porque quieran morir sino porque no desean seguir sufriendo. Si supieran cómo librarse de la angustia, ni se plantearían la posibilidad de la muerte. Hacemos la valoración más exacta que podemos y, siempre y cuando no haya peligro inminente, controlamos la situación de cerca y trabajamos la depresión. Ahora bien, si la persona está decidida, se deben tomar de inmediato una serie de medidas.

Rita afirmaba que estaba dispuesta a poner fin a su vida, pero había dejado muy claro que esperaría un año y no haría nada antes de cumplir los setenta. Quería cambiar, no morir;

dada su situación, ya estaba muerta por dentro. De momento, el suicidio no me preocupaba.

Sí me inquietaba en cambio la edad de Rita.

Me avergüenza reconocerlo, pero al principio me preocupaba estar de acuerdo en secreto con la sombría percepción de Rita. Quizás fuera demasiado tarde para ayudarla o cuando menos para brindarle el tipo de ayuda que buscaba. En teoría, el psicoterapeuta debe sostener la esperanza que el depresivo todavía no atisba y yo no veía demasiadas perspectivas en su caso. Por lo general, vislumbro posibilidades porque los individuos deprimidos casi siempre tienen algo que los ata a la vida: un empleo que los obliga a levantarse por las mañanas (aunque no sea el trabajo de sus sueños), una red de amigos (un par de personas con las que charlar) o contacto con miembros de la familia (problemático, pero ahí está). Vivir con los hijos, una mascota a la que le tienes cariño o una fe religiosa también te protege contra el suicidio.

No obstante, por encima de todo, las personas deprimidas con las que yo trabajaba eran más jóvenes. Más maleables. Por más que les desalentase el panorama ahora mismo, tenían tiempo de cambiar el rumbo y crear cosas nuevas.

Rita, en cambio, parecía la moraleja de una fábula personificada: una anciana sola en el mundo, sin perspectivas de futuro y arrepentida hasta la médula. Según su relato, nadie la había amado de verdad. Hija única de unos padres mayores y distantes, les había fallado a sus propios hijos hasta tal punto que ninguno de ellos quería contacto con ella y no tenía amigos, parientes ni vida social. Su padre llevaba décadas muerto y su madre falleció a los noventa tras largos años enferma de Alzheimer.

Me miró a los ojos y me plateó un desafío. Siendo realistas, me preguntó, ¿qué podía cambiar a estas alturas?

Cosa de un año antes, recibí una llamada de un reputado psiquiatra de setenta y muchos años. Me preguntó si podía hablar con una paciente suya, una mujer de poco más de treinta que se estaba planteando congelar sus óvulos mientras seguía buscando pareja. El psiquiatra pensaba que a la paciente le vendría bien hablar conmigo, por cuanto él no sabía gran cosa, dijo, de lo que implica para una mujer relativamente joven buscar pareja y tener hijos en el mundo actual. Ahora entendía cómo se sentía el psiquiatra cuando me llamó. Yo tampoco estaba segura de entender en profundidad lo que implica envejecer hoy día.

Durante la formación me habían hablado de los grandes desafíos que afrontan las personas de la tercera edad. Sin embargo, este grupo poblacional recibe poca atención en cuestión de salud mental. Para algunos, la psicoterapia es un concepto extraño, como el TiVo, y además crecieron creyendo que uno tenía que arreglar sus cosas por sí mismo (fueran cuales fuesen esas «cosas»). Otros, que subsisten con una pensión exigua y buscan ayuda en la asistencia social, no se sienten cómodos con los internos de veinte años que suelen atenderlos y lo dejan al poco tiempo. Algunos ancianos dan por supuesto que sus sentimientos forman parte del proceso de envejecimiento y no se dan cuenta de que un tratamiento los podría ayudar. La consecuencia de todo ello es que pocas personas de la tercera edad acuden a terapia.

Al mismo tiempo, la vejez constituye hoy una parte de la vida más larga que en el pasado. A diferencia de los sesentones de generaciones previas, los sexagenarios de hoy están en plenas facultades en cuanto a capacidades, conocimientos y experiencia, pero son desplazados por profesionales más jóvenes. La expectativa de vida media en los Estados Unidos ronda los ochenta años y es frecuente alcanzar los noventa. Así pues, ¿qué pasa con esas identidades de sesenta durante las décadas que aún tienen por delante? La vejez entraña una larga serie de pérdidas en potencia: salud, familia, amigos, trabajo y sentido existencial.

Rita, por otro lado, no sufría un sentimiento de pérdida a consecuencia de la edad. En vez de eso, estaba adquiriendo conciencia de la cantidad de carencias que había acumulado a lo largo de su vida. Allí estaba, buscando una segunda oportunidad, una oportunidad a la que únicamente le concedía un año para materializarse. Tal como ella lo veía, había perdido tanto que ya no tenía nada que perder.

En eso le daba la razón... en parte. Todavía podía perder la salud y la belleza. Alta y delgada, con grandes ojos verdes, pómulos marcados y una abundante melena pelirroja apenas surcada de vetas grises, Rita disfrutaba de la fortuna genética de conservar el aspecto de una persona de cuarenta. (Estaba tan aterrada ante la idea de vivir tanto como su madre y agotar el plan de pensiones que se negaba a pagar por lo que llamaba «lujos modernos », su eufemismo para el bótox.) También acudía a clases de gimnasia en la asociación cristiana cada mañana «por tener un motivo para levantarme de la cama». Su médico, que me la había enviado, decía que Rita era «la persona con la salud más envidiable que he conocido en mi vida».

No obstante, en cualquier otro aspecto, Rita parecía muerta, inerme. Incluso sus movimientos irradiaban apatía, como su manera de encaminarse al sofá a cámara lenta, un signo de depresión conocido como «inhibición psicomotora». (Esta dificultad para coordinar el cerebro y el cuerpo podría explicar igualmente por qué yo no era capaz de atrapar al vuelo la caja de pañuelos de Wendell.)

A menudo, cuando doy comienzo a una terapia, les pido a los pacientes que relaten las últimas veinticuatro horas con el máximo detalle posible. De eso modo me puedo hacer una idea de cuál es su situación actual: nivel de integración y sentido de pertenencia, personas con las que se relacionan, responsabilidades y factores de estrés, estabilidad o inestabilidad de sus relaciones y a qué dedican el tiempo. Parece ser que la mayoría de nosotros no somos conscientes de cómo pasamos el tiempo en realidad. Ni de las cosas que hacemos a lo largo de la jornada hasta que la dividimos en horas y verbalizamos nuestras actividades.

Los días de Rita transcurrían del modo siguiente: se levantaba temprano (la menopausia le había arruinado el sueño) y se dirigía en coche a la asociación cristiana. Volvía a casa, desayunaba viendo *Good Morning America*. Pintaba o se echaba una siesta. Comía leyendo el periódico. Pintura o siesta. Calentaba un plato congelado para cenar («es demasiado lío cocinar para uno»), se sentaba en la escalera de su edificio («me gusta mirar a los bebés y a los perros cuando los sacan a pasear al atardecer»), miraba «telebasura», se quedaba dormida.

Por lo que parecía, Rita apenas si tenía contacto con otros seres humanos. Pasaba días enteros sin hablar con nadie. Ahora bien, lo que más me chocó de su vida no fue tanto que estuviera tan sola, sino su capacidad para evocar en mí la idea de la muerte con cada cosa que decía o hacía. Como escribió Andrew Solomon en *El demonio de la depresión*, «lo contrario de la depresión no es la felicidad sino la vitalidad».

Vitalidad. Sí, Rita llevaba toda la vida deprimida y arrastraba una historia complicada, pero yo no tenía claro si debía iniciar el tratamiento centrándonos en su pasado. Aun si no se hubiera marcado una fecha límite, había otro plazo que ninguno podemos cambiar: la mortalidad. Igual que me sucedía con Julie, dudé acerca del objetivo del tratamiento. ¿Necesitaba sencillamente alguien con quien hablar, para encontrar alivio al dolor y a la soledad, o estaba dispuesta a entender de qué modo había contribuido ella a la situación? Era la misma cuestión con la que yo me debatía en la consulta de Wendell: ¿qué debía aceptar y que debía cambiar en mi propia vida? Sin embargo, yo era dos décadas más joven que Rita. ¿Aún estaba a tiempo ella para redimirse o era demasiado tarde? ¿En algún momento es demasiado tarde para eso? ¿Y qué grado de malestar emocional estaba dispuesta a soportar para averiguarlo? Pensé que el arrepentimiento te puede conducir a dos sitios: o bien te encadena al pasado o te sirve de motor para el cambio.

Rita pretendía haber transformado su vida para cuando cumpliera setenta años. En lugar de escarbar en las siete décadas pasadas, pensé, tendríamos que empezar por inyectar un poco de vitalidad a su existencia... ahora.

—¿Compañía? —exclama Rita cuando le digo que no intentaré disuadirla de que busque compañía entre hombres menores de setenta y cinco—. Ay, cariño, no sea ingenua, por favor. Quiero algo más que compañía. Todavía no estoy muerta. Incluso yo sé pedir alguna cosita por internet en la intimidad de mi apartamento.

Tardo un momento en atar cabos. *¿Compra vibradores? ¡Bien por ella!*

—¿Sabe —añade Rita— cuánto tiempo hace que nadie me acaricia?

Rita pasa a describir hasta qué punto la desanima el mercado de las citas; y, como mínimo en ese aspecto, no está sola. Es la frase que más a menudo repiten mis amigas solteras: *buscar pareja es un asco.*

Por otro lado, en el matrimonio tampoco le ha ido mucho mejor. Conoció al que sería su primer marido a los veinte años, ansiosa por escapar de un hogar deprimente. Se desplazaba a la universidad cada día y pasaba de «morirse de aburrimiento y silencio» a «un mundo de gente e ideas interesantes». Pero se vio obligada a compaginar el trabajo con los estudios y, mientras tecleaba la soporífera correspondencia en una inmobiliaria, añoraba esa vida social que tanto la animaba.

Y entonces apareció Richard en escena, un estudiante de último curso encantador y sofisticado con el que mantenía conversaciones profundas y que la llevó en volandas a la existencia que ansiaba… hasta que nació su primer hijo, dos años más tarde. Fue entonces cuando Richard empezó a trabajar hasta las tantas y a beber; pronto Rita estaba igual de sola y aburrida que en su hogar de infancia. Después de cuatro hijos, incontables peleas y demasiadas borracheras durante las cuales su marido los golpeaba a ella y a sus hijos, Rita decidió marcharse.

¿Cómo? ¿Qué podía hacer? Había dejado la universidad. ¿Cómo pagaría sus gastos y los de sus hijos? Con Richard, los niños tenían ropa, comida, buenos colegios y amigos. ¿Qué les podía ofrecer ella, estando sola? En muchos aspectos, se sentía como una niña indefensa. Al cabo de poco tiempo, Richard no era el único que bebía.

Solo cuando la sangre estuvo a punto de llegar al río, Rita reunió el valor para marcharse, pero para entonces sus hijos ya eran adolescentes y la familia estaba destrozada.

Se casó con su segundo marido cinco años más tarde. Edward era la cara opuesta de Richard, un viudo amable y considerado que acababa de perder a su esposa. Tras divorciarse a los treinta y cinco, Rita había retomado su tediosa profesión de secretaria (su única habilidad rentable, aparte de la inteligencia y el talento artístico). Edward era un cliente de la agencia de seguros en la que trabajaba. Se casaron seis meses después de conocerse, pero el hombre todavía estaba en duelo por la muerte de su mujer y Rita tenía celos de su amor por la difunta. Discutían sin parar. El matrimonio duró dos años antes de que Edward la enviara a paseo. Su tercer marido dejó a su esposa por ella y luego, cinco años más tarde, abandonó a Rita por otra mujer.

Cada vez que se quedaba sola, se sumía en un estupor paralizante, pero a mí la historia de Rita no me sorprendía. Nos casamos con nuestros asuntos por resolver.

A lo largo de la década siguiente, Rita prescindió de buscar pareja. Tampoco tenía demasiadas oportunidades de conocer a nadie, atrincherada en su piso y haciendo aerobic en la asociación católica. Y luego presenció la cruda realidad de un cuerpo octogenario, marchito y fláccido comparado con el de su último marido, que solo tenía cincuenta y cinco años cuando se divorciaron. Rita conoció al Señor Colgajos, como ella lo llamaba, a través de una aplicación de citas y «como quería que alguien me tocara —explicó— pensé que por probar no perdía nada». El hombre parecía joven para su edad, explicó («más bien de setenta») y era guapo; vestido, claro está.

Después de mantener relaciones, me relató, él quería que se hicieran arrumacos, pero Rita huyó al cuarto de baño, donde encontró «una farmacia entera de medicamentos», incluida viagra. Ante una escena que le pareció «vomitiva» (a Rita muchas cosas se le antojaban vomitivas), esperó a que el hombre se durmiera (sus ronquidos eran tan vomitivos como su orgasmo) y cogió un taxi para volver a casa.

—Nunca más —me jura ahora.

Intento imaginar la sensación de acostarse con un hombre de ochenta años y me pregunto si por lo general los ancianos se desinflan al ver el cuerpo de sus parejas. ¿Resulta impactante tan solo para aquellos que no han visto nunca un cuerpo envejecido? ¿Es más sencillo prescindir de ese factor para las personas que llevan juntas cincuenta años, porque se han ido acostumbrando a los cambios?

Recuerdo haber leído una historia en internet. Pidieron a un matrimonio de ancianos casados desde hacía más de sesenta años consejos para un matrimonio feliz. Tras las típicas recomendaciones sobre comunicación y compromiso, el marido añadió que el sexo oral todavía formaba parte de su repertorio. Como es natural, el asunto corrió como la pólvora en la red y buena parte de los comentarios expresaban repugnancia. Habida cuenta de las reacciones tan viscerales que provocan en el público los cuerpos envejecidos, no me extraña que los ancianos anden faltos de caricias.

Ahora bien, el contacto físico constituye una importante necesidad humana. Está documentado que la caricias son esenciales para el bienestar a lo largo de toda la vida. Los abrazos reducen la presión arterial y los niveles de estrés, mejoran el humor y el sistema inmunológico. Los recién nacidos pueden morir por falta de contacto y también los adultos (las personas que reciben abrazos y caricias con regularidad viven más tiempo). Incluso se ha acuñado un término para definir esta afección: hambre de piel.

Rita me dice que derrocha en pedicura no porque quiera pintarse las uñas de los pies (¿quién las va a ver?), sino porque una mujer llamada Connie es el único ser humano que la toca. Connie lleva años haciéndole los pies y no habla ni una palabra de inglés. Pero sus masajes, dice Rita, son la gloria.

Cuando se divorció por tercera vez, Rita no sabía cómo podría vivir ni una semana sin caricias. Estaba frenética, me confiesa. Pero pasó un mes. Y luego los años se transformaron en décadas. No le gusta gastar dinero en una pedicura que nadie va a ver, pero no tiene más remedio. Considera el arreglo de los pies una necesidad, porque se volvería loca si careciera de contacto humano por completo.

—Es como pagarle a una prostituta —dice Rita.

Igual que hace John conmigo, pienso. *Soy su fulana emocional.*

—El caso es —está diciendo Rita ahora en relación con el octogenario— que pensé que me sentiría bien. Quería volver a sentir las caricias de un hombre, pero me parece que seguiré con la pedicura.

Le digo que las opciones no se limitan a Connie o al ochentón, pero Rita me mira con sorna y sé lo que está pensando.

—Yo no sé a quién conocerá —le concedo—, pero es posible obtener caricias, físicas y emocionales, de alguien que le guste, y que el sentimiento sea mutuo. Puede que la acaricien de un modo totalmente nuevo, más satisfactorio que en sus relaciones anteriores.

Estoy esperando que haga chasquear la lengua con impaciencia, el equivalente para Rita a poner los ojos en blanco, pero guarda silencio y las lágrimas inundan sus ojos verdes.

—Deje que le cuente una historia —me pide al tiempo que rescata un pañuelo usado y arrugado de las profundidades del bolso, aunque tiene una caja nueva en la mesita auxiliar—. En el piso de enfrente al mío vive una familia —empieza—. Aparecieron hará cosa de un año. Acaban de mudarse a la ciudad y están ahorrando para una casa. Tienen dos hijas pequeñas. El marido trabaja desde casa y juega con las niñas en el patio. Se las sube a hombros, las pasea a caballito y juegan a la pelota. Todo lo que yo nunca tuve.

Busca más pañuelos en el bolso, no encuentra ninguno y se enjuga los ojos con el que acaba de usar para sonarse. Siempre me pregunto por qué no coge un pañuelo de la caja que tiene a pocos centímetros de distancia.

—En fin —continúa—. Cada día, alrededor de las cinco, la madre llega a casa. Y siempre sucede lo mismo.

Rita no puede seguir hablando. Descansa. Vuelve a sonarse y a enjugarse los ojos. *¡Coge un maldito pañuelo!*, quiero gritarle. Esta sufrida mujer, a la que nadie habla ni acaricia, ni siquiera se concede permiso para usar un pañuelo limpio. Rita estruja lo que queda de esa bola de mocos, se seca los ojos y respira.

—Cada día —prosigue—, la madre abre la puerta principal y grita: «¡Hola, familia!». Así los saluda: «¡Hola, familia!».

Se le quiebra la voz y tarda un minuto en recuperar la compostura. Las niñas, explica Rita, acuden corriendo, chillando de alegría, y el marido la besa con emoción. Rita me dice que observa todo eso a través de la mirilla, que ha agrandado en secreto para poder espiar. («No me juzgue», me pide.)

—¿Y sabe cómo reacciono yo? —pregunta—. Ya sé que es la actitud menos generosa del mundo, pero me rechinan los dientes de rabia. A mí nadie me ha dicho nunca: «¡Hola, familia!».

Trato de imaginar la clase de familia que Rita podría crear a estas alturas de su historia; quizás con una pareja o recuperando el contacto con alguno de sus hijos adultos. Pero me pregunto asimismo por otras posibilidades: cómo podría encauzar su pasión por el arte o forjar nuevas amistades. Pienso en el abandono que experimentó de niña y en el trauma que sufrieron sus propios hijos. Hasta qué punto deben de sentirse todos estafados y resentidos, incapaces de ver lo que tienen delante y la clase de vida que todavía podrían construir. Y comprendo que yo, durante un tiempo, tampoco he sido capaz de visualizar nada de eso para Rita.

Me acerco a la caja de pañuelos, se la tiendo a Rita y me siento a su lado en el sofá.

—Gracias —dice—. ¿De dónde han salido?

—Siempre han estado ahí —es mi respuesta. Pero ella, en lugar de coger un pañuelo limpio, sigue enjugándose la cara con su bola de mocos.

En el coche, de camino a casa, llamo a Jen. Ella debe de estar conduciendo también.

Cuando responde, le digo:

—Por favor, prométeme que no seguiré buscando pareja cuando me jubile.

Se ríe.

—No lo sé. Puede que sea yo la que esté buscando pareja cuando me retire. Antes la gente tiraba la toalla cuando el cónyuge moría. Ahora se dedican a ligar. —Oigo el bramido del claxon antes de que prosiga—: Y hay muchos divorciados ahí fuera.

—¿Insinúas que tienes problemas conyugales?

—Sí.

—¿Ya se está tirando pedos otra vez?

—Sí.

Es una broma recurrente entre ellos. Jen amenaza a su marido con cambiarse de habitación si sigue comiendo productos lácteos, pero a él le encanta el queso y a ella le encanta él, así que nunca lo hace.

Entro en el aparcamiento y le digo a Jen que tengo que dejarla. Aparco el coche y abro la puerta principal de casa, donde me espera mi pequeño con su canguro, César. En teoría, César trabaja para nosotros, pero en realidad es más bien un hermano mayor para Zach y un segundo hijo para mí. Mantenemos una relación estrecha con sus padres, sus hermanos y su multitud de primos, y lo he visto crecer hasta convertirse en el estudiante universitario que es ahora, todo el tiempo al cuidado de mi hijo, que se hacía mayor también.

Abro la puerta y grito:

—¡Hola, familia!

Zach responde desde su cuarto:

—¡Hola, mamá!

César se retira un auricular del oído y grita desde la cocina, donde prepara la cena.

—¡Eh!

Nadie corre emocionado a darme la bienvenida, nadie grita deleitado, pero yo no me siento en desventaja como Rita sino todo lo contrario. Me encamino a mi cuarto para enfundarme unos pantalones cómodos y, cuando vuelvo a salir, todos empezamos a hablar a un tiempo, compartiendo las noticias del día, bromeando, compitiendo por tomar la palabra, colocando platos y sirviendo las bebidas. Los chicos discuten quién pone la mesa y luego corren a servirse la porción más grande. *¡Hola, familia!*

Una vez le dije a Wendell que se me da fatal tomar decisiones, que a menudo lo que creo querer no progresa como yo esperaba. Sin embargo, hay dos excepciones notables, y las dos resultaron ser las mejores decisiones de mi vida. En ambos casos, tenía casi cuarenta años.

Una fue la decisión de tener un hijo.

La otra, la de estudiar psicología.

25

El repartidor de UPS

E l año que nació Zach, empecé a exhibir conductas inapropiadas hacia el repartidor de UPS.

No digo que intentara seducirlo (es difícil mostrarse insinuante con manchas de leche en la camiseta). Me refiero a que cada vez que me traía un paquete (algo que sucedía con frecuencia, por cuanto necesitaba un montón de productos de bebé) intentaba darle conversación, sencillamente porque ansiaba compañía adulta. Lo obligaba a hablar del tiempo, de las noticias o incluso del peso del paquete («¡hala, cuánto pesan los pañales!; ¿tú tienes hijos?»), mientras el repartidor de UPS forzaba una sonrisa y retrocedía sin demasiado disimulo a la seguridad de su furgoneta.

En aquella época me ganaba la vida escribiendo en casa. Eso significa que me pasaba todo el día en pijama, bien delante del ordenador, bien dando el pecho, cambiando, meciendo o interactuando de uno u otro modo con un adorable pero exigente ser humano de cuatro kilos y medio, con un talento especial para gritar como una banshee. Básicamente, me relacionaba con lo que llamaba, en mis peores momentos, «un tracto gastrointestinal con pulmones». Antes de tener un hijo, adoraba la libertad que supone no tener un horario de oficina. Ahora ansiaba vestirme a diario y estar en compañía de adultos capaces de articular una frase.

En mitad de esta tormenta perfecta de aislamiento y brusca caída de estrógenos, empecé a preguntarme si habría cometido un error al dejar la facultad de Medicina. El periodismo me gustaba; cubría cientos de temas para montones de publicaciones distintas y todos los artículos giraban en torno a un tema común que me apasionaba: la psique humana. No quería dejar de escribir, pero ahora, despierta en mitad de la noche y apestando a leche regurgitada, reconsideré la posibilidad de compaginar dos oficios. Si estudiaba psiquiatría, discurrí, podría interactuar con la gente de manera significativa, ayudarlos a ser más felices, pero también disfrutaría de la flexibilidad necesaria para escribir y pasar tiempo con mi familia.

Medité la idea durante unas cuantas semanas, hasta que una mañana de primavera llamé a la decana de Stanford y le planteé mi plan. Reconocida investigadora, la decana era asimismo una especie de monitora de campamentos en versión profesora de medicina. Yo había dirigido su grupo de lectura para madres e hijas cuando estudiaba allí y la conocía bien. Estaba segura de que, cuando le explicara la lógica de mi decisión, apoyaría el plan.

En vez de eso, me preguntó:

—¿Y por qué ibas a hacer algo así?

Y luego añadió:

—Además, los psiquiatras no hacen felices a nadie.

Recordé un viejo chiste de la facultad de Medicina: «Los psiquiatras no hacen felices a nadie... ¡los medicamentos sí!». De vuelta al mundo real, entendí a qué se refería. No lo decía porque no respetase a los psiquiatras, sino porque la psiquiatría actual se centra más en los matices de la medicación y los neurotransmisores que en las sutilidades de las historias vitales; ella lo sabía y yo también.

De todos modos, me preguntó, ¿de verdad estaba dispuesta a completar los tres años de residencia teniendo un bebé? ¿No quería pasar tiempo con mi hijo antes de llevarlo a la escuela infantil? ¿Acaso no recordaba haberle expuesto mi deseo, cuando todavía estudiaba Medicina, de entablar una relación más profunda con los pacientes de la que permitía la medicina actual?

Y entonces —en el preciso instante en que imaginé a la decana negando con la cabeza al otro lado del teléfono, justo cuando deseé poder retroceder en el tiempo para borrar la conversación— dijo algo que cambió el curso de mi vida.

—Deberías especializarte en psicología clínica.

Si escogía ese camino, dijo, podría trabajar con los pacientes tal y como siempre había soñado: las visitas serían de cincuenta minutos, no de quince, y entablaría relaciones profundas a largo plazo.

Me entraron escalofríos. La gente usa esa expresión de manera figurada, pero yo los noté de verdad, con la piel de gallina incluida. No me podía creer hasta qué punto la decana había dado en el clavo, como si el sentido de mi vida acabara de revelarse ante mí. Ejerciendo el periodismo, pensé, narraba historias de personas, pero no podía transformar sus vidas. Como psicóloga, podría mejorarlas. Y al compaginar ambos oficios, disfrutaría de la combinación perfecta.

—Ser psicólogo clínico requiere una mezcla de capacidades cognitivas y creativas —prosiguió la decana—. Fusionarlas es todo un arte. No se me ocurre un modo mejor de conjugar tus talentos e intereses.

Poco después de esa conversación, me senté en una sala e hice el examen GRE, que es el equivalente a las pruebas de acceso universitario para los cursos de posgrado. Me matriculé en la universidad de mi zona y, a lo largo de los años siguientes, cursé los estudios de psicología. Y seguí escribiendo, escuchando historias y compartiéndolas, al mismo tiempo que aprendía a ayudar a la gente a mejorar su vida y transformaba la mía en el proceso.

En esa época, mi hijo empezó a andar, luego a hablar, y las entregas del repartidor de UPS evolucionaron de los pañales a los Lego.

—¡Oh, el jedi starfighter! —le decía—. ¿Eres fan de *La guerra de las galaxias*?

Y cuando por fin estaba a punto de graduarme, compartí la noticia con él.

Por primera vez, no trató de salir corriendo hacia su furgoneta. En vez de eso, se inclinó hacia mí y me abrazó.

—¡Felicidades! —exclamó, con los brazos en torno a mi espalda—. Hala, ¿has llegado tan lejos teniendo un niño pequeño? Estoy orgulloso de ti.

Me quedé allí plantada, sorprendida y conmovida, abrazada a mi chico de UPS. Cuando por fin me soltó, me dijo que él también tenía una buena noticia: ya no cubriría mi ruta. Igual que yo, había decidido volver a estudiar. Y para ahorrarse el alquiler tenía que trasladarse a casa de sus padres, que vivían a unas horas de distancia. Quería ser contratista.

—¡Felicidades! —le dije, y le eché los brazos al cuello—. Yo también estoy muy orgullosa de ti.

Vista desde fuera, la escena debía de parecer un tanto extraña. («¡Menuda entrega!», imaginaba murmurando a los vecinos), pero seguimos abrazados un rato que se me antojó muy largo, los dos encantados con nuestros logros.

—Me llamo Sam, por cierto —me dijo, cuando nos separamos.

—Yo me llamo Lori, por cierto —respondí. Él siempre me llamaba «señora».

—Ya lo sé —señaló con la barbilla el paquete con mi nombre en la etiqueta.

Ambos reímos con ganas.

—Bueno, Sam, te enviaré buenas vibraciones —le prometí.

—Gracias —sonrió él—. Las voy a necesitar.

Negué con un movimiento de la cabeza.

—Tengo el presentimiento de que las cosas te irán bien, pero te las enviaré de todos modos.

Tras eso, Sam me pidió que firmara por última vez y se marchó. Desde el asiento del conductor, mientras arrancaba su gran furgoneta marrón, me hizo un gesto de ánimo con los pulgares.

Un par de años más tarde, recibí una tarjeta de visita de Sam. *Guardé tu dirección*, había escrito en un papel autoadhesivo, ahora pegado a la tarjeta. Si tienes algún amigo que necesite mis servicios, te agradeceré que les pases mi contacto. En aquel entonces, todavía estaba haciendo el internado y guardé la tarjeta en el cajón para más adelante. Sabía perfectamente cuándo lo llamaría.

¿Las estanterías de mi despacho?

Las construyó Sam.

26

Encuentros incómodos

Al principio de nuestra relación, Novio y yo hacíamos cola en una tienda de yogur helado cuando entró uno de mis pacientes.

—¡Vaya, hola! —me saludó Keisha, y se situó detrás de nosotros—. Qué raro verla aquí. —Se volvió a la derecha—. Este es Luke.

Luke, que rondaría los treinta y era tan atractivo como Keisha, sonrió y me estrechó la mano. Aunque nunca nos habíamos visto, yo sabía muy bien quién era. Estaba al corriente de que Luke, el novio de Keisha, acababa de engañarla con otra y que ella se dio cuenta porque fue incapaz de tener una erección cuando se acostó con ella. Cada vez que la traicionaba, sucedía lo mismo. («El sentimiento de culpa —me comentó ella una vez— le afecta al pene.»)

También sabía que Keisha se estaba preparando para dejarlo. Había entendido por qué se sintió atraída por él al conocerlo y quería escoger a un hombre en el que pudiera confiar, desde la conciencia. En la última sesión me confió que planeaba romper el fin de semana. Estábamos a sábado. ¿Había cambiado de idea, me pregunté, o tenía pensado comunicarle su decisión el domingo, para tener el día siguiente ocupado y no flaquear en su decisión? Me había contado que tenía intención de decírselo en un lugar público. De ese modo se aseguraba de que no le montara una escena y suplicara que siguiera con él, como hizo cuando mantuvieron la conversación en el apartamento de ella, en dos ocasiones. Keisha no quería transigir de nuevo solamente porque él le dijera lo que deseaba oír.

En la cola de los yogures, Novio aguardaba expectante, esperando ser presentado. Yo todavía no le había explicado que, si me topaba con algún paciente fuera del gabinete, no daba muestras de conocerlo a menos que este lo hiciera en primer lugar, con el fin de proteger su intimidad. Se podría haber creado una situación tensa si yo, por ejemplo, saludaba a un paciente y su acompañante preguntaba: «¿quién es?», ante lo cual el otro tendría que responder con una evasiva o explicárselo allí mismo. ¿Y si me dirigía a un paciente que iba a acompañado de un compañero de trabajo, de su jefe o de un nuevo ligue?

Aun en el caso de que ellos me saludaran, yo no los presentaba a mis acompañantes. Eso habría sido romper el acuerdo de confidencialidad, a menos que mintiese cuando me preguntaran de qué conocía a esa persona.

Así que Novio me estaba mirando, Luke lo observaba a él y Keisha lanzaba ojeadas discretas a mi mano, que Novio sostenía.

Yo ya me había encontrado a otro paciente estando con Novio, sin que él lo supiera. Unos días antes, el marido de una pareja con la que estaba trabajando se cruzó con nosotros en la calle. Sin pararse, me saludó, yo le respondí y ambos seguimos caminando en direcciones opuestas.

«¿Quién era?», preguntó Novio.

«Ah, un conocido del trabajo», respondí con indiferencia, aunque conocía mejor sus fantasías sexuales que las de mi propia pareja.

El sábado por la noche, en la tienda de yogur helado, sonreí a Keisha y a Luke y luego me di media vuelta para situarme de cara al mostrador. La cola era larga. Novio captó la indirecta y se puso a charlar sobre los distintos sabores del yogur, mientras yo intentaba desconectar de la voz de Luke, que comentaba emocionado con Keisha distintos planes para las vacaciones. Él intentaba fijar fechas, ella respondía con evasivas y Luke le preguntó si prefería dejarlo para el mes siguiente. Por fin Keisha sugirió que lo hablaran más tarde y cambió de tema.

A mí me reconcomía la vergüenza ajena, por los dos.

Cuando Novio y yo compramos los yogures, lo llevé a una mesa apartada, junto a la salida, y me senté de espaldas a la concurrencia, para que tanto Keisha como yo pudiéramos disfrutar de cierta intimidad.

Unos minutos más tarde, Luke salió disparado pasando junto a nuestra mesa, seguido de su novia. A través del escaparate, la vi disculparse por gestos, pero Luke montó en su coche y arrancó, casi atropellando a Keisha.

Novio sumó dos y dos.

—Ahora entiendo de qué la conoces.

Bromeó diciendo que salir con una psicóloga se parecía a ser pareja de una agente de la CIA.

Yo me reí y respondí que ser psicóloga a veces se parecía más bien a tener una aventura con todos tus pacientes, pasados y presentes, al mismo tiempo. Siempre estamos fingiendo no conocer a personas de las que tanto sabemos.

Sin embargo, a menudo somos los terapeutas los que nos sentimos incómodos cuando nuestros mundos chocan. Al fin y al cabo, poseemos información sobrada de la vida real de las personas que acuden a consulta. Son ellos los que no saben nada de la nuestra. Fuera del gabinete, somos como celebridades de serie Z, en el sentido que casi nadie nos reconoce pero, para aquellos que lo hacen, un solo encuentro resulta significativo.

He aquí algunas de las cosas que un psicólogo clínico no puede hacer en público: llorar con un amigo en un restaurante, discutir con el cónyuge, pulsar el botón del ascensor una y otra vez como si fuera una bomba de morfina. Si tienes prisa de camino al despacho, no puedes tocar el claxon para meter prisa al conductor del coche que te está bloqueando el paso, por si un paciente te ve (o el conductor es tu paciente).

Si eres una reputada psicóloga infantil, como una colega mía, no querrás estar en la cola de la panadería cuando tu hijo de cuatro años tenga un berrinche porque no le das otra galleta y, para colmo, la pataleta termine con la ensordecedora constatación: «ERES LA PEOR MAMÁ DEL MUNDO», sobre todo si un niño de seis años con el que trabajas y su madre te están observando estupefactos. Ni tampoco te hará ninguna gracia, como me pasó a mí, encontrarte a una antigua paciente en la sección de ropa interior de unos grandes almacenes justo cuando la dependienta regresa anunciando a voz en cuello: «¡Buenas noticias, señora! He encontrado un Miracle Bra en la talla noventa A!».

Cuando vas al baño entre sesiones, es preferible evitar la cabina contigua a la de tu próxima visita, en particular si alguna de los dos está soltando algo apestoso. Y si vas a la farmacia que hay enfrente de tu gabinete de psicoterapia, no te apetece nada que te vean en el pasillo comprando preservativos, tampones, laxantes, pañales para adultos, cremas para infecciones por hongos o para hemorroides o recetas para ETS o trastornos mentales.

Cierto día que me sentía débil y griposa, bajé a la farmacia de enfrente a recoger una medicación. La farmacéutica me tendió lo que, en teoría, habría debido ser un antibiótico, pero que en realidad era un antidepresivo, descubrí al mirar la etiqueta. Unas semanas antes, una reumatóloga me había recetado el antidepresivo genérico para la fibromialgia, que según ella podría explicar cierta fatiga persistente, pero luego decidimos esperar un tiempo debido a sus efectos secundarios en potencia. Yo nunca recogí el medicamento y la reumatóloga canceló la receta; a pesar de todo, por alguna razón, todavía aparecía en el ordenador y cada vez que iba a buscar un medicamento, la farmacéutica traía el antidepresivo y anunciaba el nombre a viva voz mientras yo rezaba para que ninguno de mis casos estuviera en la cola.

A menudo, cuando ven nuestro lado humano, los pacientes se marchan.

Poco después de que John acudiera a mí, me lo encontré en un partido de los Lakers. Sucedió durante la media parte y mi hijo y yo estábamos esperando para comprar una camiseta.

—¡Por Dios! —oí rezongar a alguien. Cuando busqué la voz con la mirada, vi a John un poco más adelante, en la fila que discurría junto a la nuestra. Iba acompañado de otro hombre y dos chicas cuya edad coincidía con la de su hija mayor. Una tarde padre-hija, supuse. John despotricaba de los compradores que los antecedían, una pareja que se estaba tomando su tiempo para hacer la compra; parecían incapaces de retener las tallas agotadas.

—Oh, por el amor de Dios —estalló John. Su retumbante voz captó la atención de todos los que estaban a su alrededor—. Se han acabado las de Kobe negras en todas las tallas menos en la pequeña, que obviamente no es la vuestra, y solamente tienen la blanca en talla de niño, que tampoco es la vuestra. Pero sí la de estas chicas que han venido a ver el partido de los Lakers, que empieza en —exhibió el reloj haciendo muchos aspavientos— cuatro minutos.

—Tranquilo, colega —le dijo uno de los compradores.

—¿Tranquilo? —exclamó John—. A lo mejor eres tú el que está demasiado tranquilo. A lo mejor deberías tener en cuenta que el descanso dura quince minutos y que hay una cola considerable detrás. A ver, veinte personas, quince minutos, menos de un minuto por persona... ¡Oh, mierda, *quizás no debería estar tan tranquilo!*

Obsequió al chico con su radiante sonrisa y, en ese momento, se dio cuenta de que yo lo estaba mirando. Se quedó helado, estupefacto de ver a su amante/fulana/psicoterapeuta allí de pie, la misma cuya existencia no quería que su mujer —ni seguramente su hija, ni su amigo— descubrieran.

Ambos desviamos la vista como si no nos conociéramos.

Sin embargo, cuando mi hijo y yo compramos la camiseta y corrimos de regreso a los asientos cogidos de la mano, advertí que John nos observaba de lejos con una expresión inescrutable.

En ocasiones, cuando me cruzo con algún paciente en el mundo real, en particular la primera vez que sucede, les pregunto en la siguiente sesión cómo vivieron la experiencia. Algunos terapeutas aguardan a que el otro lo mencione, pero a menudo el hecho de no referirse a ello le suma importancia, como el típico «elefante» en la habitación del que nadie habla, y comentar el encuentro los alivia. Así pues, cuando volvimos a vernos, le expresé a John mi interés por saber cómo vivió la experiencia.

—¿A qué viene esa pregunta, si se puede saber? —exclamó. Soltó un suspiro seguido de un gruñido—. ¿Sabe cuánta gente había en ese partido?

—Mucha —fue mi respuesta—. Pero a veces es raro ver a tu terapeuta fuera de la consulta. O a sus hijos.

Había pensado mucho en la expresión de John cuando me vio correr con Zach. En secreto me preguntaba cómo se sintió al ver a una madre de la mano con su hijo, por cuanto había perdido a la suya siendo un niño.

—¿Quiere saber cómo me sentó ver a mi psicóloga y a su hijo? —preguntó John—. Me llevé un disgusto.

Me sorprendió que se mostrara dispuesto a compartir su reacción.

—¿Y eso?

—Su hijo se quedó con la última camiseta de Kobe en la talla de mi hija.

—¿Ah?

—Sí, por eso me llevé un disgusto.

Esperé a que continuara, si acaso se había cansado de tomarme el pelo. Se hizo un silencio. Por fin John empezó a contar:

—Un elefante, dos elefantes, tres elefantes… —Me lanzó una mirada exasperada—. ¿Cuánto tiempo vamos a seguir aquí sentados sin decir nada?

Entendía su frustración. En las películas, los silencios de los psicólogos se han convertido en un tópico, pero la quietud es necesaria para que las personas puedan oír sus emociones. Guardar silencio equivale a vaciar la papelera. Cuando dejas de volcar basura en la nada —palabras, palabras y más palabras— algo importante emerge a la superficie. Y cuando el silencio es una experiencia compartida, se puede convertir en una mina de oro de pensamientos y sentimientos cuya existencia el paciente ni siquiera conocía. No me extraña que me pasara toda una sesión con Wendell prácticamente sin decir ni palabra, llorando sin más. Aun la mayor felicidad a menudo se comunica mejor a través del silencio, como sucede cuando un paciente ha conseguido un ascenso con mucho esfuerzo o se ha prometido y no encuentra las palabras para expresar lo que está sintiendo. En esos casos permanecemos mudos, sonriendo.

—Estoy esperando a oír lo que tenga que decirme.

—Bien —asintió John—. En ese caso me gustaría hacerle una pregunta.

—¿Mmm?

—¿Cómo se sintió usted cuando me vio?

Nadie me había preguntado eso nunca. Medité un ratito mi reacción y cómo transmitírsela a John. Recordé que me había irritado el tono que había empleado con la pareja de compradores, delante de todo el mundo, y mis remordimientos por aplaudirle en secreto. Yo también quería volver a las gradas antes de que finalizara el descanso. Me acordé igualmente de que, al regresar a mi asiento, lo miré de reojo y advertí que John y su grupo estaban sentados junto a la pista. Vi a su hija mostrarle algo en el móvil y, mientras miraban juntos la pantalla, él le rodeó los hombros con el brazo y estallaron en carcajadas, y el gesto me conmovió tanto que no podía desviar la vista. Quería compartir eso con él.

—Bueno —empecé— fue...

—Ay, por Dios, ¡estaba bromeando! —me interrumpió—. Obviamente, me trae sin cuidado cómo se sintió. A eso voy. ¡Era un partido de los Lakers! Habíamos ido a ver a baloncesto.

—Vale.

—¿Vale, qué?

—Vale, le da igual.

—Desde luego que sí.

John volvía a mostrar esa expresión, la misma que había visto en su rostro cuando me vio correr con Zach. Y por más que me esforzase por conectar con él ese día —ayudándolo a echar el freno y reparar en sus sentimientos, hablando de lo que estaba pasando en la sesión, compartiendo cómo me sentía durante la conversación— no hubo nada que hacer. Se cerró en banda.

Únicamente al final, cuando ya se iba, se volvió a mirarme desde el pasillo y me dijo:

—Muy mono, por cierto, su hijo. Me encantó cómo le cogía la mano. Los chicos no siempre hacen eso.

Aguardé la puntilla final. En vez de eso, me miró a los ojos y añadió, casi meditabundo:

—Disfrútelo mientras pueda.

Me quedé allí parada un momento. *Disfrútelo mientras pueda.*

¿Hablaba por su hija? Quizás ya no le dejaba que le tomara la mano en público. Pero también había dicho: «Los chicos no siempre hacen eso». ¿Qué sabía él de criar niños, siendo padre de dos chicas?

Hablaba de su madre y él, concluí. Me guardé la observación para más adelante, cuando estuviera listo para tocar el tema.

27

La madre de Wendell

Cuando Wendell era niño, cada mes de agosto, sus cuatro hermanos y él se amontonaban en la ranchera familiar y viajaban con sus padres de la urbanización del Medio Oeste en la que vivían todo el año a una cabaña junto a un lago para pasar las vacaciones con su gran familia extensa. Debían de sumar cosa de veinte primos en total y los niños iban en manada de acá para allá. Salían por la mañana y no volvían a casa hasta la hora del almuerzo (que devoraban con un hambre canina, sentados sobre mantas en un prado), para luego desaparecer de nuevo hasta la hora de cenar.

En ocasiones, los primos daban un paseo en bici, pero Wendell, el más joven de todos, no quería montar. Cada vez que sus padres o sus hermanos mayores se ofrecían a enseñarle, él fingía que no le apetecía, pero todo el mundo sabía que Wendell no podía dejar de pensar en la historia de un chico mayor que se había quedado sordo de un oído al caer de la bici y darse un golpe en la cabeza.

Por suerte, las bicis no eran el único entretenimiento en el lago. Aunque unos cuantos primos salieran a pedalear, siempre quedaban niños suficientes con los que nadar, trepar a los árboles y jugar en equipos a capturar la bandera.

Y entonces, un verano, poco después de que Wendell cumpliera trece años, desapareció. La tribu de primos regresó para comer y, mientras masticaban grandes bocados de sandía, alguien advirtió que Wendell no estaba con ellos. Miraron en el interior de la cabaña. Vacía. Formaron grupos para buscarlo por el lago, en los bosques, en el pueblo. Pero el niño no aparecía por ninguna parte.

Tras cuatro horas aterradoras para su familia, Wendell regresó... montado en una bicicleta. Por lo visto, una niña muy mona que había conocido junto al lago le había preguntado si quería dar un paseo en bici con ella, así que se acercó a la tienda del pueblo y explicó su problema. El propietario miró al escuálido e ilusionado muchacho de trece años y al momento captó la historia. Cerró la tienda, lo llevó a un solar abandonado y lo enseñó a montar. Le prestó una bici gratis para todo el día.

Y allí estaba, pedaleando en dirección a la cabaña. Sus padres lloraron de alivio.

Wendell y la chica del lago pasearon juntos en bici durante el resto del verano y, cuando las vacaciones llegaron a su fin, mantuvieron una correspondencia que duró varios meses. Pero un día Wendell recibió una carta de su amiga. En ella le decía que había conocido a otro chico en la escuela y ya no le escribiría más. Su madre encontró la misiva rota en la papelera.

Wendell fingió que le daba igual.

—Ese año hizo un curso intensivo de ciclismo y de amor —comentaría su madre más tarde—. Te arriesgas, caes, te levantas y vuelta a empezar.

Wendell se levantó. Y, con el tiempo, dejó de fingir que le daba igual. Después de terminar los estudios universitarios y empezar a trabajar en el negocio familiar, ya no pudo seguir aparentando que su interés por la psicología era un mero pasatiempo. Así que Wendell se marchó y se doctoró en psicología. Ahora fue su padre el que simuló indiferencia. E, igual que Wendell, al final volvió a montar en su bici metafórica y aceptó la decisión de su hijo.

Al menos, así cuenta la madre de Wendell la historia.

Como es de suponer, no me la confió *a mí*. Sé todo esto por cortesía de internet.

Ojalá pudiera decir que me topé con la información casualmente, que necesitaba la dirección de Wendell para enviarle un talón, tecleé su nombre y —*Oh, vaya, mira lo que ha aparecido*— allí mismo, en la página de búsquedas, surgió la entrevista protagonizada por su madre. Sin embargo, solamente sería verdad que escribí su nombre en el buscador.

Un pequeño consuelo: no soy la única que espía en Google a su psicólogo.

Julie me citó una vez a un científico que trabaja en su universidad al que yo había mencionado en un artículo, como si ambas hubiéramos hablado de él con anterioridad (no lo habíamos hecho). Rita hizo alusión al hecho de que las dos nos habíamos criado en Los Ángeles, aunque yo nunca le había comentado dónde me crie. En cierta ocasión, John concluyó una diatriba sobre un «idiota» recién graduado en Stanford al que acababa de contratar diciendo: «La Harvard del oeste, y un cuerno». Y luego, mirándome avergonzado, añadió: «O sea, no se ofenda». Sabía que yo había estudiado en Stanford. También sé que John buscó en Google a Wendell para saber más del psicólogo de su mujer, porque cierto día se quejó de que no tenía web ni foto, algo que despertó sus sospechas: «¿Qué trata de ocultar, el muy idiota? —dijo—. Ah, claro, su incompetencia».

Así que los pacientes espían a sus terapeutas, pero mi excusa no es esa. De hecho, jamás se me habría ocurrido fisgonear hasta que sugirió que, acechando a Novio en Google, me estaba aferrando a un futuro que ya no existía. Veía cómo el mañana de Novio se desplegaba ante mis ojos mientras yo seguía atrapada en el pasado. Tenía que aceptar que su futuro y el mío, su presente y el mío, discurrían ahora por sendas distintas y lo único que teníamos en común era nuestra historia.

Ante el portátil, recordé hasta qué punto había sido Wendell tajante al respecto. Y entonces pensé que en realidad no sabía nada de él aparte de que había compartido prácticas con Caroline, la colega que me proporcionó su contacto. Ignoraba dónde había estudiado, en qué se había especializado y toda la información básica que la gente reúne en internet antes de iniciar una terapia con alguien. Estaba tan necesitada de ayuda que había aceptado la derivación de Caroline para mi «amigo» con los ojos cerrados.

Si algo no funciona, prueba otra cosa, nos enseñan a los psicoterapeutas en las prácticas cuando estamos atascados con un caso, y también se lo sugerimos a los pacientes. ¿Por qué seguir haciendo algo que no te da resultado? Si espiar a Novio en internet me impedía avanzar, como Wendell apuntaba, cambiaría de táctica. Pero, ¿qué podía hacer? Probé a cerrar los ojos y respirar, una estrategia que puede cortar un impulso compulsivo. Y funcionó... más o menos. Cuando volví a abrirlos, no escribí el nombre de Novio en Google.

Escribí el de Wendell.

John tenía razón: el hombre era prácticamente invisible. No tenía página web. Ni estaba en LinkedIn. No aparecía información suya en *Psychology Today* ni en Facebook ni en Twitter. Tan solo un enlace con la dirección de su consulta y el número de teléfono. Para ser un psicólogo de mi generación, Wendell pertenecía a la vieja escuela hasta extremos sorprendentes.

Volví a revisar los resultados de Google. Había varios Wendell Bronson, pero ninguno era mi psicoterapeuta. Seguí mirando y, dos páginas más adelante, encontré una lista Yelp sobre Wendell. Contenía una reseña. La pinché.

La autora, que firmaba como Angela L., formaba parte del «pelotón élite» desde hacía 5 años, y no me extraña. Había compartido reseñas de restaurantes, tintorerías, colchonerías, residencias caninas, dentistas (a montones), ginecólogos, manicuristas, techadores, floristas, boutiques, hoteles, empresas de control de plagas, empresas de mudanzas, farmacias, vendedores de coches, estudios de tatuaje, un abogado especializado en lesiones e incluso un abogado penal (una multa de aparcamiento que se había convertido de algún modo en un delito).

Sin embargo, lo más sorprendente de Angela L. no era el número de reseñas, sino hasta qué punto casi todas eran negativas y agresivas.

¡*SUSPENSO!*, escribía. ¡*INÚTILES!* Angela L. parecía horriblemente decepcionada con todo. Con la manera de cortarle las cutículas. Con el tono del recepcionista. Aun estando de vacaciones, nada escapaba a su escrutinio. Publicaba reseñas mientras estaba alquilando un coche, mientras se registraba en el hotel, al subir a su habitación, en cada uno de los establecimientos en los que comía y bebía durante el viaje, al parecer, e incluso en la playa (donde en cierta ocasión tropezó con una roca que asomaba entre la que en teoría debía ser sedosa arena blanca y, según afirmó, se lastimó el pie). En todas las ocasiones, la gente con la que se cruzaba era perezosa, incompetente o estúpida.

Me recordó a John. Y entonces se me ocurrió que tal vez Angela L. fuera Margo. Porque la única persona en el mundo que no sacaba de quicio a Angela o la trataba mal era Wendell. A él le dio cinco estrellas, por primera vez.

He ido a muchos psicólogos —no me sorprendió— pero esta vez tengo la sensación de estar progresando de verdad, escribió. Proseguía la reseña poniendo por las nubes la empatía y la sabiduría de Wendell y añadía que la estaba ayudando a entender cómo su propia conducta contribuía a sus problemas conyugales. Gracias a Wendell, concluía, había sido capaz de reconciliarse con su marido después de su separación. (Entonces no era Margo.)

La reseña se remontaba a un año atrás. Observando sus comentarios posteriores, advertí una tendencia. Poco a poco, su serie invariable de pésimas valoraciones derivaba en elogios acompañados de tres y luego cuatro estrellas. Angela L. estaba menos enfadada con el mundo, no parecía tan propensa a culpar a los demás de su infelicidad (una maniobra que llamamos «externalización»). Había menos rabia hacia los comerciales del servicio al cliente, menos faltas al respeto percibidas (personalización), más consciencia (en una reseña llegaba a reconocer que a veces podía ser difícil de complacer). El número de publicaciones había descendido también, señal de una conducta menos obsesiva. Empezaba a dar muestras de «sobriedad emocional», que es la capacidad de regular los sentimientos sin automedicarse, ya sea con sustancias, defensas, aventuras o internet.

Bravo por Wendell, pensé. Advertía la evolución emocional de Angela L. en la progresión de sus reseñas en Yelp.

Sin embargo, en el instante en que empezaba a asombrarme de las habilidades de mi terapeuta, me topé con otra airada reseña de Angela L. Otorgaba una estrella a un servicio de autobuses, el mismo al que en una reseña anterior puntuaba con cuatro. Angela L. se declaraba horrorizada de que en el autobús estuviera sonando música ambiental a todo volumen y el conductor no pudiera apagarla. ¿Cómo podían «atacar» a los pasajeros de ese modo? Tres párrafos más tarde, remarcado con MAYÚSCULAS y signos de exclamación, Angela L. concluía el comentario diciendo: *Llevo meses viajando en estos autobuses, pero nunca más. ¡¡¡Nuestra relación ha terminado!!!*

Su dramática ruptura con el servicio de autobuses tras una serie de reseñas más equilibradas era de esperar. Seguramente, igual que les pasa a tantos pacientes, había recaído, se había arrepentido, comprendido que había tocado fondo y decidido que la moderación no bastaba; tenía que abandonar Yelp por completo. Y de momento lo había conseguido; aquella era la última reseña de Angela L., publicada seis meses atrás.

Yo, en cambio, no estaba dispuesta a renunciar a mi fisgoneo en Google. Media hora más tarde, el cursor de mi pantalla planeaba sobre la entrevista a la madre de Wendell. El psicólogo que yo conocía parecía sensato y poco convencional a un tiempo, duro y tierno, seguro de sí mismo y tímido. ¿Quién lo había criado? Tenía la sensación de haber encontrado la veta madre, nunca mejor dicho.

Como es natural, pinché el enlace.

La entrevista, que resultó ser una historia familiar de diez páginas de extensión, aparecía en el blog de una organización municipal que estaba documentando las vidas de familias prominentes del Medio Oeste asentadas en el pueblo durante medio siglo.

Tanto el padre como la madre de Wendell procedían de cunas humildes. Su abuela por parte materna murió al dar a luz.

La madre de Wendell se marchó a vivir con la hermana de su padre en un pequeño apartamento, donde encontró una nueva familia. El padre de mi psicoterapeuta, mientras tanto, se estaba labrando un futuro, el primero de la familia en cursar estudios universitarios. En una enorme universidad pública conoció a la madre de Wendell, la primera mujer de su familia en licenciarse también. Después de casarse, él arrancó un negocio, ella dio a luz a una prole de cinco hijos y, en la época en que Wendell alcanzó la adolescencia, la familia había reunido un patrimonio espectacular. Esa era una de las razones de que los hubieran entrevistado. Por lo visto, los padres de Wendell donaban buena parte de su riqueza a obras de caridad.

Para cuando llegué a los nombres de los hermanos de Wendell, y a sus mujeres e hijos, estaba tan desquiciada como Angela L. Investigué a la familia al completo: cómo se ganaban la vida, en qué ciudades vivían, qué edades tenían sus hijos, quién estaba divorciado. Ninguno de los datos fue fácil de encontrar; la misión me requirió numerosas referencias cruzadas y horas de trabajo.

También es verdad que sabía unas cuantas cosas de Wendell por comentarios que el hombre dejaba caer estratégicamente en las sesiones. En cierta ocasión, cuando exclamé: «¡Pero no es justo!», en referencia a lo sucedido con Novio, él me miró y replicó con ternura: «Habla usted como mi hijo de diez años. ¿Quién le ha dicho que la vida es justa?».

Yo entendí que tenía razón, pero pensé igualmente: *Vaya, tiene un niño de la edad del mío.* Cada vez que dejaba caer un dato, yo me sentía como si me hubiera hecho un regalo.

Sin embargo, aquella noche en internet, había siempre otro hilo, otro enlace. Conoció a su mujer a través de un amigo mutuo; su familia vivía en un caserón de estilo español que, según

Zillow, había doblado su valor desde que lo compraron; si me cambió una cita en una fecha reciente fue porque iba a impartir una conferencia.

Cuando por fin cerré el portátil, la noche había pasado y yo me sentía culpable, vacía y agotada.

Internet puede ser tanto un bálsamo como una adicción, un modo de adormecer el dolor (el bálsamo) al mismo tiempo que lo genera (la adicción). Cuando el efecto de la ciberdroga se desvanece, te sientes peor, no mejor. Los pacientes creen que quieren saber acerca de sus psicoterapeutas, pero a menudo, cuando investigan la vida de estos, desean no haberlo hecho, porque ese conocimiento posee la capacidad de contaminar la relación e inducir al consultante a editar, conscientemente o no, lo que dice en terapia.

Yo sabía que había hecho algo destructivo. Y también tenía muy claro que no le hablaría a Wendell de mi transgresión. Ahora entendía por qué, cuando a un paciente se le escapa algún dato sobre mí que yo no he compartido y le pregunto las razones, siempre percibo una ligera vacilación mientras el otro decide si ser sincero o mentir. No es fácil confesarle a tu psicólogo que has estado fisgoneando. Yo me sentía avergonzada —de haber invadido la intimidad de Wendell, de haber perdido la noche— y juré, quizás como Angela L., que no se repetiría.

No obstante, el daño ya estaba hecho. Cuando acudí a la siguiente sesión, el conocimiento recién adquirido me pesaba horrores. No podía dejar de pensar que antes o después cometería un desliz; igual que hacían mis pacientes.

28

Adicción

ANOTACIONES PRELIMINARES, Charlotte:

Paciente de veinticinco años, dice sentirse «ansiosa» desde hace unos meses, aunque nada digno de mención ha sucedido. Afirma que está «aburrida» de su trabajo. Describe dificultades con sus padres pero una intensa vida social, aunque en su historia no hay relaciones románticas significativas. Para relajarse, comenta, bebe «un par de copas de vino» cada noche.

—Me va a matar —me dice Charlotte cuando entra con parsimonia y, despacio, se acomoda en la enorme butaca que hay a mi derecha, en diagonal. Se posa un almohadón en el regazo y luego extiende la manta por encima. Nunca se ha sentado en el sofá, ni siquiera en la primera sesión. En vez de eso, ha convertido la butaca en su trono particular. Como de costumbre, extrae sus pertenencias del bolso, una a una, como si deshiciera el equipaje para su estancia de cincuenta minutos. En el brazo izquierdo de la butaca, deja el teléfono y el podómetro; en el derecho, la botella de agua y las gafas de sol.

Hoy lleva colorete y pintalabios, y sé lo que eso significa: ha estado coqueteando otra vez con el chico de la antesala.

El gabinete en el que trabajo cuenta con una gran zona de espera donde los pacientes aguardan a que los visiten. La salida es más discreta; hay un pasillo interior que conduce al rellano. Por lo general, los pacientes se aíslan mientras aguardan; pero Charlotte está tramando algo.

El Tío, como llama Charlotte al blanco de su coqueteo (ni ella ni yo conocemos su nombre) es un paciente de mi colega Mike. Charlotte y él coinciden en horario. Según ella, la primera vez que el Tío apareció, se fijaron en el otro al instante y se miraron a hurtadillas mientras fingían estar pendientes de sus móviles. La situación se prolongó semanas y, después de las sesiones, que también concluían a la misma hora, salían por la puerta interior y se lanzaban miraditas furtivas en el ascensor antes de partir cada uno por su lado.

Por fin, un día, Charlotte llegó con noticias frescas.

—El Tío me ha hablado —me susurró, como si el paciente de Mike pudiera oírnos a través de las paredes.

—¿Qué ha dicho? —quise saber.

—Ha dicho: Y bien, ¿qué problema tienes?

Buena frase, pensé. Aunque no fuera el colmo de la originalidad, no estaba nada mal.

—Pero me va a matar —me dijo Charlotte. Inspiró como si se dispusiera a hacer una gran revelación, pero yo ya había oído otras veces esa frase. Si Charlotte había bebido demasiado la semana anterior, empezaba la sesión diciendo: «Me va a matar». Si se acostaba con un chico y luego se arrepentía (como sucedía a menudo), arrancaba con «me va a matar». Incluso la iba a matar cuando tardó tanto en sentarse a revisar distintas opciones de posgrado que pasó el plazo de preinscripción. Ya habíamos comentado que, debajo de esa proyección, había un profundo remordimiento.

—Bueno, no me va a matar —reconoció—, pero... *uf*. No sabía qué decir, me he quedado paralizada. No le he hecho ni caso y he fingido que estaba concentrada con los mensajes. Porras, me odio a mí misma.

Imaginé al Tío en aquel mismo instante en la consulta de mi colega, a pocas puertas de distancia, relatando el mismo incidente: por fin me he decidido a hablar con la chica de la sala de espera y ella ha pasado totalmente de mí. Uf, he quedado como un idiota. Porras, cómo me odio.

No obstante, el coqueteo se reanudó la semana siguiente. Cuando el Tío entró en la sala de espera, me contó Charlotte, ella lo abordó con una frase que llevaba ensayando toda la semana.

—¿Quieres saber cuál es mi problema? —le preguntó Charlotte—. Me quedo muda cuando los desconocidos me hacen preguntas en una sala de espera.

El chico se rio con ganas, y ambos estaban en mitad de una carcajada cuando acudí a buscar a Charlotte.

Al verme, el Tío se ruborizó. *¿Se siente culpable?*, me pregunté.

Mientras nos encaminábamos a mi oficina, Charlotte y yo nos cruzamos con Mike, que se dirigía a la antesala en busca del Tío. Mike y yo nos miramos a los ojos y luego, al momento, desviamos la vista. Sí, pensé. *El Tío también le ha hablado de Charlotte.*

La semana siguiente, la charla en la sala de espera estaba en pleno apogeo. Charlotte le preguntó su nombre, me contó, y él respondió: «No te lo puedo decir».

—¿Por qué no? —se extrañó ella.

—Aquí todo es confidencial —fue la respuesta del chico.

—Vale, señor Confidencial —manifestó mi paciente—. Yo me llamo Charlotte y dentro de un momento voy a hablarle de ti a mi terapeuta.

—Espero que te merezca la pena —replicó él con una sonrisa sugerente.

Yo había visto al Tío unas cuantas veces y Charlotte tenía razón, su sonrisa tiraba de espaldas. Y sin bien yo no sabía ni una palabra acerca de él, intuía peligro para Charlotte en esa historia. Dado su historial con los hombres, presentía que todo eso acabaría mal. Y dos semanas más tarde, Charlotte llegó con novedades. El Tío había acudido a la sesión acompañado de una mujer.

Pues claro, pensé yo. *Inasequible.* Exactamente el tipo de Charlotte. De hecho, ella usaba esa misma expresión cada vez que hablaba de él. *Es exactamente mi tipo.*

Cuando usamos la palabra «tipo», casi siempre estamos hablando de una sensación de atracción: un tipo de aspecto físico o un tipo de personalidad que despierta nuestra libido. Ahora bien, bajo ese algo que identificamos con «nuestro tipo» subyace un sentimiento de familiaridad. No es casualidad que, si te criaste con unos padres gruñones, escojas parejas gruñonas o si tuviste un padre o una madre alcohólico te atraigan las personas que beben más de la cuenta o que te cases con una persona fría y criticona si tus progenitores lo fueron.

¿Por qué nos jugamos esa mala pasada a nosotros mismos? Porque la sensación de comodidad, de sentirnos «como en casa», nos impide separar lo que deseamos como adultos de lo que experimentamos de niños. Sentimos una extraña atracción por las personas que comparten las características de un progenitor que, de algún modo, nos lastimó. Al principio de la relación esas características apenas si serán perceptibles, pero el inconsciente posee un radar infalible, al que la mente consciente no tiene acceso. Nadie quiere que le vuelvan a hacer daño. Sencillamente deseamos llegar a dominar una situación en la que nos sentimos indefensos siendo niños. Freud llamó a este fenómeno «compulsión de repetición». *Puede que esta vez,* imagina el inconsciente, *sea capaz de retroceder en el tiempo y sanar esa herida del pasado a través de esta persona que me resulta familiar... pero es distinta.* El problema radica en que, al escoger compañeros de esas características, nos estamos asegurando el resultado opuesto al que buscamos: nuestras heridas se reabren y nos sentimos todavía más defectuosos e indignos de amor.

Todo esto sucede al margen de la conciencia. Charlotte, por ejemplo, decía que deseaba tener una pareja en la que pudiera confiar, capaz de comprometerse, pero cada vez que conocía a alguien que le gustaba acababa sumida en el caos y la frustración. En cambio, tras una cita reciente con un chico que, en apariencia cuando menos, poseía muchas de las cualidades que ella decía estar buscando, llegó a terapia diciendo: «Mala suerte, no había química entre nosotros». A su inconsciente, la estabilidad emocional que emanaba el joven se le antojaba demasiado ajena.

El psicoterapeuta Terry Real describe las conductas que más tendemos a exhibir como «la familia de origen internalizada. Representan nuestro repertorio de temas relacionales». No hace falta que los pacientes nos cuenten sus historias con palabras porque siempre la van a relatar en la relación con el terapeuta. A menudo proyectan expectativas negativas en el psicoterapeuta y, cuando el psicólogo o profesional no cumple esas expectativas, esa «experiencia emocional enmendadora» con una persona fiable y benevolente cambia a los pacientes; descubren que el mundo *no* se limita a su familia de origen. Si Charlotte resuelve sus complicados sentimientos hacia sus padres a través de la interacción conmigo, se sentirá cada vez más atraída por otro tipo de personas, capaces de proporcionarle una nueva experiencia con una pareja empática, fiable y madura. Hasta entonces, cada vez que encuentre un chico accesible que la pueda corresponder, su inconsciente lo rechazará tachándolo de «poco interesante». Todavía equipara la sensación de sentirse amada no con la paz ni la alegría sino con la ansiedad.

Así funcionan las cosas. El mismo chico, distinto nombre, idéntico resultado.

«¿La ha visto? —me preguntó Charlotte, refiriéndose a la mujer que había acudido a terapia con el Tío—. Debe de ser su novia.»

Les había lanzado un vistazo rápido. Estaban sentados en sillas contiguas pero no interactuaban en ningún sentido. Igual que el Tío, la joven era alta, con una larga melena oscura. Podría haber sido su hermana, pensé, que lo acompañaba para una terapia familiar. Sin embargo, seguramente Charlotte tenía razón; con toda seguridad era su novia.

Y ahora, en la sesión de hoy —dos meses después de que la novia del Tío se convirtiera en una habitual de la sala de espera— Charlotte anuncia una vez más que la voy a matar. Hago un repaso mental de las distintas posibilidades, la primera de las cuales bien podría ser que se haya acostado con el Tío, a pesar de la novia. Imagino a la chica percatándose poco a poco de lo que está pasando y rompiendo con él, dejando así el campo libre para que mi paciente y el Tío se conviertan en pareja. Y entonces visualizo a Charlotte cayendo en la conducta que adopta cuando tiene una relación (evitar la intimidad) y al Tío haciendo lo que sea que hace cuando está en pareja (solo Mike lo sabe), cómo la historia estalla en mil pedazos.

Me equivoco. Charlotte piensa que la voy a matar porque ayer, cuando salió de la asesoría financiera en la que trabaja para asistir a su primera reunión en Alcohólicos Anónimos, unos cuantos compañeros la invitaron a tomar unas copas y ella aceptó, pensando que le vendría bien para hacer contactos. Y me dice, sin la más mínima sombra de ironía, que bebió demasiado porque estaba disgustada consigo misma por no haber acudido a la reunión de AA.

—Señor —se lamenta—, cómo me odio a mí misma.

Un supervisor me dijo en cierta ocasión que todo psicoterapeuta encuentra en algún momento a un paciente cuyas semejanzas consigo mismo resultan tan extraordinarias como si tuviera delante a su doble. Cuando Charlotte entró en mi consulta, supe al instante que acababa de encontrar a ese paciente... en cierto modo. Era un calco de mí misma a los veintiún años.

No lo digo únicamente porque nos asemejáramos en el aspecto físico y compartiéramos gustos de lectura, maneras y hábitos mentales por defecto (pensamientos excesivos y destructivos). Charlotte solicitó mi ayuda tres años después de graduarse en la universidad y si bien desde fuera todo parecía ir bien —tenía amigos y un buen empleo; pagaba sus propias facturas— no tenía claro el rumbo que quería dar a su profesión, mantenía una relación conflictiva con sus padres y estaba, en líneas generales, perdida. Yo, por supuesto, no bebía demasiado ni me acostaba con ligues ocasionales, pero había transitado la veintena igual de despistada que ella.

La lógica dice que, si te identificas con una paciente, el trabajo resultará más sencillo, porque la entiendes de manera intuitiva. Sin embargo, en muchos sentidos, este tipo de identificación complica las cosas. Tengo que ser hipercuidadosa en sesión, asegurarme de contemplar a Charlotte como un individuo con personalidad propia y no como una versión de mí misma, más joven, a la que puedo reencauzar. Más que con otros pacientes, debo resistir la tentación de ponerle los puntos sobre las íes cuando se desploma en la butaca, me cuenta una anécdota cualquiera y concluye con una exigencia planteada en forma de pregunta: *¿Verdad que mi jefe no tiene razón? ¿Le parece normal que mi compañera de piso me dijera algo así?*

A los veinticinco, Charlotte sufre, pero no se arrepiente de nada significativo. A diferencia de mí misma, para ella aún no ha llegado la hora de la verdad que implica la mediana edad. Al contrario que Rita, no ha perjudicado a sus hijos ni se ha casado con un maltratador. Tiene el tiempo de su lado, si lo emplea con sabiduría.

Charlotte no creía sufrir una adicción cuando se decidió a emprender un tratamiento para la ansiedad y la depresión. Solamente bebía, insistía siempre, un par de copas de vino por las noches, para relajarse. (Yo apliqué al instante el cálculo terapéutico habitual que empleamos cuando alguien justifica su consumo de alcohol: sea cual sea el total que la persona reconoce, multiplícalo por dos.)

Al cabo de un tiempo descubrí que el consumo promedio de Charlotte rondaba los tres cuartos de botella de vino, en ocasiones precedidos de un cóctel (o dos). Afirmaba no consumir alcohol de día («salvo los fines de semana», añadía, por el «hashtag aperitivo») y rara vez mostraba signos de borrachera, porque había desarrollado tolerancia con el paso de los años (aunque a veces experimentaba problemas para recordar sucesos y detalles al día siguiente).

No obstante, no concedía importancia al hecho de ser «bebedora social» y, en cambio, estaba obsesionada con su «verdadera» adicción, la misma que la mortificaba más y más según la terapia avanzaba: yo. Si pudiera, afirmaba, acudiría a terapia a diario.

Cada semana, cuando le indicaba que el tiempo se había agotado, Charlotte suspiraba con aire dramático y exclamaba sorprendida: «¿De verdad? ¿Lo dice en serio?». A continuación, muy despacio, mientras yo me levantaba para abrirle la puerta, ella reunía sus dispersas pertenencias una a una: gafas de sol, móvil, botella de agua, cinta para el pelo. Con frecuencia olvidaba algo y volvía a entrar a buscarlo.

«¿Lo ve? —decía cuando yo le insinuaba que dejar cosas olvidadas era un modo de alargar la sesión—. Soy adicta a la terapia.» Usaba el término genérico «terapia» en lugar de otro más personal: usted.

Sin embargo, por más que le desagradase marcharse, la psicoterapia ofrece la trampa perfecta a alguien como Charlottte, una persona que ansía conexión pero también la evita. Nuestra relación era la combinación ideal de intimidad y distancia; podía conectar conmigo pero no demasiado, porque cuando los cincuenta minutos concluyesen, le gustase o no, volvería a casa. A lo largo de la semana mantenía el contacto pero sin extralimitarse: me enviaba artículos que había leído o frases sueltas para contarme algo que le había sucedido entre sesiones (*mi madre me ha llamado y se ha puesto como loca, y no le he gritado*) o fotografías de cosas que le habían hecho gracia (una placa de matrícula que decía 4EVJUNG, tomada estando sobria y no mientras conducía bajo los efectos del alcohol, espero).

Si intentaba hablar de esos mensajes en sesión, Charlotte les restaba importancia. «*Forever Jung*. Me pareció divertido», dijo de la matrícula. Cuando me envió el artículo sobre una epidemia de soledad entre los jóvenes de su edad, le pregunté qué ecos había despertado en ella. «Nada, en realidad

—respondió, con una expresión de perplejidad—. Lo encontré interesante desde un punto de vista cultural.»

Como es lógico, los pacientes piensan mucho en sus terapeutas entre sesiones pero, en el caso de Charlotte, el hecho de tenerme presente no implicaba tanto un factor de estabilidad como una pérdida de control. ¿Y si dependía demasiado de mí?

Para sobrellevar ese miedo, había dejado la terapia dos veces y luego había regresado, siempre a vueltas con mantenerse alejada de lo que llamaba «su dosis». En cada ocasión, se marchó sin previo aviso.

La primera vez anunció antes de empezar la sesión que «necesitaba dejarlo y el único modo que conocía era cortar por lo sano». Dicho eso, se levantó y salió disparada de la habitación, literalmente. (Yo ya sabía que algo no andaba bien porque no había distribuido el contenido del bolso por los reposabrazos de la butaca y tampoco había desplegado la manta.) Dos meses más tarde me preguntó si podíamos hacer «una sesión» para comentar un problema con su prima, pero cuando llegó quedó patente que volvía a estar deprimida, así que continuó tres meses más. Cuando empezaba a encontrarse mejor y a lograr algunos cambios positivos, una hora antes de la sesión, me envió un email explicándome que tenía que dejar la terapia de una vez y para siempre.

La terapia, claro. Seguía bebiendo.

Y entonces, una noche, Charlotte volvía a casa de una fiesta y estrelló el coche contra un poste. Me llamó al día siguiente, después de que la policía la hubiera denunciado por conducir bajo los efectos del alcohol.

—No lo vi venir —me dijo, cuando llegó con un brazo enyesado—. Y no me refiero únicamente al poste.

El coche había quedado siniestrado pero ella, por milagro, tan solo se había roto un brazo.

—Es posible —admitió por primera vez— que tenga un problema con la bebida y no con la terapia.

Sin embargo, seguía bebiendo un año más tarde, cuando conoció al Tío.

29

El violador

A la hora de la cita de John, la luz verde de mi consulta se enciende. Recorro el pasillo hacia la sala de espera. Sin embargo, cuando abro la puerta, encuentro vacía la silla que mi paciente suele ocupar, salvo por una bolsa de comida para llevar. Durante un momento pienso que habrá ido al cuarto de baño que hay en el otro extremo del pasillo, pero la llave sigue colgada del gancho. Me pregunto si llegará tarde —al fin y al cabo, ha tenido que ser él quien ha pedido el almuerzo— o si habrá decidido no acudir a causa de lo que sucedió la semana pasada.

La sesión comenzó con normalidad. Como de costumbre, el repartidor trajo ensaladas chinas y John, después de quejarse de la salsa («demasiado fuerte») y de los palillos («demasiado endebles»), fue directo al grano.

—He estado pensando —empezó— en la palabra «terapeuta». —Tomó un poco de ensalada—. Si la traduces al inglés, *therapist*, y la divides en dos…

Ya sabía por dónde iba. *Therapist* se escribe igual que *the rapist*, el violador. Es una broma muy habitual en el mundo de la psicología.

Sonreí.

—Supongo que con eso pretende decirme que a veces le resulta difícil estar aquí.

Yo he sentido eso mismo con Wendell, en particular cuando sus ojos parecen leer mi alma y no tengo dónde esconderme. Día tras tras día, los terapeutas oyen los secretos y las fantasías de sus pacientes, sus remordimientos y sus fracasos, penetrando en espacios que acostumbran a ser privados. Y entonces —*bum*— la hora ha terminado. Así, sin más.

¿Somos violadores emocionales?

—¿Difícil estar aquí? —repitió John—. No. Usted puede llegar a ser un incordio, pero no es el peor sitio del mundo.

—¿Piensa que soy un incordio?

Tuve que reprimirme para no cambiar el sentido de la pregunta añadiendo el pronombre: «¿Piensa que *yo* soy un incordio?».

—Pues claro —fue la respuesta de John—. Hace demasiadas preguntas.

—¿Ah, sí? ¿Cómo cuáles?

—Como esa.

Asentí.

—Entiendo que le moleste.

John se animó.

—¿Lo entiende?

—Sí. Siempre procura poner distancia cuando intento conocerle.

—Y yaaaaaaa estamos otra vez.

John puso los ojos en blanco con aire exasperado. Una vez por sesión, como poco, le señalo la dinámica de nuestra relación: yo intento conectar con él, John se escapa. Puede que se resista a reconocerlo ahora, pero acojo sus reparos con los brazos abiertos, porque las resistencias señalan dónde reside la clave del trabajo; nos indican a qué temas o aspectos de la relación debemos prestar atención. Durante las prácticas, cada vez que un interno expresaba frustración por las resistencias de un paciente, los supervisores nos aconsejaban: «La resistencia es la gran aliada del terapeuta. No os opongáis a ella; seguidla de cerca». En otras palabras, intenta averiguar por qué está ahí.

Mientras tanto, a mí me interesaba saber más acerca de la segunda parte de su comentario.

—Solo por seguir incordiando —proseguí—, le voy a plantear otra pregunta. Ha dicho que este no es el peor sitio del mundo. ¿Cuál es el peor?

—¿No lo sabe?

Me encogí de hombros. *No.*

John abrió unos ojos como platos.

—¿En serio?

Asentí.

—Oh, venga ya —insistió—. A ver si lo adivina.

Yo no quería entrar en una lucha de poder con John, así que le seguí la corriente.

—¿Su lugar de trabajo, cuando piensa que los demás no le entienden? ¿En casa, con Margo, cuando siente que la ha decepcionado?

John imitó la bocina de los concursos.

—¡Respuesta incorrecta! —Tomó un bocado de ensalada, tragó y levantó los palillos para enfatizar sus palabras—. Vine a verla, como seguramente recordará o puede que no, porque me costaba dormir.

Reparé en la puntilla: *o puede que no.*

—Lo recuerdo —dije.

Lanzó un aparatoso suspiro, como si tuviera más paciencia que Gandhi.

—Así pues, Sherlock, si tengo problemas para dormir, ¿cuál cree que es el peor sitio del mundo ahora mismo para mí?

Este, quise decirle. *No soporta estar aquí. Pero ya hablaremos de ello en su momento.*

—La cama —respondí.

—¡Bingo!

Aguardé a que desarrollara la idea, pero se concentró en la ensalada. Guardamos silencio un rato mientras él comía y maldecía los palillos.

—¿No va a decir nada?

—Me gustaría saber más —sugerí—. ¿En qué piensa cuando intenta quedarse dormido?

—¡Por el amor de Dios! ¿Le pasa algo a su memoria? ¿En qué cree que pienso? Pienso en... en todo lo que me trae aquí cada semana. El trabajo, mis hijas, Margo...

John pasó a relatarme la discusión que había mantenido con su mujer la noche anterior en torno a la conveniencia de regalarle un teléfono móvil a la hija mayor ahora que va a cumplir once años. Margo quería que lo tuviera por seguridad, por cuanto habían acordado que Grace iría y volvería del colegio andando, con sus amigas. John pensaba que su mujer la estaba sobreprotegiendo.

—¡El colegio está a dos manzanas! —señaló John, igual que le había dicho a Margo—. Además, si alguien intenta secuestrarla, dudo mucho que Grace vaya a decir: «Perdone un momento, señor secuestrador, que me voy a parar aquí un momento, voy a sacar el teléfono y voy a llamar a mi madre». Y a menos que el tío sea un idiota integral, que podría serlo, vale, pero también será un enfermo hijo de puta, lo primero que hará si pretende secuestrar a una niña es mirar si lleva un teléfono en la mochila y tirarlo o destruirlo para que no puedan ubicarlo. Entonces, ¿para qué le sirve el móvil?

John se había puesto rojo como la grana. Estaba verdaderamente alterado.

Desde la sesión por Skype del otro día, cuando Margo le insinuó la posibilidad de dejarlo, las cosas se habían calmado entre ellos. Por lo que John me contó, le prestaba más atención a su mujer. Procuraba llegar a casa más temprano. No obstante, yo tenía la sensación de que solo intentaba, como él decía, «apaciguarla», mientras que ella le estaba pidiendo lo mismo que John y yo intentábamos trabajar en terapia: su presencia.

El hombre envolvió los restos del almuerzo con la bolsa del restaurante y lanzó el paquete a la otra punta de la habitación, donde aterrizó pesadamente en la papelera.

—Y por eso no pude dormir —prosiguió—. Porque una niña de once años no necesita un móvil y ¿sabe qué? Lo tendrá de todos modos puesto que, si no doy mi brazo a torcer, Margo se pondrá de morros y empezará a soltarme indirectas de que me quiere dejar otra vez. ¿Y sabe por qué? ¡Por culpa del IDIOTA DE SU PSICÓLOGO!

Wendell.

Traté de imaginar a Wendell oyendo la versión de Margo: *Estábamos comentando la posibilidad de regalarle un móvil a Grace para su cumpleaños y John se puso como loco.* Visualicé a Wendell en la posición C, vestido con sus pantalones deportivos y su chaqueta de punto, mirando a Margo con la cabeza ladeada. Lo imaginé formulándole alguna pregunta zen sobre si no sentía curiosidad por conocer las razones que llevaban a John a reaccionar tan mal. Supuse que, hacia el final de la sesión, la perspectiva de Margo sobre los motivos de su marido se habría desplazado una pizca, igual que yo había llegado a aceptar que tal vez Novio no fuera un sociópata.

—¿Y sabe qué otra cosa le va a decir al idiota de su psicólogo? —continuó John—. Le va a decir que su puñetero marido no funciona, porque cuando me metí en el cama al mismo tiempo que mi mujer en lugar de contestar los emails (otra costumbre que he cambiado para hacerla feliz, por cierto) estaba tan enfadado que no pude tener relaciones con ella. Ella lo intentó y yo le dije que estaba cansado y no me encontraba bien. La típica excusa de la jaqueca, como un ama de casa de los años cincuenta. Alucinante, ¿verdad?

—En ocasiones nuestros estados emocionales afectan al cuerpo —le dije, para normalizar lo que me estaba contando.

—¿Podemos dejar a mi pene al margen? No se lo contaba por eso.

El sexo siempre acaba por aparecer en terapia, igual que el amor. En los comienzos de nuestro trabajo juntos, le pregunté a John por su vida sexual con Margo, dadas las dificultades que atravesaba la relación. La gente tiende a creer que la vida sexual constituye un reflejo de la armonía de la pareja y que una buena relación equivale a una sexualidad estupenda, y viceversa. Pero no siempre es verdad. Abundan las parejas que mantienen una relación problemática y disfrutan de un sexo fantástico, igual que otras están muy enamoradas pero no acaban de entenderse en la cama.

John me había dicho que su vida sexual estaba «bien». Cuando le pregunté qué significaba ese «bien», me dijo que se sentía atraído por Margo y disfrutaba en la cama con ella, pero que se acostaban a horas distintas, así que mantenían relaciones con menor frecuencia que en el pasado. Sin embargo, a menudo se contradecía. Un día afirmó que él tomaba la iniciativa pero Margo no quería; en otra ocasión comentó que ella solía empezar «pero solamente si me someto a sus deseos durante el día»;

otro día dijo: «Llevamos décadas acostándonos juntos. ¿De qué tenemos que hablar? Ya sabemos lo que le gusta al otro». Ahora presentía que John experimentaba problemas para tener una erección y se sentía humillado.

—La moraleja de la historia —prosiguió John— es que en mi casa las cosas se miden por un doble rasero. Si Margo está demasiado cansada para mantener relaciones, yo la dejo en paz. No la acorralo al día siguiente con el cepillo de dientes en la boca para decirle —de nuevo adoptó el tono de Oprah—: «Siento que no te encontraras bien anoche. Quizás hoy podamos encontrar un rato para conectar».

John miró al techo y negó con la cabeza.

—Los hombres no hablan así. No analizan cada pequeño detalle pensando que todo tiene —dibujó unas comillas en el aire— «un significado».

—O sea que Margo hurga en la herida en lugar de dejarle en paz.

—¡Exacto! —asintió John—. Y si no es ella la que toma todas las decisiones, yo soy el malo. Si expreso mi opinión, no «entiendo» —más comillas aéreas— lo que necesita Margo. Y entonces Grace se mete por medio y dice que estoy obcecado y que todo el mundo tiene un teléfono. Dos contra uno, las chicas ganan. Así lo expresó: «Las chicas ganan».

Dejó caer los brazos ahora que había terminado de dibujar comillas.

—Y entonces me doy cuenta de que, en parte, lo que me está volviendo loco y quitándome el sueño es que hay demasiado estrógeno en casa y nadie entiende mi punto de vista. El curso que viene Ruby empezará la primaria pero ya se comporta como su hermana mayor. Y Gabe desborda emotividad por los cuatro costados, como una adolescente. Estoy en desventaja en mi propia casa, todo el mundo estira de mí y nadie entiende que a lo mejor *yo* también necesito algo... como paz y tranquilidad, y tener voz y voto en las cosas que pasan.

—¿Gabe?

John se incorpora.

—¿Qué?

—Ha dicho que Gabe derrocha emotividad. ¿Se refería a Grace?

Efectué un repaso mental a toda prisa: su hija de cuatro años se llama Ruby y la mayor es Grace. ¿No acababa de decir que Grace quería un teléfono para su cumpleaños? ¿O estaba confundida? ¿Se llamaba Gabriela? ¿Sería Gabe un diminutivo de Gabby, igual que algunas chicas llamadas Charlotte se hacen llamar Charlie hoy día? Una vez confundí Ruby con Rosie, el perro, pero estaba convencida de que su hija mayor se llama Grace.

—¿Ah, sí? —Parece agitado, pero se recupera enseguida—. Bueno, pues me refería a Grace. ¿Lo ve? Me faltan horas de sueño. Ya se lo he dicho.

—Pero ¿conoce a algún Gabe?

La reacción de John me hizo sospechar que su lapsus estaba causado por algo más que el insomnio. Me pregunté si Gabe era una persona importante para él. ¿Uno de sus hermanos, un amigo de infancia? ¿Su padre se llama Gabe?

—Esta conversación es una idiotez —insiste John, y desvía la vista—. A veces, un cigarro puro no es más que eso, doctora Freud.

Se hizo un silencio.

—¿Quién es Gabe? —le pregunté con suavidad.

John guardó silencio un buen rato. Su rostro reflejó una rápida sucesión de emociones, como una tormenta filmada a cámara rápida. Eso era nuevo; por lo general mostraba dos estados de ánimo: rabioso y guasón. Por fin se miró los pies —las mismas zapatillas a cuadros que llevaba cuando hablamos por Skype— y cambió a un marcha segura, neutral.

—Gabe es mi hijo —dijo John con voz tan queda que me costó oírle—. El caso acaba de dar un giro inesperado, ¿eh, Sherlock?

Rescató su teléfono, se encaminó a la puerta y cerró a su espalda.

Y ahora aquí estoy, una semana más tarde, en la desierta sala de espera, y no sé qué pensar del hecho de que los almuerzos hayan llegado mientras John sigue sin aparecer. No he vuelto a saber de mi paciente desde la revelación, pero he pensado mucho en él. La frase «Gabe es mi hijo» resuena en mi mente en los momentos más inesperados, en particular cuando me voy a dormir.

Parecía el clásico ejemplo de identificación proyectiva. Cuando un paciente proyecta, atribuye sus ideas a otra persona; cuando se produce una identificación proyectiva, cede sus pensamientos a otra persona. Imaginemos, por ejemplo, que un hombre está enfadado con su jefe y al llegar a casa le dice a su mujer: «Pareces enfadada». Está proyectando, porque la mujer no está enfadada. En caso de identificación proyectiva, en cambio, el hombre estará igualmente enfadado con su jefe, pero al volver a casa deposita la ira en su pareja haciéndola enfadar. La identificación proyectiva se parece a tirarle al otro una patata caliente. El hombre ya no tiene que sentir su rabia pues ahora se la ha cedido a su pareja.

Hablé de John en el grupo de supervisión de los viernes. Igual que antes él yacía en la cama con un pandemónium en la cabeza, a mí me estaba pasando lo mismo, compartí con el grupo; y como era yo la que sostenía la ansiedad, seguramente John estaría durmiendo como un angelito.

Mientras tanto, la mente no me daba tregua. ¿Qué hacer con la bomba que John había dejado caer antes de cruzar la puerta? *¿John tiene un hijo? ¿De su juventud? ¿Lleva una doble vida? ¿Margo lo sabe?* Una imagen de la sesión inmediatamente posterior al partido de los Lakers asaltó mi pensamiento, el instante en que comentó haberme visto de la mano con mi hijo. *Disfrútelo mientras pueda.*

Lo que hizo John —eso de largarse a las bravas, cuando menos— no es infrecuente. En las terapias de pareja, en particular, los pacientes se marchan a veces si se sienten asediados por sentimientos muy intensos. En ocasiones les viene bien una llamada del terapeuta, especialmente si se han marchado porque se han sentido heridos o incomprendidos. A menudo, sin embargo, es preferible dejar a los pacientes a solas con sus sentimientos, ofrecerles espacio para que se acostumbren a ellos y trabajarlos en la sesión siguiente.

Mi grupo de supervisión opinaba que John ya se sentía acorralado por las personas de su entorno; una llamada mía lo agobiaría aún más si cabe. Todos estaban de acuerdo: déjalo. No lo presiones. Espera a que vuelva.

Si no fuera porque no ha venido.

En la sala de espera, recojo la bolsa del almuerzo y miro el contenido para asegurarme de que es el nuestro: dos ensaladas de pollo chinas y el refresco de John. ¿Ha olvidado cancelar el pedido o está usando la comida para comunicarse conmigo, para hacer patente su ausencia? Algunos pacientes faltan a la cita para castigar al terapeuta y enviarle un mensaje: me has incomodado. Y en ocasiones no lo hacen tanto para evitar al terapeuta como a sí mismos, para no afrontar la vergüenza, el dolor o la verdad que deberían reconocer. La gente se comunica a través de su asistencia: si llegan muy pronto o muy tarde, si cancelan de antemano o no se presentan.

Entro en la cocina, guardo la bolsa en la nevera y decido usar esa hora para poner al día las notas de los historiales. Cuando regreso a mi despacho, descubro que tengo unos cuantos mensajes de voz.

El primero es de John.

—Hola, soy yo —empieza—. Mierda, he olvidado cancelar la sesión. No me he acordado hasta hace un momento, cuando el teléfono me ha avisado de nuestra... esto... cita. Normalmente se encarga mi secretaria, pero como me ocupo yo de esto del loquero... da igual, hoy no iré. Tengo un montón de trabajo y no puedo marcharme. Lo siento.

Me digo que John necesita un poco de tiempo y que volverá la semana siguiente. Imagino que ha estado sopesando hasta el último momento si acudir o no y por eso no ha llamado con más antelación. Por eso ha llegado el almuerzo y él no.

Y entonces reproduzco el siguiente mensaje.

—Hola, soy yo de nuevo. Esto, bueno, no se me ha olvidado llamar, en realidad. —Deja un silencio, tan largo que creo que John ha colgado. Estoy a punto de pulsar la tecla de «borrar» cuando prosigue por fin—. Quería decirle que, bueno, no voy a seguir con la terapia, pero no se preocupe, no se debe a que usted sea una idiota. Me di cuenta de que, si no duermo, debería tomar medicación para el insomnio. *Obviamente.* Así que lo hice y... ¡problema resuelto! *La fórmula de la felicidad*, ja, ja. Y, bueno, en relación con los otros temas que hablamos, ya sabe, todo el estrés que llevo encima, supongo que así es la vida, y si consigo dormir ya no estaré de tan mal humor. Los idiotas siempre serán idiotas y no hay pastillas para eso, ¿verdad? ¡Tendríamos que medicar a media ciudad, si las hubiera!

Se ríe de su propia broma, la misma risotada que soltó cuando dijo que yo sería su fulana. Se refugia en la risa.

—En fin —continúa—, lamento haberla avistado tan tarde. Y sé que le debo la sesión de hoy; no se preocupe, ya está pagada.

Suelta otra carcajada y cuelga.

Yo miro el teléfono con incredulidad. ¿Ya está? ¿Nada de «gracias» o «adiós», solamente… se acabó? Me esperaba algo así tras las primeras sesiones, pero ahora que llevábamos casi seis meses trabajando, me sorprende su súbita desaparición. A su manera, John estaba desarrollando apego hacia mí. O quizás fuera a la inversa. He aprendido a sentir auténtico afecto por John, a ver atisbos de humanidad tras su repulsiva fachada.

Pienso en él y en su hijo Gabe, un chico o un joven que tal vez conozca a su padre y tal vez no. Me pregunto si quizás, en un plano inconsciente, John quiere abandonarme con el peso de su misterio, un enorme «que te den» por no haber sido capaz de ayudarle con la suficiente rapidez. *Sherlock, chúpate esa, idiota.*

Deseo hacerle saber a John que estoy aquí, hacerle comprender de algún modo que él —y yo— podemos abordar lo que sea que traiga a terapia. Quiero que sepa que aquí puede hablar de Gabe, por complicada que sea la situación o la relación. Al mismo tiempo, tengo que respetar su postura.

No quiero ser *el violador*.

Por otro lado, sería mucho mejor poder decirle todo eso en persona. En los formularios de consentimiento informado que mis pacientes firman antes de empezar el tratamiento, les recomiendo participar en un mínimo de dos sesiones de cierre. Al principio del proceso, les pido que, si algo los perturba en el transcurso de las sesiones, no actúen de manera impulsiva para librarse de un sentimiento incómodo. De ese modo, aun si piensan que sería preferible dejar la terapia, al menos habrán meditado su decisión y se marcharán con la sensación de que tomaron una decisión razonada y sopesada.

Mientras extraigo los historiales, recuerdo algo que dijo John cuando tuvo el lapsus de Gabe. *Hay demasiado estrógeno en casa y nadie entiende mi punto de vista. (...) Estoy en desventaja (...)todo el mundo estira de mí y nadie entiende que a lo mejor yo también necesito algo... como paz y tranquilidad, y tener voz y voto en las cosas que pasan.*

Ahora las frases adquieren sentido. Gabe podría contrarrestar una parte del estrógeno. Es posible que John crea que Gabe lo entiende; o podría, si formara parte de su vida.

Dejo el boli y marco el número de mi paciente. Cuando suena la señal del contestador, le digo:

—Hola, John, soy Lori. He recibido su mensaje. Gracias por informarme. Acabo de guardar los almuerzos en la nevera y me he acordado de lo que me dijo la semana pasada, eso de que nadie le entiende y que tal vez usted también necesite algo. Creo que tiene razón, lo necesita, pero no estoy tan segura de que nadie lo entienda. Todo el mundo necesita algo; montones de cosas. Me gustaría escuchar qué necesita usted. Dijo que desea paz y tranquilidad, y puede que la paz y acallar el ruido de su cabeza involucre a Gabe o puede que no, pero no tenemos que hablar de él si no quiere. Estaré aquí si cambia de idea y decide venir la semana próxima a continuar nuestra conversación, aunque solo sea por última vez. Mi puerta está abierta. Adiós por ahora.

Redacto una nota en el historial de John y lo cierro, pero cuando me inclino hacia el mueble archivador, decido no colocarlo en la sección de antiguos pacientes, de momento. Recuerdo lo mucho que nos costaba a los estudiantes de medicina aceptar que alguien había muerto y que no podíamos hacer nada más por él, ser la persona que lo «finiquitaba», decir en voz alta las temidas palabras: *hora de la muerte...* Miro el reloj: las tres y diecisiete.

Vamos a darle una semana más, pienso. *No estoy lista todavía para finiquitarlo.*

30

A la hora en punto

Como parte del último curso de psicología, estábamos obligados a hacer prácticas clínicas. Son una especie de versión reducida de la residencia de tres mil horas que te tocará completar más tarde para obtener la licenciatura. A esas alturas de la carrera, había realizado todos los trabajos obligatorios, participado en ejercicios de simulación en clase y observado incontables horas de vídeo de reputados psicoterapeutas en sesión. Me había sentado detrás de un espejo de un solo sentido y observado en tiempo real a nuestros mejores profesores trabajando con sus pacientes.

Había llegado el momento de que yo me sentara con los míos en una sala. Como la mayoría de aprendices en este campo, lo haría bajo supervisión en una clínica de la comunidad, más o menos como los internos médicos efectúan su residencia en los hospitales universitarios.

El primer día, inmediatamente después de la presentación, la supervisora me entrega un montón de historiales y me explica que el primero será mi caso número uno. El historial tan solo contiene la información básica: nombre, fecha de nacimiento, dirección, número de teléfono. La paciente, Michelle, que tiene treinta años y ha incluido a su novio como contacto de emergencia, llegará dentro de una hora.

Si a alguien le extraña que la clínica se avenga a que yo, una persona con cero experiencia, se encargue del tratamiento de un paciente, le diré que así se forma a los psicoterapeutas: mediante la práctica. En la facultad de Medicina también te lanzaban a la piscina sin más; los estudiantes aprendían los procedimientos por el método «lo ves, lo haces, lo enseñas». Dicho de otro modo, veías a un médico, pongamos como ejemplo, efectuar una palpación de abdomen, palpabas el siguiente tú misma y enseñabas a otro alumno cómo se hacía. ¡Listo! Ya estabas preparada para palpar abdómenes.

No obstante, el asunto de la terapia me intimidaba más. Ejecutar una tarea concreta a partir de unos pasos específicos, como palpar un abdomen o insertar una vía, no me acobardaba tanto como aplicar las numerosas teorías psicológicas que había estudiado a lo largo de los últimos años en los cientos de posibles escenarios que implica un caso.

Sin embargo, mientras me encamino hacia la sala de espera para conocer a Michelle, no estoy demasiado preocupada. Los cincuenta minutos iniciales serán una toma de contacto en la que redactaré el historial y empezaré a sintonizar con ella. No voy a hacer nada más que reunir información a partir de un cuestionario estándar y luego le mostraré los resultados a mi supervisora para decidir juntas el plan del tratamiento. Como periodista, llevo años planteando preguntas perspicaces y creando un clima de confianza.

No puede ser tan difícil, pienso.

Michelle es alta y está demasiado delgada. Lleva la ropa arrugada, el cabello desastrado y tiene la tez blanca como el papel. Una vez que nos hemos sentado, doy comienzo a la sesión preguntándole qué la ha inducido a buscar ayuda y me dice que últimamente le cuesta mucho hacer cualquier cosa excepto llorar.

Y entonces, como si la palabra le diera entrada, rompe en llanto. Y cuando digo «llanto» me refiero a que aúlla como lo haría una persona si acabara de descubrir que su ser más querido del mundo ha fallecido. Estalla sin previo aviso, sin que se le humedezcan los ojos ni soltar las cuatro gotas que preceden a la tempestad. Esto es un tsunami de nivel cuatro. Todo su cuerpo se agita, le caen mocos de la nariz, escapan resuellos de su garganta y, la verdad, no estoy segura de que pueda respirar.

Llevamos treinta segundos de sesión. Las consultas preliminares que simulábamos en la facultad no discurrían así.

Si nunca has estado a solas con un desconocido que llora a lágrima viva, no te puedes imaginar hasta qué punto la situación resulta incómoda e íntima a un tiempo. Para acabar de empeorar las cosas, carezco de contexto al que atribuir este arrebato, porque todavía no me ha contado su historia. No sé nada de esta mujer tan angustiada que está sentada a metro y medio de mí.

No tengo claro qué hacer, ni siquiera a dónde mirar. Si la miro directamente, ¿se sentirá cohibida? Si desvío la vista, ¿se sentirá ignorada? ¿Debería decir algo para animarla a hablar o esperar a que termine de llorar? Estoy tan agobiada que temo soltar una risita nerviosa. Intento concentrarme, pensar en mi cuestionario, y sé que debería preguntarle cuánto tiempo hace que se siente así («historia del problema actual»), la gravedad de su estado y si ha sucedido algo que lo ha desencadenado («suceso desencadenante»).

Sin embargo, no hago nada. Ojalá mi supervisora estuviera aquí conmigo. Me siento inútil a más no poder.

El tsunami continúa y no hay señales de que vaya a remitir. Me planteo si limitarme a esperar sin más. Antes o después se cansará y estará dispuesta a hablar, igual que mi hijo tras una rabieta. Pero la cosa sigue. Y sigue. Por fin, decido decir algo, pero tan pronto como las palabras salen de mis labios comprendo que acabo de pronunciar la frase más necia que ningún psicoterapeuta ha dicho jamás en toda la historia de la psicología.

Le digo:

—Sí, parece deprimida, la verdad.

Al momento me siento fatal por ella. Solo me ha faltado añadir: «Obviamente». Esta pobre desdichada de treinta años de edad está sufriendo lo indecible y no se merece que una aprendiz en su primer día constate lo que es evidente. Mientras pienso cómo corregir mi error, me pregunto si pedirá que la cambien de psicóloga. No querrá a alguien como yo a su cuidado, estoy segura.

No obstante, Michelle deja de llorar. Tan repentinamente como ha empezado, se enjuga las lágrimas con un pañuelo de papel y lanza un gran suspiro. Y entonces esboza una sombra de sonrisa.

—Sí —es su respuesta—. *Estoy deprimida de la hostia.*

Ahora parece casi al borde de la risa, por el mero hecho de decirlo en voz alta. Es la primera vez, me informa, que alguien se refiere a su estado como una depresión.

Me explica que es arquitecta de cierto nivel, parte de un equipo que ha diseñado unos cuantos edificios conocidos. Siempre ha mostrado tendencia a la melancolía, reconoce, pero nadie conoce el alcance de su tristeza porque, por lo general, está siempre ocupada y rodeada de gente. Hará cosa de un año, sin embargo, notó un cambio. Sus niveles de energía decayeron, al igual que su apetito. El mero hecho de levantarse por las mañanas le suponía un gran esfuerzo. No dormía bien. Ya no está enamorada de su compañero, pero no sabe si atribuirlo a su abatimiento o si de verdad no es la persona para ella. En el transcurso de los últimos meses, lloraba cada noche en el cuarto de baño, en secreto, mientras su novio dormía, sin hacer ruido para no despertarlo. Nunca ha llorado delante de nadie como acaba de hacerlo delante de mí.

Solloza de nuevo y, a través de las lágrimas, me dice:

—Esto parece... yoga emocional.

Ha decidido acudir, confiesa, porque su trabajo ha empezado a resentirse y su jefe lo ha notado. No puede concentrarse porque evitar las lágrimas le requiere toda la atención. Buscó los síntomas de la depresión y marcó todas las casillas. Nunca antes ha hecho terapia pero sabe que necesita ayuda. Nadie, dice, mirándome a los ojos —ni sus amigos, ni su novio, ni su familia— sabe hasta qué punto está deprimida. Nadie salvo yo.

Yo. La estudiante en prácticas que hoy se enfrenta a su primera sesión.

(Si alguna vez necesitas pruebas de que la gente sube a internet una versión embellecida de su vida, hazte psicoterapeuta y teclea en Google el nombre de tus pacientes. Más tarde, cuando la investigué en internet por pura preocupación —decidí enseguida que nunca más volvería a hacerlo; dejaría que las personas fueran las únicas narradoras de su historia— asomó un éxito tras otro. Vi imágenes de Michelle recibiendo un prestigioso premio, sonriendo en un evento junto a un chico muy guapo, irradiando confianza en sí misma, serenidad y aplomo en el reportaje fotográfico de una revista. En internet no se parecía en nada a la persona que se había sentado delante de mí en la consulta.)

Ahora converso con Michelle de su depresión, averiguo que ha considerado el suicidio e indago hasta qué punto es funcional, con qué apoyos cuenta y qué hace para lidiar con el sufrimiento. Soy consciente de que tendré que presentarle el historial a mi supervisora —la clínica lo necesita para el papeleo— pero cada vez que formulo una pregunta, Michelle comenta algo que nos desvía con suavidad del tema en cuestión. Con tiento, intento reencauzar la entrevista. Pero acabamos siempre en otra parte y me está quedando muy claro que no vamos a llegar a ninguna parte.

Decido limitarme a escucharla durante un rato, pero no consigo acallar mis pensamientos: *¿los otros becarios habrán sabido enfocarlo mejor? ¿Te pueden mandar a casa el primer día?* Y luego, cuando Michelle rompe a llorar de nuevo: *¿puedo hacer o decir algo que la ayude, aunque sea mínimamente, antes de que se marche dentro de...? Espera, ¿cuántos minutos quedan?*

Miro de reojo el reloj que hay sobre la mesa, junto al sofá. Han pasado diez minutos.

No, pienso. Llevamos aquí más de diez minutos, seguro. Yo creo que debemos llevar veinte o treinta o... ni idea. ¿Solo han pasado diez? Ahora Michelle me está explicando con todo lujo de detalles hasta qué punto ha arruinado su vida. Le devuelvo la atención, pero al momento devuelvo la vista al reloj: todavía pasan diez minutos de la hora, ni uno más.

En ese momento caigo en la cuenta: ¡las manecillas no se mueven! No debe de tener batería. He dejado el móvil en otra habitación y si bien es muy probable que Michelle lleve el suyo en el bolso, no le puedo preguntar qué hora es en mitad de su relato.

Genial.

¿Y ahora qué? ¿Le digo «el tiempo ha terminado» cuando me parezca, aunque no tengo la menor idea de si han pasado veinte, cuarenta o sesenta minutos? ¿Y si doy la sesión por terminada demasiado pronto o demasiado tarde? En teoría, tengo que ver a otro paciente cuando termine con ella. ¿Estará sentado en la sala de espera preguntándose si me habré olvidado de él?

Entro en pánico. No estoy prestando atención a lo que me cuenta Michelle. Y entonces oigo:

—¿Ya es la hora? Esto ha sido más rápido de lo que esperaba.

—¿Mm? —es mi respuesta. Michelle señala más allá de mi cabeza y yo me vuelvo a mirar. Hay un reloj en la pared, justo detrás de mí, para que los pacientes también puedan comprobar cuánto rato les queda.

Vaya. No tenía ni idea y espero que ella no se haya dado cuenta. Yo solo sé que tengo el corazón desbocado y que, si bien para Michelle la sesión ha pasado en un suspiro, a mí me ha parecido una eternidad. Con la práctica, llegaré a intuir el ritmo de la sesión por instinto, a saber que cada hora discurre en forma de arco, con las partes más intensas en el tercio central, y que debes dejar tres, cinco o diez minutos al final para que el paciente se recomponga, en función de su fragilidad, del tema tratado, del contexto. Tardaré años en aprender qué preguntar o no preguntar en cada momento y cómo trabajar con el tiempo disponible para sacarle el máximo partido.

Acompaño a Michelle a la puerta, avergonzada de haberme aturullado y distraído, de no haber recogido su historial y tener que presentarme ante mi supervisora con las manos vacías. Los alumnos nos pasábamos toda la carrera aguardando el Gran Día en que perderíamos por fin nuestra virginidad terapéutica y ahora, pensé, el mío había resultado más un desastre que un motivo de celebración.

Más tarde, alivio: comentando la sesión con mi supervisora, me dice que, a pesar de mi torpeza, no lo he hecho mal. He acompañado a Michelle en su sufrimiento, algo que para muchas personas puede constituir una experiencia extraña e impactante. La próxima vez no me preocuparé tanto pensando cómo ponerle fin. Yo estaba ahí para escucharla cuando necesitaba descargar el peso secreto de su depresión. En el argot de la teoría terapéutica, «me he reunido con la paciente allá donde estaba» y a la porra el historial.

Años después, cuando haya celebrado infinidad de sesiones previas y la recogida de información se haya convertido en mi segunda naturaleza, emplearé un barómetro distinto para juzgar el resultado: *¿el paciente se ha sentido comprendido?* Siempre me sorprende que alguien pueda entrar en una sala siendo un desconocido y luego, pasados cincuenta minutos, se marche sintiéndose acompañado, pero sucede casi todas las veces. Cuando no es así, el paciente no vuelve. Y como Michelle volvió, algo había funcionado.

En cuanto al lío del reloj, sin embargo, mi supervisora no anda con ambages.

—No mientas a tus pacientes.

Aguarda a que absorba sus palabras antes de pasar a explicarme que cuando ignore algo me limite a decir: «no lo sé». Si me siento confundida respecto a la hora, debería comunicarle a Michelle que debo salir un momento a buscar un reloj que funcione para no distraerme con el asunto del tiempo. Si algo debería aprender en el transcurso de esas prácticas, recalca mi supervisora, es que no podré ayudar a nadie a menos que sea auténtica cuando esté en esa sala. Me he preocupado por el bienestar de Michelle, intentado ayudarla, hecho lo posible por escucharla; esos son los ingredientes claves para iniciar la relación.

Le doy las gracias y me encamino hacia la puerta.

—Pero —añade—, tienes dos semanas para recoger ese historial.

A lo largo de las sesiones siguientes, reuniré la información para el formulario de ingreso, pero tendré muy claro que no es más que eso: un formulario. Hace falta tiempo para escuchar la historia de alguien, para que ese alguien la cuente y como casi todos los relatos —incluido el mío— rebotará de acá para allá antes de que sepas cuál es la trama en realidad.

TERCERA PARTE

Lo mismo que trae la noche al alma puede dejar estrellas.

Victor Hugo

31

Mi útero errante

Tengo un secreto.

Mi cuerpo no funciona bien. Podría estar al borde de la muerte o perfectamente sana. En cuyo caso, no hay razón para revelar mi secreto.

El asunto de mi enfermedad comenzó un par de años atrás, unas pocas semanas antes de conocer a Novio. Eso creo, cuando menos. Mi hijo y yo estábamos de veraneo, pasando una relajante semana de vacaciones en Hawái con mis padres. La noche antes de volver a casa, un sarpullido violento y doloroso apareció de la nada y se apoderó de mi cuerpo. Pasé el viaje de vuelta dopada con antihistamínicos y untada en crema de cortisona y, pese a todo, me rascaba con tanta rabia que para cuando aterrizamos tenía costras de sangre en las uñas. El sarpullido mejoró al cabo de unos días y el médico, tras hacerme unas cuantas pruebas, lo achacó a una reacción alérgica indeterminada. No obstante, la erupción me había atacado como un mal presagio, un anuncio de lo que estaba por venir.

A lo largo de los meses siguientes, algo acechaba en mi interior, un enemigo que agredía mi cuerpo mientras yo miraba a otra parte (en aquella época, a los ojos de Novio). Sí, estaba cansada y débil y mostraba todo un despliegue de síntomas inquietantes, pero me convencí a mí misma, mientras mi condición empeoraba, de que todo se debía a la pérdida de energía que acarrean los cuarenta. El médico me hizo más pruebas y encontró marcadores de alguna enfermedad autoinmune, pero nada que se pudiera relacionar con una afección en concreto como, por ejemplo, lupus. Me envió a un reumatólogo, que sospechó de fibromialgia, una afección que no se deja diagnosticar con un análisis específico. Me propuso tratar los síntomas para ver si iban desapareciendo y fue entonces cuando los antidepresivos de prueba acabaron en el registro de la farmacia de enfrente. Pronto empecé a frecuentar esa misma farmacia, donde recogía cremas de cortisona para extrañas erupciones, antibióticos para infecciones inexplicables y antiarrítmicos para regularizar el pulso. Pero los médicos no conseguían averiguar qué me pasaba y yo colegía que eso era buena señal; si mi enfermedad fuera grave, los médicos ya lo sabrían. *Sin noticias, buenas noticias*, me decía.

Igual que hacía con el desdichado libro de la felicidad, iba tirando, llevando mis preocupaciones físicas tan en secreto como las literarias. No me refiero a que ocultase adrede mi situación a mis amigos íntimos y familia. Más bien decidí ocultármela a mí misma. Como el médico que teme estar enfermo de cáncer pero posterga el examen, yo prefería afrontar mi condición. Aunque no tuviera fuerzas para hacer ejercicio y hubiera perdido cinco kilos de manera inexplicable —me sentía lenta y pesada aun estando más delgada— me aseguraba a mí misma que sería algo benigno, como, no sé, la menopausia. (Daba igual que todavía no estuviera menopáusica.)

Cuando me concedía permiso para pensar en ello, investigaba en internet y descubría que casi todos mis síntomas eran mortales, pero luego me acordaba de que, en la facultad, todos sufríamos la enfermedad «del estudiante de medicina». Se trata de un fenómeno real, documentado en la literatura médica, por el cual los alumnos creen estar sufriendo la enfermedad que estudian en cada momento. El día que estudiamos el sistema linfático, los alumnos nos dedicamos a palparnos los ganglios durante el almuerzo. Una compañera me posó las manos en el cuello y exclamó:

—¡Hala!

—¿Hala, qué? —pregunté yo.

Hizo una mueca.

—Parece un linfoma.

Yo levanté el brazo para palparme el cuello. Tenía razón; ¡aquello era un linfoma! Varios alumnos se acercaron a tocarme el cuello y asintieron; no pintaba bien. Habrá que echar un vistazo a los glóbulos blancos, dijeron. ¡Hagamos una biopsia de los ganglios!

Al día siguiente, en clase, el profesor me palpó el cuello. Los ganglios eran un poco grandes pero entraban en un rango normal. Yo no sufría linfoma. Padecía la enfermedad del estudiante de medicina.

Y seguro que ahora tampoco me pasaba nada. Salvo que muy en el fondo, sabía que no era normal que una persona de cuarenta años que solía salir a correr ya no fuera capaz de hacerlo y se encontrara mal a diario. Me despertaba con escalofríos, los dedos rojos y gruesos como salchichas, los labios hinchados como por picadura de abejas. El internista que me llevaba me hizo más pruebas y algunas ofrecieron resultados anormales o, según su propia expresión, «llamativos». Me sometió a resonancias magnéticas, TAC y biopsias, algunas de las cuales también dieron resultados «llamativos». Me envió a especialistas para que interpretaran los diversos análisis, escáneres, señales y síntomas raros y me visitaron tantos médicos que empecé a referirme a mi odisea como el *Medical Mistery Tour*.

Sin duda era un misterio. Un doctor pensó que yo padecía una forma de cáncer poco frecuente (basándose en los análisis, pero el TAC lo descartó); otro lo atribuyó a un virus (a partir de los sarpullidos); un tercero pensó que sufría una enfermedad metabólica (tenía los ojos plagados de depósitos que nadie sabía diagnosticar); y aun otro más me diagnosticó esclerosis múltiple (el escáner cerebral no mostraba los signos más habituales de la enfermedad, pero podía ser una versión poco frecuente). En distintos momentos establecieron que podía padecer un problema de tiroides, esclerodermia, linfoma (de nuevo esas glándulas agrandadas; ¿habría empezado mi enfermedad en aquel entonces, en la facultad de medicina, y permanecido latente hasta ahora?).

Sin embargo, todos los análisis salían negativos.

Cosa de un año más tarde —época en la cual empezaba a sufrir temblores en la mandíbula inferior y en las manos—, un médico, un neurólogo que calzaba camperas verdes y hablaba con un fuerte acento italiano— creyó haber dado con la clave de mi enfermedad. La primera vez que lo vi, entró en la consulta, se conectó al servidor del hospital, se fijó en la cantidad de especialistas que me habían visitado (caray, conoce a media ciudad, ¿eh?, me soltó con frivolidad, como si yo me estuviera acostando con todos) y sin examinarme siquiera me comunicó su diagnóstico. Pensaba que yo sufría una versión moderna de la histeria femenina de Freud y estaba experimentando algo denominado «trastorno de conversión».

Se refería a una enfermedad por la cual una persona «convierte» su ansiedad en problemas neurológicos como parálisis, dificultades para guardar el equilibrio, incontinencia, ceguera, sordera, temblores o convulsiones. Los síntomas a menudo son temporales y suelen guardar relación (en ocasiones de manera simbólica) con el estresor psicológico que los ha ocasionado. Por ejemplo, después de ver algo traumático (como al cónyuge en la cama con otra persona o un asesinato espeluznante) un paciente podría experimentar ceguera. Tras una caída terrible, otro podría sufrir parálisis en una pierna aunque no hubiera evidencia médica de daño nervioso. O un hombre que considera inaceptable la ira que siente hacia su esposa podría sufrir entumecimiento en el brazo que, en sus fantasías, usa para golpear a su esposa.

Las personas que sufren trastorno de conversión no fingen; eso sería un trastorno facticio. Cuando alguien presenta un problema de tipo facticio necesita que lo consideren enfermo y se toma grandes molestias en aparentar afecciones. En el trastorno de conversión, en cambio, el paciente experimenta los síntomas, pero estos no se pueden explicar por medio de una valoración médica. Parecen estar causados por un malestar emocional ubicado en el plano inconsciente.

Yo no creía sufrir un trastorno de conversión. Por otro lado, si el síndrome estaba causado por un proceso inconsciente, ¿cómo iba a saberlo?

Los trastornos de conversión se remontan muy atrás en la historia y hay casos documentados en épocas tan remotas como el antiguo Egipto, hace cuatro mil años. Igual que la mayoría de los síndromes emocionales, se han venido diagnosticando a las mujeres de manera desproporcionada. De hecho, se creía que estaban causadas por los movimientos del útero por el cuerpo, una enfermedad que llegó a ser conocida como el «útero errante».

¿El tratamiento? La mujer debía acercar a su cuerpo aromas agradables o especiados para atraer al útero a su lugar.

En el siglo v a. C., sin embargo, Hipócrates observó que los aromas no bastaban para curar la enfermedad, que él denominó *histeria*, un término derivado de la palabra *útero* en griego. En su opinión, el tratamiento para las mujeres histéricas abarcaba desde aromas y especias hasta ejercicio, masajes y baños calientes. La idea perduró hasta principios del siglo XIII, momento en que se atribuyó la histeria a la relación de las mujeres con el diablo.

¿El nuevo tratamiento? El exorcismo.

Por fin, a finales de 1600, empezaron a buscar las causas de la histeria en el cerebro más que en el diablo o en el útero. Hoy día todavía perdura el debate en torno a los síntomas que carecen de explicación funcional. La actual clasificación internacional de enfermedades (CIE-10) sitúa el «trastorno de conversión de la motilidad» entre los problemas disociativos (e incluye la palabra *histérica* entre los subtipos), mientras que el *DSM-5* lo considera un «trastorno de síntomas somáticos».

Es curioso constatar que los trastornos de conversión suelen ser más prevalentes en las culturas sometidas a reglas estrictas y que limitan la expresión emocional. En general, los diagnósticos han venido descendiendo en los últimos cincuenta años por dos posibles razones. En primer lugar, los médicos ya no identifican los síntomas de la sífilis con un trastorno de conversión; en segundo, la aparición de este síndrome solía ser en el pasado una reacción a los restrictivos roles de género que ahora, habida cuenta de la libertad que disfrutan más mujeres, están superados en parte.

No obstante, el neurólogo de las botas camperas revisó la lista de especialistas que me habían visitado, me miró y sonrió igual que sonríe la gente a un niño ingenuo o a un adulto iluso.

—Se preocupa demasiado —dijo con su acento italiano. A continuación afirmó que debía de estar estresada, siendo como era una madre soltera y trabajadora, y que necesitaba un masaje y una buena noche de sueño. Después de diagnosticarme un trastorno de conversión (él lo llamó *ansiedad*), me recetó melatonina y me aconsejó que concertara una cita semanal en un espá. Manifestó que, si bien parecía una enferma de Parkinson, con mis grandes ojeras y mis temblores, no padecía Parkinson sino falta de sueño, que podía provocar los mismos síntomas. Cuando le expliqué que en realidad la fatiga, más que provocarme insomnio, me inducía a dormir demasiado (a consecuencia de lo cual Novio tenía que levantarse para estar con mi hijo y mirar sus Legos), el doctor Botas Camperas esbozó otra sonrisa.

—Ah, pero no es un sueño *de calidad*.

El internista que me llevaba rechazó la idea del trastorno de conversión, no solo porque tenía síntomas crónicos que empeoraban progresivamente, sino también porque cada uno de los especialistas a los que acudía descubría un problema (pulmones hiperinsuflados, niveles elevadísimos de algo en la sangre, amígdalas hinchadas, esos depósitos alrededor de los ojos, «espacio extra» en el TAC y, de nuevo, esas horribles erupciones en la piel). Sencillamente, no sabían cómo combinar todos los datos. Tal vez, aventuraron algunos especialistas, los síntomas guardaran relación con una mutación en mi ADN. Quisieron secuenciar mi genoma para ver qué encontraban, pero la compañía aseguradora no cubría el estudio —ni siquiera después de que los médicos lo solicitaran una y otra vez— porque, alegó, si padecía alguna alteración genética desconocida, tampoco habría tratamiento para ella.

A todas estas, yo seguía estando enferma.

Tal vez resulte extraño que me presentara ante el mundo como una persona relativamente sana —apenas si compartía el *Medical Mistery Tour* con nadie, ni siquiera con Novio— pero tenía mis razones. En primer lugar, de haber querido compartir con alguien lo que me estaba pasando, no habría sabido cómo explicarlo. No podía presentarme ante nadie y decir: «Tengo la enfermedad X». Aun las personas que sufren depresión, una enfermedad con nombre propio, a menudo experimentan problemas para explicar a los demás lo que les pasa, porque los síntomas parecen vagos e intangibles a ojos de alguien que no los ha vivido. ¿Estás triste? ¡Anímate!

Los síntomas que yo tenía eran tan nebulosos como el sufrimiento emocional explicado a un extraño. Imaginaba a la gente escuchándome y preguntándose cómo era posible que estuviera tan enferma y nadie supiera decir qué me pasaba. ¿En qué cabeza cabía que tantos médicos anduvieran despistados?

Dicho de otro modo, me arriesgaba a escuchar que todo estaba en mi mente, antes incluso de que el neurólogo con botas de vaquero lo afirmara. De hecho, después de esa visita, la *ansiedad* se sumó a mi historial médico informatizado, una palabra que, a partir de entonces, todos los médicos verían en la página de inicio de mi archivo. Y si bien era cierto, estrictamente hablando —tanto el desdichado libro de la felicidad como mi mala salud me provocaban ansiedad (aún tardaría un tiempo en sentir angustia por la ruptura)— tenía la sensación de que no podría escapar de esa etiqueta como causa de mis síntomas. Nadie iba a creerme.

Lo guardaba en secreto porque no quería convertirme en sospechosa de tener un útero errante.

Y también había algo más: en una de nuestras primeras citas, cuando Novio y yo estábamos en plena luna de miel y manteníamos interminables conversaciones acerca de todo y nada, mencionó que, antes de conocerme, había salido unas cuantas veces con una mujer que le gustaba mucho, pero dejó de verla cuando supo que arrastraba ciertos problemas de articulaciones que le impedían hacer largas excursiones. Quise conocer las razones. Al fin y al cabo, la mujer no padecía una enfermedad grave; parecía más bien el típico caso de artritis, y todos habíamos alcanzado ya la mediana edad. Además, Novio no era aficionado a caminar.

—No quiero tener que cuidarla si algún día se pone enferma —confesó mientras compartíamos un postre—. Si lleváramos veinte años casados y enfermara, sería distinto. Pero ¿por qué liarme con alguien a sabiendas de que está enfermo?

—Pero cualquiera se puede poner enfermo —argüí. En aquel entonces, no me incluía a mí misma en esa categoría. Pensaba que mi problema, fuera cual fuese, desaparecería (algún virus) o se revelaría tratable (un desequilibrio de la tiroides). Más tarde, a medida que mi *Medical Mystery Tour* cobró impulso, la negación se convirtió en pensamiento mágico: *mientras no tenga un diagnóstico, puedo esperar —indefinidamente, quizás para siempre— a revelarle a Novio la magnitud de mi problema por si al final resulta que no es nada.*

Él estaba al corriente (de vez en cuando) de que me estaban sometiendo a pruebas y sabía que no me encontraba «del todo bien», pero yo le restaba importancia a mi fatiga recurriendo a la explicación del doctor Botas Camperas: era una madre soltera y trabajadora. En otras ocasiones le decía en broma que me estaba haciendo vieja. No estaba dispuesta a poner a prueba su amor por mí confesándole que tal vez padeciera una enfermedad grave o quizás estuviera desquiciada por pensarlo.

Mientras tanto, me aterrorizaba hasta tal punto lo que sea que me estuviera pasando que imploraba para que los síntomas desaparecieran sin más. Pensaba: *estás construyendo un futuro con Novio, céntrate en eso*. De ahí también que hiciera caso omiso a las señales de que tal vez no estuviéramos hechos el uno para el otro. Si ese futuro se esfumaba, tendría que lidiar con un libro por escribir y un cuerpo defectuoso.

Ahora ese futuro se ha esfumado.

Y yo me pregunto: ¿me dejó Novio por mi enfermedad... o porque me tomó por una hipocondriaca? ¿O se marchó porque fui tan hipócrita como Novio lo fue conmigo al no decirle quién era yo y lo que buscaba en una pareja? Por lo visto, no éramos tan distintos después de todo. Queriendo sacar adelante una relación con una persona que de verdad le gustaba, decidió posponer su confesión por la misma razón que yo: para poder seguir juntos a sabiendas de que lo nuestro tenía fecha de caducidad. Si Novio no deseaba convivir con un niño durante los diez años siguientes, si ansiaba libertad, estaba claro que tampoco estaría dispuesto a cuidar de mí si algún día lo necesitaba. Y yo lo descubrí el día que compartimos el postre en aquella cena, igual que ya conocía la existencia de mi hijo.

Y ahora estoy haciendo lo mismo: posponer la revelación. Porque contarle la verdad a Wendell tiene un precio: la necesidad de afrontar la realidad. Mi paciente Julie me dijo en una ocasión que siempre fantaseaba con la idea de congelar el tiempo en los pocos días que transcurrían entre un TAC y los resultados. Antes de recibir la llamada, me explicó, podía decirse a sí misma que todo iba bien; en cambio, la verdad tenía la capacidad de destruirlo todo.

El precio de revelarle a Wendell la verdad no será un abandono, como en el caso de Novio. Me obligará a mirar mi misteriosa enfermedad a los ojos en lugar de seguir fingiendo que no existe.

32

Sesión de emergencia

—Parece usted Ricitos de Oro —le dije a Rita un mes después del ultimátum relativo al suicidio. A pesar de su tempestuoso pasado, estaba trabajando con Rita el presente. Es importante romper el estado depresivo mediante la acción, crear conexiones sociales y buscar un objetivo diario, una razón de peso para levantarse de la cama por las mañanas. Con las metas de Rita en mente, intentaba ayudarla a encontrar maneras de vivir mejor en el ahora, pero casi todas mis sugerencias caían en saco roto.

Lo primero que hizo fue rechazar el maravilloso psiquiatra que la animé a visitar para valorar la posibilidad de la medicación. Ella lo miró, advirtió que ya había cumplido los setenta y lo declaró «demasiado viejo para conocer los medicamentos más nuevos». (Obviando el hecho de que da clases de psicofarmacología a los estudiantes de Medicina actuales.) Así que la derivé a una psiquiatra más joven, pero le pareció «un tanto inexperta». Y entonces le recomendé un profesional de mediana edad, y si bien no puso objeciones («es un tipo muy atractivo», observó Rita), una vez que empezó a tomar la medicación se quejó de que le daba sueño. El psiquiatra le cambió el tratamiento, pero el nuevo fármaco le provocaba nerviosismo y le impedía dormir. Decidió no tomar nada.

Mientras tanto, Rita me contó que había un puesto libre en la junta de su edificio de apartamentos y yo la animé a presentarse para conocer mejor a sus vecinos. («No gracias —declinó—. Los inquilinos interesantes están excesivamente ocupados para apuntarse».) Si le proponía ideas para un voluntariado, quizás en el mundo del arte o en un museo, por cuanto la pintura y la historia del arte eran sus grandes pasiones, buscaba excusas para rehusarlas también. Comenté con ella maneras de recuperar el contacto con sus hijos adultos, que la habían excluido de sus vidas por completo, pero alegó que no podría soportar otro rechazo. («Ya estoy profundamente deprimida.») Y acabó refiriéndose a la aplicación de citas como «la tropa de los octogenarios».

A esas alturas, más que su fantasía de suicidarse el día de su cumpleaños, me parecía urgente abordar el intenso nivel de dolor que la acompañaba desde hacía tanto tiempo. En parte se debía a las circunstancias: una infancia solitaria, un marido maltratador, una mediana edad complicada y un patrón relacional que no le facilitaba las cosas. Pero otra parte, intuía yo según iba conociendo mejor a Rita, tal vez fuese algo distinto, y yo quería desafiarla al respecto. Había llegado a la conclusión de que *incluso* si Rita pudiera librarse de una fracción de su angustia, no se concedería permiso para ser feliz. Algo se lo impedía.

Y entonces me llamó para una sesión de emergencia.

Resulta que Rita tenía su propio secreto. Hacía poco, había dejado entrar a un hombre a su vida. Y ahora estaba en plena crisis.

Myron, me dice Rita cuando llega para su sesión urgente, aturullada e inusitadamente desaliñada, es un «antiguo amigo». En la época en que trabaron amistad, me explica, que terminó seis meses atrás, era el único. Sí, saludaba a unas cuantas mujeres cuando se cruzaba con ellas en la asociación católica, pero eran más jóvenes que ella y no estaban interesadas en alternar con una «señora mayor». Se sentía, como se había sentido buena parte de su vida, excluida. Invisible.

Myron, sin embargo, se fijó en ella. A principios del año anterior, cuando él tenía sesenta y cinco, dejó la Costa Este y se instaló en el complejo de apartamentos de Rita. Su mujer había muerto tres años atrás, tras cuarenta de matrimonio, y sus hijos, que vivían en Los Ángeles, lo habían animado a mudarse al oeste.

Se conocieron en el patio de la finca, junto a los buzones. Él estaba hojeando folletos de actividades de la zona —correo basura que ella siempre tiraba sin mirar— cuando le dijo a Rita que acababa de llegar a la ciudad y se preguntaba si alguno de los eventos se celebraba por allí cerca. La mujer echó un vistazo a las hojas. El mercado de granjeros estaba cerca, asintió, a pocas manzanas de distancia.

Genial, dijo Myron, ¿me acompañarías para que no me pierda?

Yo no salgo con hombres, replicó Rita.

No te estoy pidiendo que salgas conmigo, fue la respuesta de él.

Rita creyó morirse de vergüenza. *Pues claro que no*, pensó. Myron jamás se fijaría en ella, allí plantada con unos pantalones anchotes y una camiseta agujereada. Tenía el cabello grasiento, el clásico pelo sin lavar de una persona deprimida, la cara hundida de tristeza. Si acaso algo lo atraía, supuso ella, sería su correo: un folleto del museo de arte moderno, un ejemplar de *The New Yorker*, una revista sobre bridge. Por lo visto, compartían intereses. Myron trataba de adaptarse a la ciudad y Rita parecía de su edad. Tal vez, aventuró él, conocía gente que le pudiera presentar, para poder empezar a socializar. (Cómo iba a imaginar que estaba hablando con una ermitaña sin amigos.)

En el mercado de granjeros hablaron de viejas películas. De las pinturas de Rita, de la familia de Myron y de bridge. A lo largo de los meses siguientes, Myron y Rita pasaron mucho tiempo juntos: dieron paseos, visitaron museos, asistieron a unas cuantas conferencias, probaron nuevos restaurantes. Pero ante todo prepararon la cena y vieron películas en el sofá de Myron, charlando sin parar. Cuando Myron tuvo que comprarse un traje nuevo para el bautizo de su nieto, se acercaron juntos al centro comercial y Rita, con su gran sentido estético, encontró uno perfecto. En ocasiones, si pasaba por el centro comercial, Rita compraba una camisa para Myron, tan solo porque sabía que le quedaría bien. Ella lo ayudó a amueblar el apartamento. A cambio, Myron colgó los cuadros de Rita en las paredes a prueba de terremotos y le brindaba servicio técnico cada vez que le fallaba el ordenador o se le caía la señal del WiFi.

No salían, pero pasaban casi todo el tiempo juntos. Y si bien al principio Rita consideraba el aspecto de Myron «decente» sin más (le costaba mucho considerar atractivos a hombres mayores de cuarenta), un día, mientras él le mostraba unas fotos de sus nietos, notó una sensación extraña. Al principio la atribuyó a la envidia por la estrecha relación de Myron con su familia, pero Rita no podía negar que también sentía algo distinto. El sentimiento era cada vez más manifiesto, aunque ella intentaba no pensar en ello. Al fin y al cabo, sabía por su primer y penoso encuentro junto a los buzones, que la relación con Myron era platónica.

Y sin embargo... Después de seis meses en ese plan, sin duda se comportaban como una pareja. Tanto que Rita empezó a pensar en mencionar el tema. Tendría que hacerlo, se dijo, porque no podía seguir sentada en el sofá a un palmo de Myron, copa de vino en mano y película parpadeando en la oscuridad, y comportarse con la frialdad de un pepino cuando él, sin darse cuenta, le rozaba la rodilla al dejar su vaso en la mesita baja. (*¿Ha sido sin querer?*, se preguntaba Rita.) Además, pensaba, fue ella quien dijo que no quería salir con hombres cuando Myron la abordó. ¿Y si él respondió como lo hizo para salvaguardar su dignidad?

Le reventaba tener casi setenta años y seguir analizando las relaciones con los hombres tan obsesivamente como en la universidad. Detestaba sentirse como una chica enamorada, boba, indefensa y confusa. Odiaba probarse un vestido tras otro, descartar este, remplazarlo por aquel, su cama cubierta de pruebas de su inseguridad y anhelo. Quería ahuyentar esos sentimientos, disfrutar la amistad sin más, pero le preocupaba no ser capaz de sobrellevar la tensión que se acumulaba en su cuerpo; plantarle a Myron un besazo si aquello se prolongaba más tiempo. Tendría que animarse y decir algo.

Pronto. Muy pronto.

Y entonces Myron conoció a alguien. En Tinder, nada menos. («¡Vomitivo!».) Para horror de Rita, la mujer era un poco más joven. ¡Tiene *cincuenta* años! Mandy o Brandy o Sandy o Candy o algún nombre igual de bobo, uno de esos nombres acabados en *y* que, adivinó Rita, una Barbie deletrearía con *ie*. Mandie. Brandie. Sandie. Rita no se acordaba. Solo sabía que Myron había desaparecido y dejado un cráter en su vida.

Fue entonces cuando decidió hacer terapia y poner fin a sus días si nada mejoraba para cuando cumpliera setenta años.

Rita me mira como si el relato hubiera concluido. Me parece curioso que, si bien Myron fue el acicate que la empujó a terapia, nunca lo haya mencionado. Me pregunto por qué me lo cuenta ahora y cuál es esa emergencia.

Rita suelta un largo suspiro.

—Espere —dice con aire sombrío—. Hay más.

Me cuenta que siguió viendo a Myron en la asociación, mientras él estaba saliendo con «como se llame». Él nadaba al mismo tiempo que ella hacía aeróbic, aunque ya no compartían coche para desplazarse hasta allí, porque Myron dormía en casa de Mandie/Brandie/Sandie. Todavía coincidían en los buzones por las tardes. Entonces Myron intentaba charlar del tiempo y ella le hacía el vacío. Fue Myron quien le propuso que se uniera a la junta del complejo de apartamentos, una invitación que Rita declinó con brusquedad. Cierto día, cuando salía del edificio para dirigirse a terapia y coincidió con él en el ascensor, Myron elogió su aspecto (Rita siempre «se arreglaba» para nuestras sesiones, su única excursión semanal).

«Estás maravillosa», le dijo. A lo que Rita replicó, lacónica: «Gracias». Se pasó el resto del trayecto mirando al frente. Nunca salía de casa por las noches, ni siquiera para sacar el apestoso cubo de basura cuando cenaba pescado, por miedo a toparse con Mandie/Brandie/Sandie en compañía de Myron, como le había sucedido unas cuantas veces, los dos agarrados del brazo, riendo o, peor, besándose («¡vomitivo!»).

El amor duele, me había dicho Rita después de hablarme de sus matrimonios fracasados y de nuevo tras el encuentro con el octogenario. *¿Por qué molestarse?*

Sin embargo, eso fue antes de que Myron rompiera con Mandie/Brandie/Sandie; antes de que acorralara a Rita en el aparcamiento de la asociación porque llevaba semanas dejándole mensajes en el contestador que ella no respondía. (*¿Podemos hablar?* Y Rita borraba el mensaje.) Fue antes de que Myron —quien, según advirtió Rita ayer, al verlo cara a cara en el iluminado aparcamiento, «había envejecido un poco»— le confesó todo aquello que había querido decirle desde hacía mucho tiempo, cosas que no comprendió hasta que llevaba tres meses de relación con Randie. (*¡Ah, ahí estaba el nombre!*)

Myron se había dado cuenta de lo siguiente: echaba de menos a Rita. Muchísimo. Necesitaba charlar con ella —todo el tiempo, cada día— igual que charlara con Myrna, su esposa, a lo largo de su matrimonio. Rita le hacía reír y pensar, y cuando asomaban las fotos de sus nietos en el teléfono, quería enseñárselas a Rita. No deseaba hacer nada de eso con Randie, no del mismo modo. Le encantaba su aguda inteligencia, su vívido ingenio, su creatividad, su bondad. Su costumbre de escoger el queso favorito de Myron cuando iba al supermercado.

Le encantaba que Rita fuera tan cosmopolita, sus comentarios irónicos y sus sabios consejos cada vez que él le pedía opinión. Adoraba su risa ronca y sus ojos, verdes a la luz del sol y marrones en interior, su cabello rojo y sus valores. Le chiflaba que cuando conversaban de un tema pronto surgiesen dos o tres más y tuvieran que concentrarse para regresar a la conversación inicial o se perdiesen tanto en las digresiones que acabaran por olvidar de qué hablaban de buen comienzo. Sus pinturas y esculturas le llegaban al alma. Rita le inspiraba curiosidad, quería saber más de sus hijos, de su familia, de su vida, de ella. Deseaba que se sintiera a sus anchas compartiéndolo todo con él y se preguntaba por qué se había mostrado tan reservada respecto a su pasado.

Ah, y la consideraba hermosa. Despampanante. Pero, por favor, ¿podría dejar de llevar camisetas zarrapastrosas?

Myron y Rita se quedaron allí, en el aparcamiento del centro católico, él recuperando el aliento tras expresar sus sentimientos y ella mareada, aturdida... y enfadada.

«No tengo ninguna intención de rescatarte de tu soledad —le dijo—. Solo porque hayas roto con esa sacacuartos como se llame. Solo porque eches de menos a tu esposa y no soportes estar solo.»

«¿Eso crees que está pasando?», preguntó Myron.

«Obviamente —replicó Rita con dignidad—. Sí.»

Y entonces Myron la besó. Un beso intenso, suave, urgente, de película. Un beso que pareció durar para siempre. Concluyó por fin cuando Rita abofeteó a Myron en la mejilla y corrió hacia su coche para pedirme una sesión de emergencia.

—¡Qué emocionante! —exclamo cuando Rita concluye su relato. No esperaba este giro del guion, en absoluto, y estoy encantada por ella. Pero Rita se limita a resoplar y comprendo que los árboles no la dejan ver el bosque—. Le dijo cosas preciosas —añado—. Y ese beso...

Veo una sonrisa incipiente en su rostro antes de que la reprima. Su expresión se torna dura, fría.

—Sí, claro, todo maravilloso —dice—, pero no pienso volver a hablarle en mi vida. —Abre el bolso, extrae un pañuelo arrugado y añade con decisión—. No quiero saber nada más del amor.

Recuerdo la declaración anterior de Rita: *el amor duele*. La situación con Myron la ha trastocado hasta tal punto porque en el instante en que su corazón, que llevaba décadas congelado, empezó a derretirse al entrar Myron en su vida, se permitió albergar esperanzas y luego las perdió. Me percato ahora de que, cuando Rita empezó la terapia, no solo estaba desesperada porque cumpliría setenta en un año, como me dijo, sino también porque la desaparición de Myron la llevó a formularse la misma pregunta que me hacía yo cuando acudí a Wendell: el hombre que acaba de marcharse ¿era mi última oportunidad? ¿La última ocasión para el amor? Rita, igual que yo, estaba atravesando un duelo por algo más importante.

Ahora, sin embargo, el beso ha sumido a Rita en una crisis distinta: la posibilidad. Y me temo que esta le resulta todavía más insoportable que el dolor.

33

Karma

Charlotte llega tarde a la sesión de hoy porque ha chocado al salir del aparcamiento de su oficina. Está bien, dice, ha sido un arañazo sin importancia, pero el café caliente que había dejado en el portavasos se le ha derramado sobre el portátil en el que guardaba la presentación de mañana, y no tiene copia de seguridad.

—¿Debería contarles lo que me ha pasado o trabajar durante toda la noche? —pregunta—. No quiero presentar una chapuza, pero tampoco me gustaría quedar como una descuidada.

La semana anterior, en el gimnasio, se le cayó una pesa en el pie. El cardenal había empeorado y todavía le dolía. «¿Qué opina? ¿Debería hacerme una radiografía?», me consultó.

Antes de eso, su profesor de la universidad favorito pereció en un accidente, estando de acampada («¿piensa que debería coger un avión y asistir al funeral, aunque mi jefe se ponga furioso?») y semanas atrás le sustrajeron la cartera y pasó varios días tomando medidas para evitar un robo de identidad («¿le parece que de ahora en adelante debería guardar el carné de conducir en la guantera, bajo llave?»).

Charlotte cree padecer una oleada de «mal karma». Parece como si cada semana estallara una nueva crisis en su vida —una multa de tráfico, un problema con el subarriendo— y si bien al principio lo lamentaba por ella e intentaba ayudarla, poco a poco me fui dando cuenta de que habíamos dejado de hacer terapia. ¿Y cómo había sucedido? Al sumergirse en una calamidad externa tras otra, Charlotte se distraía de las verdaderas vicisitudes de su vida: las internas. En ocasiones, los «dramas», por desagradables que sean, pueden constituir una forma de automedicación, que nos permiten eludir las crisis que se cuecen dentro para vivir más tranquilos.

Está esperando que la oriente acerca de su presentación, pero a estas alturas ya sabe que no suelo dar consejos de tipo prescriptivo. Una de las cosas que me sorprendió cuando empecé a trabajar como psicoterapeuta fue descubrir la frecuencia con que las personas aguardan indicaciones, como si yo tuviera respuesta para todo o hubiera soluciones correctas e incorrectas para la infinidad de elecciones que todos hacemos a diario. Junto a mis archivos, pegada con celo, tengo la palabra *ultracrepidarianismo*, que es «el hábito de expresar opiniones o dar consejos sobre asuntos que superan los conocimientos o competencias propios». Me sirve para recordar que, en cuanto que terapeuta, puedo llegar a entender a mis pacientes y ayudarlos a vislumbrar qué desean hacer, pero no puedo tomar decisiones por ellos.

En mis comienzos, en cambio, cedía de vez en cuando a la presión de ofrecer algún que otro consejo de los que llamamos bienintencionados. Pero luego me di cuenta de que a nadie le gusta oír cómo tiene que hacer las cosas. Sí, puede que te lo hayan pedido —una y otra vez, hasta la saciedad— pero cuando los complaces el resentimiento remplaza el alivio inicial. Sucede incluso si todo va como la seda, porque en último término los seres humanos queremos ser dueños y señores de nuestras propias vidas. Por eso los niños pasan la infancia suplicando que los dejen tomar decisiones (y luego, cuando crecen, me suplican que los exima de esa libertad).

A veces los pacientes dan por supuesto que los terapeutas conocemos la respuesta pero no se la queremos dar; que se la ocultamos. Pero no estamos aquí para torturar a nadie. Dudamos si ofrecer consejos no solo porque los pacientes en el fondo no desean escucharlos sino también porque a menudo malinterpretan lo que oyen (y una se queda pensando, por ejemplo: *¡pero yo nunca te sugerí que le dijeras eso a tu madre!*). Más importante, nuestra misión es potenciar la autonomía.

Sin embargo, cuando estoy en la consulta de Wendell, olvido todo eso junto con lo demás que he aprendido a lo largo de los años en relación con los consejos: que los pacientes presentan la información distorsionada a través de un prisma particular; que los relatos se irán transformando con el tiempo, a medida que la distorsión sea menor; que el dilema planteado podría incluso referirse a algo completamente distinto, todavía por descubrir; que el paciente, con frecuencia, te está obligando a apoyar una decisión en particular y que eso se irá haciendo más patente conforme avance la relación; y que las personas quieren que sea otro el que tome las decisiones por ellas, para no tener que asumir responsabilidades si las cosas no salen bien.

He aquí algunas de las preguntas que le he formulado a Wendell a lo largo de la terapia: «¿Es normal que una nevera se estropee a los diez años de comprarla? ¿Debería repararla o comprar una nueva?». (Wendell: «¿De verdad ha venido aquí para preguntarme algo que Siri le podría responder?».) «¿Qué colegio será mejor para mi hijo, este o el otro?». (Wendell: «Tal vez le vendría mejor preguntarse por qué le resulta tan difícil tomar esa decisión».) Una vez me dijo: «Yo únicamente puedo decirle lo que haría yo. No sé lo que debería hacer usted» y yo, en lugar de asimilar el sentido, repliqué: «Vale, muy bien. ¿Qué haría usted?».

Detrás de mi pregunta se oculta el convencimiento de que Wendell es un ser humano más competente que yo. En ocasiones me pregunto: *¿quién soy para tomar las decisiones importantes de mi propia vida? ¿De verdad poseo las habilidades necesarias?*

Todo el mundo libra esta batalla interna en mayor o menor grado: ¿niño o adulto? ¿Seguridad o libertad? Pero sea cual sea el lugar de cada uno en ese continuo, cada una de las decisiones que tomamos está basada en uno de dos sentimientos: amor o miedo. El objetivo de la terapia es enseñarte a distinguirlos.

Charlotte me habló en una ocasión de un anuncio de la televisión que la hizo llorar.

—Anunciaba un coche —dijo, y luego añadió con desdén—: Pero no recuerdo cuál, así que no era muy eficaz.

El anuncio, siguió explicando, transcurría de noche, y un perro iba sentado al volante. Vemos al animal conduciendo por una urbanización de las afueras de la ciudad y luego la cámara gira hacia el asiento trasero del auto, donde un cachorrito ladra sin cesar. Mamá perro sigue conduciendo, mirando por el espejo retrovisor, hasta que el cachorrito se duerme arrullado por el suave traqueteo. La madre aparca el coche a la entrada de su casa y mira con cariño al perrito dormido pero, en el instante en que apaga el motor, el pequeño se despierta y vuelve a ladrar. Con una expresión resignada, mamá perro arranca el coche y reanuda el paseo. El espectador tiene la sensación de que pasará un buen rato conduciendo por el vecindario.

Cuando llegó al final de la historia, mi paciente estaba llorando, algo nada habitual en ella. Charlotte rara vez o nunca expresa sus emociones; su rostro es una máscara, sus palabras, distracciones. No digo que esconda sus sentimientos; más bien no puede acceder a ellos. Los psicólogos tenemos un término para este tipo de ceguera emocional: *alexitimia*. No sabe lo que siente ni tiene palabras para expresarlo. Cuando su jefe elogia su trabajo, me lo cuenta en un tono robótico, y yo tengo que sondear... y sondear... y sondear hasta que por fin asoma un atisbo de orgullo. Me relata la agresión sexual que sufrió en la universidad —estuvo bebiendo, alguien la llevó a una fiesta y acabó en el dormitorio de un extraño, desnuda, en la cama— en el mismo tono monocorde. Su crónica de una caótica conversación con su madre suena en sus labios como una jura de bandera.

A menudo las personas no son capaces de identificar sus sentimientos porque de niños los convencieron de que no eran legítimos. Un niño dice: «Estoy enfadado» y su padre responde: «¿De verdad? ¿Por algo tan insignificante? Vaya, pues sí que eres susceptible». O una niña expresa: «Estoy triste» y la madre contesta: «No lo estés. ¡Mira qué globo tan bonito!». O un niño dice: «Tengo miedo» y los padre replican: «No hay nada que temer. ¿Eres un bebé o qué?». Pero nadie puede enterrar por siempre los sentimientos profundos. Indefectiblemente, en el momento más inesperado —viendo un anuncio, por ejemplo— saldrán a la superficie.

—No entiendo por qué me da tanta pena —comentó Charlotte sobre el anuncio del coche.

Al verla llorar, no solo comprendí el dolor que sentía sino también la razón por la que me pedía una y otra vez que tomara decisiones por ella. Para Charlotte nunca hubo una mamá perro en el asiento del conductor. Estando su madre inmersa en la depresión, teniendo que llevarla a la cama entre un episodio y otro de borracheras nocturnas; con un padre a menudo ausente por viajes «de negocios» y unos padres caóticos que se gritaban de todo, a tanto volumen que los vecinos se quejaban, Charlotte se había visto obligada a comportarse como una adulta antes de tiempo, como una conductora menor que tuviera que gobernar su vida sin tener carné. Rara vez vio a sus padre comportarse como adultos, como hacían las familias de sus amigos.

La imaginé de niña: *¿A qué hora debería ponerme de camino hacia la escuela? ¿Qué hago con esa amiga que hoy me ha insultado en el patio? ¿Qué debería hacer cuando encuentro drogas en la mesilla de papá? ¿A quién le digo que es medianoche y mamá todavía no ha vuelto? ¿Cómo presento la preinscripción a la universidad?* Tuvo que criarse a sí misma y a su hermano menor.

A los niños, sin embargo, no les gusta verse obligados a ser hipercompetentes. Así pues, no me sorprende que Charlotte busque una madre en mí. Yo puedo ser la mamá «normal» que conduce el coche con amor y seguridad, y ella puede vivir la experiencia de que alguien la cuide de un modo que hasta ahora no ha conocido. Sin embargo, para colocarme a mí en el papel de madre competente, Charlotte cree que debe comportarse como una niña indefensa y mostrarme únicamente sus problemas; o, como dijo Wendell una vez, refiriéndose a mi dinámica en terapia, «seducirme con su desgracia». Los pacientes a menudo se comportan de esa guisa para asegurarse de que el terapeuta no olvidará su angustia si acaso mencionan algo positivo. Charlotte también vive experiencias agradables, pero rara vez me habla de ellas; si lo hace, o bien las menciona de pasada, o bien meses después de que hayan sucedido.

Medito esta dinámica seducción-desgracia existente entre mi paciente y yo, y entre la joven Charlotte y sus padres. No importaba lo que hiciera —emborracharse, salir hasta las tantas, ser promiscua— porque nunca conseguía el efecto deseado. *Mirad qué desastre soy, qué mal lo hago todo. Prestadme atención. ¿Ni siquiera me oís?*

Ahora, tras las preguntas sobre el portátil y el café derramado, Charlotte quiere saber qué hace con el Tío de la sala de espera. Llevaba unas semanas sin verlo, a continuación volvió a acudir acompañado de su novia y hoy ha regresado solo, de nuevo. Hace un ratito la ha invitado a salir. En plan de pareja, piensa ella. Le ha preguntado si le apetecía «quedar para tomar algo» por la noche. Ha dicho que sí.

Miro a Charlotte. *¿En qué cabeza cabe que eso pueda ser buena idea?*

Vale, no lo digo de viva voz. Es que a menudo, y no solo con Charlotte, oigo lo que un paciente me está contando —el comportamiento destructivo que ha protagonizado o está a punto de llevar adelante (por ejemplo, decirle a su jefa lo que piensa en realidad porque ha decidido «comportarse con autenticidad») y tengo que reprimir el impulso de gritar: *¡No! ¡No lo hagas!*

Por otro lado, tampoco me puedo quedar sentada viendo cómo descarrila el tren.

Charlotte y yo hemos hablado de la importancia de prever el resultado de sus decisiones, pero sé que eso requiere algo más que un proceso intelectual. La compulsión repetitiva es una fiera difícil de domar. Para Charlotte, la estabilidad y la alegría concomitante no son de fiar; la ponen nerviosa, la angustian. Cuando eres hija de un padre cariñoso y alegre que desaparece un tiempo y luego regresa como si nada hubiera pasado —y lo mismo sucede una y otra vez— aprendes a considerar el amor un sentimiento inestable. Cuando tu madre sale de la depresión y, de súbito, muestra interés por tu vida y se comporta como las madres de tus amigos, no te atreves a alegrarte porque sabes por propia experiencia que en cualquier momento cambiará. Y lo hace. En todas las ocasiones. Mejor no buscar nada demasiado sólido. Mejor «quedar para tomar algo» con el chico de la antesala, que tal vez tenga novia o tal vez ya no, pero coqueteó contigo mientras estaba con ella.

—No sé qué pinta la novia en todo esto —prosigue Charlotte—. ¿Le parece una mala idea?

—¿Qué sientes tú al respecto?

—No sé. —Charlotte se encoge de hombros—. ¿Emoción? ¿Miedo?

—¿Miedo a qué?

—No lo sé. A no gustarle fuera del gabinete o a ser un rollo para quitarse a su novia de la cabeza. O a que esté hecho polvo porque tenía problemas con su novia. O sea, ¿por qué si no estaba haciendo terapia?

Charlotte empieza a revolverse en el asiento, a jugar con las gafas de sol que ha dejado en el reposabrazos de la butaca.

—O... —continúa— ¿y si todavía sale con su novia y solo quiere quedar conmigo en plan de amigos, hago el ridículo y luego tengo que verlo en la sala de espera cada semana?

Le digo a Charlotte que su manera de hablar del Tío me recuerda a su estado mental antes de reunirse con sus padres, no solo de niña sino también ahora, como adulta. *¿Irá todo bien? ¿Se comportarán? ¿Discutiremos? ¿Se presentará mi padre o me llamará para disculparse en el último momento? ¿Mi madre montará una escena en público? ¿Nos divertiremos? ¿Me sentiré humillada?*

—Es verdad —asiente Charlotte—. No iré.

Ambas sabemos que irá.

Cuando el tiempo se agota, Charlotte da comienzo a su ritual de costumbre (expresar incredulidad ante la hora, recoger sus pertenencias muy despacio, alargar la despedida). Se encamina a la puerta con languidez pero se detiene en el umbral, como hace a menudo para formularme una pregunta o decir algo que debería haber comentado durante la sesión. Igual que John, es propensa a lo que llamamos «revelaciones de último minuto».

—Por cierto —empieza en tono desenfadado, aunque presiento que va a decir cualquier cosa menos un comentario improvisado. Sucede con cierta frecuencia que los pacientes pasen la sesión entera hablando de cualquier cosa y te suelten una bomba en los últimos diez segundos («creo que soy bisexual», «mi madre biológica me ha encontrado en Facebook»). Lo hacen por diversas razones: les da vergüenza, no quieren darte ocasión a comentar nada, desean descolocarte tanto como están ellos. (*¡Entrega especial! ¡He aquí el caos en el que me encuentro! Medítalo durante toda la semana, ¿te parece?*) O también puede expresar un deseo: *piensa en mí.*

Esta vez, en cambio, no hay noticia bomba que valga. Charlotte se queda ahí plantada. Me pregunto si acaso le estará dando vueltas a un tema particularmente duro para ella: sus problemas con la bebida, sus esperanzas de que su padre responda al teléfono cuando lo llame para felicitarle el cumpleaños, la próxima semana. En vez de eso, me suelta:

—¿Dónde ha comprado ese top?

A priori, es una pregunta sencilla. Me han formulado esa misma pregunta sobre mi nueva camiseta —una de mis favoritas— una conductora de Uber, una camarera del Starbucks y una desconocida por la calle. En todas las ocasiones, he respondido sin dudarlo un instante: «¡En Anthropologie, de rebajas!», orgullosa de mi buen gusto y mi buena suerte. Con Charlotte, no sé por qué, algo me frena. No digo que me preocupe que empiece a vestirse igual que yo (como hizo una paciente). Es que creo saber por qué lo pregunta; quiere comprarlo y llevarlo esta noche a la cita con el Tío, un encuentro al que en teoría no asistirá.

—En Anthropologie —respondo de todos modos.

—Es mono —sonríe—. Nos vemos la semana que viene.

Y se marcha, pero no antes de que la mire a los ojos una milésima de segundo y ella desvíe la mirada.

Ambas sabemos lo que está a punto de pasar.

34

Vivir la vida

Estando a medio camino de mi residencia de psicología, estuve hablando de psicoterapia con mi estilista en la peluquería.

—¿Y por qué quieres ser psicoterapeuta? —preguntó Cory, arrugando la nariz. Comentó que a menudo se sentía como un psicólogo, por cuanto todo el mundo le contaba sus problemas—. Es demasiada información para mi gusto —prosiguió—. Yo solo les estoy cortando el pelo. ¿Por qué me explican todas esas cosas?

—¿Te cuentan intimidades?

—Oh, sí, algunos sí. No entiendo cómo te puedes dedicar a eso. Es tan... —levantó las tijeras mientras buscaba la palabra adecuada—. Cansino.

Siguió cortando. Me quedé mirando cómo recortaba las capas de pelo delanteras.

—¿Y tú qué les dices? —quise saber. Acababa de percatarme de que, cuando la gente compartía sus secretos con él, seguramente se estarían mirando al espejo, igual que ahora manteníamos nuestra conversación con el reflejo del otro. Quizás eso invitaba a las confesiones.

—¿Qué les digo cuando me cuentan sus problemas? —preguntó.

—Sí. ¿Les das algún consejo, aportas tu granito de arena?

—Ni una cosa ni la otra —replicó.

—¿Y entonces qué?

—Vive la vida —fue su respuesta.

—¿Qué?

—Les digo: «Vive la vida».

—¿Eso les dices? —Reí con ganas. Me imaginaba a mí misma diciendo eso en mi consulta. ¿Tienes problemas? Vive la vida.

—Deberías probarlo con tus pacientes —asintió, sonriendo—. A lo mejor les servía de ayuda.

—¿Eso ayuda a tus clientes? —le pregunté.

Cory asintió.

—La cosa funciona así: les corto el pelo y al cabo de un tiempo vuelven y me piden algo distinto. «¿Por qué?», les pregunto. «¿No te gustó lo que te hice la otra vez?». Sí, sí, dicen. ¡Les encantó! Solamente quieren algo distinto. Y yo les hago *exactamente* el mismo corte que la última vez, pero creen que es diferente. Y se marchan encantados.

Esperé a oír más, pero él parecía concentrado en mis puntas abiertas. Observé la caída de los mechones al suelo.

—Vale —concedí—. Pero ¿qué tiene eso que ver con sus problemas?

Cory dejó de cortar y me miró a través del espejo.

—¡Puede que todas esas cosas de las que se quejan no sean problemas en realidad! A lo mejor todo está bien tal cual. Quizás es genial incluso, igual que el corte de pelo. Seguramente serían más felices si no intentaran cambiar las cosas. Si se limitaran a vivir, sin más.

Medité su teoría. Algo de razón tenía, sin duda. A veces las personas necesitan aceptarse a sí mismas y a los demás tal como son. Sin embargo, en otras ocasiones, para sentirte mejor, precisas que alguien te haga de espejo, y no precisamente un espejo que te favorezca, como el que yo tenía delante.

—¿Nunca has hecho terapia? —le pregunté a Cory.

—Por Dios, no. —Sacudió la cabeza con fuerza—. Eso no es para mí.

A pesar de los reparos de Cory con el exceso de información, en los años que llevaba cortándome el pelo me había contado unas cuantas cosas de sí mismo. Sabía que estaba muy desengañado en el aspecto amoroso, que a su familia le había costado mucho aceptar que es gay, que su padre lo fue en secreto toda su vida y mantenía relaciones con hombres, pero nunca llegó a salir del armario. Sabía también que Cory se había sometido a varias operaciones estéticas pero todavía no estaba satisfecho con su aspecto y se estaba preparando para volver a pasar por el bisturí. Mientras hablábamos, lanzaba ojeadas al espejo buscándose defectos.

—¿Y qué haces cuando estás triste o te sientes solo? —quise saber.

—Tinder —replicó, convencido.

—¿Y polvete?

Sonrió. *Claro que sí.*

—¿Y no vuelves a ver a esos chicos?

—Normalmente, no.

—¿Y luego te sientes mejor?

—Sí.

—O sea, ¿hasta que vuelves a sentirte solo o triste y acudes a la aplicación en busca de otra dosis?

—Exacto. —Cambió las tijeras por el secador de mano—. De todos modos, no es distinto de ir a terapia cada semana para conseguir tu dosis, ¿no?

Sí que lo es. Es distinto en muchísimos aspectos. Para empezar, los psicoterapeutas no se limitan a ofrecer una mera dosis semanal. Hace tiempo oí decir a un periodista que hacer una buena entrevista se parece un poco a cortar el pelo: parece fácil hasta que tienes las tijeras en la mano. Y eso mismo, estaba descubriendo, se podía aplicar a la terapia. Pero yo no pretendía hacer proselitismo. Al fin y al cabo, la terapia no es para todo el mundo.

—Tienes razón —le dije a Cory—. Hay muchos modos de vivir la vida.

Conectó el secador.

—Tú tienes tu terapia —concluyó, y señaló el teléfono con la barbilla—. Y yo tengo la mía.

35

¿Qué preferirías?

Julie está haciendo repaso de las distintas partes de su cuerpo para decidir cuáles desea conservar.

—¿El colon? ¿El útero? —pregunta con las cejas enarcadas, como si fuera una broma—. Ah, y esta sí que es buena. La vagina. Básicamente el asunto se reduce a: ¿qué prefiero? ¿Poder cagar, tener hijos o echar un polvo?

Yo tengo un nudo en la garganta. Hoy Julie no está tan radiante como unos meses atrás en el Trader Joe's, ni siquiera tiene el mismo aspecto que hace unas semanas, cuando los médicos le dijeron que para mantenerla viva tendrían que seguir operando. Aguantó estoicamente el primer episodio de cáncer, la recurrencia y la sentencia de muerte que concluyó con una suspensión de la ejecución y la esperanza de un embarazo. Sin embargo, después de tantos «te lo has creído», está harta de bromas cósmicas, cansada de todo. Tiene la tez fina, arrugada, los ojos inyectados en sangre. Ahora lloramos juntas de vez en cuando y me abraza cuando se marcha.

En el Trader Joe's nadie sabe que está enferma y Julie quiere mantenerlo en secreto todo el tiempo que pueda. Desea que la conozcan como persona antes que como enferma de cáncer, y su manera de pensar me recuerda mucho a la mentalidad de los terapeutas en relación con los pacientes: queremos conocerlos antes de familiarizarnos con sus problemas.

—Se parece al juego ese que triunfaba en las fiesta de pijama cuando era una cría —me dice hoy—. ¿Qué preferirías? ¿Morir en un accidente de avión o en un incendio? ¿Estar ciega o sorda? ¿Oler mal durante el resto de tu vida o notar solamente malos olores? Una vez, cuando me tocaba responder, dije: «Ninguna de las dos cosas». Y todos insistieron: «No, tienes que escoger una». Y yo: «Pues no escojo ninguna». Y todo el mundo alucinó. No podían entender que, ante de dos alternativas horribles, «ninguna» fuera una opción.

En el anuario del instituto, debajo de su nombre, escribieron: «No escojo ninguna».

Julie aplicó esa misma lógica a lo largo de su vida. Cuando le preguntaron si prefería estudiar en una universidad de prestigio pagando una parte de la matrícula o en otra menos interesante con los cursos pagados, todo el mundo a su alrededor tenía una opinión muy clara de lo que Julie debería escoger. Y sin embargo, desoyendo los consejos, ella no eligió ninguna de las dos opciones. Fue una buena decisión; poco tiempo después le ofrecieron una plaza todavía mejor en una ubicación excelente, en la misma ciudad que su hermana, y allí conoció a su marido.

Cuando se puso enferma, en cambio, *ninguna de las dos* dejó de ser una alternativa: ¿prefieres no tener pechos o conservarlos y morir? Escogió vivir. Había tantas decisiones como esa, que entrañaban respuestas complicadas pero obvias, y Julie se las tomaba todas con filosofía. Pero ahora, ante ese acertijo retorcido, esta ruleta en la que se jugaba su propio cuerpo, no sabía qué escoger. Al fin y al cabo, todavía se estaba recuperando de un aborto reciente.

El embarazo duró ocho semanas, en el transcurso de las cuales su hermana pequeña, Nikki, se había quedado embarazada de su segundo hijo. Reacias a anunciar la noticia antes de haber cumplido el primer trimestre, las hermanas guardaron juntas el secreto. Tachaban un día tras otro en el calendario que compartían en internet, según avanzaban hacia las doce semanas. Las marcas de Julie, en forma de almohadilla, eran azules porque intuía que llevaba un niño; lo llamaba BB, por Bebé Bonito. Nikki las pintaba de amarillo (apodo: Bebé A), el color que había escogido para decorar la habitación del recién nacido; igual que en su primer embarazo, no quería conocer el sexo del bebé.

A punto de concluir la octava semana, Julie empezó a sangrar. Su hermana estaba entrando en la sexta. Cuando iba de camino a urgencias, le entró un mensaje de texto de Nikki. Era una ecografía acompañada de un texto: *¡Eh, mira, ya me late el corazón! ¿Cómo está mi primo BB? XO, Bebé A.*

Al primo de Bebé A las cosas no le iban muy bien. Ya no era viable.

Pero al menos no tengo cáncer, pensó Julie mientras abandonaba ese hospital que tan bien conocía. Por una vez, lo había visitado para afrontar un problema «normal» entre las chicas de su edad. Muchas mujeres sufren abortos en esas primeras semanas, le explicó el obstetra. El cuerpo de Julie había estado sometido a mucha presión.

—Son cosas que pasan —le dijo el médico.

Y por primera vez en su vida, Julie, que siempre había habitado el reino de la razón, dio por buena la respuesta. Al fin y al cabo, cada vez que los doctores detallaban los motivos, la explicación resultaba devastadora. Destino, mala suerte, probabilidad... cualquiera de esas razones se le antojaba más llevadera que los diagnósticos funestos. A partir de ahora, si se le estropeaba el ordenador o reventaba una cañería de la cocina, diría: *son cosas que pasan*.

La frase le arrancó una sonrisa. Funcionaba en ambos sentidos, pensó. ¿Cuántas veces suceden cosas *buenas* de improviso, también? El otro día sin ir más lejos, me relató, un desconocido entró en el Trader Joe's acompañado de una sin techo que mendigaba en el aparcamiento y le dijo a Julie: «¿Ve a esa mujer de ahí? Le he dicho que compre lo que quiera. Cuando llegue a la caja registradora, avíseme y yo pagaré la cuenta». Después de narrarle la anécdota a Matt por la noche al volver del trabajo, Julie negó con la cabeza y dijo: *Son cosas que pasan*.

Y, de hecho, al siguiente intento, Julie volvió a quedarse embarazada. Bebé A tendría un primo más joven esta vez. Cosas que pasan.

Para no llamar a la mala suerte, Julie se abstuvo de ponerle un mote al futuro bebé. Le cantó y guardó su secreto como un diamante que nadie podía ver. Solamente su marido, su hermana y yo estábamos al corriente. Ni siquiera su madre sabía nada todavía. («Es incapaz de callarse una buena noticia», me dijo Julie entre risas.) Así pues, era conmigo con quien compartía sus progresos, fui yo la persona a la que le describió el globo en forma de corazón que Matt llevó a la primera ecografía y fue a mí a quien llamó cuando, una semana más tarde, Julie abortó de nuevo y las pruebas revelaron que un mioma había convertido su útero en un entorno «hostil». De nuevo, la noticia fue bien recibida porque se trataba de un problema muy habitual... y tenía remedio.

—Pero al menos no tengo cáncer —fue la reacción de Julie. La frase se había convertido en su mantra y el de Matt. Siempre y cuando Julie no tuviera cáncer, pasara lo que pasase —esos reveses diarios, pequeños y grandes, de los que tanto se queja la gente— el mundo iba bien. Julie tendría que someterse a una cirugía menor para librarse del mioma y luego podría quedarse embarazada de nuevo.

—¿Otra intervención? —preguntó Matt.

Pensaba que el cuerpo de Julie ya había soportado bastante. Quizás, sugirió, deberían adoptar o contratar un vientre subrogado para los embriones que habían congelado. Matt era tan reacio a correr riesgos como Julie; fue una de las cosas que los unieron al principio de la relación. Tras todos esos abortos, ¿no sería más seguro optar por esa solución? Además, si tomaban el camino de la subrogación, ya tenían a la persona perfecta en mente.

El día de su segundo aborto, de camino a urgencias, Julie había llamado a Emma, una compañera de trabajo de Trader Joe's, para preguntarle si podría sustituirla. Sin que Julie lo supiera Emma acababa de apuntarse a una agencia de vientres subrogados con el fin de poder costearse la universidad. Era una madre casada de veintinueve años que quería sacarse un título universitario y estaba encantada con la idea de hacer realidad el sueño de una familia al mismo tiempo que cumplía sus aspiraciones. Cuando Julie le contó a Emma sus problemas, ella le ofreció sus servicios al instante. Antes de eso, Julie la había animado a volver a la universidad e incluso la había ayudado a rellenar la preinscripción. Hacía meses que las dos trabajaban codo con codo y jamás se le había pasado por la cabeza que Emma fuera a gestar a su hijo algún día. Sin embargo, si la pregunta de Julie a la vida siempre había sido *¿por qué?*, esta vez se preguntó: *¿por qué no?*

De modo que la pareja ideó un nuevo plan, como tantas otras veces desde el comienzo de su matrimonio. Julie se operaría el mioma y luego intentarían un nuevo embarazo. Si eso no salía bien, le pedirían a Emma que gestase a su bebé. Y si eso tampoco cuajaba, recurrirían a la adopción.

—Al menos no tengo cáncer —me dijo Julie en sesión después de explicarme el último revés y los nuevos planes. Salvo que, mientras preparaban la extracción del mioma, los médicos de Julie descubrieron que había un problema más grave. El cáncer había vuelto y se estaba expandiendo. No había nada que hacer. Ni más medicamentos milagrosos. Si quería, harían cuanto pudieran por prolongarle la vida, pero eso implicaba renunciar a muchas cosas por el camino.

Tendría que decidir con qué quería vivir —y de qué podía prescindir— y durante cuánto tiempo.

Cuando los doctores les dieron la noticia, Julie y Matt, sentados en las sillas de plástico de la consulta médica, estallaron en carcajadas. Se rieron del serio ginecólogo y, al día siguiente, se desternillaron del solemne oncólogo. Al final de la semana, se habían reído del gastroenterólogo, del urólogo y de los dos cirujanos a los que pidieron una segunda opinión.

Antes incluso de hablar con los médicos, se les escapaba la risa. Cada vez que las enfermeras, de camino a una sala de exploración, preguntaban con educación: «¿Cómo se encuentran hoy?», Julie replicaba con desenfado: «Pues verá, me estoy muriendo. ¿Y cómo está usted?». Las enfermeras no sabían qué responder.

A Matt y a ella les parecía graciosísimo.

Rieron con ganas cuando les plantearon la posibilidad de extirparle las partes del cuerpo que el cáncer podía atacar de manera más agresiva.

—El útero ya no nos sirve para nada —respondió Matt con indiferencia, sentado junto a Julie en la consulta del médico—.

Personalmente, voto por conservar la vagina y perder el colon, pero es ella la que decide.

—«¡Es ella la que decide!» —se carcajeó Julie—. Qué mono es, ¿verdad?

En otra cita, Julie comentó:

—No sé, doctor. ¿Qué sentido tiene conservar la vagina si me van a quitar el colon y llevaré una bolsa de caca atada al cuerpo? No es un afrodisiaco, que digamos.

Matt y Julie se partieron de risa de nuevo.

El cirujano les explicó que podía crear una vagina a partir de otros tejidos y ella estalló otra vez en carcajadas.

—¡Una vagina por encargo! —le dijo a Matt—. ¿Qué te parece?

Rieron, rieron y rieron sin parar.

Y lloraron. Lloraron con la misma intensidad con la que reían.

Cuando Julie me lo contó, recordé haberme echado a reír también cuando Novio me dijo que no quería convivir con un niño durante los próximos diez años. Recordé a la paciente que soltó carcajadas histéricas cuando su querida madre murió y a otro que se desternilló cuando supo que su esposa estaba enferma de esclerosis múltiple. Y luego recordé haber llorado en la consulta de Wendell durante sesiones enteras, igual que hacían a veces mis pacientes, igual que Julie había hecho las últimas semanas.

Así es el duelo: ríes. Lloras. Vuelta a empezar.

—Empiezo a inclinarme por conservar la vagina y perder el colon —me dice Julie hoy. Se encoge de hombros, como si estuviéramos manteniendo una conversación normal—. O sea, mis pechos ya son falsos. Con una vagina de pega, ¿en que me diferenciaré de una muñeca Barbie?

Está tratando de averiguar cuánto le tienen que arrebatar antes de dejar de ser ella. ¿A qué podemos llamar vida, aun estando vivos? La gente casi nunca habla de estos temas con sus padres ancianos, de todos esos «preferirías…» que nadie quiere considerar. Además, la cuestión se limita a un experimento mental hasta que te afecta directamente. ¿Qué te llevaría tirar la toalla? ¿La pérdida de la movilidad? ¿La pérdida de la cognición? ¿Cuánta movilidad? ¿Cuánta cognición? ¿Y tirarías la toalla a la hora de la verdad?

Para Julie, las situaciones inaceptables eran las siguientes: preferiría morir a no poder alimentarse con comida normal o si el cáncer se extendiera a su cerebro y no pudiera formular pensamientos coherentes. Antes pensaba que optaría por morir antes que tener caca saliendo de un agujero en la barriga, pero ahora solamente le preocupa la bolsa de colostomía.

—A Matt le va a repugnar, ¿verdad?

La primera vez que vi una colostomía en la facultad de Medicina, me sorprendió hasta qué punto pasaba desapercibida. Incluso fabrican modernas fundas para la bolsa adornadas con flores, mariposas, signos de la paz, corazones, joyas. Un diseñador de lencería las apodó: «el *otro* secreto de Victoria».

—¿Le has preguntado? —planteo.

—Sí, pero él no dirá nada que pueda herir mis sentimientos. Quiero saberlo. ¿Cree que le repugnará?

—No creo que le repugne —respondo, aunque soy consciente de que yo también llevo cuidado con sus sentimientos—. Pero sí tendrá que acostumbrarse a ello.

—Ha tenido que acostumbrarse a muchas cosas —señala.

Me habla de la pelea que mantuvieron unas noches atrás. Matt estaba mirando un programa de la tele pero Julie quería hablar. Su marido le respondía con monosílabos, fingiendo escuchar,

y Julie se enfadó. *Mira lo que he encontrado en internet. Podríamos preguntarles a los médicos*, le dijo, y Matt replicó: *Esta
noche, no. Mañana lo miro.* Julie insistió: *Pero esto es importante y no tenemos mucho tiempo.* Matt la miró con una rabia
desconocida en él.

«¿No podemos descansar *una noche* del cáncer?», gritó. Era
la primera vez que la trataba con algo que no fuera amabilidad
y comprensión, y Julie, atónita, le espetó: «¡Yo no tengo noches
libres! ¿Sabes lo que daría por poder descansar una noche del
cáncer?». Se marchó como un vendaval a su habitación y cerró
la puerta. Al cabo de un ratito, Matt la siguió y se disculpó por
su salida de tono. *Estoy estresado*, dijo. *Esto es muy angustioso
para mí. Pero no tanto como para ti y lo siento. He sido un des-
considerado. Enséñame eso que has encontrado en internet.*
Pero las palabras de Matt dejaron a Julie en estado de estupor.
Ella no era la única que estaba perdiendo calidad de vida. También él. Lo sabía y no lo había tenido en cuenta.

—Al final no le enseñé lo de internet —concluye Julie—. Me
sentí tan egoísta. Él debería poder descansar una noche del cáncer. Además, no se casó conmigo para esto.

La reconvengo con la mirada.

—Sí, claro, cuando te casas prometes amar al otro «en la
salud y en la enfermedad» y «en los buenos tiempos y en los
malos», pero lo haces igual que das tu conformidad a las condiciones cuando te descargas una aplicación o pides una tarjeta de
crédito. En realidad no piensas que nada de eso vaya *contigo*. O,
si lo piensas, no esperas que vaya a pasar justo después de la
luna de miel, antes incluso de que hayas tenido la oportunidad
de disfrutar una vida en común.

Me alegro de que Julie esté pensando en cómo afecta el cáncer a Matt. Hasta ahora, siempre evitaba hablar del tema. Cada

vez que yo mencionaba que para Matt también debía de ser duro, Julie cambiaba de conversación.

«Sí, es una persona increíble —decía, negando con la cabeza—. Siempre tan entero, tan presente para mí. Pero, como iba diciendo...».

Si Julie había sido consciente de la magnitud del dolor de su marido, no estaba preparada para afrontarlo. Sin embargo, algo había cambiado. La explosión de Matt la había obligado a confrontar una tensión delicada: el hecho de que estaban juntos en este desdichado viaje, pero al mismo tiempo separados.

Ahora Julie rompe a llorar.

—Matt quería retirar sus palabras, pero ya estaban dichas, flotando entre los dos. Entiendo que quiera una noche libre del cáncer. —Guarda silencio un instante—. Me juego algo a que en el fondo preferiría que ya estuviera muerta.

Me juego algo a que a veces sí, pienso por un momento. En cualquier matrimonio ya es complicado de por sí el toma y daca que implica dejar a un lado los propios deseos y necesidades por el otro, pero en este caso la balanza está instalada en un desequilibrio permanente. Sin embargo, también sé que el asunto es mucho más complicado. Imagino que Matt se siente atrapado en el tiempo, recién casado, joven, deseoso de llevar una vida normal y formar una familia, consciente de que su vida junto a Julie es temporal. En un futuro próximo se ve viudo y luego siendo un padre cuarentón en lugar del papá joven que planeaba ser. Seguramente alberga la esperanza de que esto no se prolongue otros cinco años, una etapa preciosa quemada en hospitales, cuidando de su joven esposa cuyo cuerpo están cortando en pedazos. Al mismo tiempo, no me cabe duda de que la experiencia lo conmueve hasta la médula, lo hace sentir, como me dijo un hombre en los meses previos a la muerte de su esposa de treinta años, «cambiado para siempre y paradójicamente vivo». Apuesto a que, igual que ese hombre, si Matt pudiera retroceder en el tiempo no se casaría con otra persona. Y pese a todo, está en un momento de la vida en que todos los demás se mueven hacia delante; en la treintena toca construir los cimientos del futuro. Se siente desplazado entre sus iguales y a su modo, en su dolor, su soledad es inmensa.

No creo que a Julie la ayude conocer hasta el último detalle, pero sí opino que su tiempo compartido será más rico si Matt cuenta con un espacio para expresar sus auténticos sentimientos en relación con el proceso. Y si pueden disfrutar de una experiencia mutua más profunda durante el tiempo que les queda, Julie estará más presente en Matt después de su partida.

—¿A qué cree que se refería Matt cuando habló de descansar una noche del cáncer? —le pregunto.

Ella suspira.

—A descansar de las visitas al médico, de los abortos y de todo eso que a mí también me gustaría poder olvidar por un momento. Quiere hablar de su investigación y del nuevo restaurante mexicano que han abierto en nuestra calle y... ya sabe, de las cosas *normales* que hace la gente de nuestra edad. Desde que esto empezó, hemos dedicado todo el tiempo a buscar maneras de curarme. Pero ahora ya no puede hacer planes conmigo ni a un año vista y tampoco puede conocer a nadie más. Para seguir avanzando necesita que yo no esté.

Ya entiendo de qué va esto. Debajo de su calvario subyace una verdad fundamental: por más que la vida de Matt haya cambiado, en algún momento retornará a una especie de normalidad. Y a Julie, sospecho, eso no le hace ninguna gracia. Le pregunto si está enfadada con su marido, si le tiene envidia.

—Sí —susurra como si estuviera revelando un secreto vergonzoso. Yo le digo que es normal. ¿Cómo no sentir envidia sabiendo que él la sobrevivirá?

Julie asiente.

—Me siento culpable de hacerlo pasar por esto y celosa de que él tenga un futuro por delante —confiesa, y se ajusta un almohadón a la espalda—. Y luego me siento culpable por tener celos.

Es muy habitual, medito, incluso en las situaciones cotidianas, sentir celos del cónyuge, y sin embargo se considera tabú. ¿No se supone que debemos alegrarnos por los triunfos del otro? ¿No consiste en eso el amor?

Hace un tiempo trabajé con una pareja. Ella había conseguido el empleo de sus sueños el mismo día que su marido fue despedido, una situación que provocaba una tremenda incomodidad a la hora de la cena. ¿Hasta qué punto podía hablar la mujer de sus experiencias del día sin provocar malestar a su marido? ¿Cómo podía él lidiar con su envidia sin aguarle la fiesta a su mujer? ¿Hasta qué punto te puedes exigir generosidad cuando tu pareja ha conseguido algo que ansías con toda tu alma y no puedes tener?

—Ayer Matt volvió a casa del gimnasio —prosigue Julie— y me dijo que el ejercicio le había sentado de maravilla. Yo respondí: «Genial», pero me invadió la tristeza, porque antes entrenábamos juntos. Él siempre le decía a todo el mundo que yo era la musculosa, la corredora de maratones. «Julie es una maciza, a su lado yo soy un canijo», bromeaba, y los amigos del gimnasio empezaron a llamarnos así.

»Da igual, el caso es que casi siempre teníamos relaciones cuando llegábamos a casa del gimnasio. Así que ayer, cuando entró, se acercó a darme un beso y yo se lo devolví, y nos acostamos, pero a mí me costó horrores seguirle el ritmo. Me lo callé y Matt se levantó para ducharse. Mientras entraba en el cuarto de baño, miré sus músculos y pensé: *Era yo la del cuerpo musculado*. Y entonces comprendí que no solo es Matt el que está presenciando mi muerte. Yo también. Estoy presenciando mi propia muerte. Y estoy enfadada con todos los que van a seguir vivos. ¡Mis padres me sobrevivirán! ¡Puede que incluso mis abuelos! Mi hermana va a tener otro niño. ¿Y yo qué?

Alarga la mano hacia su botella de agua. Cuando Julie se recuperó del cáncer la primera vez, los médicos le dijeron que beber agua elimina toxinas, así que se acostumbró a llevar consigo una botella de dos litros. Ya no le sirve de nada, pero se ha convertido en un hábito. O una plegaria.

—Es duro ver todo lo que hay —le digo— y disfrutarlo cuando estás de duelo por tu propia vida.

Guardamos silencio un ratito. Por fin, se seca los ojos y una sonrisa mínima se dibuja en sus labios.

—Tengo una idea.

La miro con curiosidad.

—Si es un disparate, ¿me lo dirá?

Asiento.

—Estaba pensando —empieza—, que en lugar de pasarme el día envidiando a todo el mundo, podría dedicar el tiempo que me queda a ayudar a mis seres queridos a seguir adelante cuando yo no esté.

Cambia de postura, emocionada.

—Matt y yo, por ejemplo. No envejeceremos juntos. Ni siquiera alcanzaremos juntos la mediana edad. Se me ha ocurrido que quizás para Matt mi muerte se parezca más a una ruptura que a la pérdida de una esposa. En el grupo del cáncer, las mujeres hablan de lo que supondrá su partida para sus maridos, pero muchas tienen sesenta y pico o setenta. La única que ronda los cuarenta lleva quince años casada y tiene dos hijos. Quiero ser recordada como una esposa y no como una exnovia. Quiero comportarme como una esposa y no como una exnovia. Así que he estado discurriendo: ¿qué haría una esposa? Y ¿sabe lo que les preocupa a esas mujeres cuando piensan que sus maridos se van a quedar solos?

Niego con un movimiento de la cabeza.

—Quieren estar seguras de que no se hundirán, de que estarán bien —me cuenta—. Aunque envidio su futuro, yo también quiero que Matt esté bien.

Me mira como si acabara de decir algo cuyo doble sentido yo debería captar, pero no es así.

—¿Qué podría hacer usted para ayudarlo a salir adelante? —pregunto.

Me dispara una sonrisa.

—Por mucho que me horrorice, quiero ayudarle a encontrar una nueva esposa.

—¿Quiere transmitirle que le parece bien que se vuelva a enamorar? —sugiero—. No me parece ningún disparate.

A menudo, el cónyuge desahuciado desea ofrecerle al otro esa bendición: decirle que está bien llevar a una persona en el corazón y enamorarse de otra, hacerle saber que nuestra capacidad de amor admite ambos sentimientos.

—No —dice Julie, negando con la cabeza—. No hablo de darle mi bendición para que encuentre a alguien. Quiero ayudarle a encontrar una esposa. Quiero que ese regalo sea parte de mi legado.

Igual que cuando Julie sugirió la idea del Trader Joe's, retrocedo ante la idea. Me parece una postura masoquista, una forma de tortura en una situación ya bastante tortuosa de por sí. Estoy segura de que Julie no querría ver eso, no podría soportarlo. La futura esposa de Matt tendrá hijos con él. Harán excursiones juntos, subirá montañas con él. Se acurrucará a su lado, compartirá sus bromas y practicará con él un sexo apasionado igual que hizo Julie una vez. Admiro su amor y su altruismo, claro, pero Julie, al fin y al cabo, es humana. Igual que Matt.

—¿Qué le hace pensar que él desea ese regalo? —tanteo.

—Es de locos, ya lo sé —responde Julie—. Pero una mujer de mi grupo tenía una amiga que lo hizo. Ella se estaba muriendo, el marido de su mejor amiga estaba en las últimas también y la chica no quería que ninguno de los dos estuviera solo. Sabía que se llevaban bien; la amistad se remontaba a varias décadas. Así que, cuando estaba en el lecho de muerte, les pidió que salieran juntos después del funeral. Una sola vez. Y ahora están prometidos. —Julie rompe a llorar de nuevo—. Perdone —solloza. Casi todas las mujeres con las que trabajo se disculpan por sus sentimientos, en particular por las lágrimas. Recuerdo haber pedido perdón en la consulta de Wendell de manera parecida. Quizás los hombres se disculpen de antemano mediante el gesto de reprimir el llanto.

—O sea, no lo siento, tengo derecho a estar triste —se corrige, recurriendo a una frase que yo le he dedicado hace un rato.

—Va a echar mucho de menos a Matt —constato.

—Sí —responde, rota de dolor—. De la cabeza a los pies. Su facilidad para emocionarse con cualquier cosa, como un capuchino o la frase de un libro. Su manera de besarme y esos ojos que tardan diez minutos en abrirse cuando madruga demasiado. Sus pies calentitos en la cama cuando los míos están fríos y su manera de mirarme cuando le cuento algo, como si sus ojos asimilaran todo lo que digo tanto como sus oídos. —Julie se detiene para tomar aliento—. ¿Y sabe qué añoraré más que nada? Su rostro. Voy a echar de menos mirar su preciosa cara. Es mi cara favorita del mundo entero.

Julie llora con tanto desconsuelo que no emite sonido alguno. Ojalá Matt hubiera estado aquí para ver esto.

—¿Se lo ha dicho?

—Todo el tiempo —asiente—. Cada vez que me toma la mano, le digo: «Voy a echar de menos tus manos». O cuando silba por casa, le cuento cuánto voy a echar de menos ese sonido. Sabe silbar muy bien. Y él siempre me decía: «Jules, todavía estás aquí. Puedes tomar mis manos y oírme silbar». Pero ahora... —la voz de Julie se rompe—. Ahora me dice: «Yo también te voy a echar muchísimo de menos». Creo que empieza a aceptar que esta vez sí me estoy muriendo.

Se enjuga el labio superior.

—¿Quiere que le diga una cosa? —prosigue—. Yo también me echaré de menos. He sido siempre tan insegura... Y ahora, por primera vez, estaba empezando a gustarme. Me gusto. Voy a añorar a Matt, a mi familia y a mis amigos, pero sobre todo me voy a añorar a mí.

A continuación recita todas las cosas por las que le habría gustado sentirse más agradecida antes de ponerse enferma: sus pechos, que no le parecían lo bastante respingones hasta que tuvo que renunciar a ellos; sus fuertes piernas, que a menudo consideraba demasiado gruesas, si bien le venían de maravilla en las maratones; su manera de escuchar en silencio, aunque siempre temía que los demás la consideraran una persona aburrida por ello. Va a echar de menos su risa, tan peculiar, que un chico de quinto calificó de «gritona» y ella llevó dentro el comentario durante años, como un runrún, hasta que su estrepitosa risa indujo a Matt a volver la cabeza en una fiesta y luego encaminarse directamente hacia ella para presentarse.

—¡Voy a añorar mi puñetero colon! —añade, ahora entre risas—. No he sabido valorarlo. Echaré de menos sentarme en la taza y cagar. ¿Quién hubiera pensado que echaría de menos cagar?

Vuelven las lágrimas... ahora de rabia.

Cada día implica una nueva pérdida de algo que siempre dio por sentado hasta que dejó de estar ahí, igual que las parejas con las que trabajo a diario dan al otro por supuesto y luego empiezan a añorarlo cuando el matrimonio parece estar llegando a su fin. Muchas mujeres me han confesado también que siempre odiaron tener la regla, hasta que alcanzaron la menopausia y empezaron a echarla de menos. Añoran el sangrado igual que Julie añorará sentarse a hacer sus necesidades.

Y entonces, casi en susurros, Julie añade:

—Voy a echar de menos la vida. Qué mierda. Joder, joder, joder, ¡joder! —exclama, primero a un volumen normal, pero luego cada vez más alto. La intensidad de su grito la sorprende incluso a ella. Me mira, avergonzada—. Perdone, no quería...

—No pasa nada —le aseguro—. Es una mierda.

Julie ríe.

—Hala, he conseguido que mi psicóloga diga tacos. Yo no suelo hablar así. No quiero que mi epitafio diga: «Maldecía como un marinero».

Me pregunto qué frase le gustaría para su epitafio, pero el tiempo casi ha terminado y tomo nota mental para planteárselo la próxima vez.

—Bah, qué importa, me ha sentado bien. ¿Lo repetimos? —propone Julie—. ¿Me acompaña? Nos queda un minuto, ¿no?

Al principio no sé de qué me habla; ¿hacer qué? Pero me está lanzando esa mirada traviesa de nuevo, y entonces lo capto.

—Quieres que...

Julie asiente. La chica recatada que siempre ha cumplido las reglas al pie de la letra me está pidiendo que grite obscenidades con ella. Hace poco, en el grupo de supervisión, Andrea comentó que, si bien tenemos que sostener la esperanza de nuestros pacientes, deberíamos sostenerla en el sentido adecuado. Si ya no albergo esperanzas sobre la longevidad de Julie, señaló Andrea, tengo que depositarlas en otra cosa. «No puedo ayudarla como a ella le gustaría», me lamenté yo. Pero ahora, aquí sentada, comprendo que quizás sí puedo. Hoy sí, cuando menos.

—Vale —consiento—. ¿Lista?

Y las dos gritamos:

—¡JODER, JODER, JODER, JODER, JODER, JODER, JODER!

Cuando terminamos, recuperamos el aliento emocionadas.

A continuación la acompaño a la puerta, donde se despide con un abrazo, como de costumbre.

Otros pacientes salen de sus sesiones, las puertas abiertas a menos diez como un reloj. Mis colegas me lanzan miradas inquisitivas mientras Julie se aleja. Nuestras voces deben de haber resonado por todo el pasillo. Me encojo de hombros, cierro la puerta y me río con ganas. *Esto sí que es nuevo*, pienso.

Y entonces me deshago en lágrimas. Reír hasta llorar... de dolor. Voy a echar de menos a Julie. A mí también me está resultando muy duro.

A veces lo único que puedes hacer es gritar: *¡Joder!*

36

La urgencia ante la necesidad

Después de terminar el año de prácticas, empecé a trabajar como interna en una fundación cuya sede estaba ubicada en el sótano de un elegante edificio de oficinas. Arriba, los luminosos despachos tenían vistas a las montañas de Los Ángeles a un lado y a las playas al otro, pero abajo era otra historia. En minúsculas salas de consulta sin ventanas, oscuras como cuevas, amuebladas con sillas que contaban décadas, lámparas rotas y sofás raídos, los becarios nos dedicábamos a coleccionar pacientes. Cuando llegaba un nuevo caso, todos nos lo disputábamos, porque cuantas más personas visitáramos, más cerca estaríamos de completar las horas de práctica profesional que se nos exigía. Entre sesiones consecutivas, supervisión clínica y un montón de papeleo, no prestábamos demasiada atención al hecho de que vivíamos bajo tierra.

Sentados en la sala de descanso (fragancia: palomitas y aerosol antihormigas), devorábamos cualquier cosa (siempre almorzábamos «en el escritorio») y nos lamentábamos de la falta de tiempo. Sin embargo, a pesar de tanta queja, estábamos encantados con nuestra iniciación como psicoterapeutas; en parte por la empinada curva de aprendizaje y la sabiduría de los supervisores (que nos daban consejos del estilo: «si hablas tanto, no podrás escuchar», o su variante: «tienes dos orejas y una boca; la proporción está ahí por algo») y en parte porque sabíamos que se trataba de una fase, gracias a Dios, temporal.

La luz al final de un túnel que se contaba en años era la acreditación, tras la cual podríamos mejorar las vidas de las personas ejerciendo el oficio que nos encantaba pero, nos decíamos, a un ritmo más pausado y con horarios más razonables. Recluidos en el sótano, redactando historiales a mano y buscando cobertura para el móvil, no éramos conscientes de que a la luz del sol se estaba declarando una revolución que implicaba rapidez, facilidad y gratificación inmediata. No sabíamos que eso que nos habían enseñado a ofrecer —resultados graduales pero duraderos, que requerían trabajar con ahínco— estaba quedando cada vez más obsoleto.

Había atisbado algún amago de este cambio en los pacientes de la clínica, pero, centrada como estaba en mi igualmente ajetreada existencia, no había sido capaz de observar todo el cuadro. Pensaba: *pues claro que a la gente le cuesta echar el freno, prestar atención y estar presentes. Por eso vienen a terapia.*

Mi vida no era muy distinta a la del resto del mundo, cuando menos en esa fase. Cuanto antes terminaba de trabajar, antes podía volver a casa con mi hijo y luego, cuanto más aceleraba el ritual de buenas noches, antes podía acostarme para levantarme al día siguiente y seguir corriendo. Y cuanto más corría menos veía, porque todo se había tornado borroso.

Pero eso acabaría pronto, me recordaba. Una vez que terminase el internado, empezaría la vida *real*.

Un día, estando en la sala de descanso con otros internos, empezamos de nuevo a contar las horas de trabajo requeridas y a calcular cuántos años tendríamos cuando por fin obtuviéramos la acreditación. Cuanto más alto el número, peor nos sentíamos. En ese momento entró una supervisora sexagenaria y oyó la conversación.

—Cumpliréis treinta o cuarenta o cincuenta de todos modos, tanto si habéis completado las horas necesarias como si no —nos espetó—. ¿Qué importa la edad que tengáis cuando terminéis? Sea como sea el día de hoy nadie os lo va a devolver.

Se hizo un silencio. *El día de hoy nadie os lo va a devolver.*

Qué idea tan interesante. Sabíamos que la supervisora pretendía decirnos algo importante. Pero no teníamos tiempo para pensar en ello.

La velocidad se refiere al tiempo, pero está muy relacionada con el aguante y el esfuerzo. Cuanto más rápido sea un resultado, dice la lógica, menos aguante y esfuerzo requerirá. La paciencia, en cambio, *necesita* aguante y esfuerzo. El diccionario la define como «la capacidad de tolerar desgracias y adversidades o cosas molestas u ofensivas con fortaleza, sin quejarse ni rebelarse». Y, como ya sabemos, buena parte de la vida consiste en cosas molestas u ofensivas, desgracias y adversidades. Desde una perspectiva psicológica, la paciencia se podría considerar la capacidad de tolerar todas esas dificultades el tiempo suficiente como para aprender algo de ellas. Experimentar la tristeza o la ansiedad te puede proporcionar una información esencial acerca de ti mismo y del mundo.

Ahora bien, mientras estaba en aquel sótano, corriendo hacia mi acreditación, la Asociación Estadounidense de Psicología publicó un artículo titulado: «¿Qué ha sido de la psicología?». Señalaba que, en 2008, el número de pacientes que habían recibido tratamiento psicológico había descendido un treinta por ciento en relación con los datos de una década atrás y que, desde

1990, la industria de la asistencia sanitaria administrada —el mismo sistema contra el que nos habían prevenido los profesores de medicina— venía limitando cada vez más las visitas y los reintegros de la psicoterapia pero no los tratamientos a base de medicamentos. Proseguía diciendo que, únicamente en 2005, las empresas farmacéuticas habían gastado 4.200 millones en publicidad directa al consumidor y 7.200 millones en promoción dirigida a la profesión médica; casi el doble de lo que invertían en investigación y desarrollo.

Obviamente es mucho más fácil —y rápido— tragarse una pastilla que hacer el esfuerzo de mirar dentro de ti mismo. Y yo no tenía nada en contra de que los pacientes recurrieran a la medicación para sentirse mejor. Al contrario; estaba convencida de que los fármacos podían ofrecer una ayuda inmensa en determinadas situaciones. Ahora bien, ¿de verdad el 26 por ciento de la población necesitaba medicación psiquiátrica? Al fin y al cabo, nadie decía que la psicoterapia no funcionase. El problema era que no funcionaba tan deprisa como los actuales pacientes —ahora denominados, de forma muy reveladora, «consumidores»— demandaban.

En todo ello se advertía una ironía tácita. La gente quería soluciones raudas a sus problemas, pero ¿y si el malestar que sentían estaba causado precisamente por el ritmo desenfrenado de sus vidas? Creían apresurarse ahora para saborear la existencia más tarde, sin pensar que, con frecuencia, ese «más tarde» nunca llega. El psicoanalista Erich Fromm expresó la misma idea hace más de cincuenta años. «El hombre moderno piensa que pierde algo —tiempo— cuando no actúa con rapidez; sin embargo, luego no sabe qué hacer con el tiempo que ha ganado, salvo matarlo.» Fromm tenía razón: las personas no utilizamos el tiempo que ahorramos para relajarnos o conectar con los amigos y la familia. En vez de eso, intentamos abarcar aún más cosas si cabe.

Cierto día, mientras los internos suplicábamos que nos dejaran llevar más casos aunque ya no dábamos abasto, la supervisora negó con la cabeza.

—La velocidad de la luz está obsoleta —comentó con ironía—. Ahora lo que se lleva es *la urgencia ante la necesidad*.

Así pues, yo corría como el rayo. En poco tiempo concluí el internado, aprobé los exámenes finales y me trasladé a una oficina aireada con vistas al mundo exterior. Tras dos salidas en falso —Hollywood, la facultad de Medicina— estaba lista para emprender una profesión que me apasionaba y el hecho de que fuera mayor que mis compañeros me infundía una sensación de urgencia. Había dado un rodeo y llegado tarde a la partida, y si bien por fin podía bajar el ritmo y saborear unos frutos ganados con el sudor de mi frente, todavía experimentaba la misma sensación de apremio que durante el internado; esta vez tenía prisa por disfrutarlos. Anuncié mi consulta por email y trabajé mi red de contactos. Al cabo de seis meses, tenía algún que otro paciente. Pero pronto la cifra se estabilizó. Todos los colegas con los que hablaba estaban pasando por experiencias similares.

Me uní a un grupo de supervisión para nuevos terapeutas y una noche, tras discutir nuestros casos, la conversación derivó a la cuestión numérica: ¿eran imaginaciones nuestras o esta nueva generación de psicólogos clínicos estaba condenada? Una chica comentó que había oído hablar de especialistas en creación de marca para psicoterapeutas, profesionales que te podían ayudar a salvar la brecha entre la necesidad cultural de satisfacción inmediata y el trabajo que nos habían enseñado a hacer.

Todos reímos con ganas. ¡Creadores de marca para psicoterapeutas! Qué absurdo. ¡Los grandes psicólogos del pasado a los que tanto admirábamos se revolverían en sus tumbas! Pero, en secreto, el comentario me intrigó.

Una semana más tarde estaba hablando por teléfono con una especialista en creación de marca para terapeutas.

—Ya nadie quiere comprar terapia —declaró la consultora con absoluta naturalidad—. Lo que buscan es la solución a un problema.

Me brindó algunos consejos sobre cómo posicionarme en este nuevo mercado —incluso me propuso que ofreciera «terapia de texto»— pero el enfoque me incomodaba.

Pese a todo, ella tenía razón. La semana antes de Navidad, recibí una llamada de un hombre de treinta y pocos interesado en hacer terapia. Explicó que necesitaba decidir si casarse con su novia o no y esperaba que pudiéramos «resolver el tema» en un plazo breve porque el día de los enamorados se aproximaba y, si no le regalaba un anillo, ella lo mandaría a paseo. Le expliqué que podía ayudarlo a ver las cosas más claras pero que no podía prometerle un plazo concreto. Me estaba hablando de una decisión muy importante y ni siquiera lo conocía todavía.

Fijamos día y hora, pero la jornada anterior a la cita, me llamó para decirme que había encontrado a otra persona. La terapeuta le había garantizado que en cuatro sesiones habrían resuelto el asunto, un plazo que encajaba con su fecha tope, el día de san Valentín.

Otra paciente que realmente deseaba encontrar un compañero, me contó que estaba conociendo gente en las aplicaciones de citas a un ritmo tan acelerado que varias veces había contactado con chicos solo para descubrir que ya habían coincidido en otra ocasión. Había pasado una hora tomando café con esas personas, pero llevaba a cabo el proceso de descarte a tal velocidad que ni siquiera se acordaba.

Ambos ofrecían ejemplos de eso que mi supervisora llamó «la urgencia ante la necesidad», entendida como deseo. Sin embargo, yo empezaba a pensar en el término en un sentido una pizca distinto, el que hace referencia la otra acepción de necesidad: falta.

Si alguien me hubiera preguntado cuando empecé a ejercer cuáles eran los motivos principales que atraían a la gente a terapia, habría dicho que la ansiedad o la depresión, o quizás los problemas de relación. Sin embargo, fueran cuales fuesen sus circunstancias, siempre había un denominador común de soledad, un anhelo y una carencia absoluta de verdadera conexión humana. Una necesidad. Rara vez lo expresaban en esos términos, pero cuanto más sabía acerca de sus vidas, más lo notaba, y lo advertía en mí misma también, en muchos sentidos.

Un día, estando en mi consulta, en la larga pausa que tenía entre pacientes, encontré un vídeo en internet de la investigadora del MIT Sherry Turkle que hablaba precisamente de esa soledad. A finales de la década de 1990, explicaba, había visitado una residencia y había visto a un robot consolar a una anciana que había perdido un hijo. El robot parecía una foca bebé, con pelo y largas pestañas, y procesaba el lenguaje tan bien como para ofrecer las respuestas adecuadas. La mujer le estaba abriendo el corazón a ese robot que parecía mirarla a los ojos y escucharla.

Turkle prosiguió diciendo que, si bien sus colegas consideraban el robot un gran progreso, un modo de hacer la vida más agradable a las personas, ella se quedó destrozada. Ahogué un grito al escucharla. Precisamente el día anterior le había comentado en broma a un colega: «Podrían instalar una aplicación de terapia en el iPhone». No podía imaginar que poco después habría terapeutas en los teléfonos inteligentes; aplicaciones a través de las cuales puedes conectar con un psicoterapeuta «a cualquier hora, en cualquier parte... en segundos» para «sentirte mejor al momento». Esas opciones me entristecían tanto como a Turkle la escena de la mujer con la foca robot.

«¿Por qué estamos externalizando eso mismo que nos define como personas?», preguntaba Turkle en el vídeo. Su pregunta me llevó a cuestionarme: ¿de verdad los seres humanos no soportamos estar solos o quizás lo que no toleramos es la compañía de otras personas? En todas partes —en una cafetería con amigos, en las reuniones de trabajo, durante el almuerzo en el colegio, delante del cajero del Target e incluso en las comidas familiares— la gente wasapea, tuitea y compra, a veces fingiendo establecer contacto visual, otras sin molestarse siquiera.

Incluso en mi consulta, pacientes que pagan por estar allí miran de reojo el teléfono cuando vibra, solo para saber quién llama. A menudo son las mismas personas que acabarán admitiendo que también echan un vistazo al teléfono mientras practican el sexo o hacen sus necesidades. (Cuando me enteré de eso, dejé un frasco de desinfectante de manos en mi despacho.) Para evitar distracciones, les sugiero que apaguen el móvil durante la sesiones, y lo hacen, pero he advertido que antes siquiera de alcanzar la puerta al finalizar la sesión ya tienen el teléfono en la mano y están revisando los mensajes. ¿No sacarían más provecho a su tiempo si dedicaran aunque solo fuera un minuto a reflexionar sobre lo que acabamos de hablar o a relajarse y reiniciar antes de regresar al mundo?

En el instante en que alguien se siente solo, he advertido, normalmente en los espacios en blanco —al salir de una sesión de terapia, en un semáforo en rojo, haciendo cola, en el ascensor— saca el dispositivo y huye del sentimiento. En un estado de distracción perpetua, parecemos estar perdiendo la capacidad de estar con los demás e incluso con nosotros mismos.

Por lo visto, la sala de terapia es uno de los pocos lugares que quedan donde dos personas se pueden sentar juntas durante cincuenta minutos ininterrumpidos. A pesar de la pátina profesional, este ritual semanal constituye uno de los encuentros más humanos que mucha gente protagoniza. Yo deseaba conseguir un negocio próspero, pero no estaba dispuesta a empañar el ritual con el fin de conseguirlo. Tal vez fuera anticuada o directamente temeraria, pero el beneficio sería inmenso para los pacientes que tuviera, pocos o muchos. Si creábamos un espacio de paz y dedicábamos el tiempo necesario, daríamos con esos relatos por los que merece la pena esperar, los que definen nuestras vidas.

¿En cuanto a mi propia historia? Bueno, en realidad apenas si reservaba tiempo y espacio para eso; estaba cada vez más ocupada escuchando las narraciones de los demás. Sin embargo, debajo del trajín de las terapias y de los viajes al colegio, de las visitas al médico y los romances, hervía una verdad largo tiempo reprimida que apenas empezaba a asomar cuando llegué a la consulta de Wendell. *La mitad de mi vida ha terminado*, dije, aparentemente sin venir a cuento, en la primera sesión... y Wendell atrapó la observación al vuelo. Recogió el hilo donde lo había dejado mi supervisora años atrás.

El día de hoy nadie te lo va a devolver.

Y los días volaban.

37

Preocupaciones esenciales

Estoy empapada cuando llego a la consulta de Wendell a primera hora de la mañana. Durante el breve trayecto del aparcamiento a su edificio, la primera lluvia torrencial del invierno me ha pillado de pleno. Como no llevaba paraguas ni abrigo, me he tapado la cabeza con la americana de algodón y he salido corriendo.

Ahora la americana está chorreando, tengo el pelo hecho un desastre, el maquillaje emborronado y la ropa pegada al cuerpo como sanguijuelas agarradas a los sitios menos indicados. Demasiado empapada como para sentarme, estoy plantada junto a las sillas de la sala de espera, preguntándome cómo me las voy a ingeniar para tener un aspecto presentable cuando vaya a trabajar. En ese momento, la puerta del despacho de Wendell se abre para ceder el paso a la mujer guapa que recuerdo de la otra vez. De nuevo, se enjuga las lágrimas. Agacha la cabeza según se apresura por el otro lado de la pantalla y oigo el clic clac de sus botas, que resuenan por el rellano de la planta.

¿Margo?

No; ya es bastante coincidencia que esté haciendo terapia con Wendell como para que además nuestras sesiones sean consecutivas. Estoy paranoica. Por otro lado, como dijo el escritor

Philip K. Dick, «es curioso cómo la paranoia conecta con la realidad de vez en cuando».

Me quedo allí, temblando como un cachorrito, hasta que la puerta de Wendell se abre de nuevo, ahora para invitarme a entrar.

Me arrastro hasta el sofá y me instalo en la posición B, no sin antes recolocar los descoordinados almohadones detrás de mi espalda, como tengo por costumbre. Wendell cierra la puerta del despacho sin hacer ruido, cruza la habitación, agacha su alto cuerpo para acomodarse en su puesto y cruza las piernas una vez que se ha sentado. Comienza nuestro ritual de apertura: un saludo sin palabras.

Hoy, sin embargo, estoy dejando su sofá empapado.

—¿Le traigo una toalla? —pregunta.

—¿Tiene toallas?

Wendell sonríe, se acerca al armario que hay en la habitación y me lanza un par de toallas de mano. Me seco el pelo con una y me siento encima de la otra.

—Gracias —digo.

—De nada —responde.

—¿Por qué guarda toallas aquí dentro?

—La gente se moja —replica Wendell a la vez que se encoge de hombros, como si todo el mundo tuviera toallas en el despacho. Qué raro, pienso... pero al mismo tiempo me siento cuidada, igual que cuando me lanzó los pañuelos. Tomo nota mental de que debo guardar toallas en mi consulta.

Nos miramos, de nuevo saludándonos en silencio.

No sé por dónde empezar. Últimamente casi todo me produce ansiedad. Aun las cosas más nimias, como cualquier compromiso ínfimo, me paralizan. Me he vuelto cauta en extremo, temerosa de correr riesgos y cometer errores porque he cometido ya tantos que temo no tener tiempo para subsanarlos todos.

La noche anterior, mientras intentaba relajarme en la cama con una novela, me topé con un personaje que describía su desasosiego como «una necesidad constante de escapar de un momento que nunca termina». *Exacto*, pensé. Durante las últimas semanas, cada segundo se me antojaba unido al siguiente por la constante de la preocupación. Lo que me dijo Wendell al final de la última sesión ha empujado la ansiedad a un primer plano, lo sé. Tuve que cancelar una cita porque tenía que asistir a un acto en el colegio de mi hijo y la otra semana Wendell estaba fuera, así que llevo tres semanas rumiando sus palabras. Yo: *¿Qué lucha?* Él: *Su lucha con la muerte.*

El diluvio que me acaba de sorprender se me antoja una metáfora pertinente. Inspiro hondo y le hablo a Wendell de mi útero errante.

Hasta hoy no le había contado la historia de cabo a rabo. Si antes me daba vergüenza compartirla, ahora, al relatarla en voz alta, comprendo hasta qué punto estoy aterrorizada. Coronando la capa de angustia que Wendell mencionó en su momento —la mitad de mi vida ha terminado— estaba mi miedo a morir, igual que Julie, mucho antes de lo que en teoría me toca. No hay nada tan aterrador para una madre soltera como la idea de dejar a un hijo pequeño en el mundo sin ella. ¿Y si los médicos han pasado por alto algo que habría sido tratable de haberlo encontrado antes? ¿Y si descubren el origen de mis problemas pero resulta ser incurable?

O también ¿y si todo esto solamente está en mi cabeza? ¿Y si la persona que tiene la capacidad de curar mis síntomas físicos no es otra que la que tengo delante, Wendell?

—Menuda historia —observa él cuando concluyo. Sopla, negando con la cabeza.

—¿Piensa que es una historia?

Et tu, Brute?

—Sí —responde—. Es el relato de algo aterrador que le está ocurriendo desde hace un par de años. Pero también es la historia de algo más.

Imagino lo que va a decir: es la historia de una huida. Todo lo que he estado haciendo desde que empecé la terapia ha sido escapar, y ambos sabemos que la huida casi siempre gira en torno al miedo. Evité ver las señales de que había diferencias irreconciliables entre Novio y yo. Rehúyo escribir el libro sobre la felicidad. No quiero aceptar que mis padres están envejeciendo. Evito pensar en el hecho de que mi hijo está creciendo. Cierro los ojos a mi misteriosa enfermedad. Recuerdo algo que aprendí siendo una interna: «La evitación es la forma más sencilla de lidiar con lo que no queremos afrontar».

—Es la historia de una evitación, ¿verdad? —apunto.

—Bueno, sí, en cierto modo —asiente Wendell—. Pero yo iba a decir «incertidumbre». También es un relato sobre la incertidumbre.

Claro, pienso. *Incertidumbre.*

Siempre he relacionado la incertidumbre con mis pacientes. ¿John y Margo seguirán juntos? ¿Charlotte dejará de beber? Pero ahora parece haber tanta incertidumbre en mi vida... ¿Recuperaré la salud? ¿Encontraré una pareja que me convenga? ¿Se consumirá en cenizas mi carrera de escritora? ¿Qué será de mí durante la segunda mitad de mi vida (si acaso vivo tanto tiempo)? Una vez le dije a Wendell que me costaba mucho rodear esos barrotes no sabiendo a dónde me dirigía. Puede que sea libre pero ¿qué camino tomar?

Recuerdo a una paciente que aparcó en el garaje al regresar a casa de una jornada laboral cualquiera y se dio de bruces con un intruso que la apuntaba con un arma. El cómplice del intruso, descubriría enseguida, estaba dentro con sus hijos y la niñera. Tras pasar por un calvario, se salvaron gracias a que un vecino llamó a la policía. Para mi paciente lo peor del incidente fue la pérdida de la vana sensación de seguridad que la había acompañado hasta entonces, por ilusoria que fuera.

Y sin embargo, lo supiera o no, seguía aferrándose a esa ilusión.

«¿Le da miedo aparcar en su nuevo garaje?», le pregunté. Demasiado traumatizados para seguir viviendo en la escena del crimen, mi paciente y su familia se habían cambiado de casa.

«Claro que no —replicó, como si le hubiera formulado una pregunta absurda—. Una cosa como esa no te pasa dos veces. ¿Qué probabilidades hay de que el incidente se repita?

Le cuento a Wendell la anécdota y él asiente.

—¿Qué sentido le dio a esa respuesta? —se interesa.

Wendell y yo rara vez hablamos de mi trabajo como terapeuta y ahora me siento cohibida. En ocasiones me pregunto cómo trataría él a mis pacientes, qué les diría a John o a Rita. La experiencia de la terapia varía infinitamente en función del psicólogo; no hay dos iguales. Y como Wendell lleva dedicándose a esto mucho más tiempo que yo, me siento como una aprendiz a su lado, como Luke Skywalker delante de Yoda.

—Me parece que deseamos vivir en un mundo gobernado por la razón y que esa era su manera de tratar de controlar la contingencia de la vida —argumento—. Una vez que has adquirido un saber no puedes desaprenderlo pero, al mismo tiempo, para protegerse de ese conocimiento, se convenció de que lo mismo no le podía suceder dos veces. —Guardo silencio—. ¿He pasado la prueba?

Wendell abre la boca para hablar, pero ya sé lo que se dispone a decirme: *Esto no es una prueba.*

—Bueno —me adelanto—, ¿qué piensa usted? ¿Qué sentido le da a la certeza de mi paciente ante la incertidumbre?

—El mismo que usted le dio —asiente—. El mismo que le doy cuando hablo con usted.

Wendell hace un repaso de las inquietudes que he llevado a terapia: la ruptura, el libro, la salud de mi padre, el rápido tránsito de mi hijo por la niñez. Los comentarios aparentemente intrascendentes que dejo caer aquí y allá, observaciones como: «He oído en la radio que la mitad de los habitantes de los actuales Estados Unidos no habían nacido antes de la década de 1970». La incertidumbre ensombrece todos los temas. ¿Cuánto tiempo viviré y qué pasará en ese tiempo, antes de que muera? ¿Hasta qué punto esas experiencias dependerán de las decisiones que yo tome? Sin embargo, observa Wendell, igual que mi paciente, he encontrado mi propia manera de sobrellevarlo. Si boicoteo mi vida, puedo diseñar mi propia muerte en lugar de dejar que suceda. Tal vez no sea de mi agrado, pero al menos yo la habré escogido. Es una manera de decir: *chúpate esa, incertidumbre*, igual que echar piedras contra tu propio tejado.

Hago un esfuerzo para descifrar la paradoja: el autosabotaje como forma de control. Si boicoteo mi vida, puedo diseñar mi propia muerte en lugar de dejar que suceda. Si prolongo una relación que está condenada, si frustro mi profesión de escritora, si me escondo en lugar de afrontar qué anda mal en mi cuerpo, puedo crear una muerte en vida... pero al menos soy yo la que dirige el cotarro.

Irvin Yalom, profesor y psiquiatra, a menudo se refería a la psicoterapia como la experiencia existencial de comprenderse a uno mismo; por eso los psicoterapeutas confeccionan el tratamiento a medida del individuo y no del problema. Dos pacientes pueden experimentar dificultades parecidas —por ejemplo, tal vez ambos tengan problemas para implicarse en las relaciones— pero con cada uno adoptaré un enfoque distinto. Cada proceso posee su propia idiosincrasia, porque no hay un modo predeterminado de ayudar a las personas a afrontar el nivel más profundo de sus miedos existenciales, eso mismo que Yalom llamó las «preocupaciones esenciales».

Las cuatro preocupaciones esenciales son muerte, exclusión, libertad y carencia de sentido vital. La muerte, por supuesto, es un miedo instintivo que solemos reprimir pero que tiende a incrementarse según envejecemos. No tememos únicamente a la muerte en un sentido literal sino también a la sensación de estar acabados, a la pérdida de la identidad, de nuestro yo más joven y vibrante. ¿Cómo defenderse de ese miedo? A veces nos negamos a crecer. En ocasiones nos saboteamos a nosotras mismas. Y otras negamos en redondo la realidad de la muerte. Pero tal como escribió Yalom en *Psicoterapia existencial*, tener presente la muerte nos ayuda a vivir más plenamente; y con menos ansiedad, no con más.

Julie, con sus experiencias «disparatadas» ofrecía el ejemplo perfecto de esta idea. Nunca presté atención a mi propia muerte hasta que me embarqué en el *Medical Mistery Tour,* e incluso entonces Novio me ayudó a distraerme del miedo a la extinción, tanto profesional como real. Igualmente me ofreció un antídoto contra el terror a la exclusión, otra de las preocupaciones esenciales. No es casual que los prisioneros en régimen de aislamiento se vuelvan literalmente locos: experimentan alucinaciones, ataques de pánico, paranoia, desesperación, dificultades de concentración; protagonizan conductas obsesivas y albergan ideas suicidas.

Cuando recuperan la libertad, a menudo sufren retraimiento social, que les impide interactuar con los demás. (Quizás esto sea sencillamente una versión ampliada de esa creciente *necesidad* y de la soledad, originada por un estilo de vida cada vez más vertiginoso.)

Y luego tenemos la tercera preocupación esencial: la libertad y todas las dificultades existenciales que nos plantea. A primera vista, disfrutamos de una libertad extraordinaria (si, como señaló Wendell, estamos dispuestos a rodear los barrotes). Pero también es verdad que a medida que envejecemos afrontamos más limitaciones. Proyectos como cambiar de profesión, mudarse a otra ciudad o encontrar una nueva pareja se tornan más complicados. Las vidas están más definidas y a veces ansiamos la libertad que proporciona la juventud. Pero los niños, sometidos a las reglas parentales, solo son libres en un aspecto: el emocional. Al menos durante un tiempo tienen carta blanca para llorar, reír o tener pataletas sin reprimirse; pueden albergar grandes sueños que el paso del tiempo no les ha obligado a corregir. Igual que muchas personas de mi edad, me cuesta sentirme libre porque he perdido el contacto con esa libertad emocional. Y por eso hago terapia: para liberarme emocionalmente.

En cierto sentido, esta crisis de la mediana edad pudiera entrañar más apertura que cierre, más expansión que constricción; podría parecerse más a un renacimiento que a una muerte. Wendell me dijo una vez que yo deseaba ser rescatada. Pero Wendell no está aquí tanto para salvarme o resolver mis problemas como para acompañarme de regreso a mi vida *tal como es* con el fin de que sea capaz de sobrellevar la certeza de la incertidumbre sin sabotearme a mí misma por el camino.

La incertidumbre, empiezo a comprender, no implica pérdida de esperanza; significa posibilidad. *No sé qué pasará a continuación... ¡qué emocionante!* Tendré que discurrir cómo sacar el máximo partido de la vida que tengo, enferma o no, con pareja o sin pareja, a pesar del paso del tiempo.

Y eso equivale a decir que tendré que prestar más atención a la cuarta de las preocupaciones esenciales: la carencia de sentido vital.

38

Legoland

—¿Sabe por qué llego tarde? —pregunta John tan pronto como abro la puerta de la sala de espera. Pasan quince minutos de la hora y ya daba por supuesto que no acudiría. Transcurrió un mes antes de que respondiera al mensaje que le dejé tras la falta de asistencia. Reapareció de improviso y me preguntó si podía volver. Tal vez haya cambiado de idea, a pesar de todo, he pensado antes de su llegada. De hecho, mientras recorremos el pasillo, John me cuenta que después de entrar en el aparcamiento del edificio se ha quedado sentado en el coche, dudando si subir o no. El guarda le ha pedido las llaves pero John le ha respondido que necesitaba un momento. Ante eso, el otro le ha ordenado que circulara hacia la salida. Para cuando ha decidido subir, el guarda le ha informado de que el aparcamiento estaba lleno. John ha tenido que dejar el coche en la calle y correr las dos manzanas hasta mi edificio.

—¿No puede uno quedarse dos minutos en el coche ordenando sus pensamientos? —se queja.

Cuando entramos en mi despacho, medito para mis adentros hasta qué punto anda siempre atribulado. Hoy parece hecho polvo, agotado. Pues sí que le han hecho efecto los somníferos.

John se deja caer en el sofá, se quita los zapatos de dos patadas, se tumba y acomoda la cabeza sobre las almohadas. Por lo general se sienta con las piernas cruzadas, así que esto es nuevo. Advierto asimismo que hoy no ha pedido comida.

—Vale, usted gana —empieza con un suspiro.

—¿Qué gano? —le pregunto.

—El placer de mi compañía —ironiza.

Enarco las cejas.

—La explicación al misterio —prosigue—. Le voy a contar la historia. Así pues, ha tenido suerte; usted gana.

—No sabía que esto fuera una competición —observó—. Pero me alegro de que esté aquí.

—Oh, por el amor de Dios —exclama—. No hace falta analizarlo todo, ¿vale? Pongámonos a ello porque, como no empecemos cuanto antes, en cualquier momento saldré corriendo.

Se da la vuelta para tenderse boca abajo, de cara al sofá. Acto seguido, con voz muy queda, dice mirando a la tapicería—: En fin, pues... íbamos de viaje a Legoland, toda la familia.

Según el relato de John, Margo y él llevaban a los niños a la costa de California para pasar un largo fin de semana en Legoland, un parque temático situado en Carlsbad, cuando tuvieron un conflicto. Habían acordado no discutir nunca delante de los niños y, hasta ese momento, ambos habían cumplido su promesa.

En aquella época, John era el responsable de su primera serie de televisión y tenía que estar localizable noche y día con el fin de que cada episodio se emitiera sin problemas. A Margo la situación la superaba. No solo tenía que hacerse cargo de dos niños pequeños sino también de entregar dentro del plazo los proyectos de diseño gráfico que le encargaban sus clientes. Y mientras que John se relacionaba con otros adultos durante la jornada, Margo pasaba el día, bien en el planeta Mamá, como ella decía, bien trabajando en el ordenador.

Margo esperaba con ansia la llegada de su marido, pero él dedicaba la cena a contestar llamadas mientras ella le lanzaba su *mirada funesta*, en palabras de John. Cuando él tenía tanto trabajo que no podía llegar a casa a tiempo para cenar, Margo le pedía que apagara el móvil antes de meterse en la cama, para que pudieran charlar y relajarse juntos sin interrupciones. Pero John insistía en que tenía que estar localizable.

—No llevo tantos años dejándome la piel por una oportunidad como esta para que ahora la serie se vaya al garete —argüía. Y, a decir verdad, la serie había arrancado con mal pie. Los índices de audiencia eran desalentadores, pero a los críticos les encantaba, así que la cadena accedió a mantenerla en antena para darle la oportunidad de despegar. La tregua, sin embargo, tenía un plazo muy corto; si los índices no mejoraban rápidamente, la serie se cancelaría. John redobló sus esfuerzos e hizo algunos cambios (que incluían despedir a unos cuantos «idiotas») y la serie por fin arrancó.

La cadena tenía un exitazo entre las manos. Y John una esposa muy enfadada con la que lidiar.

Con el triunfo de la serie, John se convirtió en una persona todavía más ocupada si cabe. ¿Se acordaba siquiera de que tenía una esposa?, le preguntaba Margo. ¿Y qué decir de sus hijos que, cuando Margo gritaba «¡papá está aquí!», corrían al ordenador en lugar de apresurarse a la puerta porque se habían acostumbrado a hablar con su padre a través de la pantalla? La pequeña incluso había empezado a llamar «papá» al ordenador. Sí, concedía Margo, John pasaba tiempo con los niños los fines de semana, jugaban juntos en el parque durante horas, los llevaba de excursión y los subía a caballito cuando estaba en casa. Pero aun en esas ocasiones, el impertinente teléfono nunca se separaba de él.

John no entendía por qué Margo hacía tantos aspavientos. Cuando nacieron sus hijos, el hombre se sorprendió ante la intensidad y la inmediatez de su vínculo con ellos. Su conexión con los niños se le antojaba inmensa; incluso feroz. Le recordaba al cariño que había sentido por su madre antes de que ella muriera. Era una clase de amor que ni siquiera experimentaba con Margo, aunque la quería con toda el alma a pesar de sus diferencias. La primera vez que la vio, en una fiesta, ella estaba de pie en la otra punta de la sala, riéndole la gracia a algún tontorrón. Aun a distancia, John se dio cuenta de que reía por educación, mientras por dentro estaba pensando: *menudo idiota*.

Se quedó prendado. Se acercó a Margo y la hizo reír de verdad, y se casó con ella un año más tarde.

A pesar de todo, su amor por Margo era distinto del que sentía por sus hijos. Si el sentimiento que le inspiraba Margo era cálido y romántico, el cariño por sus hijos se asemejaba a un volcán. Cuando les leía *Donde viven los monstruos* y los niños le preguntaban por qué los monstruos se querían *comer* al niño, él conocía perfectamente el motivo. «¡Porque lo quieren muchísimo!», gritaba, fingiendo devorarlos, mientras ellos se reían tanto que apenas si podían respirar. Él entendía muy bien ese amor devorador.

¿Y qué si respondía llamadas estando con los críos? Pasaba tiempo con ellos, los pequeños lo adoraban y, al fin y al cabo, gracias a su éxito profesional podía ofrecerles la clase de seguridad financiera que él desearía haber disfrutado en la infancia, siendo hijo de dos profesores. Sí, John estaba sometido a mucha presión en el trabajo, pero le encantaba la capacidad de crear personajes e inventar mundos enteros que le ofrecía su profesión de escritor; la misma habilidad a la que su padre siempre había aspirado. Gracias a la buena suerte, al talento o a una combinación de ambas cosas, John había hecho realidad su sueño y el de su padre. Y no podía estar en dos sitios al mismo tiempo. El móvil, al fin y al cabo, era un regalo del cielo.

—¡Un regalo del cielo! —exclamaba Margo.

Sí, respondía John. Un *regalo*. Gracias al móvil, podía estar en el trabajo sin salir de casa.

Margo consideraba que ese era el problema, precisamente. *No quiero que estés en el trabajo y en casa al mismo tiempo. No somos tus compañeros de trabajo. Somos tu familia.* Margo estaba harta de que Dave, Jack o Tommy de la serie la interrumpieran en mitad de una frase, de un beso o de lo que fuera. *No quiero que aparezcan en casa a las nueve de la noche,* decía. *Nadie los ha invitado.*

La víspera del viaje a Legoland, Margo le pidió por favor a John que prescindiese del teléfono durante las breves vacaciones. Era un viaje familiar y solo estarían fuera tres días.

—A menos que alguien se esté muriendo —suplicó Margo (una frase que John interpretó como «a menos que sea una emergencia»)— por favor, no respondas al teléfono hasta la vuelta.

Para evitar otra pelea, él accedió.

Los niños estaban deseando llegar a Legoland; llevaban semanas hablando de eso. Durante el trayecto, se revolvían en los asientos y preguntaban cada dos minutos: «¿cuánto falta?» y «¿ya casi estamos?».

Habían decidido tomar la pintoresca carretera de la costa en lugar de la autopista, y John y Margo distraían a los niños animándolos a contar los barcos y jugando a inventar canciones tontas en las que cada cual añadía un verso aún más divertido que el anterior, hasta que todos se partían de risa.

El teléfono de John permanecía en silencio. La noche anterior, había rogado al equipo de la serie que no lo llamaran bajo ningún concepto.

«A menos que alguien se esté muriendo —les dijo, citando a Margo— apañáoslas por vuestra cuenta.»

No eran unos idiotas integrales, se tranquilizó a sí mismo. La serie iba bien. Si surgía algo, se las arreglarían. Eran tres puñeteros días.

Ahora, inventando canciones bobas en el coche, John miró a Margo de reojo. Reía con tantas ganas como se desternilló con él en la fiesta, el día que se conocieron. No la había oído soltar esas carcajadas desde… bueno, ni recordaba cuándo. Ella le posó la mano en el cuello y él se derritió. No había reaccionado así a sus caricias desde… de nuevo, ni recordaba cuándo. Los niños parloteaban en el asiento trasero. Lo invadió una sensación de paz y una imagen asomó a su mente. Imaginó que su madre lo miraba desde el cielo o desde dondequiera que estuviera y sonreía al comprobar lo bien que se las había arreglado su hijo pequeño, el mismo que siempre había sido, pensaba John, su favorito. Ahí estaba, con su mujer y sus hijos, convertido en un brillante guionista de televisión, de camino a Legoland en un coche rebosante de risas y amor.

Recordó haber viajado en el asiento trasero siendo un niño, apretujado entre sus dos hermanos mayores, sus padres en los asientos delanteros, el padre al volante, la madre dando indicaciones desde el asiento del copiloto, todos inventando canciones y muertos de risa también. Evocó haber intentado estar a la altura de sus hermanos mayores cuando le tocaba a él añadir un verso a la canción, y cuánto le gustaban a su madre sus juegos de palabras.

«Qué precoz», decía ella en cada ocasión.

John no sabía qué significaba «precoz». Supuso que era una manera sofisticada de decir «precioso». Sabía que su madre lo consideraba el más precioso de sus hijos, no un «accidente», como le decían sus hermanos para chincharlo, porque era mucho más joven que ellos. La madre, en cambio, se refería a él como su «sorpresa especial». Recordaba haber visto la mano materna en el cuello de su padre, igual que hacía Margo ahora. Lo invadió el optimismo; Margo y él encontrarían la manera de resolver sus diferencias.

En ese momento sonó el teléfono de John.

El móvil descansaba sobre el salpicadero, entre los dos. Le echó una ojeada. Margo le lanzó su mirada ominosa. Había dado instrucciones a su equipo de que solamente lo llamaran en caso de emergencia, se acordaba muy bien; *si alguien se está muriendo.* Hoy rodaban en exteriores. ¿Habría salido algo mal?

—No —le advirtió Margo.

—Solo quiero saber quién es —protestó John.

—Maldita sea —cuchicheó ella. Era la primera vez que maldecía delante de los niños.

—No me hables así —replicó John, también en susurros.

—No llevamos fuera ni dos horas —dijo Margo, alzando la voz— y me prometiste que esto no pasaría.

Los niños enmudecieron al igual que el teléfono. El buzón de voz recogió la llamada.

John suspiró. Le pidió a Margo que echara un vistazo y le dijera quién trataba de comunicarse con él, pero ella negó con la cabeza y volvió la vista hacia la ventanilla. John alargó la mano derecha hacia el móvil. Y entonces chocaron contra un *todocamino* que avanzaba en dirección opuesta.

Atados en sus sillitas viajaban Gracie, de cinco años, y Gabe, de seis, nacidos con apenas un año de diferencia e inseparables. Los grandes amores de John. Gracie sobrevivió, al igual que John y Margo. Gabe, sentado detrás de John y en el punto exacto del impacto, murió en el acto.

Más tarde, la policía intentó reconstruir las causas de la tragedia. Los dos testigos que presenciaron el accidente desde sus coches no fueron de gran ayuda. Uno dijo que el *todocamino* invadió el carril contrario al tomar la curva a demasiada velocidad. El otro afirmó que John no se había apartado lo suficiente para ceder el paso al otro. La policía descubrió que el nivel de alcohol en sangre del otro conductor superaba el límite legal y fue encarcelado. Homicidio imprudente. Pero John no se sintió absuelto. Sabía que en el instante en que el *todocamino* había tomado la curva, él había desviado la vista durante un milisegundo; o debió de hacerlo, aunque creyó haber mantenido los ojos en la carretera mientras buscaba el teléfono con la mano. Margo tampoco reparó en el vehículo. Estaba mirando por la ventanilla del acompañante, hacia el mar, enfadada con John y reacia a volver la vista hacia el móvil.

Gracie no recordaba nada y la única persona que vio venir el accidente, por lo visto, fue Gabe. La última vez que John oyó la voz de su hijo, escuchó un grito penetrante seguido de una palabra alargada: «¡papiiiiii!».

El que llamaba, por cierto, se había equivocado de número.

El dolor me abruma mientras escucho el relato. No solo por John sino por toda la familia. Tengo que contener las lágrimas, pero él me está mirando ahora y advierto que tiene los ojos secos. Parece ajeno, distante, igual que cuando me narró la muerte de su madre.

—Oh, John —le digo—. Es...

—Sí, sí —me interrumpe en tono impaciente—, es muy triste. Ya lo sé. Es triste de cojones. Esto dijo todo el mundo cuando sucedió. Mi madre muere. *Qué triste.* Mi hijo muere. *Es muy triste.* Pues claro. Pero eso no cambia nada. Siguen muertos. Y por eso no se lo cuento a nadie. No tengo ganas de ver cómo la gente se entristece y me mira con una estúpida expresión de lástima. Si se lo cuento ahora es porque anoche tuve un sueño. A los comecocos les gustan los sueños, ¿verdad? Y no me lo he podido quitar de la cabeza y he pensado...

John guarda silencio, se sienta.

—Margo me oyó gritar ayer por la noche. Desperté gritando a las cuatro de la mañana, joder. Eso es algo que no me puedo permitir.

Deseo decirle que no es lástima lo que advierte en mi rostro, en absoluto. Es compasión, empatía e incluso una forma de amor. Pero John no deja que nadie lo conmueva ni se sienta conmovido por él, de manera que se queda solo en unas circunstancias que ya son aislantes de por sí. Perder a una persona amada es una experiencia profundamente solitaria, algo que cada cual soporta a su manera particular. Qué solo y desgarrado debió de sentirse John a los seis años, cuando su madre murió, pienso, y luego otra vez siendo padre, cuando su hijo de seis años pereció. Pero no se lo digo. Sé que ahora mismo siente algo que los psicólogos llamamos *inundación*. Significa que su sistema nervioso está saturado y cuando las personas se encuentran en plena inundación emocional es preferible aguardar un ratito. Lo hacemos a menudo en las terapias de pareja, porque cuando uno de los dos se encuentra abrumado por la rabia o el dolor, no puede hacer nada más que atacar o cerrarse en banda. La persona necesita unos minutos para que su sistema nervioso recupere la normalidad antes de poder internalizar nada.

—Hábleme del sueño —le propongo a John.

Milagrosamente, no se niega. Advierto que no me está desafiando y hoy no ha mirado el teléfono ni una vez. Todavía lo tiene en el bolsillo. Se sienta, cruza las piernas por debajo del cuerpo, inspira y empieza.

—Bueno, pues Gabe tiene dieciséis años, o sea, en el sueño...

Asiento.

—Vale, tiene dieciséis años y está a punto de examinarse para el carné de conducir. Lleva un tiempo esperando este día, que ha llegado por fin. Aguardamos junto al coche, en el aparcamiento de la dirección general de tráfico, y Gabe parece seguro y tranquilo. Ya se afeita y tiene barba de dos días. Yo me fijo en lo mucho que ha crecido.

Se le quiebra la voz.

—¿Qué siente al verlo tan mayor?

John sonríe.

—Me siento orgulloso. Muy orgulloso de él. Pero también, no sé, triste. Como si estuviera a punto de dejarnos para ir a la universidad. *¿He pasado suficiente tiempo con él? ¿He sido un buen padre?* Yo intento no llorar, en el sueño, quiero decir, y no sé si son lágrimas de orgullo o de arrepentimiento o... yo qué sé. En fin...

Desvía la mirada, como si estuviera conteniendo el llanto en este mismo instante.

—Estamos hablando de lo que hará después del examen y me dice que saldrá con los colegas. Yo le recuerdo que no debe subirse a un coche si sus amigos o él han bebido. Y él me dice: «Ya lo sé, papá. No soy idiota». Con el típico tono de los adolescentes, ¿sabe? Y yo añado que nunca envíe un mensaje de texto estando al volante.

John ríe, una risa lúgubre.

—¿Qué le parece? ¿Muy pertinente, eh, Sherlock?

No sonrío. Me limito a esperar para traerlo de vuelta.

—En fin —prosigue—, la examinadora se acerca y Gabe y yo intercambiamos una señal de ánimo con los pulgares... como el día que lo dejé en la escuela infantil, justo antes de que entrara en clase. En plan *lo vas a hacer de maravilla*. Pero la examinadora emana algo que no me acaba de gustar.

—¿En qué sentido? —me intereso.

—Emite malas vibraciones. No me fío de ella. Como si le tuviera manía a Gabe y fuera a suspenderlo. En fin, los veo alejarse. Gabe sale del aparcamiento y todo va bien. Empiezo a relajarme, pero entonces Margo me llamaba por teléfono. Me dice que mi madre no para de llamar y Margo quiere saber si tiene que contestar. En el sueño mi madre estaba viva y yo no entendía por qué Margo me preguntaba eso, por qué no contestaba el maldito teléfono. ¿Por qué diantre no iba a responder? Y entonces ella me dice: «¿No te acuerdas? Quedamos en no contestar el teléfono a menos que alguien estuviera muriendo». Y yo, de repente, pienso que si Margo responde, mi madre correrá peligro de muerte. Fallecerá. Pero si no contesta, todo irá bien. Mi madre no morirá.

»De manera que le digo: «Tienes razón. Hagas lo que hagas, no respondas al teléfono. Déjalo sonar».

»Colgamos y yo me quedo esperando a Gabe en la DGT. Miro el reloj. ¿Dónde se han metido? Han dicho que tardarían veinte minutos. Pasan treinta. Cuarenta. Y la examinadora vuelve por fin, pero Gabe no la acompaña. Ella caminaba hacia mí y yo ya lo sé. «Lo siento —me dice—. Hemos tenido un accidente. Un hombre con el móvil.» Y en ese momento me percato de que la examinadora es mi madre. Por eso llamaba a Margo una y otra vez, porque alguien estaba muriendo: era Gabe. Algún idiota con un móvil lo había matado mientras se examinaba para el carné de conducir.

»Yo pregunto: «¿Quién es ese hombre? ¿Has llamado a la policía? ¡Lo mataré!». Pero mi madre se limita a mirarme. Y entonces comprendo que ese hombre soy yo. Yo he matado a Gabe.

John toma aliento y prosigue su historia. Tras la muerte de Gabe, me cuenta, Margo y él se echaron amargas culpas mutuamente. En urgencias, Margo le espetó a John: «¿Un regalo? ¿Decías que el móvil era un regalo del cielo? *Gabe era un regalo del cielo, maldito imbécil*». Más tarde, cuando el informe toxicológico reveló que el conductor estaba borracho, Margo se disculpó con John, pero él sabía que, en el fondo de su corazón, su mujer todavía lo culpaba. Lo sabía porque John, en el fondo de su corazón, la culpaba a ella. Una parte de sí mismo tenía la sensación de que Margo era la responsable, de que si no hubiera sido tan tozuda y hubiera mirado el móvil, John habría dejado la mano en el volante y habría podido esquivar el bandazo del conductor borracho, apartarlos de su camino.

Lo más horrible, añade John, es que nadie sabrá nunca quién fue el responsable. Tal vez el otro coche los habría golpeado igualmente o quizás habrían podido esquivarlo si la discusión no los hubiera distraído.

Es el hecho de no saber lo que atormenta a John.

Y yo pienso que el hecho de no saber nos atormenta a todos. No saber por qué tu novio te dejó. No saber qué anda mal en tu cuerpo. No saber si podrías haber salvado a tu hijo. En algún momento, todos debemos reconciliarnos con las incógnitas de lo indescifrable. Hay cosas que no sabremos nunca.

—No importa —concluye John, volviendo al sueño—. En ese momento me desperté gritando. Y ¿sabe lo que dije? Grité: «¡Papiiiiii!». La última palabra de Gabe. Y Margo, cuando me oyó, se puso como loca. Salió corriendo al cuarto de baño, llorando.

—¿Y usted? —pregunto.

—¿Yo qué?

—¿Lloró?

John niega con la cabeza.

—¿Por qué no?

Suspira, como si la respuesta fuera evidente.

—Porque Margo estaba en el baño en pleno ataque de nervios. ¿Qué iba a hacer yo, tener un ataque de nervios también?

—No sé. Si yo tuviera un sueño como ese y me despertara gritando, supongo que estaría muy alterada. Es posible que sintiera toda clase de cosas: rabia, remordimiento, tristeza, desesperación. Y seguramente necesitaría desahogarme, abrir un poco la válvula. No sé lo que haría. Puede que hiciera lo mismo que usted, porque se trata de una reacción muy lógica ante una situación intolerable: anestesiarme, tratar de ignorar lo que siento, contenerme. Pero me parece que en algún momento estallaría.

John sacude la cabeza de lado a lado.

—Le voy a decir una cosa —empieza, mirándome a los ojos. Habla en un tono intenso—. Soy padre. Tengo dos hijas. No les fallaré. No voy a comportarme como un pirado y arruinarles la infancia. No van a vivir con unos padres atormentados por el fantasma de su hermano. Merecen algo mejor. Ellas no tienen la culpa de lo que sucedió. Y es responsabilidad nuestra estar ahí para ellas, mantener la cabeza sobre los hombros, por ellas.

Medito esa idea de mantener la cabeza sobre los hombros por sus hijas. Siente que le falló a Gabe y no quiere fallarles a las niñas. Piensa que manteniendo el dolor a buen recaudo las protegerá. En ese momento, decido hablarle del hermano de mi padre, Jack.

Hasta los seis años, la misma edad que tenía John cuando su madre murió y la edad de Gabe cuando falleció, mi padre estaba seguro de que su hermana y él eran los únicos hijos de sus padres. Un día, mi padre estaba curioseando por el desván y encontró una caja de fotografías de un niño pequeño, desde el nacimiento hasta la edad escolar.

«¿Quién es?», les preguntó a sus padres. El niño era el hermano de mi padre, Jack, que había fallecido a los cinco años de neumonía. Nadie había mencionado nunca a Jack. Mi padre nació cinco años después de su muerte. Sus padres creyeron que no hablar de Jack les ayudaría a mantener la cabeza en su sitio, por sus hijos. Pero el pequeño de seis años de edad estaba impresionado y confundido. Quería hablar de Jack. ¿Por qué no conocía su existencia? ¿Qué habían hecho con su ropa? ¿Con sus juguetes? ¿Estaban en el desván con las fotos? ¿Por qué nunca hablaban de Jack? Y si él —ese pequeño que un día sería mi padre— muriera, ¿también lo olvidarían?

—Hace grandes esfuerzos por ser un buen padre —le digo a John—, pero quizás una parte de esa buena paternidad consista en darse permiso para experimentar toda la gama de las emociones humanas, para vivir con plenitud, aunque vivir con plenitud le resulte más duro que estar vivo a medias, en ocasiones. Puede experimentar sus sentimientos en privado o con Margo, o aquí conmigo. Puede darles salida en una esfera adulta. Porque hacerlo le permitirá estar más vivo el tiempo que pase con sus hijas. Sería un modo distinto de mantener la cordura. Incluso podría resultar confuso para ellas que nunca les mencione a Gabe. Y permitirse sentir rabia, llorar o simplemente sentarse con su propia desesperación de vez en cuando le resultará más sencillo si le dan un espacio a Gabe en su hogar en lugar de encerrarlo en una caja en ese desván metafórico.

John niega con la cabeza.

—No quiero ser como Margo —dice—. Estalla en lágrimas por cualquier cosa. A veces tengo la sensación de que nunca va a parar de llorar y yo no puedo vivir así. Viéndola, pensarías que para ella no ha cambiado nada y en algún momento tienes que tomar la decisión de seguir adelante. Yo he decidido seguir adelante. Margo no.

Imagino a Margo sentada en el sofá junto a Wendell, abrazada a mi almohadón favorito, contándole hasta qué punto se siente sola en su dolor, cómo carga ella con todo mientras su marido se encierra en su propio mundo. Y luego pienso que John se debe de sentir muy solo también, presenciando el sufrimiento de su esposa y sin poder soportar la visión.

—Se podría ver así, es verdad —concedo por fin—. Pero es igualmente posible que Margo esté tan mal porque le toca trabajar el doble. Puede que lleve todo este tiempo llorando por los dos.

John frunce el entrecejo, se mira el regazo. Unas cuantas lágrimas se derraman sobre sus vaqueros de diseño, despacio al principio, luego profusamente, como una catarata, tan deprisa que no se las puede secar, hasta que por fin deja de intentarlo. Son las lágrimas que lleva reprimiendo los últimos seis años.

O tal vez más de treinta.

Mientras llora, me percato de que uno de los motivos recurrentes en la terapia con John —la discusión con Margo sobre el móvil de su hija, los rifirrafes conmigo sobre el uso del teléfono en sesión— poseía un significado más profundo del que yo le atribuía. Recuerdo el día del partido de los Lakers, cuando John me vio de la mano con mi hijo —*disfrútelo mientras pueda*— y el comentario que ha hecho a su llegada: «Usted gana... el placer de mi compañía». Pero quizás él ha ganado el placer de la mía. Al fin al cabo, ha sido decisión suya acudir hoy a terapia y contarme todo esto.

Hay muchos modos de defenderse de lo inefable, pienso. He aquí una de ellas: escindes las partes de ti mismo que no deseas, te escondes detrás de un falso yo y desarrollas rasgos narcisistas. Dices: *sí, vale, me ha ocurrido una inmensa desgracia, pero estoy de fábula. Nada me afecta porque soy especial. Una sorpresa especial.* Cuando John era niño, envolverse en el recuerdo de la adoración materna le servía para protegerse del horror que supone descubrir hasta qué punto la vida es imprevisible. Tal vez se consolase de manera parecida siendo un adulto, aferrándose a esa sensación de ser extraordinario, tras la muerte de Gabe. Porque si de algo está seguro John en este mundo es de ser un tipo especial en un mundo de idiotas.

A través de las lágrimas, John me dice que es exactamente esto lo que quería evitar, que no ha venido aquí a romperse en pedazos.

Yo le aseguro que no se está rompiendo en pedazos; se está abriendo.

39

Cómo cambia el ser humano

Las teorías sobre las etapas del desarrollo abundan en psicología, sin duda porque el orden, la claridad y las posibilidades de previsión que entrañan nos facilitan el trabajo. Cualquiera que haya realizado un curso de introducción a la materia habrá oído hablar de los modelos de desarrollo evolutivo propuestos por Freud, Jung, Erikson, Piaget y Maslow.

Ahora bien, el modelo que yo tengo presente prácticamente todo el tiempo que paso en sesión es el de las etapas del cambio. Si la terapia consiste en acompañar a una persona desde el lugar donde está a ese al que le gustaría llegar, deberíamos plantearnos: ¿cómo cambia el ser humano?

En 1980, un psicólogo llamado James Prochaska desarrolló el modelo transteórico de cambio conductual, basado en el hecho de que las personas por lo general no «lo hacemos, sin más», como Nike (o los buenos propósitos de Año Nuevo) insinúa. En vez de eso, recorremos una serie de estadios secuenciales que Prochaska describe del modo siguiente:

1. Precontemplación
2. Contemplación
3. Preparación

4. Acción

5. Mantenimiento

Pongamos por caso que pretendes cambiar algún aspecto de tu vida: hacer más ejercicio, poner fin a una relación o incluso hacer terapia. Antes de iniciar el proceso pasas por el primer estadio, precontemplación. En esta fase ni siquiera consideras la posibilidad de transformarte. Algunos psicólogos comparan esta etapa con la negación, porque tal vez ni siquiera seas consciente de que tienes un problema. Cuando Charlotte acudió a verme por primera vez, se definió como una bebedora social; yo comprendí que se encontraba en un estado precontemplativo cuando me habló de la tendencia de su madre a automedicarse con alcohol sin percatarse de la relación del hábito materno con el uso que ella hacía de la bebida. Cuando la confrontaba con esa semejanza, se cerraba en banda, se enfadaba (¡la gente de mi edad bebe para divertirse!) o se enzarzaba en el *replicacionismo,* una estrategia que consiste en distraer la atención del problema que se está discutiendo mediante una crítica a otra problemática distinta. (Ya, bueno, X, pero ¿qué pasa con Y?).

Como es lógico, el trabajo de un terapeuta no consiste en convencer. No podemos persuadir a una anoréxica de que coma. No podemos obligar a una alcohólica a que deje de beber. No podemos convencer a nadie de que no se destruya a sí mismo porque, de momento, la autodestrucción cumple una función para él. Lo que sí podemos hacer es ayudarlos a entenderse mejor e inducirles a formularse las preguntas adecuadas hasta que un acontecimiento —interno o externo— los empuje a entrar en razón por sí mismos.

Fue el accidente de coche de Charlotte y la denuncia por conducir bajo los efectos del alcohol los que la empujaron a la siguiente fase: contemplación.

La contemplación rebosa ambivalencia. Si la precontemplación se parece a la negación, la contemplación se podría comparar con la resistencia. En esta etapa, la persona reconoce el problema, se aviene a comentarlo y no se opone (en la teoría) a pasar a la acción, solo que todavía no se siente con fuerzas para ello. Así pues, si bien Charlotte estaba preocupada por la denuncia y la consiguiente orden de participar en un programa de tratamiento de adicciones —al que asistió a regañadientes y únicamente después de saltarse las primeras sesiones y tener que contratar un abogado (pagando mucho dinero) para que le ampliaran el plazo— todavía no estaba dispuesta a modificar su manera de beber.

Las personas a menudo acuden a terapia en el estadio de contemplación. Una mujer que mantiene una relación a larga distancia explica que su novio no deja de aplazar el momento de mudarse a vivir con ella, como habían planeado, y sabe que seguramente no lo hará, pero no rompe con él. Un hombre intuye que su mujer tiene una aventura pero, cuando hablamos de ello, le atribuye ocupaciones para justificar que no le conteste a los mensajes y no tener que pedirle explicaciones. Otros procrastinan o se sabotean para evitar el cambio —aunque sea positivo— porque son reacios a renunciar a algo sin saber qué beneficio les reportará. En esta etapa, la dificultad radica en que modificar algo implica la pérdida de lo viejo y la ignorancia y la ansiedad ante lo nuevo. Por más que los amigos o la pareja se tiren de los pelos, esta rueda de hámster forma parte del proceso; las personas necesitan tropezar con la misma piedra una y otra vez antes de estar dispuestas a cambiar.

Charlotte hablaba de intentar «beber menos», de tomar dos copas de vino cada noche en lugar de tres o de saltarse los cócteles del aperitivo si sabía que iba a beber durante la cena (y, naturalmente, después de cenar). Se daba cuenta de la función que ejercía el alcohol en su vida, de su efecto ansiolítico, pero no encontraba una manera alternativa de sobrellevar sus sentimientos, ni siquiera con la medicación prescrita por un psiquiatra.

Para ayudarla con la ansiedad, decidimos añadir una segunda sesión de terapia cada semana. Durante ese tiempo bebió menos y de momento creímos que la estrategia bastaría para controlar su problema con el alcohol. Sin embargo, acudir dos veces a la semana generó otras dificultades —de nuevo Charlotte se convenció de que era adicta a mí— así que retornamos a la sesión única semanal. Cuando, en el momento oportuno (después de que mencionara haberse emborrachado en una cita), le planteé la idea de participar en un programa de tratamiento ambulatorio, negó con la cabeza. Ni hablar.

—Esos programas te obligan a dejarlo por completo —objetó—. Quiero poder beber una copa durante la cena. Es embarazoso estar en grupo y no beber cuando todo el mundo lo está haciendo.

—También es embarazoso emborracharse —argüí.

Charlotte asintió.

—Sí, es verdad, beberé menos.

Y esta vez lo cumplió. Estaba bebiendo menos. Y empezó a buscar información en internet sobre las adicciones, pasando así al cuarto estadio: preparación. A Charlotte le resultaba complicado admitir que llevaba toda la vida embarcada en una lucha con sus padres: «mamá y papá, no pienso cambiar hasta que me tratéis como deseo ser tratada». Inconscientemente, había pactado consigo misma que solo renunciaría a sus hábitos si sus padres modificaban los suyos, una negociación desastrosa donde las haya. De hecho, la relación con sus padres jamás se transformaría a menos que ella aportara algo nuevo.

Dos meses más tarde, Charlotte entró tan campante, repartió el contenido del bolso por los reposabrazos de su trono y anunció:

—Tengo una pregunta.

¿Por casualidad conocía algún programa ambulatorio para alcohólicos que estuviera bien? Acababa de saltar al cuarto estadio, acción.

Durante esta fase, Charlotte acudía tres noches a la semana a una reunión para el tratamiento de las adicciones, de tal modo que el grupo sustituía al vino que solía beber a esa hora. Dejó el alcohol por completo.

El objetivo, como cabe suponer, es llegar al estadio final, mantenimiento, en el cual la persona sostiene el cambio durante un periodo significativo. Eso no significa que no haya recaídas, como en un juego de toboganes y escaleras. El estrés o ciertos estímulos (un restaurante, la llamada de un compañero de borracheras) pueden provocar reincidencias. Es una etapa muy dura, porque la conducta que el individuo desea modificar está entreverada con la urdimbre misma de su existencia. Las personas con problemas de adicción (ya sea a una sustancia, al drama, a la negatividad o a conductas destructivas) acostumbran a relacionarse con otros adictos. No obstante, para cuando una persona alcanza la etapa del mantenimiento, un buen apoyo suele ser suficiente para reencauzarla.

Sin vino ni vodka, Charlotte estaba más centrada; su memoria mejoró, se notaba menos cansada y más motivada. Se preinscribió en los estudios de posgrado. Se implicó en una fundación de ayuda a los animales, que le apasionan. También fue capaz de hablar conmigo de la complicada relación que mantenía con su madre por primera vez en la vida y de interactuar con ella de manera más sosegada y menos reactiva. Se mantuvo alejada de los «amigos» que la invitaron a salir para brindar por su cumpleaños (solo se cumplen veintisiete una vez, ¿no?). En cambio, pasó la noche de su aniversario con un nuevo grupo de gente que le preparó su comida favorita y brindó con ella recurriendo a un creativo surtido de bebidas no alcohólicas.

Pese a todo, había una adicción que no acababa de superar: el Tío.

Lo diré sin ambages: a mí no me gustaba nada el Tío. Su aire chulesco, su falsedad, su manera de enredar a Charlotte. Tan pronto estaba con su novia como la dejaba tirada. Tan pronto estaba con Charlotte como volvía con la otra. *No te pierdo de vista*, intentaba decirle yo con la mirada cada vez que abría la puerta de la sala de espera y lo veía sentado junto a mi paciente. Quería protegerla, como la mamá perro sentada al volante del anuncio. Pero no intervenía.

Charlotte a menudo agitaba los pulgares en el aire mientras me contaba el último capítulo: «Y entonces yo dije...». «Y él se puso en plan...». «Y yo me quedé...».

—¿Mantuvieron esa conversación a través de mensajes de texto? —pregunté, sorprendida, la primera vez que la vi hacerlo.

Cuando le sugerí que hablar de su relación mediante textos limitaba enormemente la interacción —no puedes mirar al otro a los ojos ni tomarle la mano para tranquilizarlo aunque estés enfadada— me contestó:

—No, no, también usamos emojis.

Pensé en el silencio ensordecedor y el pie inquieto que me ayudaron a intuir las intenciones de Novio cuando me dejó. Si esa noche hubiéramos comentado el asunto de las entradas a través del teléfono, tal vez hubiera tardado varios meses más en saber lo que pasaba. Pero con Charlotte, ese tipo de discurso sonaba anticuado. Su generación no iba a cambiar, así que tendría que cambiar yo para estar al día.

Hoy Charlotte tiene los ojos enrojecidos. Ha descubierto en Instagram que el Tío ha vuelto con su supuesta exnovia.

—Siempre me está diciendo que a partir de ahora todo irá bien y luego me viene con esas —se lamenta, suspirando—. ¿Cree que algún día cambiará?

Repaso de nuevo los estadios del cambio —en qué fase está Charlotte, en cuál se encuentra el Tío— y medito hasta qué punto las constantes desapariciones del chico se parecen a las del padre de Charlotte. Le cuesta aceptar que, por más que ella evolucione, otras personas podrían no hacerlo.

—No lo hará, ¿verdad? —concluye.

—Puede que no quiera cambiar —le digo con dulzura—. Y puede que su padre tampoco.

Charlotte aprieta los labios, como si estuviera contemplando una posibilidad que nunca antes se le había pasado por la cabeza. Después de tantos esfuerzos por conseguir que esos hombres la amen como le gustaría ser amada, no puede transformarlos porque ellos no lo desean. Se trata de una circunstancia muy habitual en terapia. El novio de una paciente no quiere dejar de fumar hierba ni de ver videojuegos los fines de semana. El hijo de otra se niega estudiar más para los exámenes y dedicar menos tiempo a la producción musical. El marido de una mujer rehúsa viajar menos por trabajo. En ocasiones, los cambios que ansías ver en otro no entran en los planes de esa persona... por más que afirme lo contrario.

—Pero... —empieza, y se muerde la lengua.

La observo. Noto cómo algo se desplaza en su interior.

—No dejo de intentar que cambien —musita, casi para sí.

Asiento. Y como él no se transformará, tendrá que hacerlo ella.

Toda relación es un baile. El Tío ejecuta sus pasos (aproximación, retirada) y Charlotte, los suyos (acercamiento, reproche); así bailan ellos dos. Ahora bien, una vez que ella modifique el paso, algo nuevo sucederá: o bien el chico tendrá que adaptar el suyo para no tropezar y caer o, sencillamente, abandonará la pista y buscará a otra persona a la que pisotear.

Charlotte bebió su primera copa tras meses de sobriedad el día del Padre, cuando el suyo tenía que viajar a la ciudad para pasar un rato con ella y canceló la reunión en el último momento. Sucedió hace tres meses. No le gustó esa danza, así que mudó de paso. No ha vuelto a beber desde entonces.

—Tengo que dejar de ver al Tío —decide ahora.

Yo sonrío como sugiriendo: *esa frase me suena de algo.*

—No, esta vez va en serio —insiste, pero sonríe también. Ha sido su mantra durante la fase de preparación—. ¿Puedo cambiar la hora de la sesión? —pregunta. Hoy está lista para pasar a la acción.

—Pues claro —es mi respuesta. Yo misma se lo sugerí hace tiempo, para que Charlotte no tuviera que esperar junto al Tío cada semana, pero entonces no estaba lista para contemplar la idea. Le propongo un día y una hora distintos y ella programa la cita en su móvil.

Cuando la sesión llega a su fin, Charlotte recoge sus infinitas pertenencias, se acerca a la puerta y, como de costumbre, se detiene para postergar la despedida.

—Vale, nos vemos el lunes —susurra, consciente de que se la hemos jugado al Tío, que seguramente se preguntará por qué Charlotte no aparece el martes a la hora de costumbre. Que se devane los sesos, pienso.

Cuando mi paciente se encamina al pasillo, él sale de su sesión. Mike y yo nos saludamos con un movimiento de la cabeza y cara de póker.

Puede que el Tío le haya hablado a Mike de su novia y se hayan pasado toda la sesión comentando su tendencia a manipular a la gente, a hacer trampas, a engañar. («Ah, por eso hace terapia», dedujo Charlotte en cierta ocasión, después de que la traicionara dos veces.) También es posible que no se lo haya mencionado a Mike. Tal vez él no esté listo para evolucionar. O no le interese.

Cuando saco el tema a colación en mi grupo de supervisión, el viernes siguiente, Ian se limita a responder:

—Lori, cuatro palabras: no es tu paciente.

Y yo comprendo que, igual que Charlotte, tengo que soltar al Tío.

40

Padres

Haciendo una limpieza tardía de Año Nuevo, encuentro los apuntes sobre el psiquiatra austríaco Viktor Frankl de la universidad. Hojeando las notas, empiezo a recordar su historia.

Frankl nació en 1905 y ya de niño mostró interés en la psicología. Durante la secundaria, comenzó a mantener una activa correspondencia con Sigmund Freud. Más tarde estudió Medicina y desarrolló un enfoque terapéutico basado en la intersección entre la psicología y la filosofía que llamó *logoterapia*, del término griego logos o «sentido». Mientras que Freud pensaba que las personas tendemos a buscar el placer y evitar el dolor por nuestra propia naturaleza (su famoso principio del placer), Frankl sostenía que el motor principal del ser humano es la búsqueda de sentido vital.

Tenía algo más de treinta años cuando estalló la Segunda Guerra Mundial, con todo lo que implicó para los judíos como él. Cuando le ofrecieron inmigrar a los Estados Unidos, rehusó para no abandonar a sus padres y, un año más tarde, los nazis obligaron a la esposa de Frankl a poner fin a su embarazo. En cuestión de meses, deportaron a Viktor Frankl y a otros miembros de su familia a campos de concentración. Cuando por fin fue liberado, tres años más tarde, descubrió que los nazis habían asesinado a su esposa, a sus padres y a su hermano.

La libertad en esas circunstancias podría haberlo empujado a la desesperación. Al fin y al cabo, las esperanzas que albergaban Frankl y otros prisioneros de recuperar todo aquello que habían perdido se habían esfumado: sus seres queridos habían muerto; sus familias y amigos, eliminados del mapa. Pese a todo, Frankl escribió el que acabaría por devenir el gran tratado sobre resiliencia y redención espiritual, *El hombre en busca de sentido*. En esta obra, que no trata únicamente sobre los horrores de los campos de concentración sino también acerca de temas más universales, comparte su teoría conocida como logoterapia.

Escribió: «A un hombre se le puede arrebatar todo salvo una cosa, la última de las libertades humanas: la capacidad de escoger la actitud con que afronta las circunstancias que tiene ante sí».

Y, desde esa mentalidad, Frankl se volvió a casar, tuvo una hija, fue un prolífico escritor y pronunció conferencias por todo el mundo hasta su muerte, a la edad de noventa y dos años.

Releyendo esas notas, rememoré mis conversaciones con Wendell. Garabateadas en mi libreta de espiral, encontré las palabras: «reacción versus respuesta = reflejo versus elección». Podemos decidir cómo respondemos, decía Frankl, aun ante el espectro de la muerte. El principio se puede aplicar a John ante la pérdida de su madre y de su hijo, a Julie y su enfermedad, a Rita y su lamentable pasado, a Charlotte ante su infancia. No se me ocurría ni un solo paciente cuyo caso no encajara con las ideas de Frankl, ya se debatiera con un trauma extremo o lidiara con un pariente complicado. Más de sesenta años después, Wendell me estaba diciendo que yo poseía igualmente la capacidad de escoger; que la celda carecía de barrotes a ambos lados.

Me gustó en particular una frase del libro de Frankl: «Entre el estímulo y la respuesta hay un espacio. Ese espacio alberga nuestra capacidad de decidir cómo respondemos. En la respuesta radican el crecimiento y la libertad».

Nunca le había enviado a Wendell un email para nada que no fueran cuestiones de horario, pero me quedé tan pasmada ante el paralelismo que quise compartirlo con él. Pegué su dirección y escribí: *Fue de esto de lo que estuvimos hablando. El truco, supongo, está en encontrar ese «espacio» escurridizo.*

Unas horas más tarde, respondió.

Siempre he admirado a Frankl. Hermosa cita. Nos vemos el jueves.

Era un mensaje típico de Wendell: cálido y genuino, aunque al mismo tiempo dejaba claro que la terapia discurre en persona. Recordé nuestra primera llamada, en la que apenas dijo nada. En cambio, cara a cara se mostró interactivo hasta extremos sorprendentes.

Pese a todo, no me pude quitar su respuesta de la cabeza en toda la semana. Podría haber enviado la cita a varios amigos que también la habrían valorado, pero no habría sido lo mismo. Wendell y yo habitábamos un universo separado, donde él presenciaba facetas mías que ni siquiera mis más allegados conocían. También es verdad que mi familia y amigos conocían aspectos de mí a los que Wendell jamás tendría acceso, pero nadie habría entendido el subtexto de la cita con tanta exactitud como él.

El jueves siguiente, Wendell menciona el email. Me dice que compartió la cita con su esposa y que esta, por lo visto, la va a usar para una charla. Nunca había mencionado a su mujer, si bien yo estoy más que informada acerca de sus actividades gracias al banquete de Google que me concedí hace un tiempo.

—¿A qué se dedica su esposa? —pregunto, como si no hubiera consultado su perfil de LinkedIn. Me habla de su trabajo en una fundación benéfica.

—Oh, qué interesante —respondo, pero la palabra *interesante* ha sonado chillona y falsa.

Wendell me observa. Yo cambio de tema a toda prisa.

Durante una décima de segundo, me planteo qué haría yo en esta situación, si fuera el terapeuta. De vez en cuando me siento tentada a decirle: *yo lo haría de otro modo*, pero sé que me estaría comportando como el clásico pesado que pretende enseñarte a conducir. Tengo que ser la paciente y eso significa ceder el mando. Pudiera parecer que el paciente controla la sesión, que es él quien elige los temas, quien marca el orden del día. Sin embargo, los psicólogos contamos con nuestras propias estrategias para mover los hilos: a través de lo que decimos y lo que callamos, de nuestras respuestas y de lo que reservamos para más tarde, prestando atención a unas cosas y obviando otras.

Más tarde, en esa misma sesión, estoy hablando sobre mi padre. Le cuento a Wendell que lo han ingresado de nuevo en el hospital a causa de su afección cardiaca y, si bien ya está recuperado, tengo miedo de perderlo. Soy consciente como nunca antes del alcance de su fragilidad y empiezo a asimilar la realidad de que no estará aquí para siempre.

—No concibo el mundo sin él —confieso—. Ni me imagino cómo sería no poder llamarlo para oír su voz o pedirle consejo, para reírnos de algo que a los dos nos parece divertido.

Nada en el mundo se puede comparar a compartir unas risas con mi padre, pienso. Entiende de casi todo, me quiere con locura y es la persona más amable del mundo, no solo conmigo sino con cualquiera. El primer comentario que hace la gente al conocerlo no se refiere a su inteligencia ni a su sentido del humor, aunque posee ambas cualidades. Dicen: «Es un cielo».

Le hablo a Wendell de la época en que me desplacé a la Costa Este para estudiar en la universidad. Echaba de menos mi hogar y no sabía si quería seguir allí. Mi padre me notó en la voz que lo estaba pasando mal y viajó tres mil kilómetros para sentarse conmigo en los jardines de la residencia, en pleno invierno, y escucharme. Me escuchó durante dos días más y cuando me sentí mejor volvió a casa. No había vuelto a pensar en ello en todos estos años.

También recuerdo lo que sucedió el pasado fin de semana, después del partido de baloncesto de mi hijo. Cuando los chicos salieron corriendo para celebrar la victoria, mi padre me llevó aparte y me contó que el día anterior había acudido al funeral de un amigo. Cuando la ceremonia concluyó, me explicó, se acercó a la hija de su camarada y le dijo: «Tu padre estaba muy orgulloso de ti. Cada vez que hablaba con él me decía "qué orgulloso estoy de Christina" y luego me contaba todo lo que estabas haciendo». Era la pura verdad, pero Christina se quedó de piedra.

«Nunca me lo dijo», le confesó a mi padre, deshecha en lágrimas. Mi padre se quedó pasmado y entonces se percató de que no estaba seguro de haberme expresado a mí sus propios sentimientos. ¿Lo había hecho? ¿Con la claridad suficiente?

«Así pues —me dijo mi padre junto a la puerta del polideportivo— quiero decirte que estoy muy orgulloso de ti. Y necesito estar seguro de que lo sabes». Lo formuló con gran timidez. Saltaba a la vista que se sentía incómodo expresando sus sentimientos.

Estaba acostumbrado a escuchar a los demás pero tendía a guardarse su mundo emocional para sí.

«Lo sé», respondí, porque mi padre me había transmitido su orgullo de incontables maneras, si bien yo no siempre le había prestado la debida atención. No obstante, aquel día no pude eludir el subtexto del comentario: *moriré antes o después*. De pie junto al polideportivo, nos abrazamos y lloramos mientras la gente que pasaba por nuestro lado intentaba no mirar, porque ambos sabíamos que aquel era el principio de la despedida.

—Mientras usted abre los ojos, los de su padre empiezan a cerrarse —comenta Wendell y comprendo cuánta verdad, por agridulce que sea, contiene esa frase. Mi despertar se está produciendo en el momento oportuno.

—Me alegro tanto de poder compartir algo de tiempo con él todavía y de que sea significativo —declaro—. No me gustaría que muriera de súbito y quedarme con la sensación de que he esperado demasiado a estar más presente en mi relación con él.

Wendell asiente y yo me siento incómoda. Acabo de recordar que su padre falleció diez años atrás de manera inesperada. En la investigación que llevé a cabo en Google, me topé con la esquela tras leer la historia de la muerte en la entrevista a la madre. Por lo visto, el padre de Wendell gozaba de una salud de hierro cuando se desplomó en mitad de la cena. Me pregunto si el hecho de estar hablando de mi padre en estos términos resultará doloroso para él. También me preocupa irme de la lengua, si continúo. Así que me callo, sin tener presente que los terapeutas han aprendido a oír eso que los pacientes silencian.

Pasadas unas semanas, Wendell comenta que, desde hace un par de sesiones, tiene la sensación de que mido mis palabras. Desde que le envié la cita de Viktor Frankl y él mencionó a su esposa, añade. Se pregunta (¿qué haríamos los psicólogos sin este recurso verbal para abordar un tema delicado?) en qué medida la mención de su mujer me ha afectado.

—No he pensado mucho en ello —es mi respuesta. Es verdad; he estado más centrada en ocultar el fisgoneo en internet.

Me miro los pies y a continuación poso la vista en los de Wendell. Hoy lleva calcetines azules con un estampado de espiga. Cuando levanto la cabeza, advierto que Wendell me está mirando con una ceja enarcada.

Y entonces me percato de lo que pretende insinuar. ¿Piensa que siento celos de su mujer, que lo quiero solo para mí? Durante un segundo, imagino cómo debe de ser estar casada con Wendell. En una foto que encontré en internet, en la que aparecía junto a su esposa, posaban vestidos de gala, cogidos del brazo, él sonriendo y ella mirando a su marido con adoración. Recuerdo que sentí una punzada de envidia cuando vi esa foto, no porque tuviera celos de la mujer sino porque parecían compartir el tipo de relación que me gustaría tener algún día... con otra persona. Sin embargo, cuanto más niegue la transferencia romántica, menos me creerá Wendell. *La dama protesta demasiado.*

Nos quedan unos veinte minutos de sesión —aun en el papel de paciente percibo la cadencia del tiempo— y sé que no podré mantener el tipo eternamente. Solo puedo hacer una cosa.

—Estuve fisgando en Google —confieso, desviando la vista—. Dejé de espiar a Novio y acabé espiándole a usted. Cuando mencionó a su mujer, yo ya lo sabía todo acerca de ella. Y de su madre. —Me interrumpo, aún más mortificada si cabe ante esta última revelación—. Leí la larga entrevista de la fundación.

Estoy lista para... no sé. Para que suceda algo horrible. Para que un tornado entre en la consulta y transforme nuestra relación de un modo intangible pero irreparable. Estoy esperando a que la situación se torne distante, diferente, a que las cosas cambien entre los dos. En vez de eso, sucede lo contrario. Tengo la sensación de que el tornado ha entrado y ha pasado de largo, y no ha dejado destrucción a su paso sino un ambiente más limpio.

Me siento liviana, aliviada de una carga. Compartir las verdades complicadas tal vez tenga un precio —la necesidad de afrontarlas— pero la recompensa merece la pena: la libertad. La verdad nos libera de la vergüenza.

Wendell asiente y guardamos silencio, en una conversación sin palabras. Yo: *Lo siento. No debería haberlo hecho. Ha sido una invasión de su intimidad.* Él: *No pasa nada. Es normal sentir curiosidad.* Yo: *Me alegro por usted; es afortunado de tener una familia que le quiere.* Él: *Gracias. Espero que algún día usted la tenga también.*

A continuación mantenemos una versión en voz alta de esa misma conversación. Hablamos asimismo de mi curiosidad. Por qué he ocultado el espionaje. Qué sentimientos me inspiraba guardar un secreto y saber tanto acerca de él. Qué imaginaba que pasaría entre nosotros si revelaba la verdad... y cómo me siento ahora que lo he hecho. Y como soy psicóloga —o quizás porque soy su paciente y necesito saberlo— le pregunto cómo le ha sentado enterarse que lo he acechado en internet. ¿Le gustaría haber mantenido en secreto algo de lo que he descubierto? ¿Experimenta ahora sentimientos distintos hacia mí, hacia nosotros?

Únicamente una de sus respuestas me sorprende: nunca ha leído el reportaje acerca de su madre. Ignoraba incluso que estuviera en la Red. Sabía que había concedido una entrevista a una organización, pero pensó que la querían para sus archivos internos. Le pregunto si le preocupa que otros pacientes puedan encontrarla y Wendell suspira al tiempo que se recuesta en el asiento. Por primera vez, frunce el entrecejo.

—No lo sé —responde, pasado un instante—. Tendré que pensarlo.

La cita de Frankl asoma a mi mente de nuevo. Está abriendo espacio entre el estímulo y la respuesta para conquistar su libertad.

Cuando la sesión llega a su fin, Wendell se propina las dos palmadas de costumbre en las rodillas y se levanta. Nos encaminamos hacia la salida, pero yo me detengo en el umbral.

—Lamento lo de su padre —le digo. Al fin y al cabo, el juego ha terminado. Ya sabe que estoy al corriente de la historia.

Wendell sonríe.

—Gracias.

—¿Lo echa de menos?

—Cada día —responde—. No pasa ni un día en que no lo eche de menos.

—No pasará ni un día en que yo no añore a mi padre, tampoco —revelo.

Asiente, y nos quedamos allí de pie, pensando cada uno en su propio padre, juntos. Cuando retrocede para cederme el paso, veo un atisbo de humedad en sus ojos.

Hay tantas cosas que me gustaría preguntarle. ¿Se siente en paz con el lugar donde quedaron las cosas cuando su padre se desplomó? Pienso en todos los modos en que padres e hijos se enredan en conflictos sobre expectativas y deseos de aprobación. ¿Le dijo alguna vez su padre que estaba orgulloso de él, no a pesar de haberse negado a formar parte del negocio familiar y labrarse su propio camino sino *a causa de* ello?

No llegaré a saber nada más sobre el padre de Wendell, pero mantendremos muchas conversaciones durante las semanas y meses siguientes acerca del mío. Y a lo largo de esas charlas descubriré que, si bien buscaba un psicoterapeuta varón para obtener una opinión objetiva sobre mi ruptura, lo que encontré fue a una segunda figura paterna.

Porque mi padre, igual que él, me demuestra lo que se siente cuando una mirada exquisita se centra en ti.

41

Integridad frente
a desesperación

Sentada enfrente de mí con sus pantalones anchotes y sus zapatos cómodos de costumbre, Rita me está explicando al detalle por qué ya no alberga ninguna esperanza respecto a su vida. La sesión, como todas con esta paciente, se parece a escuchar una misa de difuntos, algo que resulta un tanto desconcertante, porque mientras dice y repite que nada cambiará nunca, Rita no ha parado de protagonizar transformaciones, algunas mínimas pero otras monumentales.

Cuando Myron y ella eran amigos, antes de Randie, Myron le confeccionó a Rita una página web para catalogar su obra en internet. Así, le dijo, tendría los cuadros ordenados y los compartiría con otras personas. Rita, sin embargo, no creía necesitar una página web.

—¿Quién va a querer ver mis cuadros? —preguntó.

—Yo —fue la respuesta de Myron. Tres semanas más tarde, Rita tenía una página en la Red con una visita exacta. Bueno, dos, si contabas la de Rita, que a decir verdad estaba encantada. Parecía tan *profesional*. Las primeras semanas dedicó horas cada día a curiosear su propia web. Se le ocurrían ideas para nuevos proyectos y las imaginaba expuestas en internet. Sin embargo, tanta emoción se apagó cuando Myron empezó a salir con Randie. ¿Por qué molestarse en publicar nada nuevo? Ni siquiera sabía cómo funcionaba el maldito chisme.

Y entonces, una tarde, Rita se topó con Myron y Randie en el vestíbulo, cogidos de la mano. Para consolarse, salió corriendo a la tienda de Bellas Artes y se hinchó a comprar materiales. Mientras subía las compras a su apartamento, tropezó con unas crías que salieron corriendo de la nada. Las bolsas de brochas, pinturas acrílicas, guaches, lienzos y paquetes de arcilla salieron volando junto con la propia Rita, que fue rescatada en el último minuto por unas fuertes manos.

Las manazas pertenecían al padre de las niñas, Kyle, al que Rita había visto muchas veces a través de la mirilla pero nunca había saludado. Era el marido del apartamento «hola, familia» de enfrente y acababa de salvar a su vecina de romperse la cadera.

Después de que Kyle les pidiera a las chicas que se disculparan por no mirar por dónde iban, recogieron juntos los materiales y los llevaron al apartamento de la mujer. Allí, en la sala convertida en estudio, los tres admiraron la obra de Rita, que se extendía por todo el espacio: retratos y bocetos en caballetes; piezas de cerámica junto a un torno de alfarero; dibujos a carboncillo sin terminar, colgados en un corcho de la pared. Las niñas se sentían en el cielo. Y Kyle no se lo podía creer. *Tiene usted talento*, le dijo. *Mucho. Debería vender todo esto.*

El padre y las dos hijas regresaron a su apartamento y, poco después, cuando la mujer de Kyle, Anna, llegó a casa («¡Hola, familia!»), las niñas le suplicaron a su madre que cruzaran el rellano para ver el salón de «la señora artista». Rita estaba plantada delante de la mirilla, como de costumbre, y la llamada se produjo antes de que tuviera tiempo de retirarse. Contó hasta cinco, preguntó «¿quién es?» y fingió sorpresa cuando los vio.

Poco tiempo después, Rita estaba dando clases de pintura a Sofía y Alice, de cinco y siete años, y a menudo se unía a «hola, familia» para, bueno, cenar en familia. Una tarde, Anna llegó a casa y gritó «¡hola, familia!» a las niñas, que estaban pintando en el salón de Rita. Las niñas gritaron «¡hola!» a su vez y luego Alice se volvió a mirar a Rita y le preguntó por qué ella nunca respondía cuando su madre saludaba al llegar.

—Porque yo no soy de la familia —respondió Rita con naturalidad, pero Alice replicó:

—Sí que lo eres. Eres nuestra abuela de California.

Los abuelos de las niñas vivían en Charleston y Portland. Los visitaban a menudo, pero era a Rita a la que veían casi cada día.

Anna, mientras tanto, había colgado una de las pinturas de la anciana sobre el sofá de la sala familiar. Rita también había pintado dos cuadros por encargo para las habitaciones de las niñas: una bailarina para Sophia y un unicornio para Alice. Las chicas estaban entusiasmadas. Anna intentó pagarle las pinturas a Rita, pero ella se negó e insistió en regalárselas. Por fin, Kyle, que trabajaba como programador de ordenadores, convenció a su vecina de que le dejara añadir una herramienta a su página web: una tienda online. Envió un email a los padres de los compañeros de Sofía y Alice y pronto Rita estaba aceptando encargos para otros niños. Una madre le compró piezas de cerámica para el salón.

Habiendo tantos cambios en su vida, pensaba que el humor de Rita mejoraría. Estaba floreciendo, llevaba una vida infinitamente más rica. Tenía personas con las que hablar a diario. Estaba compartiendo su talento artístico con otros, que expresaban su admiración. Ya no podía considerarse invisible en el sentido en que lo era cuando empezó la terapia. Pese a todo, el deleite o alegría o lo que sea que sintiera («es agradable, supongo», expresaba a lo sumo) dormitaba bajo una nube negra, una letanía interminable de motivos de tristeza: si Myron de verdad pensara lo que le había dicho en el aparcamiento, no habría salido con esa asquerosa de Randie; por muy amables que fueran las niñas, «hola, familia» no era su familia en realidad y, en cualquier caso, moriría sola.

Parecía encontrarse encallada en lo que el psicólogo Erik Erikson denominó *desesperación*.

A mediados de 1900, Erikson definió ocho etapas del desarrollo psicosocial en un modelo que sigue siendo uno de los más vigentes y aceptados en psicología. A diferencia de Freud, que dividió el desarrollo humano en una serie de fases psico*sexuales* a partir de un modelo que concluye en la adolescencia y está centrado en el inconsciente, las etapas psico*sociales* de Erikson observan el desarrollo de la personalidad en el contexto de la socialización (por ejemplo, cómo los lactantes desarrollan el sentido de la confianza en los demás). Más importante si cabe es el hecho de que el modelo de Erikson se prolonga a lo largo de toda la vida y cada etapa, interrelacionada con la totalidad del proceso, implica una crisis que debemos resolver para poder pasar a otro estadio. Son las siguientes:

Lactancia (esperanza): confianza frente a desconfianza
Primera infancia (voluntad): autonomía frente a vergüenza
Edad preescolar (propósito): iniciativa frente a culpa
Edad escolar (competencia): laboriosidad frente a inferioridad

Adolescencia (fidelidad): identidad frente a confusión de roles

Juventud (amor): intimidad frente a aislamiento

Mediana edad (cuidado): generatividad frente a estancamiento

Madurez (sabiduría): integridad frente a desesperación

En la octava etapa, las personas de la edad de Rita suelen encontrarse a sí mismas. Erikson sostenía que, si pensamos que hemos llevado vidas significativas, en los últimos años experimentamos un sentimiento de integridad del yo. Esta sensación de completitud nos permite aceptar la cercanía de la muerte. Pero si tenemos cuentas pendientes con el pasado —si creemos que tomamos malas decisiones o no pudimos cumplir nuestros grandes objetivos— nos sentimos deprimidos e impotentes, lo que conduce a la desesperación.

Yo tenía la sensación de que la desesperación actual de Rita en relación con Myron guardaba relación con alguna otra desilusión del pasado y por eso le estaba costando tanto disfrutar de esa vida en expansión. Estaba acostumbrada a contemplar el mundo desde una posición de falta y, a causa de ello, la alegría se le antojaba un territorio extraño. Si estás habituada a sentirte abandonada, si ya sabes que la gente te va a decepcionar o a rechazar... bueno, puede que tu situación no te agrade, pero como mínimo nada te va a pillar por sorpresa; ya conoces las costumbres de tu tierra natal. Ahora bien, una vez que te internas en territorio extraño —si pasas tiempo con personas de fiar que te consideran atractiva e interesante— tal vez te invada la ansiedad y te desoriente. De súbito, nada te resulta familiar. Careces de puntos de referencia, no tienes manera de orientarte y el mundo predecible al que estás aclimatada se ha esfumado. El lugar del que venías tal vez no fuera fantástico —de hecho, era espantoso— pero sabías exactamente lo que te ibas a encontrar (decepción, caos, aislamiento, crítica).

He hablado del tema con Rita y le he recordado cuánto ha deseado a lo largo de su vida dejar de ser invisible, tener un lugar, y ahora eso está sucediendo: en la relación con sus vecinos, en su trabajo como artista, en el interés romántico que Myron ha expresado por ella. Esas personas disfrutan en su compañía, la admiran, la desean, la *ven*... y sin embargo ella parece incapaz de reconocer que algo positivo está sucediendo.

—¿Está esperando que caiga el segundo zapato? —le pregunto. Existe un término para definir el miedo irracional a la alegría: *cherofobia* (el término griego *chero* significa «regocijarse»). Los individuos que padecen cherofobia son como sartenes cubiertas de un teflón antiplacer; el gozo no se pega (aunque el dolor se aferra como a una superficie sin aceite). Es relativamente frecuente que las personas con un historial traumático tengan siempre la sensación de que el desastre aguarda a la vuelta de la esquina. En lugar de acudir al encuentro de lo bueno que les sale al paso, mantienen una actitud hiperalerta, siempre esperando que algo vaya mal. Tal vez por eso Rita siguiera rebuscando los pañuelos por su bolso aun a sabiendas de que había una flamante caja nueva en la mesita de al lado. Mejor no acostumbrarse a una caja llena de pañuelos de papel, ni a una familia prestada en la puerta contigua, ni a que te compren tus obras de arte o a que el hombre de tus sueños te dé un beso de cine en el aparcamiento. *¡No te engañes, hermana!* En cuanto empieces a ponerte cómoda —*whoosh*— desaparecerá. Para Rita, la dicha no es placer; es dolor anticipado.

Ahora me mira y asiente.

—Exacto —dice—. El segundo zapato siempre termina por caer.

415

Cayó cuando se matriculó en la universidad, cuando se casó con un alcohólico, cuando tuvo dos oportunidades más de amar y saltaron en pedazos también. Cayó cuando su padre murió y ella por fin —¡por fin!— empezó a entablar una relación con su madre solo para que al poco tiempo le diagnosticaran de Alzheimer, tras lo cual Rita tuvo que pasar doce largos años cuidando a esa mujer que ya no la reconocía.

Obviamente, Rita no tenía por qué llevarse a la anciana a vivir a su apartamento todo ese tiempo; decidió hacerlo porque, de algún modo, ser desgraciada le sentaba bien. En aquella época jamás se le ocurrió preguntar si de verdad estaba obligada a cuidar de una madre que no se había ocupado de ella cuando era niña. No bregó con esa pregunta, difícil donde las haya: *¿qué les debo a mis padres y qué me deben ellos a mí?* Habría podido buscar ayuda externa para la anciana enferma. Rita se lo plantea mientras hablamos, pero luego dice que, si volviera atrás, lo haría todo del mismo modo.

—Tuve lo que merecía —explica. *Merece* ser desgraciada por todos sus crímenes: arruinar la vida de sus hijos, carecer de compasión por el dolor de su segundo marido, no rehacer nunca su vida. Le parecen horribles sus recientes amagos de felicidad. Se siente como una farsante, como alguien que hubiera ganado la lotería porque ha robado el billete. Si la gente que ha entrado en su vida en los últimos tiempos supiera cómo es en realidad, se sentirían asqueados. ¡Saldrían corriendo como alma que lleva el diablo! Ella misma se siente asqueada. E incluso si fuera capaz de engañarlos durante una temporada —unos meses, un año, quién sabe— ¿cómo iba Rita a ser feliz cuando sus propios hijos son desgraciados... y por causa de su madre? No sería justo, ¿verdad? ¿Cómo puede alguien hacer algo tan horrible y pese a todo aspirar al amor?

Por eso, insiste, por eso no hay esperanza para ella. Se lleva a los ojos el pañuelo estrujado. Han pasado demasiadas cosas. Se han cometido demasiados errores.

Miro a Rita y advierto que parece muy joven mientras me cuenta todo eso; las mejillas hinchadas, los brazos cruzados sobre el pecho. La imagino siendo una niña en su hogar de infancia, el cabello rojo recogido con una diadema, preguntándose si tendrá ella la culpa de que sus padres se hayan distanciado de ella, rumiando a solas en su habitación. ¿Están enfadados conmigo? ¿He hecho algo que les ha molestado, que les impide interesarse más por mí? Habían esperado tanto a tener un hijo por fin; ¿quizás no estaba ella a la altura de sus expectativas?

Pienso también en sus cuatro hijos. En su padre, el abogado, que tan pronto era un tipo divertidísimo como un borracho maltratador. En la madre, Rita, distante, siempre inventando excusas para justificar al padre, haciendo constantes promesas en su nombre que nunca se cumplirían. Qué confusa y tortuosa debió de ser la infancia de esos niños. Qué furiosos deben de estar ahora. Qué pocas ganas tendrán de lidiar con su madre cuando acude a ellos, como tantas otras veces a lo largo de los años, para llorar y suplicar que reanuden la relación. Sea lo que sea lo que la trae aquí, estarán pensando, la razón es una y siempre la misma: ella, su propio beneficio. Yo intuía que sus hijos no le hablaban porque no podían ofrecerle lo único que ella buscaba, aunque nunca lo hubiera solicitado directamente: perdón.

Rita y yo ya hemos analizado las razones de que no protegiera a sus hijos: por qué permitió que su marido les pegara, por qué se dedicó a leer, pintar, jugar al tenis o al bridge en lugar de estar presente para ellos. Y una vez que dejamos atrás las excusas que se había dado a sí misma a lo largo de los años, llegamos a un motivo del que nunca fue consciente: Rita envidiaba a sus hijos.

Su caso no es tan raro. Solo hay que pensar en la típica madre que procede de un hogar humilde y que ahora reprende a su hijo cada vez que le compra un nuevo par de zapatos. «¿Te das cuenta de la suerte que tienes?». Un regalo envuelto en crítica. O en el padre que acompaña a su hijo a las puertas abiertas de la misma universidad que lo rechazó en su momento, a la que tanto le habría gustado asistir, y pasa toda la visita haciendo comentarios sobre el plan de estudios, la residencia, de tal modo que no solo avergüenza a su hijo sino que disminuye sus posibilidades de admisión.

¿Por qué hacen eso los padres? A menudo, porque envidian las infancias de sus hijos: las oportunidades que tienen; la estabilidad financiera o emocional que ellos mismos les proporcionan; el hecho de que los niños tengan toda la vida por delante, una extensión de tiempo que los padres han dejado atrás. Se esfuerzan por darles a sus descendientes todas las cosas de las que ellos carecieron, pero al final, sin ser conscientes de ello, acaban resentidos con los hijos por su buena suerte.

Rita envidiaba a su prole; el hecho de que tuvieran hermanos, su cómoda infancia en una casa con piscina, sus oportunidades de visitar museos y de viajar. Sentía celos de que sus hijos disfrutaran de unos padres jóvenes y enérgicos. Y, en parte, esa envidia inconsciente —la furia ante la injusticia de todo ello— le impidió dejarles disfrutar de esa niñez feliz que ella no tuvo y rescatarlos del mismo modo que ella deseó ser rescatada, con toda su alma, cuando era una niña.

Hablé de Rita en el grupo de supervisión. A pesar de su apariencia melancólica y sombría, les comenté a mis colegas, era cálida e interesante, y como a diferencia de sus hijos yo no compartía un pasado con ella, podía apreciar su simpatía como si fuera una amiga de mis padres. Me caía bien. No obstante, ¿cabía esperar que sus hijos la perdonaran algún día?

¿La perdonaba yo?, me preguntaron mis colegas. Pensé en mi hijo. Me ponía enferma el mero hecho de pensar que alguien pudiera pegarle o incluso permitir que sucediera.

No lo sabía.

El perdón es peliagudo, igual que lo son las disculpas. ¿Te disculpas porque el gesto te ayuda a sentirte mejor o lo haces por la otra persona? ¿De verdad lamentas tu comportamiento o solo intentas apaciguar al otro, que opina que deberías sentirlo, si bien tú sigues pensando que tu reacción estaba justificada? *¿A quién beneficia la disculpa?*

En psicología usamos una expresión: *perdón forzado*. En ocasiones, las personas tienen la sensación de que, para poder superar un trauma, deben perdonar a quienquiera que les hizo daño: el progenitor que abusó sexualmente de ellos, el ladrón que entró en su casa, el miembro de la banda que mató a su hijo. Individuos bienintencionados les dicen que no podrán librarse de la rabia y el rencor si no alcanzan el punto del perdón. Y es cierto que, para algunos, la indulgencia puede suponer una poderosa liberación: perdonas a la persona que te hizo daño, sin justificar sus actos, y el gesto te permite pasar página. Sin embargo, con frecuencia nos sentimos obligados a perdonar y acabamos pensando que, si no somos capaces, se debe a un defecto de nuestra personalidad: no somos lo bastante evolucionados, fuertes o compasivos.

Así pues, he aquí mi opinión al respecto: se puede ser compasivo sin perdonar. Hay muchas maneras de seguir adelante, y fingir que sientes algo cuando no es así no me parece la más sana.

Hace tiempo tuve un paciente llamado David que mantenía una relación complicada con su padre. El hombre era, según el relato de mi paciente, un matón: criticón, denigrador y engreído. Se había apartado de sus hijos siendo estos muy jóvenes y persistía en un trato distante y beligerante hacia ellos ahora que eran adultos. Cuando su padre estaba a punto de morir, Dave tenía cincuenta años, había formado su propia familia y se preguntaba qué decir en el funeral de su padre. ¿Cómo expresar algo sincero? Y entonces, me contó, estando en el lecho de muerte, el padre buscó la mano de su hijo y le dijo, sin venir al caso:

—Ojalá te hubiera tratado mejor. Fui un imbécil.

Dave se quedó helado. ¿Acaso su padre pretendía que le diera la absolución ahora, en el último minuto? Uno debía pedir perdón mucho antes de abandonar la Tierra, pensó, no cuando estás a punto de partir; el hecho de que te confieses en el lecho de muerte no implica automáticamente cierre ni perdón.

No pudo evitarlo. «No te perdono», le espetó Dave a su padre. Se odió a sí mismo por ello y sintió remordimientos en el mismo instante en que las palabras salieron de sus labios. No obstante, después de todo el dolor que su padre le había infligido y de lo mucho que él se había esforzado por crear una buena vida para sí mismo y su familia, ni en sueños pensaba concederle a su padre el alivio de una mentira piadosa. Había pasado la infancia mintiendo acerca de sus sentimientos. A pesar de todo, se preguntó, ¿qué clase de persona le dice eso a un padre agonizante?

Dave empezó a disculparse, pero el otro lo interrumpió. «Lo entiendo —dijo—. Si yo fuera tú, tampoco me perdonaría.»

Y entonces sucedió algo rarísimo, me relató Dave. Allí sentado, con la mano de su padre en la suya, notó que algo se desplazaba. Por primera vez en su vida, experimentó auténtica compasión. No un sentimiento de perdón sino compasión. Aflicción por el triste moribundo que debía de haber cargado con su propia porción de sufrimiento. Y fue esa compasión la que le permitió a David hablar desde la autenticidad en el funeral de su padre.

Y fue asimismo la compasión la que me permitió a mí ayudar a Rita. No tenía que perdonarla por haberse portado mal con sus hijos. Igual que el padre de David, era Rita la que debía hacer las paces con eso. Puede que busquemos el perdón de los demás, pero ese deseo procede de un lugar de autogratificación; pedimos absolución a otros para evitar el trabajo, más duro, de perdonarnos a nosotros mismos.

Pensé en algo que Wendell me dijo después de que le recitara la lista de lamentables errores por los que tanto me autoflelaba: «¿Cuánto cree usted que debería durar la sentencia por ese crimen? ¿Un año? ¿Cinco? ¿Diez?». Muchos de nosotros nos torturamos por nuestros errores durante décadas, aun habiendo hecho lo posible por repararlos. ¿Es una sentencia proporcionada?

Cierto que, en el caso de Rita, las vidas de sus hijos se habían visto profundamente afectadas por las equivocaciones de los padres. Sus retoños y ella siempre arrastrarían el dolor del pasado compartido, pero ¿no tenían derecho todos a algún tipo de redención? ¿Merecía Rita ser castigada día tras día, año tras año? Yo pretendía ser realista en relación con las dolorosas cicatrices que esa familia acarreaba, pero no aspiraba a convertirme en la carcelera de Rita.

Así que ahora pienso, sin poder evitarlo, en la relación que ha entablado con las niñas de la «hola, familia»; ¿y si pudiera ofrecerles a sus cuatro hijos lo mismo que les brinda a ellas?

Le formulo la cuestión a Rita:

—¿Cuál debería ser su sentencia, según se aproxima a los setenta años, por los crímenes que cometió cuando tenía veinte o treinta? Fueron importantes, sí. Pero lleva décadas inmersa en los remordimientos y ha intentado repararlos. ¿No debería recuperar la libertad a estas alturas o, cuando menos, salir bajo fianza? ¿Cuál cree que sería una sentencia justa por sus crímenes?

Rita lo medita un momento.

—Cadena perpetua —es su respuesta.

—Bueno —digo—. Pues ya la tiene. Pero dudo que un jurado que incluyera a Myron o a la «hola, familia» estuviera de acuerdo.

—Pero las personas que más me importan, mis hijos, nunca me perdonarán.

Asiento.

—No sabemos qué harán. Sin embargo, no les ayuda en ningún sentido que usted sea desgraciada. Su desdicha no cambia la situación de su prole. No puede atenuar el pesar de ellos por más que se empeñe en cargar con él. Las cosas no funcionan así. Hay maneras mejores de ser buena madre en este momento de sus vidas. Sentenciarse a cadena perpetua no es una de ellas. —Advierto que Rita está pendiente de mis palabras—. Solamente hay una persona en el mundo que se beneficia de su negativa a disfrutar de las cosas buenas que le ofrece la vida.

Montones de arrugas surcan la frente de Rita cuando frunce el entrecejo.

—¿Quién?

—Usted —respondo.

Le señalo que el dolor puede actuar como una protección; instalarse en una depresión tal vez sea en su caso una forma de huida. Segura en el interior de una coraza de angustia, no tiene que afrontar nada ni salir al mundo, donde podrían volver a lastimarla. Su voz crítica interna le viene bien: *no tengo que hacer nada porque no valgo nada.* Y su desgracia le reporta aun otra ventaja: tal vez sienta que sigue viva en el pensamiento de sus hijos si a ellos les complace ver sufrir a su madre. Al menos *alguien* la tiene en mente, aunque sea de un modo negativo; en ese sentido, no la han olvidado por completo.

Despega la vista de su pañuelo, como si contemplara el dolor con el que ha cargado décadas desde un prisma totalmente nuevo. Quizás por primera vez, Rita parece observar desde fuera la crisis en la que ha estado inmersa: la batalla entre lo que Erikson llamó integridad y desesperación.

Me pregunto cuál de las dos actitudes escogerá.

42

Mi *Neshamá*

He quedado para almorzar con mi colega Caroline. Nos estamos poniendo al día, charlando del trabajo, cuando Caroline me pregunta si al final mi amigo llegó a hacer terapia con Wendell. Me confiesa, hablando del tema, que después de nuestra conversación se acordó de la época en que Wendell y ella estudiaban juntos en la universidad. Una compañera de clase estaba loca por él, pero a Wendell ella no le gustaba, y entonces empezó a salir con otra...

¡Frena! No puedo oír esas cosas. La derivación, le confieso, era para mí.

Caroline se queda perpleja un segundo y luego estalla en carcajadas, tan fuertes que el té helado se le escapa por la nariz.

—Perdona —se disculpa, a la vez que se enjuga la cara con una servilleta—. Pensaba que le estaba derivando un tipo casado. No te imagino a ti con Wendell.

Entiendo muy bien a qué se refiere. Es difícil imaginar a una persona que conoces bien como paciente de un antiguo amigo, sobre todo si fue un compañero de clase. Sabes demasiado acerca de ambos.

Le confieso que me sentía avergonzada en aquel entonces —de mi ruptura, del fiasco de mi libro, de mis problemas de salud— y ella me revela sus propias dificultades para concebir un segundo hijo. Hacia el final del almuerzo, me habla de un paciente difícil. Al parecer, durante la entrevista inicial, no podía imaginar hasta qué punto se revelaría desagradable, exigente... arrogante.

—Yo también tengo uno —le confieso, pensando en John—, pero con el tiempo casi ha llegado a caerme bien. Le he cogido mucho cariño.

—Espero que me pase lo mismo con el mío —responde Caroline. Luego, como si se le acabara de ocurrir—: Pero si no es así, ¿te lo puedo enviar? ¿Tienes tiempo?

Noto en su tono de voz que está bromeando... a medias. Recuerdo haber hablado con mi grupo de supervisión acerca de John, su enorme ego y su costumbre de insultar a todo el que se le pone por delante. Ian bromeó: «Bueno, si al final la cosa no funciona, asegúrate de derivarlo a alguien que te resulte antipático».

—Ah, no —le respondo a Caroline, negando con la cabeza—. No me lo envíes a mí.

—Pues entonces se lo derivaré a Wendell —replica Caroline. Y reímos con ganas.

—Bueno —le digo a Wendell el siguiente jueves por la mañana—. La semana pasada almorcé con Caroline.

Él guarda silencio, pero sus magnéticos ojos están clavados en mí. Empiezo a relatarle lo que siente Caroline hacia su paciente, una sensación que yo también he experimentado, igual que todos los psicoterapeutas. Sin embargo, el tema me preocupa. ¿Juzgamos a las personas con demasiado rigor? ¿Acaso no estamos mostrando la empatía suficiente?

—No puedo precisar por qué —prosigo—, pero la conversación me ha tenido inquieta toda la semana. Me incomoda de un modo que no lo hizo durante el almuerzo y...

Wendell ha fruncido el ceño, como si le costara seguir el hilo de mi pensamiento.

—Los que nos dedicamos a esto —continúo, tratando de explicarme— no nos lo podemos guardar todo dentro pero, al mismo tiempo...

—¿Quiere hacerme una pregunta? —me interrumpe Wendell.

En ese momento, me doy cuenta de que sí. Quiero hacerle muchas preguntas. ¿Habla de mí con sus colegas mientras almuerza? ¿Todavía lo exaspero tanto como me exasperaba mi paciente Becca antes de que dejara de visitarla?

Ahora bien, Wendell ha usado el singular. No ha dicho: «¿*quiere hacerme alguna pregunta?*», sino: «¿*quiere hacerme una pregunta?*». Lo ha expresado así, comprendo, porque todas mis dudas se reducen a una, tan inmensa que no sé ni cómo formularla en voz alta. ¿Hay algo en el mundo que nos haga sentir más vulnerables que preguntarle a otra persona qué piensa de ti?

Por lo que parece, el hecho de ser psicoterapeuta no me hace inmune a mostrar ante Wendell las mismas reacciones que mis pacientes exhiben conmigo. A veces me saca de quicio. Me molesta tener que pagarle la sesión cuando cancelo porque estoy enferma (aunque yo aplico las mismas normas con relación a las cancelaciones). No siempre se lo cuento todo y sin querer (o queriendo) tergiverso sus palabras. Siempre he dado por supuesto que cuando Wendell cierra los ojos durante la sesión lo hace para poder pensar algo en profundidad. Ahora, sin embargo, me pregunto si no será más bien un botón de reinicio. Tal vez se esté diciendo a sí mismo: *empatía, empatía, empatía,* igual que hacía yo con John.

Como casi todos los pacientes, deseo que mi terapeuta disfrute en mi compañía y sienta respeto por mí. Pero, en última instancia, quiero *importarle.* Sentir en lo más profundo de tu ADN que le importas a otro constituye parte de la alquimia que se crea en una buena terapia.

El psicólogo humanista Carl Rogers practicaba lo que él llamaba «psicoterapia centrada en el cliente», uno de cuyos principios es la *mirada positiva incondicional.* El cambio del término *paciente* a *cliente* habla con elocuencia de su actitud hacia las personas con las que trabajaba. Rogers opinaba que una relación positiva entre el psicólogo y el cliente es una parte esencial de la cura y no solamente un medio para alcanzar un fin; un concepto revolucionario en el momento de su introducción, a mediados del siglo xx.

Ahora bien, la mirada incondicional positiva no significa necesariamente que al psicólogo le agrade el cliente. Implica que el terapeuta es una persona cálida, que se abstiene de enjuiciar y, por encima de todo, cree de corazón en la capacidad del otro para evolucionar si se siente apoyado por un entorno que lo anima y lo acepta. Ofrece un marco de soporte y respeto al «derecho a la autodeterminación» de una persona, aunque sus decisiones contradigan el parecer del profesional. La mirada incondicional positiva es una actitud, no un sentimiento.

Yo deseo algo más que la mirada incondicional positiva de Wendell: quiero caerle bien. Mi pregunta, por lo visto, no se refiere tan solo a descubrir si yo le importo a Wendell. También implica reconocer cuánto me importa él a mí.

—¿Le gusto? —pregunto con voz chillona. Me siento patética y torpe. O sea, ¿qué va a decir? No puede responder que no.

Aun si yo no fuera de su agrado, me podría devolver la cuestión preguntando: «¿y usted qué cree?» o «¿por qué me pregunta eso ahora?». O podría recurrir a la respuesta que yo le habría dado a Jonh si me hubiera formulado ese mismo interrogante hace un tiempo. Le habría confesado la verdad de mi experiencia, menos relacionada con si él me agradaba o no y más con las dificultades que tenía para conocerle si se empeñaba en poner distancia.

Wendell, sin embargo, no hace ninguna de esas cosas.

—Usted me gusta —dice de un modo que me induce a creerlo. La respuesta no ha sonado ni maquinal ni demasiado efusiva. Ha sido tan sencilla y tan inesperadamente conmovedora, en su simplicidad. *Sí, usted me gusta.*

—Y usted me gusta a mí —digo, y Wendell sonríe.

Entonces me comenta que, si bien yo quiero agradarle por ser lista o divertida, él se refiere a que le gusta mi *Neshamá*, que es la palabra hebrea con la que se designa el espíritu o el alma. Capto el concepto al instante.

Le hablo a Wendell de una recién graduada que se estaba planteando si especializarse en psicoterapia. Me preguntó si me caían bien mis pacientes porque, al fin y al cabo, los psicólogos clínicos pasamos todo el día con ellos. Yo le dije que a veces los pacientes no me ofrecen su mejor cara, pero solo porque me confunden con personas de su pasado que tal vez no los viesen como yo los miro. A pesar de todo, le dije a esa joven, siento afecto genuino por mis pacientes todo el tiempo: por sus puntos débiles, por su valor, por sus almas. Por sus *Neshamót*, como diría Wendell.

«Pero solo en un sentido profesional, ¿no?», insistió la joven, y yo supe que ella no acababa de entenderlo, porque antes de conocer a esas personas que acuden a mi consulta yo tampoco lo entendía. Y ahora, en el papel de paciente, me cuesta tenerlo presente. Pero Wendell acaba de recordármelo.

43

Cosas que no deberías decirle a una persona que va a morir

—¡Eso no significa nada! —se indigna Julie.

Está hablando de una compañera de trabajo que acaba de sufrir un aborto —una cajera del Trader Joe's— y, al parecer, otra chica intentó consolarla diciendo: «Todo sucede por una razón. No estaba destinado a nacer».

—¡«Todo sucede por una razón» no significa nada! —insiste Julie—. Si abortas o tienes cáncer o un chiflado asesina a tu hijo no se debe a ningún plan divino.

Sé muy bien a qué se refiere. La gente suelta toda clase de sandeces ante las desgracias ajenas y Julie está pensando en escribir un libro titulado: *Cosas que no deberías decirle a alguien que va a morir: manual para personas bienintencionadas que no saben de lo que hablan.*

Según Julie, hay unas cuantas frases que uno debería callarse: *¿seguro que te estás muriendo? ¿Has pedido una segunda opinión? Sé fuerte. ¿Qué posibilidades tienes? No deberías estresarte tanto, no es bueno para ti. Todo es cuestión de actitud. Tú puedes superarlo. Sé de una persona que tomó vitamina K y se curó. He leído sobre una terapia que reduce los tumores... en* *ratones, pero bueno. ¿De verdad no tienes ningún antecedente familiar?* (Si Julie los tuviera, su interlocutor se sentiría más seguro; la genética lo explicaría todo.) El otro día alguien le dijo a Julie: «Conocía a una mujer que tenía el mismo tipo de cáncer que tú». «¿Conocías?», preguntó Julie. «Ejem, sí —respondió la otra, azorada—. Es que... bueno, murió.»

Mientras Julie recita su lista de cosas que no se deben decir, recuerdo a otros pacientes que también se quejan de los comentarios que hace la gente en diversos momentos delicados: *Todavía puedes tener otro hijo. Al menos tuvo una vida larga. Ahora está en un lugar mejor. Cuando estés lista siempre puedes adoptar otro perro. Ya hace un año de aquello; ha llegado el momento de pasar página.*

Cierto que esas frases hechas pretenden ofrecer consuelo, pero son al mismo tiempo un modo de protegernos de los sentimientos incómodos que nos despierta la situación difícil en la que se encuentra el otro. Esa clase de tópicos convierten una circunstancia terrible en algo más digerible para el que pronuncia las palabras, pero el afectado acaba sintiendo rabia y sensación de aislamiento.

—La gente piensa que, si dice en voz alta que estoy muriendo, la idea se convertirá en una realidad, pero ya es una realidad —continúa Julie, negando con la cabeza.

Yo también he presenciado esa actitud y no solo en relación con la muerte. Callar algo no lo hace menos real, sino más terrorífico. Para Julie, lo peor es el silencio, las personas que la evitan para no tener que hablar con ella y librarse de esas frases incómodas. Pero ella prefiere una charla forzada a ser ignorada.

—¿Qué le gustaría que le preguntara la gente? —quiero saber.

Julie lo medita.

—Podrían decirme: «Cuánto lo siento». O: «¿Te podría ayudar en algo?». Tal vez: «Me siento impotente en esta situación, pero pienso mucho en ti».

Se desplaza en el sofá. Su delicada complexión apenas si llena las prendas que lleva puestas.

—Podrían ser sinceros —sigue hablando—. Una persona me soltó: «No tengo ni idea de qué decirte ahora mismo», y me sentí tan aliviada... Le confesé que, antes de enfermar, yo tampoco habría sabido qué decir. En el trabajo, cuando mis alumnos se enteraron, exclamaron: «¿Qué vamos a hacer sin ti?» y yo me sentí bien, porque es su manera de expresar que me quieren. Algunas personas me han dicho: «¡Nooooo!», o: «Estoy a una llamada de distancia, si te apetece hablar o salir a hacer algo divertido». Recuerdan que sigo siendo yo, no solo una enferma de cáncer, y que pueden hablar conmigo de sus relaciones, del trabajo y del último episodio de *Juego de tronos*.

Una de las cosas que más han sorprendido a Julie del proceso de asistir a su propia muerte ha sido la nitidez que ha cobrado el mundo. Todo lo que antes daba por sentado entraña ahora una sensación de descubrimiento, como si hubiera regresado a la infancia. Los sabores: la dulzura de una fresa, el jugo que le gotea por la barbilla, una pasta de mantequilla que se le deshace en la boca; los olores: las flores del jardín delantero, el perfume de una colega, las algas arrastradas a la playa por las olas; los sonidos: las cuerdas de un violonchelo, el frenazo de un coche, la risa de su sobrino; las experiencias: bailar en una fiesta de cumpleaños, mirar a la gente en el Starbucks, comprar un vestido bonito, abrir el correo. Todo ello, por trivial que sea, la inunda de dicha. Está hiperpresente. Se ha dado cuenta de que las personas, cuando nos engañamos pensando que tenemos todo el tiempo del mundo, nos volvemos perezosas.

Julie nunca habría esperado experimentar placer en su dolor, encontrarlo estimulante, en cierto sentido. Pero igualmente ha comprendido que la vida sigue por más que vaya a morir y, aun mientras el cáncer avanza por su cuerpo, a ella le gusta echar un vistazo a Twitter. Al principio pensó: «¿Por qué gastar siquiera diez minutos de mi tiempo mirando lo que escribe la gente?». Y luego se dijo: «¿Y por qué no? ¡Me gusta Twitter!». Al mismo tiempo intenta no obsesionarse demasiado con lo que está perdiendo. «Ahora ya no puedo respirar bien —me dice en una sesión—, pero empeorará y lo pasaré mal. Hasta entonces, me limitaré a respirar.»

Julie sigue ofreciendo ejemplos de los gestos que la ayudan cuando le confiesa a alguien que sus días están contados.

—Un abrazo sienta de maravilla —afirma—. Y también que te digan «te quiero». Lo que más me gusta es un sencillo «te quiero».

—¿Alguien se lo dice? —pregunto. Matt sí, responde Julie. Cuando descubrieron que estaba enferma de cáncer, las primeras palabras de su marido no fueron «lo superaremos» o «¡mierda, no puede ser!» sino: «Jules, te quiero muchísimo». Era cuanto ella necesitaba saber.

—El amor compensa —apunto, en referencia a una historia que Julie me contó una vez sobre los cinco días que sus padres pasaron separados porque estaban atravesando una mala racha, cuando ella tenía doce años. Antes del fin de semana ya volvían a estar juntos, y cuando su hermana y ella preguntaron el motivo, el padre miró a su mujer con afecto infinito y dijo: «Porque, a la hora de la verdad, el amor compensa. Recordadlo siempre, chicas».

Julie asiente. *El amor compensa.*

—Si escribo ese libro —declara—, recalcaré que las mejores reacciones procedían de personas que son auténticas y no miden sus palabras. —Me mira—. Como usted.

Intento evocar qué le dije a Julie cuando me reveló que se estaba muriendo. Sé que me sentí incómoda la primera vez, devastada la segunda. Le pregunto a ella qué recuerda de aquellos momentos.

Sonríe.

—Las dos veces me dijo lo mismo y nunca lo olvidaré, porque no esperaba esa reacción de una psicóloga.

Niego con la cabeza. ¿Esperaba qué?

—Exclamó con un tono quedo y triste. «Oh, Julie...» y me pareció la respuesta perfecta, pero fue lo que no dijo lo que me llegó al alma. Se le saltaron las lágrimas y supuse que preferiría ocultarlas, así que me callé.

El recuerdo cobra forma en mi mente.

—Me alegro de que viera mis lágrimas y podría haber dicho algo. Espero que, de ahora en adelante, lo haga.

—Bueno, a partir de ahora lo haré. Quiero decir, a partir de ahora que hemos redactado juntas mi epitafio.

Unas semanas atrás, Julie terminó de escribir su epitafio. Estábamos en mitad de una conversación importante acerca de cómo quería morir. ¿Quién le gustaría que estuviera a su lado? ¿Dónde preferiría estar? ¿Qué podría reconfortarla? ¿Qué la asustaba? ¿Qué tipo de funeral deseaba? ¿Cuánto quería que supiera la gente y cuándo?

Por más que hubiera descubierto partes ocultas de sí misma desde el diagnóstico de cáncer —más espontaneidad, más flexibilidad— Julie seguía siendo, de corazón, una planificadora nata y si iba a tener que bregar con su propia sentencia de muerte, procuraría que las cosas se hicieran a su modo en la medida de lo posible.

Al pensar en su epitafio, hablamos de los aspectos de su vida que ella consideraba más importantes. Su éxito profesional, así como su pasión por la investigación y sus alumnos. Su «hogar» del sábado por la mañana en el Trader Joe's y la sensación de libertad que allí había encontrado. Emma, a la que Julie había ayudado en el proceso de solicitud de becas; gracias a ella, ahora podría hacer menos horas en el Trader Joe's para asistir a la universidad. Los amigos de las maratones y los del club de lectura. Y en los primeros puestos de la lista estaban su marido («la mejor persona del mundo con la que compartir la vida —dijo— y con la que compartir la muerte»), su hermana, sus sobrinos y su sobrina recién nacida (Julie era la madrina). Y también sus padres y sus cuatro abuelos, ninguno de los cuales podía entender cómo Julie iba a morir tan joven perteneciendo a una familia tan longeva.

«Esto ha sido terapia con dopaje —bromeó Julie al pensar en todo lo que habíamos avanzado desde que comenzamos—. Eso decimos Matt y yo, que el nuestro es un matrimonio con dopaje. Tenemos que hacer todo lo que podamos en el menor tiempo posible.»

Julie comprendió, mientras hablaba de atiborrar experiencias en un espacio breve, que si estaba enfada por tener una vida tan corta era ante todo porque había sido una existencia afortunada.

Y por eso al final, tras varios borradores y revisiones, Julie optó por un epitafio sencillo: «Durante todos y cada uno de los días de sus treinta y cinco años —diría— Julia Callahan Blue fue amada».

El amor compensa.

44

El email de Novio

Estoy sentada al escritorio, trabajando en el libro de la felicidad y luchando a brazo partido para concluir otro capítulo. Para motivarme, pienso: si acabo este libro, la próxima vez escribiré algo relevante (sea lo que sea). Cuando antes lo termine, antes podré ponerme a explorar nuevos territorios (sean los que sean). He aceptado la incertidumbre. Estoy escribiendo el libro.

Me llama mi amiga Jen, pero no respondo. Últimamente la he puesto al corriente de las partes que desconocía de mi estado de salud y me ha apoyado en el mismo sentido que Wendell: no buscando un diagnóstico sino ayudándome a aceptar la falta de uno. He aprendido a conformarme con no estar del todo bien al mismo tiempo que pido cita con especialistas que podrían tomarse mi problema más en serio. Se acabaron para mí los médicos que diagnostican úteros errantes.

Ahora mismo, sin embargo, tengo que terminar este capítulo; me he reservado dos horas para escribir. Tecleo las palabras, que aparecen en la pantalla y rellenan una página tras otra. Liquido el capítulo igual que mi hijo se quita de encima los deberes del colegio: como un obrero, para terminar cuanto antes. Sigo avanzando hasta redactar la última línea y entonces me concedo una recompensa: mirar el correo electrónico y llamar a Jen. Me tomaré quince minutos de descanso antes de pasar al siguiente. Empiezo a atisbar el final: una última sección y habré terminado.

Estoy charlando con mi amiga y echando un vistazo a mis emails cuando ahogo un grito. El nombre de Novio ha aparecido en mi bandeja de entrada, en negrita. No me lo puedo creer: llevaba ocho meses sin saber nada de él, desde la época en que buscaba la respuesta al misterio de su marcha y llevaba hojas y hojas de notas a las sesiones con Wendell.

—¡Ábrelo! —me dice Jen cuando le cuento la noticia, pero yo me limito a mirar el nombre de Novio. Tengo el estómago en un puño, aunque no del mismo modo que cuando deseaba con toda mi alma que Novio cambiara de idea. Lo tengo en un puño porque, aun si hubiera experimentado alguna clase de epifanía y me dijera que al final sí desea casarse conmigo, le respondería que no sin pestañear. Las entrañas me dicen dos cosas: que ya no quiero estar con él y que, a pesar de todo, el recuerdo de lo sucedido todavía escuece. Lo que sea que contenga el mensaje podría disgustarme y no quiero que nada me distraiga ahora mismo. Tengo que terminar este libro que me trae sin cuidado para poder escribir algo que sí me importe. Tal vez, le digo a Jen, abra el email después de liquidar otro capítulo más.

—Pues envíamelo y yo lo leeré —suplica—. ¡No me puedes dejar en ascuas!

Suelto una carcajada.

—Vale. Pero solo porque tú me lo pides. Lo abriré.

El email es predecible y sorprendente al mismo tiempo.

No te vas a creer a quién vi ayer. ¡A Leigh! Va a ser socia del bufete.

Se lo leo a Jen. Leigh es una persona que Novio y yo conocíamos cada uno por su lado y a la que ambos, en secreto, considerábamos cargante. Si todavía estuviéramos saliendo, sería un cotilleo jugoso, claro que sí. Pero ¿ahora? Está tan fuera de lugar, ignora hasta tal punto lo que pasó entre nosotros y dónde dejamos nuestras conversaciones... Tengo la sensación de que Novio sigue con la cabeza hundida en la arena mientras que la mía empieza a asomar.

—¿Ya está? —pregunta Jen—. ¿Eso es todo lo que el «odianiños» tiene que decir?

Guarda silencio, esperando mi reacción. Yo no puedo evitarlo; estoy encantada. Encuentro el email poético hasta extremos tranquilizadores, un hermoso resumen de todo lo que he descubierto sobre la huida en la consulta de Wendell. Incluso podría convertirlo en un haikú, tres versos de cinco, siete y cinco sílabas respectivamente:

No vas a creer
a quién vi ayer. ¡A Leigh!
Va a ser mi socia.

A Jen no le hace gracia. Está furiosa. Por más que le haya explicado mi papel en la ruptura —si bien Novio pudo ser más sincero consigo mismo y conmigo, yo también podría haberme mostrado más clara respecto a lo que quería, a lo que le ocultaba y a nuestro futuro como pareja— ella todavía lo considera un cerdo. Recuerdo haber tratado de persuadir a Wendell de que Novio era un imbécil; hoy me sorprendo a mí misma intentando convencer a todo el mundo de que no lo es.

—¿Y eso qué significa? —pregunta Jen, con relación al email—. ¿Qué pasa con «cómo te va»? ¿Tan atrofiadas tiene las emociones?

—No significa nada —le digo—. Es una tontería.

No tiene sentido tratar de analizarlo, de otorgarle significado. Jen está indignada, pero a mí me sorprende descubrir que ni siquiera me he disgustado. Más bien me siento aliviada. El nudo de mi estómago desaparece.

—No pensarás contestarle, espero —me advierte Jen, pero yo casi me siento tentada a hacerlo; a darle las gracias por romper conmigo y no hacerme perder más tiempo. Puede que el email, al cabo, sí signifique algo. O, cuando menos, el hecho de haberlo recibido este día tiene un sentido para mí.

Le digo a mi amiga que tengo que volver a mi libro pero, cuando cortamos la llamada, no me pongo a escribir. Ni tampoco respondo a Novio. Igual que no deseo enzarzarme en una relación sin sentido, me niego también a escribir un libro vacío, aunque ya lleve redactadas tres cuartas partes. Si la muerte y el sinsentido son «preocupaciones esenciales», parece lógico que este libro tan intrascendente me haya estado torturando; e igualmente que rechazara el lucrativo manual sobre parentalidad. Aunque entonces todavía no aceptaba que el cuerpo me estaba fallando, en lo más profundo de mis células debía de ser consciente de que tenía un tiempo limitado y debía emplearlo bien. Recuerdo mi conversación con Julie y me asalta un pensamiento: cuando muera, no quiero dejar tras de mí el equivalente al email de Novio.

Durante un tiempo pensé que salir de la celda implicaba terminar el famoso manual para poder conservar el anticipo y tener la oportunidad de hacer algo más. Sin embargo, el email de Novio me hace preguntarme si seguiré sacudiendo esos mismos barrotes. Wendell me ayudó a renunciar a la ilusión de que todo habría ido bien si me hubiera casado con Novio, y es absurdo que ahora siga aferrada a la historia de que el libro de crianza

438

me habría arreglado la vida; ambos relatos son fantasías. Algunas cosas habrían cambiado, es cierto. Pero a la postre, seguiría sintiendo el anhelo de sentido, de algo más profundo, Igual que ahora ante este estúpido manual sobre la felicidad que, según mi agente, tengo que escribir por todo tipo de razones prácticas.

Pero ¿y si esta historia también es falsa? ¿Y si en realidad no debo redactar este libro que mi agente considera un seguro contra el desastre? Sospecho que, a algún nivel, hace algún tiempo que conozco la respuesta y ahora, de súbito, la vislumbro de un modo distinto. Pienso en Charlotte y en las etapas del cambio. Estoy lista para la acción, decido.

Acerco los dedos al teclado, ahora para escribir una carta a la editora: *Deseo cancelar el contrato.*

Tras una breve vacilación, inspiro hondo y pulso la tecla de envío. Allá va mi verdad, lanzada al ciberespacio.

45

La barba de Wendell

Hace un día radiante en Los Ángeles y estoy de un humor excelente cuando aparco el coche enfrente de la consulta de Wendell. Casi me da rabia estar de tan buen humor los días de terapia; ¿de qué voy a hablar?

En realidad, sé muy bien que el asunto no funciona así. Resulta que cuando el paciente acude a sesión sin estar en crisis y sin nada preparado de antemano suelen producirse las grandes revelaciones. Si le concedemos espacio para divagar, la mente nos lleva a los lugares más interesantes e insospechados. Según cruzo la calle hacia el edificio de Wendell, oigo la canción que atruena en el interior de un coche: *On top of the world*, de Imagine Dragons. En la cima del mundo. Y mientras recorro el pasillo hacia el gabinete, empiezo a tararearla… pero tan pronto como abro la puerta de la sala de espera, enmudezco, desconcertada.

Ups… Esta no es la antesala de Wendell. Despistada con la canción, he abierto la puerta equivocada. Me río de mi error.

Salgo y cierro a mi espalda. A continuación miro a mi alrededor para orientarme. Leo el nombre de la placa y descubro que no me he confundido, al cabo. Una vez más, me asomo a la sala de espera, pero las vistas no se parecen en nada a lo que estoy acostumbrada a ver. Por un instante, entro en pánico, como si estuviera soñando. ¿Dónde estoy?

La habitación ha sufrido una transformación completa. Pintura nueva, suelo flamante, muebles impecables, nueva decoración; maravillosas fotos en blanco y negro. El mobiliario que parecía heredado de sus padres ha desaparecido. Al igual que el jarrón con esas flores falsas tan cursis, ahora sustituido por una jarra de cerámica y vasos de agua. Únicamente la ruidosa máquina que oculta lo que se habla al otro lado de la pared sigue en su sitio. Tengo la sensación de estar presenciando una de esas reformas de la tele, que tornan irreconocible el desastroso espacio original. Me entran ganas de estallar en *ohhhh* y *ahhhh*, igual que hacen los propietarios de la casa en esos programas. La sala está preciosa; sencilla, ordenada, una pizca estrafalaria, igual que Wendell.

La silla que suelo ocupar se ha esfumado, así que me siento en una de las nuevas, con modernas patas de acero y asiento de cuero. Wendell ha cerrado la consulta dos semanas; había dado por supuesto que estaba de vacaciones, quizás en la cabaña de su infancia con su gran familia extensa. Lo había imaginado con todos esos hermanos y sobrinos que descubrí en la Red e intentaba visualizarlo entre ellos, haciendo el bobo con sus hijos o relajándose junto al lago con una cerveza en la mano.

Ahora, sin embargo, me percato de que también se estaba produciendo esta renovación. Mi buen humor se está disipando y empiezo a preguntarme si tanta satisfacción era real o solamente estaba experimentando una «falsa remisión» en ausencia de Wendell. La falsa remisión es un fenómeno por el cual los pacientes, de manera inconsciente, se convencen a sí mismos de que sus problemas han desaparecido por las buenas porque no pueden tolerar la ansiedad que les produce trabajar sus dificultades. *¡Me siento de maravilla! ¡Esta sesión ha sido catártica!* La falsa remisión sucede a menudo cuando el psicólogo o el paciente llevan un tiempo fuera y, en el intervalo, las defensas inconscientes de la persona arraigan. *Qué bien me he encontrado estas últimas semanas. ¡Ya no necesito más terapia!* En ocasiones el cambio es genuino. Otras veces los pacientes se marchan de súbito… y no vuelven.

Falsa remisión o no, estoy desorientada. Aunque la sala ha mejorado muchísimo, echo de menos los muebles feos. Es la misma sensación que me inspiran los cambios internos que he venido protagonizando. Wendell era el decorador que entraba y dirigía mi renovación interna y si bien ahora, en el «durante» (porque, a diferencia de las reformas, en la vida no hay un «después» hasta que estamos muertos), me siento mucho mejor, recuerdo el «antes» con una especie de nostalgia.

No quiero que vuelvan los muebles feos, pero me alegro de recordarlos.

Oigo abrirse la puerta del despacho de Wendell y luego sus pasos sobre el nuevo suelo de arce mientras se acerca a saludarme. Alzo la vista y tengo que mirar dos veces. Antes no he reconocido su sala de espera y ahora me cuesta identificar a Wendell. Me siento como si me estuvieran gastando una broma. *¡Sorpresa! ¡Te lo has creído!*

A lo largo de las dos semanas que ha pasado fuera, se ha dejado crecer la barba. Asimismo ha cambiado la chaqueta de punto por una camisa de vestir, los gastados mocasines por unas zapatillas de lona tan estilosas como las que lleva John, y parece una persona completamente distinta.

—Hola —me saluda, como de costumbre.

—Hala —respondo, en un tono demasiado alto—. Cuántos cambios. —Señalo la sala de espera pero estoy mirando su barba—. Ahora sí que parece un psicólogo —añado mientras me incorporo, una broma para disimular hasta qué punto estoy impresionada. De hecho, la barba no se parece en nada a esas pelambreras espesas que caracterizaban a nuestros famosos predecesores. La barba de Wendell irradia encanto. Es despreocupada. Desaliñada. Descarada.

Está... ¿guapo?

Recuerdo haber negado hace un tiempo la transferencia romántica. Y fui sincera... cuando menos, conscientemente. Pero ¿por qué me siento tan incómoda ahora mismo? ¿Acaso mi inconsciente ha estado manteniendo una apasionado romance con Wendell a mis espaldas?

Me encamino a su despacho, pero me detengo en seco al llegar a la puerta. La consulta también está transformada. La distribución es la misma —los sofás dispuestos en L, el escritorio, el armario, la estantería, la mesita con los pañuelos— pero la pintura, el suelo, la alfombra, los cuadros, los sofás y los almohadones han cambiado. ¡Tiene un aspecto increíble! Impresionante. Fantástico. La consulta, quiero decir. La consulta está fantástica.

—¿Ha contratado a un decorador? —le pregunto, y responde que sí. Lo suponía. Si el mobiliario anterior lo había escogido él, sin duda necesitó ayuda profesional para esto. Pese a todo, es Wendell al cien por cien. El nuevo Wendell. Renovado, pero nada pretencioso.

Me siento en la posición B, examino los flamantes almohadones y me los ajusto a la espalda en el nuevo sofá. Recuerdo la intranquilidad que me invadió la primera vez que me senté tan cerca de mi terapeuta, la sensación de estar demasiado pegada a él, excesivamente expuesta. Ahora me siento así nuevamente. *¿Será que ahora me gusta Wendell?*

No sería un caso tan raro. Al fin y al cabo, si nos sentimos atraídos por los colegas de trabajo, los amigos de nuestra pareja y por la gran cantidad de hombres y mujeres con los que nos cruzamos a diario, ¿por qué no podría gustarnos el psicólogo? Especialmente el psicólogo. Los sentimientos sexuales abundan en terapia, ¿cómo podría ser de otro modo? Es fácil confundir la experiencia íntima del sexo o el amor romántico con la experiencia íntima de que alguien preste atención plena a los más mínimos detalles de tu vida, te acepte tal como eres, te apoye sin condiciones y te conozca mejor que tú misma. Algunos pacientes llegan a coquetear descaradamente, a menudo sin ser conscientes de sus verdaderos motivos (descolocar al psicólogo; huir de temas difíciles; recuperar el poder cuando experimentan impotencia; recompensar al terapeuta del único modo que saben, a causa de su historia personal). Otros, en lugar de flirtear, niegan con vehemencia cualquier atracción, igual que hizo John cuando me dijo que yo no era la clase de persona que escogería como amante («no se ofenda»).

Sin embargo, John se fija en mi apariencia con frecuencia: «ahora sí que parece una *verdadera* amante» (cuando me puse reflejos en el pelo); «será mejor que tenga cuidado, alguien podría ver más de la cuenta» (el día que llevé un escote de pico); «¿esos son los zapatos que se pone para salir a ligar?» (cuando aparecí con zapatos de tacón). En cada una de las ocasiones, intenté hacerle hablar de sus «bromas» y de los sentimientos que escondían.

Y ahora aquí estoy yo, soltándole una estúpida broma a Wendell y sonriendo como una boba. Me pregunta si estoy experimentando algún tipo de reacción a su barba.

—Es que no estoy acostumbrada —reconozco—. Pero le queda muy bien. Debería dejársela.

O no, será mejor que se la quite, pienso. *Puede que, si se la deja, me atraig... o sea, me distraiga demasiado.*

Enarca la ceja derecha y advierto que hoy sus ojos parecen distintos. ¿Más brillantes? ¿Y siempre ha tenido ese hoyuelo? ¿Qué está pasando aquí?

—Se lo pregunto porque las reacciones que experimenta conmigo son un reflejo de las que tiene con el resto de los hombres...

—Usted no es un hombre —lo interrumpo entre risas.

—¿Ah, no?

—¡No! —exclamo.

Wendell finge sorpresa.

—Ah, pues la última vez que lo comprobé...

—Claro, pero ya sabe lo que quiero decir. Usted no es un hombre en ese sentido. No es un tío. Es mi psicólogo.

Advierto horrorizada que estoy hablando como John otra vez.

Hace unos meses, tuve problemas para bailar en una boda por culpa de cierta debilidad muscular en el pie izquierdo causada por mi misteriosa afección médica. En la sesión siguiente, le conté a Wendell hasta qué punto me entristeció ver a todo el mundo bailando mientras yo no podía hacerlo. Wendell respondió que podía moverme con el pie bueno, solamente necesitaba una pareja.

«Bueno —repliqué—, fue la falta de pareja lo que me trajo aquí para empezar.»

Wendell, sin embargo, no se refería a una pareja romántica. Me dijo que podía pedir ayuda a cualquiera, que podía recurrir a los demás si necesitaba apoyo para bailar o cualquier otra cosa.

«No se lo puedo pedir a cualquiera», insistí yo.

«¿Por qué no?».

Puse los ojos en blanco.

«Me lo puede pedir a mí —dijo, encogiéndose de hombros—. Soy un buen bailarín, ¿sabe?».

Añadió que había estudiado danza cuando era niño.

«¿De verdad? ¿Qué tipo de danza?».

No sabía si hablaba en serio. Intenté imaginar al desgarbado Wendell bailando. Lo imaginé tropezando consigo mismo y cayendo.

«Ballet», respondió, sin el menor asomo de rubor.

¿Ballet?

«Pero puedo bailar cualquier cosa —prosiguió, al advertir mi incredulidad—. También sé bailar swing, baile moderno… ¿Qué le gustaría bailar?».

«Ni hablar —protesté—. No voy a bailar con mi psicólogo.»

No me preocupaba que se estuviera mostrando insinuante o siniestro; sabía que sus intenciones no tenían nada que ver con eso. Pero yo no quería perder el rato de terapia bailando. Tenía *cosas de las que hablar*, como mi manera de sobrellevar los problemas de salud. Sin embargo, una parte de mí sabía que estaba poniendo excusas, que la intervención podía resultar útil, que el baile permite a los cuerpos expresar las emociones de un modo que las palabras no pueden. Cuando danzamos, exteriorizamos nuestros sentimientos reprimidos, hablamos a través del cuerpo en lugar de hacerlo a través de la mente… y el gesto nos puede ayudar a salir del universo mental para alcanzar un nuevo nivel de conciencia. La terapia del baile consiste en eso, en parte. No es más que otra técnica usada por los terapeutas.

Sin embargo… no, gracias.

—Soy su psicólogo y un hombre —dice Wendell hoy, y añade que todos interactuamos con los demás de maneras distintas sobre la base de los rasgos que nos llaman la atención de cada persona. Dejando al margen la corrección política, no somos emocionalmente inmunes a cualidades como apariencia, manera de vestir, género, raza, etnia o edad. Por eso funciona la transferencia. Si mi terapeuta fuera una mujer, dice, reaccionaría a ella tal como respondo ante las mujeres. Si Wendell fuera menudo, reaccionaría a él como lo haría ante alguien menudo y no alto. Si...

Mientras habla, no puedo dejar de observar a ese nuevo Wendell, al mismo tiempo que trato de conciliar la imagen anterior y la actual. Y me percato de que la diferencia no radica en que antes no me sintiera atraída por Wendell. En realidad, no me sentía atraída por *nadie*. Estaba en proceso de duelo y solo después de mi gradual resurgimiento soy capaz de apreciar el atractivo del mundo.

En ocasiones, cuando un paciente entra en mi consulta por primera vez, no me limito a preguntarle: «¿Qué le ha impulsado a venir?», sino: «¿Qué le ha impulsado a venir en este momento?». La clave está en el «ahora». ¿Por qué este año, este mes, este día concretamente te has decidido a hablar conmigo? Pudiera parecer que mi ruptura era la respuesta al «¿por qué ahora?» pero debajo acechaban mi estancamiento y mi dolor.

«Ojalá pudiera dejar de llorar», le dije a Wendell en aquella época, cuando me sentía como una boca de incendios humana.

Sin embargo, Wendell consideraba la cuestión de manera distinta. Me había concedido permiso a mí misma para sentir y también había recordado que sentir *menos* no equivale a sentirse *mejor*, una confusión que mucha gente comete. Los sentimientos siguen ahí en cualquier caso. Se manifiestan en las conductas inconscientes, en la incapacidad para permanecer sentada en un sitio, en una mente que ansía la siguiente distracción, en la falta de apetito o en la incapacidad de controlar el apetito, en el mal humor o —en el caso de Novio— en un pie que se agita debajo del edredón mientras estamos envueltos en un oneroso silencio bajo el cual yace el sentimiento que lleva meses callando: sea lo que sea lo que quiere, no soy yo.

Y a pesar de todo intentamos reprimir los sentimientos. Apenas una semana antes una paciente me había contado que cada noche, una tras otra, encendía la tele, se quedaba dormida y despertaba varias horas más tarde. «¿Qué ha sido de mis noches?», se preguntó tumbada en el sofá de mi consulta. Sin embargo, la verdadera pregunta era qué había sido de sus sentimientos.

Otro paciente lamentó hace poco: «Sería agradable ser una de esas personas que no les dan vueltas a las cosas, que se dejan llevar... que viven la vida sin más, ¿verdad?». Yo recuerdo haberle dicho que hay una diferencia entre indagar y obsesionarse, y que si nos desconectamos de nuestros sentimientos y nos limitamos a patinar por la superficie, no encontramos paz ni alegría, solo desidia.

Así pues, no es que esté enamorada de Wendell. El hecho de que por fin me fije en él, no solamente como psicólogo sino también como hombre, demuestra que nuestro trabajo conjunto me ha ayudado a reunirme con la raza humana. De nuevo soy capaz de sentirme atraída por otras personas. Incluso estoy empezando a salir en plan de cita otra vez, aunque me haya limitado a hundir el dedo gordo del pie en el agua.

Antes de marcharme, quiero saber «¿por qué ahora?» con relación a la reforma, a la barba.

—¿Qué le empujó a hacer todo esto? —pregunto.

La barba, explica, apareció sin más cuando pasó unos días fuera de la consulta y sin tener que afeitarse. Luego, cuando llegó el momento de regresar, decidió que le gustaba. En cuanto a la reforma del gabinete, se limita a decir:

—Le hacía falta.

—Pero ¿por qué ahora? —insisto, e intento formular la siguiente parte de mi argumento con elegancia—. Parecía que tuviera esos muebles desde hacía, ejem, bastante tiempo.

Wendell ríe con ganas. Parece ser que no he sido muy sutil.

—A veces —dice— el cambio es así.

De nuevo en la zona de entrada, camino junto al nuevo biombo, de diseño, que separa la salida de los asientos. En el exterior el aire se desdibuja sobre la acera por efecto del calor y, mientras espero para cruzar, la canción de los Imagine Dragons se apodera de mi mente de nuevo. *I've been waiting to smile, 'ey, been holding it in for a while* (ya tenía ganas de sonreír, llevaba un tiempo reprimiéndome). Cuando el semáforo cambia a verde, cruzo la calle y me encamino al aparcamiento, pero hoy no subo al coche. Sigo andando hasta llegar a un escaparate: un salón de belleza.

Veo mi reflejo en el cristal y me detengo un momento para ajustarme el top —el de Anthropologie, que he escogido especialmente para la cita de esta noche— antes de entrar a toda prisa.

Llego justo a tiempo a mi cita para hacerme la cera.

CUARTA PARTE

Aunque crucemos el mundo en busca de
la belleza, debemos llevarla con nosotros o nunca
la encontraremos.

Ralph Waldo Emerson

46

Las abejas

Un minuto antes de la hora de Charlotte, recibo un mensaje de texto de mi madre. *Por favor, llámame.* Normalmente no me envía esa clase de mensajes, así que la llamo al móvil. Responde a la primera señal.

—No te asustes —dice, introducción que siempre anuncia algo alarmante—, pero papá está en el hospital.

Mi mano se crispa en torno al teléfono.

—Está bien —se apresura a añadir. *No te ingresan en el hospital por estar bien*, pienso.

—¿Qué ha pasado?

Bueno, empieza, todavía no lo saben. Me explica que mi padre estaba almorzando cuando ha dicho que se encontraba mal. Luego ha empezado a temblar y tenía problemas para respirar, y ahora están los dos en el hospital. Creen que sufre una infección pero no saben si está relacionada con su corazón o con alguna otra cosa. *Está bien*, repite una y otra vez. *Se pondrá bien.* Lo dice tanto para sí misma como para mí. Las dos queremos —necesitamos— que mi padre se recupere.

—De verdad —insiste—. No le pasa nada. Mira, compruébalo tú misma.

La oigo murmurar algo cuando le tiende el teléfono a mi padre.

—Estoy bien —me dice a guisa de saludo, pero noto que le cuesta respirar. Me cuenta la misma historia que mi madre: estaba almorzando y se ha encontrado mal de sopetón, pero no menciona los temblores ni los problemas de respiración. Seguramente le darán el alta al día siguiente, dice, una vez que los antibióticos hagan efecto, aunque cuando mi madre regresa al teléfono, nos preguntamos si no será algo más grave. (Esa noche, cuando vaya al hospital, descubriré que mi padre parece embarazado —tiene el abdomen lleno de fluido— y que le están administrando un cóctel de antibióticos por vía intravenosa porque una grave infección bacteriana se ha extendido por su cuerpo. Pasará una semana en el hospital, le aspirarán el líquido de los pulmones, le estabilizarán el ritmo cardiaco.)

Ahora mismo, sin embargo, cuando me despido de mis padres, me doy cuenta de que llego doce minutos tarde a la cita con Charlotte. Intento centrar la atención mientras me encamino a la sala de espera.

Charlotte se levanta de un salto cuando me ve entrar.

—¡Buf! —dice—. Pensaba que quizás me había confundido de hora, pero siempre quedamos a la misma así que he pensado que me habría equivocado de día, pero no, hoy es lunes —me muestra la pantalla de su teléfono—, así que he pensado... no sé, pero bueno, aquí está.

Lo ha soltado todo de un tirón.

—En fin, hola —me saluda mientras pasa por mi lado de camino a mi despacho.

Puede parecer sorprendente, pero cuando el psicólogo se retrasa, los pacientes suelen agitarse. Aunque tratamos de evitarlo siempre que sea posible, todos los psicólogos que conozco han dejado a alguien esperando, igual que yo en este momento. Y cuando sucede, la circunstancia puede sacar a la luz antiguas experiencias de traición de confianza o abandono que provocan en las personas que acuden a terapia toda clase de sentimientos, desde el aturdimiento hasta la rabia.

Una vez en la consulta, le explico a Charlotte que he tenido una llamada urgente y me disculpo por el retraso.

—No pasa nada —responde ella con desenfado, pero parece distraída. O quizás sea yo, tras la llamada relativa a mi padre. *No pasa nada*, han dicho. Igual que Charlotte. ¿De verdad están bien los dos? Charlotte juguetea en la silla, se retuerce el cabello, mira a su alrededor. Intento ayudarla a ubicarse buscando su mirada, pero sus ojos saltan de la ventana a un cuadro de la pared o al almohadón que siempre se coloca sobre el regazo. Ha cruzado una pierna sobre la otra y la agita con gesto nervioso.

—¿Y cómo se ha sentido, cuando no sabía por qué me retrasaba? —le pregunto. Hace pocos meses yo estaba en su misma situación, sentada en el sala de espera y preguntándome dónde se había metido Wendell. Mirando el teléfono para matar el tiempo, descubrí que se retrasaba cuatro minutos, luego ocho. A los diez minutos se me pasó por la cabeza que quizás había sufrido un accidente o había caído enfermo y se encontraba en ese mismo instante en urgencias.

Estuve pensando si llamarle y dejar un mensaje. (¿Para decir qué? De eso no estaba segura. *Hola, soy Lori, estoy sentada en su sala de espera. ¿Está usted ahí, al otro lado de la puerta, redactando notas en los historiales? ¿Tomando un tentempié? ¿Se ha olvidado de mí? ¿O se está muriendo?*) Y en el preciso instante en que empecé a pensar que tendría que buscar un nuevo psicólogo, en buena parte para asimilar la muerte del antiguo, se abrió la puerta del despacho de Wendell. Una pareja de mediana edad salió de la consulta, el hombre dándole las gracias a Wendell, la mujer con una sonrisa tensa. Una primera sesión, adiviné. O quizás la revelación de una aventura. Esas sesiones tienden a prolongarse.

Pasé junto a mi terapeuta como si nada y me senté en perpendicular a él.

«No se preocupe —lo tranquilicé cuando se disculpó por el retraso—. De verdad —insistí—. Mis sesiones también se alargan a veces. No pasa nada.»

Wendell me miró con la ceja derecha enarcada. Yo levanté las cejas a mi vez, tratando de preservar mi dignidad. *¿Yo, alterada porque mi psicólogo llega tarde? Por favor.* Solté una carcajada y al hacerlo se me saltaron las lágrimas. Ambos sabíamos el alivio que había sentido al verlo y hasta qué punto él era importante para mí. Esos diez minutos de espera y conjeturas fueron mucho más que «nada».

Y ahora —con una sonrisa forzada en el rostro, agitando la pierna como si sufriera convulsiones— Charlotte me repite que no le ha importado lo más mínimo esperarme.

Le pregunto a qué ha atribuido mi ausencia, al ver que yo no llegaba.

—No estaba preocupada —me asegura, aunque yo no he hablado de preocupación. En ese momento, algo capta mi atención en el ventanal de pared a pared.

Volando en círculos vertiginosos, a pocos metros de la cabeza de Charlotte, hay un par de abejas muy dinámicas. Nunca he visto abejas al otro lado de la ventana de mi despacho, a varios pisos de altura, y estas dos parecen dopadas con anfetaminas. Puede que sea una danza de apareamiento, pienso. Y entonces llegan unas cuantas más y pasados unos segundos veo todo un enjambre de abejas volando en círculos, separado de nosotras tan solo por un grueso panel de cristal. Algunas empiezan a posarse en la ventana y a arrastrarse por la superficie.

—Bueno, me va a matar —empieza Charlotte, que por lo visto no ha reparado en las abejas—. Pero... voy a tener que tomarme un descanso de la terapia.

Despego la vista de las abejas para devolvérsela a Charlotte. Hoy no me esperaba esto y tardo un momento en entender lo que acaba de decir, porque hay tanto movimiento en mi visión periférica que me distraigo sin poder evitarlo. Ahora las abejas se cuentan por cientos, tantas que la consulta se oscurece, apiñadas contra la hoja del cristal e impidiendo el paso de la luz solar. ¿De dónde han salido?

La oscuridad se torna tan palpable que Charlotte repara en ella. Gira la cabeza hacia la ventana y nos quedamos allí sentadas, sin hablar, observando los insectos. Me pregunto si su presencia la inquietará, pero más bien parece hipnotizada.

Hace un tiempo, mi colega Mike recibía a una familia con una hija adolescente al mismo tiempo que yo trataba a una pareja. Cada semana, cuando llevábamos alrededor de veinte minutos de sesión, estallaba un griterío en la consulta de Mike. La adolescente chillaba a sus padres, abandonaba el despacho como un vendaval, cerraba de un portazo; la pareja le pedía a voz en cuello que regresara; la adolescente replicaba: *¡No!*, y por fin Mike la convencía para que volviera a entrar y tranquilizaba a todo el mundo. Las primeras veces que sucedió, temí que la escena resultara perturbadora para la pareja de mi despacho, pero resultó que les hacía sentir mejor. *Esos están peor que nosotros,* pensaban.

Sin embargo, yo detestaba la perturbación; siempre me desconcentraba. Y ahora odio estas abejas de manera parecida. Pienso en mi padre, que está en el hospital, a diez manzanas de distancia. ¿Será el enjambre una señal, un augurio?

457

—Una vez quise ser apicultora —me confiesa Charlotte, rompiendo el silencio, y la revelación me sorprende menos que el súbito deseo de marcharse. Le atraen las situaciones peligrosas: el *puenting*, el paracaidismo, nadar con tiburones. Mientras me habla de su fantasía como apicultora, pienso que la metáfora resulta casi demasiado perfecta: el oficio requiere llevar un traje de la cabeza a los pies que la protegería de las picaduras y le permitiría controlar a los mismos seres capaces de lastimarla para poder, al final, cosechar la dulzura de su miel. Entiendo el atractivo de ejercer esa clase de control sobre el peligro, sobre todo si te has criado sintiéndote impotente.

También comprendo el incentivo de anunciar que abandonas la terapia si te han dejado tirada en la sala de espera sin darte ninguna explicación. ¿Tenía pensado marcharse Charlotte o su impulso nace del puro terror que ha experimentado hace unos minutos? Me pregunto si estará bebiendo de nuevo. En ocasiones los pacientes desertan porque la terapia los obliga a hacerse responsables cuando no quieren serlo. Si han empezado a beber o a engañar otra vez —si han hecho o han dejado de hacer algo que les avergüenza— tal vez prefieran esconderse del psicólogo (y de sí mismos). Olvidan que la sala de terapia es uno de los lugares más seguros a los que puedes llevar tu vergüenza. Sin embargo, obligados a afrontar la mentira por omisión o confrontados con el bochorno, tal vez tomen la decisión de escapar. Algo que, como cabe suponer, no resuelve nada.

—Lo he decidido antes de venir —explica Charlotte—. Me encuentro cada vez mejor. Todavía estoy sobria, el trabajo me va bien, ya no me peleo tanto con mi madre y no veo al Tío... incluso lo he bloqueado en el teléfono. —Se interrumpe—. ¿Está enfadada?

¿Estoy enfadada? Sin duda estoy sorprendida —pensaba que ya había superado el miedo a ser adicta a mi persona— y frustrada, que es un eufemismo de «enfadada», admito para mis adentros. Sin embargo, por debajo del enfado subyace mi preocupación por ella, quizás excesiva. Me preocupa que, mientras no esté habituada a mantener relaciones sanas, hasta que no haya alcanzado cierto equilibrio en la relación con su padre en lugar de oscilar entre fingir que no existe y quedarse destrozada cuando aparece e, inexorablemente, vuelve a desaparecer, seguirá luchando por sacar su vida adelante, incapaz de conseguir buena parte de lo que desea. Deseo que resuelva sus conflictos a los veinte mejor que a los treinta; no me gustaría que desperdiciase su tiempo. No quiero que un día entre en pánico: la mitad de mi vida ha terminado. Por otro lado, no puedo coartar su independencia. Igual que los padres educan a sus hijos para que los dejen un día, los psicólogos trabajan para perder a los pacientes, no para retenerlos.

A pesar de todo, advierto cierta precipitación en su decisión y quizás cierta dosis de su afición al peligro, como saltar de un avión sin paracaídas.

Los pacientes imaginan que acuden a terapia para descubrir algo de su pasado y hablar de ello, pero buena parte del trabajo consiste en indagar en *el presente*, en ayudarles a vislumbrar lo que sucede en sus mentes y en sus corazones día a día. ¿Tienden a lesionarse con facilidad? ¿Se sienten culpables con frecuencia? ¿Evitan el contacto visual? ¿Suelen enredarse con problemas en apariencia intrascendentes? Nosotros perfilamos esas intuiciones y animamos a las personas a recurrir a ellas en el mundo real. Wendell lo expresó del modo siguiente: lo que hacen los pacientes en terapia se parece a practicar el tiro a canasta. Es necesario. Pero luego tienen que salir a jugar un partido.

La única vez que Charlotte estuvo cerca de mantener una auténtica relación, cuando llevaba alrededor de un año de terapia, dejó de ver al chico de la noche a la mañana pero se negó a compartir conmigo las razones. Y tampoco me dijo por qué no quería hablar de ello. No me interesaba tanto lo que había pasado como los motivos de que *ese incidente* —de todas las cosas que me había contado de sí misma— fuera lo Único Que No Se Puede Revelar. Y hoy me pregunto si se marcha a causa de esa circunstancia secreta.

Recuerdo la excusa que me dio para callarse *el incidente*; para no acceder a mi petición. «Me cuesta mucho decir "no" —explicó— así que estoy practicando.» Le señalé que, al margen de si decidía hablarme o no sobre la ruptura, tenía la impresión de que también le costaba decir «sí». La incapacidad de responder con una negativa guarda una estrecha relación con la búsqueda de aprobación; imaginamos que, si nos negamos a algo, los demás dejarán de querernos. En cambio, la incapacidad de decir «sí» —a la intimidad, a las oportunidades de trabajo, a los programas para dejar el alcohol— tiene que ver con la falta de confianza en uno mismo. *¿Meteré la pata? ¿Me saldrá mal? ¿No será más seguro seguir como estoy?*

Sin embargo, hay otra vuelta de tuerca. En ocasiones, lo que podría parecer un límite —decir «no»— es en realidad un pretexto, un modo invertido de evitar el «sí». En el caso de Charlotte, el desafío radica en cruzar sus miedos y atreverse a responder afirmativamente, no solo a la terapia sino a sí misma.

Miro de reojo las abejas pegadas al cristal y vuelvo a pensar en mi padre. En una ocasión, me estaba quejando de la facilidad que tenía un pariente para hacerme sentir culpable y mi padre me espetó: «El hecho de que te envíe la culpa no significa que debas aceptar el paquete». Recuerdo su frase mientras hablo con Charlotte. No quiero que se sienta culpable por dejar la terapia, que tenga la sensación de que me ha fallado. Tendré que limitarme a decirle que estoy a su disposición en cualquier caso, compartir mi punto de vista, escuchar el suyo y darle la libertad de hacer lo que desee.

—¿Sabe? —le digo a Charlotte, mientras las abejas empiezan a dispersarse—. Estoy de acuerdo en que algunas cosas han mejorado en su vida y ha trabajado con ahínco para conseguirlo. También tengo la sensación de que todavía está lidiando con sus dificultades para intimar con los demás y que las facetas de su vida que guardan relación con eso, su padre, aquel chico del que no quiere hablar, le causan demasiado dolor como para analizarlas. Al silenciarlas, una parte de usted tal vez se aferra a la esperanza de que las cosas todavía podrían ser de otro modo; y no sería la única en pensar así. Algunas personas esperan que la terapia las ayude a encontrar la manera de hacerse oír por quienquiera que les ha hecho daño, momento en el cual ese chico o ese pariente verá la luz y se convertirá en la persona que les gustaría que fuera. Sin embargo, casi nunca sucede. En algún momento, ser plenamente adulto implica aceptar la responsabilidad del curso de la propia vida y aceptar el hecho de que estás a cargo de tus decisiones. Hay que ocupar el asiento delantero y ser la mamá perro que conduce el coche.

Charlotte posa la vista en el regazo mientras yo hablo, pero me mira a hurtadillas durante la última parte. Entra más luz ahora y advierto que casi todas las abejas se han marchado. Solo quedan unas cuantas rezagadas, algunas todavía en el cristal, otras revoloteando en círculo antes de salir volando.

—Si continúa con la terapia —le digo con suavidad—, tendrá que renunciar a la esperanza de haber tenido una buena infancia, pero lo hará con el fin de crear una vida mejor como adulta.

Charlotte permanece con la cabeza gacha un largo rato. Por fin, responde:

—Ya lo sé.

Guardamos silencio.

Por fin, revela:

—Me he acostado con mi vecino.

Habla de un chico de su edificio de apartamentos que lleva un tiempo coqueteando con ella, aunque también le ha dicho que no busca nada serio. Charlotte había decidido que saldría únicamente con hombres capaces de comprometerse. Quería dejar de enredarse con versiones emocionales de su padre. Quería dejar de ser como su madre. Deseaba empezar a responder «no» a todas esas cosas y «sí» a convertirse en una persona todavía por descubrir.

—Supuse que, si dejaba la terapia, podría seguir acostándome con él —reconoce.

—Puede hacer lo que quiera —sugiero—, tanto si sigue en terapia como si no.

La veo escuchar lo que ya sabe. Sí, ha dejado de beber, ha renunciado al Tío y ya no se pelea tanto con su madre, pero cuando estás en un proceso de cambio no sueltas todas tus defensas de golpe. En vez de eso, las pierdes por capas, cada vez más cerca del núcleo doloroso: la tristeza, la vergüenza.

Niega con la cabeza.

—No quiero despertarme dentro de cinco años y no haber tenido ninguna clase de relación —dice—. Dentro de cinco años, muchas chicas de mi edad estarán casadas y yo seré la típica tía que se enrolla con un chico en la sala de espera o con su vecino y luego cuenta la historia en una fiesta como si fuera una divertida aventura. Como si no me importara.

—La chica guay —digo—. La que no tiene necesidades ni sentimientos y sencillamente fluye con la vida. Pero usted tiene sentimientos.

—Sí —admite—. Ser la chica guay es una mierda. —Nunca antes lo había reconocido. Se está despojando del traje de apicultora—. ¿«Una mierda» es un sentimiento?

—Ya lo creo que sí —asiento.

Y la última parte del proceso comienza, por fin. Charlotte no se marcha esta vez. En vez de eso se queda en terapia hasta que aprende a conducir su propio coche, a desenvolverse en el mundo con más seguridad, mirando a ambos lados y tomando muchos desvíos equivocados, pero retomando el rumbo en todas las ocasiones hacia donde desea llegar en realidad.

47

Kenia

Mientras Cory me corta el pelo, le cuento que he cancelado el contrato con la editorial. Le explico que tal vez me pase años devolviendo el anticipo y puede que no vuelvan a encargarme otro libro después de haberme echado para atrás con tan poco tiempo de margen, pero me siento como si me hubiera librado de un lastre.

Cory asiente. Le veo echar un vistazo a su bíceps tatuado en el espejo.

—¿Sabes qué he hecho esta mañana? —comenta.

—¿Mmm?

Me peina las capas delanteras sobre los ojos para comprobar que están igualadas.

—He visto un documental sobre campesinos en Kenia que no tienen acceso a agua potable —me cuenta—. Están al borde de la muerte y hay muchos traumatizados por la guerra y la enfermedad. Los están expulsando de sus casas y aldeas. Deambulan de acá para allá buscando un poco de agua para beber que no les provoque la muerte. Ninguno hace terapia ni debe dinero a sus editores. —Se interrumpe—. En fin, eso es lo que he hecho esta mañana.

Se crea un silencio incómodo. Cory y yo buscamos los ojos del otro en el espejo. Despacio, estallamos en risas.

Nos estamos riendo de mí, y yo me río además del modo que tenemos de catalogar nuestro dolor. Pienso en Julie. «Al menos no tengo cáncer», decía, pero también las personas sanas usan esa misma frase para minimizar su sufrimiento. Recuerdo que cuando John empezó la terapia acudía inmediatamente después de Julie y yo, en todas las ocasiones, tenía que hacer un esfuerzo para recordar una de las lecciones más importantes de la formación: no hay jerarquías en el dolor. La angustia no debería catalogarse, porque no es una competición. Los cónyuges lo olvidan a menudo y dan preponderancia a su propio malestar: *yo me he ocupado de los niños todo el día; mi trabajo es más estresante que el tuyo; yo me siento más sola que tú*. ¿Qué dolor gana... o pierde?

Sin embargo, el dolor es el dolor. Yo misma lo he hecho más de una vez. Me he disculpado ante Wendell, avergonzada de hacer tantos aspavientos por una ruptura que, al fin y al cabo, no era un divorcio, azorada de mi ansiedad ante las consecuencias financieras y profesionales, muy reales, que tendría que afrontar por no cumplir el contrato del libro pero que, en cualquier caso, no eran ni de lejos tan graves como las dificultades que afrontan, bueno, los habitantes de Kenia. Incluso me disculpé por hablar de mis problemas de salud —como el día que le conté que un paciente había notado mis temblores y yo no supe qué decirle— porque, después de todo, ¿cuánto podía estar sufriendo si ni siquiera tenía un diagnóstico, y mucho menos un dictamen que puntuase alto en la escala de los «problemas que justifican el sufrimiento»? Padezco una afección indeterminada. No estoy enferma —toco madera— de Parkinson. No estoy enferma —toco madera— de cáncer.

Sin embargo, Wendell me dijo que, al minimizar mis rigores, me estaba subestimando a mí misma y a todo aquel cuyas dificultades puntuaran más bajo en mi jerarquía del dolor. No superas la angustia restándole importancia, me recordó. La superas cuando la aceptas y averiguas qué puedes hacer con ella. Uno no mejora negándose o rebajándose. Y, como sé muy bien, a menudo lo que parecen preocupaciones triviales no son sino manifestaciones de otras más profundas.

—¿Sigues con la terapia Tinder? —le pregunto a Cory.

Me extiende un producto por el pelo.

—Ya te digo —responde.

48

Sistema inmunitario psicológico

—Felicidades, ha dejado de ser mi amante —declara John en tono burlón cuando entra cargado con nuestros almuerzos.

Me pregunto si es su manera de despedirse. ¿Ha decidido abandonar la terapia justo cuando estamos empezando a avanzar?

Se acerca al sofá y silencia del móvil con un gesto teatral antes de lanzarlo a una butaca. A continuación abre la bolsa de la comida y me tiende una ensalada de pollo china. Hunde la mano de nuevo, extrae unos palillos y me los muestra. *¿Los quiere?* Yo asiento: *Gracias*.

Una vez estamos instalados, me observa con expresión expectante al mismo tiempo que golpetea el suelo con el pie.

—Bueno —empieza—, ¿no quiere saber por qué ha dejado de ser mi amante?

Le lanzo una mirada elocuente. *No voy a jugar a eso.*

—Vale, muy bien. —Suspira—. Se lo diré. Ha dejado de ser mi amante porque le he contado la verdad a Margo. Sabe que estoy haciendo terapia. —Toma un poco de ensalada, mastica—. ¿Y sabe cómo ha reaccionado? —prosigue.

Niego con la cabeza.

—¡Se ha enfadado! *¿Por qué lo he mantenido en secreto?*
¿Hace mucho que dura esta situación? ¿Cómo se llama ella?
¿Quién más lo sabe? Oyéndola, cualquiera habría pensado que
me acuesto con usted, ¿verdad?

John se ríe para asegurarse de que entiendo hasta qué punto
es absurda la posibilidad.

—Tal vez para ella no sea tan distinto —aclaro—. Margo se
siente excluida de su vida y ahora se entera de que está compartiendo sus pensamientos con otra persona. Ella ansía esa clase de
conexión con usted.

—Sí —admite John, y durante un momento parece perdido
en sus cavilaciones. Come un poco más, mira al suelo y luego se
frota la frente como si lo que sea que tiene ahí dentro lo estuviera
consumiendo. Por fin alza la vista—. Hablamos de Gabe —me
dice con voz queda. Y entonces rompe a llorar, un llanto gutural,
primigenio y salvaje que reconozco al instante. Es el mismo sonido que oí en urgencias cuando estudiaba Medicina, el gemido de
los padres de la pequeña ahogada. Es una canción de amor a su
querido hijo.

Otra imagen del hospital asalta mi mente, la de una noche
en que tuve que llevar a urgencias a mi pequeño, de un año en
aquel entonces, porque estaba a cuarenta de fiebre y sufría convulsiones. Para cuando los paramédicos llegaron a mi casa,
Zach parecía inconsciente, tenía los ojos cerrados y no reaccio-
naba a mi voz. Y ahí, sentada con John, vuelvo a notar en el
cuerpo el terror de ver a mi hijo sin vida, de estar tendida en la
camilla con el niño sobre el cuerpo, flanqueados por los técnicos
de emergencias, las sirenas ululando de fondo como una banda
sonora surreal. Le oigo llamarme a gritos cuando lo sujetan al
aparato de rayos X y le piden que no se mueva, ahora con los

ojos abiertos, aterrorizado, suplicándome que lo coja al mismo tiempo que se retuerce violentamente para tratar de alcanzarme. Sus aullidos desgarrados se parecían al llanto de John. Recuerdo haber visto en el pasillo del hospital a un niño inconsciente —o exánime— arrastrado en camilla. *Podríamos ser nosotros*, pensé en aquel momento. *Podríamos ser nosotros mañana mismo. También nosotros podríamos abandonar así el hospital.*

Pero no sucedió. Yo regresé a casa con mi precioso hijo.

—Lo siento, lo siento, lo siento —gime John a través de las lágrimas, y no sé si le pide perdón a Gabe, a Margo o a su madre... o a mí, por la explosión de dolor.

A todos, dice. Pero ante todo lamenta no recordar. Querría borrar lo inefable —el accidente, el hospital, el momento en que supo que Gabe había muerto— pero no puede. Lo daría todo por olvidar haber abrazado el cuerpo de su hijo, al hermano de Margo tratando de alejarlos a los dos de allí y el golpe que John le propinó al mismo tiempo que le gritaba: «¡No me separaré de mi hijo!». Cuánto le gustaría borrar de su mente el momento en que le contó a la niña que su hermano había muerto y la llegada de la familia al cementerio, Margo con las rodillas dobladas, incapaz de mantenerse en pie. Pero todos esos recuerdos, por desgracia, permanecen vívidos en su memoria, intactos, la materia de la que están hechas sus pesadillas diurnas.

Lo que se emborrona en su pensamiento, dice, son los recuerdos felices. Gabe en su camita enfundado en el pijama de Batman («arrópame, papi»). Revolcándose sobre el papel estampado después de abrir sus regalos de cumpleaños. El aplomo con el que entró en la clase de preescolar, como un niño mayor, solo para darse la vuelta en la puerta y soplarle un beso furtivo a su padre. El sonido de su voz. *Te quiero hasta la luna y vuelta.* El olor de su cabeza cuando John se inclinaba para darle un beso. La música de su risa. Sus cambiantes expresiones faciales. Su comida favorita o su animal o su color (¿era azul o «arcoíris» cuando murió?). John tiene la sensación de que todos esos instantes se van perdiendo en la distancia. Los detalles de Gabe se le escurren entre los dedos por más que quiera aferrarse a ellos.

Todos los padres olvidan esos matices de sus hijos a medida que van creciendo, e igualmente lloran la pérdida. La diferencia es que, a medida que el pasado se aleja en el recuerdo, el presente se va desplegando. En el caso de John, la pérdida de los recuerdos no hace sino acercarlo cada vez más a la ausencia de Gabe. Y por eso cada noche, confiesa, mientras Margo hierve de furia en la cama pensando que su marido está trabajado o mirando porno, él está escondido con su portátil viendo vídeos de Gabe, porque son las únicas grabaciones que tendrá jamás de su hijo, igual que los recuerdos serán los únicos que conservará. No podrán crear otros nuevos. Y si bien las memorias se tornan difusas, los vídeos no. John dice que ha visto esos vídeos cientos de veces y ya no distingue entre sus recuerdos reales y las grabaciones. Los mira obsesivamente «para mantener vivo a Gabe en mi mente».

—Mantenerlo vivo en su mente es su manera de no abandonarlo —observo.

John asiente. Me cuenta que siempre se lo imagina vivo: qué aspecto tendría, cuánto mediría, qué cosas le interesarían. Sigue viendo por el barrio a sus compañeros de la escuela infantil y ahora imagina a Gabe en el instituto entre ellos, enamorándose, afeitándose por primera vez. Fantasea asimismo con la posibilidad de que Gabe hubiera pasado por la típica fase rebelde y, cuando oye a otros padres quejarse de sus hijos adolescentes, John piensa que él lo daría todo por tener la oportunidad de incordiarlo para que hiciera los deberes, de encontrar hierba en su cuarto o pillarlo haciendo todas las cosas molestas que hacen los chicos a esa edad. Nunca conocerá los aspectos de su hijo que conocen los otros padres, según los chicos van atravesando distintas etapas vitales y siguen siendo los mismos pero también distintos de un modo emocionante y doloroso al mismo tiempo.

—¿De qué hablaron Margo y usted? —me intereso.

—Cuando Margo me estaba interrogando sobre la terapia —dice— quiso saber las razones que me habían empujado a hacerla. Por qué vengo cada semana a hablar con usted. ¿Es por Gabe? ¿Le hablo de Gabe? Y le dije que no hacía terapia para hablar de Gabe sino porque estoy estresado. Pero ella insistió. No se lo creía. «Entonces ¿en ningún momento le has hablado de Gabe?». Yo repliqué que mis conversaciones con usted son privadas, o sea, ¿no puedo hablar de lo que me dé la gana en mi propia terapia? ¿Quién es ella? ¿La policía de la terapia?

—¿Por qué cree que es tan importante para ella saber si habla de su hijo?

Lo medita.

—Recuerdo que, tras la muerte de Gabe, Margo quería que habláramos de él y yo no podía. Ella no podía entender cómo era capaz de asistir a barbacoas y a partidos de los Lakers y comportarme como una persona normal. Pero es que yo pasé todo aquel primer año en un estado de estupor. Embotado. Me decía: *Sigue adelante, no te detengas.* Sin embargo, al año siguiente, cada vez que despertaba por las mañanas me quería morir. Ponía cara de que todo iba bien pero estaba sangrando por dentro, ¿sabe? Debía ser fuerte por Margo y por Gracie, ocuparme de que siguiéramos teniendo un techo sobre nuestras cabezas, así que nadie sabía cómo me sentía en realidad.

»Entonces Margo quiso tener otro hijo y yo dije, a la mierda, vale. O sea, por el amor de Dios, no me sentía con fuerzas para volver a empezar, pero Margo se mostró inflexible. No quería que Gracie se criase sola. El caso es que no solo habíamos perdido un hijo. Gracie había perdido a su único hermano. Y la casa parecía distinta ahora que no había dos pequeños correteando por ahí. Ya no parecía un hogar con niños. El silencio nos recordaba la ausencia a diario.

John se echa hacia delante, tapa los restos de la ensalada y la lanza a la papelera. *Swish*. Un tiro perfecto, como de costumbre.

—En fin —continúa—, a Margo le sentó bien el embarazo. Le devolvió la vida. Pero a mí no. Yo no dejaba de pensar que ningún niño podría remplazar a Gabe. Además, ¿y si mataba a ese también?

John me cuenta que, cuando supo que su madre había muerto, estaba convencido de que él había acabado con su vida. Antes de que se marchara al ensayo de aquella noche, le suplicó a la mujer que se diera prisa en volver a casa para arroparlo. *Debe de haber corrido mucho con el coche para llegar temprano*, pensó. Como es natural, el padre le contó que su mamá había fallecido tratando de salvar a un alumno, pero John estaba seguro de que el hombre había inventado la historia para que él no se sintiera culpable. Solamente cuando vio los titulares en la prensa regional —acababa de aprender a leer— supo que era verdad, que la madre de John no había muerto por su causa. Pero comprendió igualmente que habría dado la vida por él sin dudarlo, como John habría hecho por Gabe y por Gracie, y ahora por Ruby. ¿La daría por Margo? No está tan seguro. ¿Y ella, daría su vida por John? Tampoco lo tiene claro.

John respira. Acto seguido bromea para rebajar la tensión.

—Hala, esto se está poniendo muy intenso. Será mejor que me tumbe.

Se tiende en el sofá, intenta ahuecar un almohadón para apoyar la cabeza y gruñe, contrariado. («¿De qué está relleno, de cartón?», protestó en una ocasión.)

—Es raro pero, de algún modo —continúa—, tenía miedo de querer *demasiado* al recién nacido. Como si fuera a traicionar a Gabe. Me alegré tanto cuando supe que era una niña... No habría podido convivir con un chico sin pensar todo el tiempo en Gabe. ¿Y si le gustaban los camiones de bomberos, como a mi hijo? Cada cosa que hiciera me habría traído angustiosos recuerdos y eso no habría sido justo para el niño. El asunto me preocupaba tanto que investigué cuándo era el mejor momento para mantener relaciones si querías aumentar las posibilidades de tener una niña; la anécdota está en la serie.

Asiento. Aparece en la trama de unos personajes que fueron incorporados con posterioridad; en la tercera temporada, si no me equivoco. La pareja siempre lo hacía cuando no tocaba porque alguno de los dos no podía esperar más. Recuerdo que tenía mucha gracia. Cómo imaginar el dolor que había inspirado la historia.

—El caso es —dice John— que no le dije nada a Margo. Simplemente me aseguraba de practicar el sexo los días apropiados. Lo pasé fatal hasta la ecografía. Cuando el médico dijo que parecía una niña, Margo y yo preguntamos al unísono: «¿Está seguro?». Margo quería un varón porque le encantan los chicos y ya teníamos una chica, así que se llevó una decepción cuando lo supo. «Nunca volveré a criar un niño», se lamentó. ¡Pero yo estaba eufórico! Tenía la sensación que sería mejor padre de una chica, dadas las circunstancias. Y luego, cuando nació Ruby, pensé que me iba a dar algo. Me enamoré de ella en cuanto la vi.

A John se le quiebra la voz. Respira.

—¿Y qué fue de su dolor, en aquel entonces? —pregunto.

—Bueno, al principio mejoró... pero eso, aunque parezca extraño, me hizo sentir peor.

—¿Porque su dolor lo conectaba con Gabe?

John me mira con sorpresa.

—Muy bien, Sherlock. Sí. Tenía la impresión de que mi angustia era una prueba del amor que Gabe me inspiraba y, si renunciaba a experimentarla, sería como olvidarme de mi hijo. Significaría que ya no me importaba tanto.

—Si era feliz, no podía estar triste por él.

—Exacto. —Desvía la vista—. Todavía me siento así.

—¿Y si pudiera ser feliz y amar a su hijo con la misma intensidad? ¿Y si ese dolor, esa tristeza, fuera lo que le permitió querer a su hija con toda el alma la primera vez que la vio?

Hace un tiempo traté a una mujer que había perdido a su marido. Cuando se enamoró, un año más tarde —un amor todavía más tierno si cabe a consecuencia de la terrible experiencia— le preocupaba que los demás la criticaran. (*¿Tan pronto? ¿Acaso no amabas a tu marido, con el que compartiste treinta años de tu vida?*) En realidad sus amigos y familia estaban encantados por ella. No eran las críticas de los demás las que estaba oyendo, sino las propias. ¿Y si su felicidad era un insulto a la memoria de su marido? Tardó un tiempo en comprender que la alegría no estaba menoscabando la memoria de su esposo; la honraba.

Es irónico que al principio fuera Margo la que siempre quería hablar de Gabe y que John no pudiera, me cuenta. Más tarde, si él mencionaba casualmente a su hijo, Margo se enfadaba. ¿Viviría la familia eternamente atormentada por la tragedia? ¿Lo estaría el matrimonio?

—Es posible que la mera presencia del otro nos evoque lo que pasó, que nos hayamos convertido en recordatorios mutuos de la desgracia —dice John—. Lo que necesitamos —añade, mirándome— es algún tipo de cierre.

Ah, el cierre. Entiendo a qué se refiere John y sin embargo siempre he pensado que el «cierre» es poco más que una ilusión. Poca gente sabe que las conocidas etapas del duelo de Elisabeth Kübler-Ross —negación, ira, negociación, depresión y aceptación— fueron concebidas en un contexto de acompañamiento a pacientes terminales que estaban aprendiendo a aceptar su *propia* muerte. Pasaron décadas antes de que el modelo se usara para procesos de duelo más generales. Una cosa es asumir que tu vida ha llegado a su fin, como Julie se esfuerza por hacer. Sin embargo, para los que siguen aquí, la idea de que deberían aceptar la partida de un ser querido puede hacer que se sientan aún peor. («Ya debería haberlo superado a estas alturas»; «no entiendo por qué todavía me echo a llorar de vez en cuando, después de todos estos años».) Además, ¿cómo se puede poner un punto y final al amor y a la pérdida? ¿Queremos hacerlo siquiera? El precio de un amor profundo es un sentimiento intenso, pero también se debe considerar un don, el regalo de estar vivos. Si en algún momento dejamos de sentir, deberíamos llorar nuestra propia muerte.

El psicólogo William Worden, especializado en estrés y resiliencia, recoge estas consideraciones al remplazar las *etapas* del duelo por *tareas*. Al presentar la cuarta tarea, se refiere al objetivo de *integrar* la pérdida en la propia vida y crear una conexión a lo largo del tiempo con la persona que ha fallecido al mismo tiempo que encontramos un modo de seguir viviendo.

No obstante, muchas personas acuden a terapia buscando un cierre. *Ayúdame a no sentir.* Lo que acaban descubriendo es que no se puede silenciar una emoción sin silenciar todas las demás al mismo tiempo. ¿Quieres sepultar tu dolor? Sepultarás la alegría también.

—Está usted muy solo en su pena —observo— y en su alegría.

En el transcurso de las sesiones, John ha dejado entrever de vez en cuando motivos de dicha: sus dos hijas; su perrita, Rosie; un guion espectacular para una serie; otro Emmy; un viaje de chicos con sus hermanos. En ocasiones, comenta John, le cuesta creer que todavía sea capaz de sentir alegría. Después de la partida de Gabe pensó que nunca volvería a sonreír. Seguiría adelante, supuso, pero sería poco más que un fantasma en su propia vida. Y sin embargo, tan solo una semana después de la muerte de su hijo, Gracie y él estaban jugando y por un segundo —puede que dos— se sintió bien. Sonrió y rio con ella, y su propia risa lo dejó estupefacto. Una semana atrás su hijo había dejado este mundo. ¿De verdad acababa de soltar una carcajada?

Le hablo a John de lo que se conoce como el sistema inmunitario psicológico. Igual que el sistema inmunitario fisiológico ayuda al cuerpo a recuperarse de una agresión física, el cerebro te ayuda a restablecerte de un golpe emocional. Una serie de estudios llevados a cabo por el investigador Daniel Gilbert, de la Universidad de Harvard, demostró que las personas nos las arreglamos mejor de lo que cabría esperar a la hora de superar los desafíos de la vida, ya sean trágicos (perder la movilidad, la defunción de un ser querido) o sencillamente espinosos (un divorcio, una enfermedad). Los afectados piensan que nunca volverán a reír, pero lo hacen. Están convencidos de que jamás podrán amar, pero se enamoran de nuevo. Van al supermercado y al cine, practican el sexo y bailan en las bodas, comen demasiado en Acción de Gracias y se ponen a dieta en Año Nuevo; el día a día se instala. La reacción de John mientras jugaba con Gracie no fue la excepción sino la norma.

Comparto un segundo concepto con John: la transitoriedad. En ocasiones, inmersos en el dolor, los individuos piensan que la agonía durará para siempre. Los patrones de los sentimientos, sin embargo, se asemejan más a los del tiempo atmosférico: vienen y van. El hecho de que estemos tristes ahora mismo, esta hora o este día, no significa que nos vayamos a sentir igual dentro de diez minutos, esta tarde o la semana próxima. Las emociones —ansiedad, euforia, angustia— nos asaltan y nos abandonan. John siempre experimentará dolor el día del cumpleaños de Gabe, quizás cuando esté de vacaciones o sencillamente corriendo por el jardín trasero. Oír cierta canción en el coche o un recuerdo inesperado podría incluso sumirlo en la desesperación, pero otra canción u otro recuerdo tal vez le aporten una intensa alegría minutos u horas más tarde.

¿En qué aspectos de su vida, me planteo, comparten felicidad Margo y John? Le pregunto cómo imagina la relación con su esposa si el accidente de coche nunca hubiera sucedido. ¿Cómo sería su matrimonio ahora mismo?

—Oh, por el amor de Dios —protesta—, ¿ahora me pide que rescriba la historia?

Mira por la ventana, al reloj, a sus deportivas, de las que se ha librado antes de tenderse en el sofá. Por fin, me mira a mí.

—En realidad pienso mucho en ello últimamente —admite—. Me acuerdo de cuando éramos una joven familia, yo estaba despegando en mi profesión y Margo se ocupaba de los niños e intentaba dirigir un negocio. Nos estábamos distanciando, como le sucede a la gente en esa etapa de la vida. Imagino cómo habrían cambiado las cosas cuando los niños hubieran empezado el colegio y nosotros hubiéramos ascendido en nuestras carreras profesionales. Ya sabe, la vida se habría normalizado. O puede que no. Antes estaba seguro de que Margo y yo estábamos hechos el uno para el otro, pero nos hacemos tan infelices y ya ni siquiera recuerdo cuándo empezó. Para ella, todo lo hago mal. Es posible que nos hubiéramos divorciado a estas alturas. La gente dice que los matrimonios se rompen tras la muerte de un hijo, pero puede que nosotros sigamos juntos por lo que le pasó a Gabe. —Ríe sin ganas—. Tal vez Gabe haya salvado nuestro matrimonio.

—Tal vez —respondo—. O puede que sigan juntos porque desean redescubrir las partes de ustedes mismos que parecieron morir con su hijo. Es posible que ambos crean en la posibilidad de volver a encontrarse... o de hacerlo por primera vez.

Vuelvo a pensar en la familia que vi en urgencias, los padres de la niña que se ahogó. ¿Cómo les irán las cosas? ¿Habrán tenido otro hijo? El bebé, aquel cuyo pañal estaban cambiando cuando la pequeña de tres años salió corriendo de la casa, ya debe de ir a la universidad. Puede que el matrimonio se separara hace tiempo y vivan ahora con sus nuevas parejas. O quizás sigan juntos, más unidos que nunca, tal vez haciendo una ruta cerca de su hogar, quizás por una península al sur de San Francisco, recordando el pasado y a su amada hijita.

—Es curioso —dice John—. Supongo que por fin estamos dispuestos a hablar de Gabe al mismo tiempo. Y ahora que es así, me siento mejor. O sea, me siento fatal, pero está bien, no sé si me explico. No es tan horrible como pensaba.

—No es tan horrible como *no* hablar de Gabe —apunto.

—Como ya le he dicho, es usted buena, Sher...

Compartimos una sonrisa. Se ha mordido la lengua para no llamarme Sherlock, para no recurrir a la ridiculización como barrera entre los dos. Al concederse permiso para que Gabe tenga más presencia en su vida, los demás se tornan más reales también.

John se sienta y empieza a revolverse inquieto; la sesión está a punto de acabar. Mientras se calza las zapatillas y recupera el teléfono, me acuerdo del comentario que ha hecho a su llegada. Le dijo a Margo que estaba haciendo terapia a causa del estrés, igual que me ha repetido a mí a menudo.

—John —intervengo—, ¿de verdad piensa que vino a verme para librarse del estrés?

—¿Es idiota o qué? —me espeta, con un brillo travieso en los ojos—. Vine a verla para hablar de Margo y Gabe. Por Dios, a veces es usted muy obtusa.

Cuando se marcha, no deja el fajo de billetes de siempre para su «fulana».

—Mándeme la factura —dice—. Se acabó el andar escondiéndose. Ahora somos una pareja como Dios manda.

49

Orientación frente a psicoterapia

—¿Me está pidiendo orientación o terapia? —me pregunta Wendell en la sesión de hoy, cuando le digo que me gustaría formularle una pregunta profesional. Sabe que entiendo la diferencia porque me ha ofrecido orientación profesional en dos ocasiones anteriores. ¿Necesito consejo (orientación) o autoconocimiento (terapia)?

La primera vez que le planteé a Wendell una cuestión parecida, estaba hablando de la frustración que me invade cuando la gente opta por el camino rápido en lugar del trabajo en profundidad que requiere la psicoterapia. Como profesional relativamente nueva, sentía curiosidad por saber cómo alguien con más experiencia —Wendell, en concreto— lidiaba con eso. Está bien escuchar a los colegas de más edad, pero de vez en cuando me preguntaba cómo afrontaba mi psicólogo las frustraciones de la profesión.

Dudaba de que respondiera con claridad a mi pregunta; era más probable que expresara empatía por mi dilema. De hecho, sabía que lo estaba colocando en el típico callejón sin salida al que los psicoterapeutas van a parar en ocasiones: *necesito tu*

empatía, pero si me la ofreces me enfadaré y me sentiré frustra-
da, porque la empatía a secas no va a resolver mi problema y
entonces ¿de qué me sirves? Incluso esperaba algún comentario
relativo a que lo había puesto entre la espada y la pared (porque
el mejor modo de esquivar una mina emocional es señalarla).

En vez de eso, me miró y dijo:

—¿Quiere que le ofrezca una sugerencia de tipo práctico?

No estaba segura de haberle oído bien. ¿Una sugerencia
práctica? ¿Me tomas el pelo? ¿Mi psicólogo me va a dar un consejo?

Me incliné hacia él.

—Mi padre era un hombre de negocios —empezó Wendell
con voz queda. En aquella época todavía no le había confesado
mi atracón de Google, así que asentí, como si no lo supiera.
Me contó que, cuando Wendell empezaba a ejercer, su padre le
sugirió que hiciera una oferta a posibles pacientes. Podían acudir a una primera sesión y, si decidían no seguir trabajando
con él, sería gratuita. Como la idea de empezar una terapia
pone nerviosa a mucha gente, la sesión de prueba les ofrecería
la posibilidad de comprobar en qué consistía y cómo Wendell
podía ayudarlos.

Traté de visualizarlo manteniendo esa conversación con su
padre. Imaginé la satisfacción que debió de sentir el hombre al
poder ofrecerle por fin consejo profesional a su hijo, menos
agresivo. La sugerencia no era rompedora en el mundo de los
negocios, pero los psicoterapeutas no solemos pensar en lo que
hacemos como una empresa. Y sin embargo dirigimos pequeños negocios, y el padre de Wendell se dio cuenta de que su
hijo, pese a haber renunciado a entrar en la empresa familiar,
se había convertido en un empresario, al cabo. Tal vez le inspiró gran alegría compartir esa clase de conexión con su hijo. Y

puede que para Wendell significara mucho también, y por eso estaba ahora dispuesto a ceder esa sabiduría a otros terapeutas, como yo.

En cualquier caso, su padre era un hombre listo. En cuanto implementé la oferta, mi consulta se llenó de pacientes.

En cambio, el segundo consejo —que no solamente le pedí sino que prácticamente le obligué a darme— fue un fiasco. Mientras bregaba con el dilema del libro sobre la felicidad, no dejaba de presionar a Wendell para que me dijera qué debía hacer. Insistí tanto y con tanta frecuencia que, al final, el hombre (que, como es natural, desconocía la industria editorial) acabó por ceder. «Bueno, no sé qué más queda por decir sobre esto —replicó ante mi enésima interpelación sobre el tema—. Por lo que parece, tendrá que encontrar la manera de redactar el libro para poder escribir lo que quiera la próxima vez.» Remató la sesión con la doble palmada y se levantó, señal de que el tiempo había terminado.

En ocasiones los terapeutas «prescriben el problema» o el síntoma que el paciente necesita resolver. El psicólogo podría decirle a un joven que no deja de aplazar la búsqueda de empleo que no busque trabajo; o podría aconsejarle a una mujer que no se decide a tener relaciones con su pareja que practique la abstinencia durante un mes. La estrategia, que consiste en indicarle al paciente que no haga lo que de hecho no está haciendo, se conoce como *intervención paradójica*. Vistas las consideraciones éticas que hay en juego, el terapeuta debe saber muy bien cuándo y cómo usar las directrices paradójicas, pero se basan en la idea de que si un paciente se cree incapaz de controlar una conducta o síntoma, decirle que depende de su voluntad, que tiene elección, erradica la idea. Una vez que las personas comprenden que están escogiendo cierta conducta, pueden examinar las ganancias secundarias, los beneficios inconscientes que ofrece: huida, rebelión o petición de ayuda.

Sin embargo, no fue eso lo que hizo Wendell. Sencillamente reaccionó a mi queja incansable. Si expresaba disgusto porque mi agente había insistido, una vez más, en que no se podía hacer nada y que debía escribir el libro o nunca me encargarían otro, Wendell me preguntaba por qué no pedía una segunda opinión o buscaba otro agente. Entonces yo le explicaba que no podía abordar a otros agentes porque no tenía nada que ofrecerles aparte del lío en el que estaba metida. Wendell y yo manteníamos versiones distintas de esta conversación con frecuencia y al final me convencí, y lo convencí a él, de que no tenía alternativa salvo seguir escribiendo. Así que avanzaba a trancas y barrancas y ahora no solo me culpaba a mí misma de mi apuro sino también a mi psicoterapeuta. Como es lógico, no era consciente de que estaba culpando a Wendell, pero el resentimiento afloró la semana después de que le enviara el email a la editora para comunicarle que no terminaría el libro. Llevaba toda la sesión inquieta, sin saber cómo contarle mi acción.

«¿Está enfadada conmigo?», me preguntó al percibir unas vibraciones raras, y entonces, súbitamente, me di cuenta de que sí. Estaba furiosa con él, repliqué. Y además tenía una noticia que darle: había cancelado el contrato del libro, al cuerno las finanzas y las consecuencias. ¡Había rodeado los barrotes de mi celda! Habida cuenta de la misteriosa afección médica que sufría y esa fatiga que tanto me debilitaba, deseaba estar segura de emplear el tiempo «de calidad» que tuviera de un modo significativo. Julie me dijo una vez que por fin había comprendido el significado de la frase «vivir en un tiempo prestado»: nuestras vidas son un préstamo, literalmente. A pesar de lo que pensemos en la juventud, nadie vive para siempre. Igual que Julie

—le dije a Wendell— estaba empezando a reducir mi existencia a lo esencial en lugar de vivirla en estado de somnolencia. Así pues, ¿quién era él para decirme que me pusiera las pilas y escribiera el libro? Todos los psicólogos cometen errores, pero cuando lo hizo Wendell experimenté un sentimiento irracional de traición.

Cuando terminé de hablar, me miró con ademán pensativo. No se puso a la defensiva, aunque podría haberlo hecho. Se limitó a disculparse. No había sabido percibir, dijo, la dinámica que se estaba creando entre los dos. Al tratar de transmitirle hasta qué punto me sentía atrapada, él se sintió atrapado también, preso de ese encierro que yo percibía. Y en ese estado de frustración, igual que yo en el mío, había escogido la salida fácil: *Muy bien, estás en una situación de mierda; escribe el maldito libro.*

—La orientación que hoy necesito se refiere a un paciente —le digo ahora.

Procedo a contarle que tengo un paciente cuya esposa está haciendo terapia con él, Wendell, y cada vez que acudo a su gabinete me pregunto si será la mujer que abandona el despacho a la hora que yo llego. Ya sé que no puede decirme nada de sus pacientes, prosigo, pero de todos modos me planteo si ella le habrá mencionado el nombre de la psicóloga de su marido: el mío. ¿Cómo deberíamos abordar esta coincidencia? Como paciente, puedo hablar de cualquier aspecto de mi vida, pero no quisiera empañar la terapia de esa persona con mis conocimientos privados acerca de su esposo.

—¿Esa es la orientación que me pide? —pregunta Wendell.

Asiento. Supongo que, después del fiasco de la última vez, ahora va con pies de plomo.

—¿Qué puedo decirle que le sea de utilidad? —me interpela.

Lo medito. No puede responder a mi pregunta acerca de si Margo tiene la cita justo antes que la mía, ni siquiera confirmarme que sabe de quién le estoy hablando. No puede decirme si acaba de enterarse de que estoy tratando al marido de su paciente o lo sabe desde hace tiempo. No puede compartir conmigo lo que Margo haya podido contarle, o no, sobre mí. Y sé que si alguna vez hablo de John, Wendell tratará la información con la máxima profesionalidad y, de ser necesario, abordará el tema. Quizás deseo saber si hablarle de la situación es lo correcto.

En vez de eso, pregunto:

—¿Alguna vez ha pensado si soy buena psicoterapeuta? O sea, ¿a juzgar por lo que ha visto aquí?

Recuerdo mi demanda de la otra vez —«¿le gusto?»— pero ahora se trata de una cuestión distinta. Entonces le estaba diciendo: *¿me quieres como a una niña, amas mi* Neshamá? Ahora quiero saber: *¿me contemplas como a una adulta, como a una persona competente?* Como es natural, Wendell no me ha visto en acción; nunca ha supervisado mi trabajo. ¿Cómo puede tener una opinión al respecto? Empiezo a verbalizarlo, pero me interrumpe.

—*Sé* que es buena —dice.

Al principio no le entiendo. ¿Sabe que soy una buena psicoterapeuta? ¿Sobre la base de...? ¡Ah! Entonces Margo piensa que John está mejorando.

Wendell sonríe. Yo sonrío. Ambos sabemos lo que no me puede decir.

—Tengo una pregunta más —añado—. Dada la situación, ¿qué podemos hacer para que sea menos violenta?

—Es posible que usted acabe de encargarse de eso —es su respuesta.

Y tiene razón. En las terapias de pareja, los profesionales hablan de la diferencia entre privacidad (espacios privados en la psique que todos necesitamos en una relación sana) y secretismo (que nace de la vergüenza y tiende a ser corrosivo). Carl Jung se refería a los secretos como «veneno psíquico» y, después de todos los secretos que me he guardado en terapia, sienta bien sacar a la luz este último.

No volveré a pedir orientación, porque lo cierto es que Wendell me ha estado orientando desde el día uno. La psicoterapia es una profesión que se aprende con la práctica, no solo a través del trabajo que hacemos como profesionales sino también del que llevamos a cabo como pacientes. Se trata de un aprendizaje dual; por eso muchos psicólogos afirman que para ser psicoterapeuta antes tienes que llevar a cabo tu propio proceso interior. (Hay un gran debate al respecto. Igual que mis colegas, he visto a pacientes conseguir avances a los que yo ni siquiera aspiro. Pese a todo, tengo muy claro que a medida que yo sano por dentro, mis aptitudes para sanar a otros aumentan.)

Igualmente, en un sentido más práctico, siempre me llevo las lecciones de Wendell a mi consulta.

«Me estoy acordando de la viñeta de un prisionero que agita los barrotes...», le dije a John al principio de su terapia, en un intento desesperado por ayudarle a comprender que el «idiota» del que hablaba no era su carcelero.

Cuando llegué al broche final —no hay barrotes a los lados— John sonrió un segundo con un amago de comprensión, pero entonces me devolvió la pelota. «Oh, venga ya —dijo, poniendo los ojos en blanco—. ¿De verdad otros pacientes pican el anzuelo?». Pero él fue la excepción. La intervención ha funcionado de maravilla con todos los demás.

En cualquier caso, la lección más importante que me ha enseñado Wendell ha sido cómo combinar el trabajo estratégico con mi personalidad en sesión. ¿Le propinaría un puntapié a un paciente para hacerle una demostración? Seguramente no. ¿Cantaría? No estoy segura. Pero tal vez no habría gritado «¡joder!» con Julie de no haber sido Wendell tan decididamente auténtico conmigo. Durante el internado, los psicólogos clínicos aprendemos a hacer terapia de manual, a dominar los fundamentos igual que un estudiante de piano aprende las escalas. En ambos casos, una vez que controlas la técnica, puedes improvisar con elegancia. La regla de Wendell es muy sencilla: «no hay reglas». Las hay y nos han enseñado a seguirlas por razones importantes. Pero él me ha demostrado que cuando fuerzas las reglas con una intención meditada, la definición de lo que constituye un tratamiento efectivo se ensancha.

Wendell y yo no volveremos a hablar de John ni de Margo, pero pocas semanas después, cuando ocupo la silla de costumbre en la sala de espera, abre la puerta y oigo decir a una voz masculina:

—¿El próximo jueves a la misma hora?

—Eso es. Nos vemos entonces —contesta Wendell antes de volver a cerrar.

Al otro lado de la pantalla, un tipo vestido de traje se encamina a la salida. *Interesante*, pienso. Puede que la otra mujer haya terminado la terapia, pero también es posible que fuera Margo, y Wendell se las haya ingeniado para cambiarle la hora con el fin de proteger mi privacidad, por si la mujer de John acababa por enterarse de quién soy yo. No pregunto, sin embargo, porque ya no importa.

Wendell tenía razón: la situación ya no resulta violenta. El secreto ha salido a la luz, el veneno psíquico diluido.

Me ha ofrecido toda la orientación —¿o terapia?— que necesitaba.

50

Mortzilla

Tengo diez minutos de margen antes de la sesión con Julie y me estoy inyectando en vena unos *pretzels* en la cocina del centro. Cualquiera de nuestras sesiones podría ser la última. Si llega tarde, temo lo peor. ¿Debería llamarla entre una sesión y la siguiente para saber cómo está o dejar que contacte ella conmigo si me necesita (sabiendo que le cuesta pedir ayuda)? ¿Deberían ser distintos los límites de los psicoterapeutas (más laxos) con los pacientes terminales?

La primera vez que vi a Julie en el Trader Joe's no quería ponerme en su cola pero, desde entonces, si ella estaba trabajando cuando iba a comprar, Julie me saludaba contenta y yo acudía encantada a su caja. Si me acompañaba mi hijo, salía de allí con una hoja extra de pegatinas y un buen choque de manos. Y cuando Julie dejó de ocupar su caja, Zach lo notó.

—¿Dónde está Julie? —preguntó, buscándola con la mirada por las distintas cajas registradoras según nos acercábamos a pagar la compra. El problema no era que no quisiera hablarle de la muerte; una amiga de infancia había muerto de cáncer unos años atrás y yo le había contado a Zach la verdad de la situación. Sin embargo, a causa de la confidencialidad, no podía revelar nada más acerca de Julie. Una pregunta llevaría a otra y había líneas que no podía cruzar.

—Puede que haya cambiado de turno —sugerí, como si solamente la conociera como cajera del Trader Joe's—. O quizás haya buscado otro empleo.

—Julie no cambiaría de empleo —arguyó Zach—. ¡Le encanta su trabajo!

Me impresionó su respuesta. Incluso un niño pequeño como él se daba cuenta. Como mi paciente no estaba, nos pusimos en la cola de Emma, la mujer que se había ofrecido a gestar el hijo de Julie. También le regala pegatinas extra a Zach.

Aquí en mi oficina, esperando su llegada, me hago la misma pregunta que mi hijo: ¿dónde está Julie?

Los terapeutas usamos una palabra para referirnos al final de la terapia: *terminación*. Siempre me ha parecido un vocablo muy duro para lo que idealmente debería ser una experiencia cálida, agridulce y conmovedora, muy parecida a una graduación. Por lo general, cuando la terapia está llegando a su fin, el trabajo se desplaza hacia la última etapa, que consiste en despedirse. En esas sesiones, el paciente y yo consolidamos los cambios alcanzados hablando de «procesos y progresos». ¿Qué le ha resultado útil para llegar al punto en el que está? ¿Qué no? ¿Qué ha aprendido sobre sí mismo —sus fortalezas, sus zonas delicadas, sus guiones y narrativas internos? ¿Qué estrategias para salir adelante y maneras de estar en el mundo más sanas se llevará consigo cuando se marche? En el fondo de todo ello se encuentra el asunto de cómo nos decimos adiós.

En la vida cotidiana, muchos de nosotros carecemos de experiencia en despedidas significativas y en ocasiones ni siquiera decimos adiós. El proceso de terminación sirve para que alguien que ha dedicado mucho tiempo a resolver cierto problema existencial haga algo más que despedirse con una u otra versión de: «¡Bueno, muchas gracias, hasta la vista!». La investigación demuestra que las personas tendemos a recordar las experiencias en función de su final y una terminación se considera una fase importante de la terapia porque permite al paciente experimentar una conclusión positiva, tal vez después de toda una vida de finales negativos, no resueltos o vacíos.

Julie y yo, en cambio, nos estamos preparando para otro tipo de terminación. Ambas sabemos que su terapia no acabará hasta que muera; se lo prometí. Y, últimamente, nuestro proceso consiste en silencios cada vez más largos, no porque estemos evitando decir algo sino porque es así como nos expresamos mutuamente con la mayor honestidad. Nuestros mutismos son ricos; las emociones se palpan en el aire. Pero también hablan de su decadencia. Ahora tiene menos energía y hablar le pasa factura. Resulta estremecedor que, pese a estar delgada, muestre una apariencia tan sana. Por eso a tanta gente le cuesta creer que esté al borde de la muerte. A veces yo tampoco lo puedo creer. Y, en cierto sentido, nuestra quietud sirve para otra cosa más. Nos permiten albergar la ilusión de que el tiempo se detiene. Durante cincuenta benditos minutos, nos concedemos un respiro del mundo exterior. Aquí ella se siente a salvo; no tiene que preocuparse por la gente que sufre por ella ni ayudarlos a lidiar con sus propios sentimientos.

—Pero yo también estoy lidiando con mis sentimientos —respondí el día que Julie mencionó el tema.

Ella lo meditó un momento y se limitó a decir:

—Ya lo sé.

—¿Quiere que le diga qué sentimientos son esos?

Julie sonrió.

—También lo sé.

Y guardó silencio de nuevo.

Como es natural, entre un silencio y otro Julie y yo hemos mantenido algunas conversaciones. Hace poco me contó que había estado pensando en los viajes en el tiempo. Habían hablado del tema en un programa de radio y compartió conmigo una cita que le encantaba, una descripción del pasado como «una vasta enciclopedia de calamidades que todavía se pueden reparar». La había memorizado, dijo, porque la hizo reír. Y luego llorar. Porque ella no vivirá tanto tiempo como para coleccionar esa lista de calamidades que otras personas han reunido cuando llegan a la vejez: relaciones que les gustaría recomponer, profesiones que quisieran haber emprendido, errores que no volverían a cometer si pudieran volver atrás.

En cambio, Julie ha viajado al pasado para revivir las partes de su vida que más ha disfrutado: fiestas de cumpleaños cuando era una niña; vacaciones con sus abuelos; su primer amor; la primera vez que le publicaron un artículo; su primera conversación con Matt, una que duró hasta el alba y todavía no ha concluido. Sin embargo, aun si gozara de buena salud, no querría viajar al futuro. No le gustaría conocer el argumento de la película y que le reventaran las sorpresas.

—El futuro es esperanza —dijo Julie—. ¿Dónde queda la esperanza si ya sabes lo que va a pasar? ¿Para qué vivir, en ese caso? ¿Qué te impulsaría a luchar?

Yo pensé al instante en las diferencias entre Julie y Rita, entre la juventud y la vejez pero con las tornas cambiadas. Julie, que era joven, no tenía futuro pero se sentía feliz con su pasado. Rita, una persona mayor, tenía un futuro por delante pero vivía atormentada por el ayer.

Ese día Julie se durmió durante la sesión por primera vez. Dormitó unos pocos minutos y, cuando despertó y comprendió lo que había pasado, bromeó avergonzada diciendo que yo debía de haber viajado en el tiempo mientras ella dormía, deseando estar en alguna otra parte.

Le aseguré que no era así. Estaba pensando que seguramente había oído el mismo programa de radio que ella y me estaba acordando del comentario que hicieron al final de la sección: que todos viajamos en el tiempo hacia el futuro a la misma velocidad exacta, sesenta minutos por hora.

—Entonces supongo que somos compañeras de viaje, mientras estamos aquí —observó Julie.

—Lo somos —asentí—. Incluso cuando descansa.

En otra ocasión Julie rompió nuestro silencio para contarme que Matt la había acusado de sufrir el síndrome de «Mortzilla»; se le estaba yendo la mano en la planificación del funeral igual que algunas «Noviazillas» enloquecen con sus bodas. Incluso había contratado a un planificador de fiestas para que la ayudara a hacer realidad su visión («es mi día, al fin y al cabo»). A pesar de la reticencia inicial, Matt estaba ahora completamente implicado.

—Planeamos la boda juntos y ahora estamos planeando un funeral —me relató Julie. Estaba siendo una de las experiencias más íntimas de sus vidas, rebosante de amor intenso, dolor profundo y humor negro. Cuando le pregunté cómo le gustaría que fuera ese día, respondió: «Bueno, preferiría no estar muerta», pero al margen de eso no quería que fuera «almibarado» y «alegre». Le gustaba la idea de «celebrar la vida» que, según le dijo el planificador de fiestas, es lo que más se lleva hoy día, pero a Julie no le agradaba el mensaje implícito.

—Es un funeral, por el amor de Dios —dijo—. La gente de mi grupo de cáncer no para de decir: «¡Quiero que la gente se divierta! No quiero que estén tristes en mi funeral». Y yo me quedo en plan: «¿Y por qué no? ¡Te has muerto, joder!».

—Le gustaría haber tocado el alma de los demás y que su muerte les afecte —apunté yo—. Y que esas personas la recuerden, que la tengan presente.

Julie deseaba estar presente en sus seres queridos igual que ella me llevaba a mí consigo entre sesiones, me reveló.

—Por ejemplo, estoy conduciendo y me entra el pánico por algo, pero entonces oigo su voz —me explicó—. Recuerdo algo que me ha dicho.

A mí me sucede lo mismo con Wendell. He interiorizado su manera de formular preguntas, de reenfocar las emociones, su timbre. Se trata de una experiencia tan universal que se considera una prueba de fuego para dejar la terapia. Un paciente está listo cuando lleva consigo la voz del terapeuta y la aplica a las distintas situaciones, de tal modo que ya no existe la necesidad de seguir con la terapia. «Empecé a deprimirme —me dijo una paciente hacia el final del tratamiento—, pero entonces recordé algo que usted me dijo el mes pasado.» Yo mantengo largas conversaciones mentales con Wendell y Julie hace lo propio conmigo.

—Puede parecer de locos —dijo Julie—, pero sé que seguiré oyendo su voz después de la partida… que la escucharé allá donde esté.

Julie me había confesado que estaba empezando a pensar en la vida más allá de la muerte, un concepto que, insistía, no se acababa de creer pero que contemplaba de todos modos «por si acaso». ¿Estaría sola? ¿Tendría miedo? Todas las personas que amaba seguirían vivas: su marido, sus padres, sus abuelos, su hermana, sus sobrinos. ¿Quién la acompañaría? Y entonces comprendió dos cosas: la primera, que los dos niños de sus embarazos malogrados estarían allí, dondequiera que sea, y la segunda, que estaba empezando a creer en la posibilidad de seguir oyendo, por algún inefable mecanismo espiritual, las voces de sus seres queridos.

—Jamás diría esto si no fuera porque estoy a punto de morir —confesó con timidez—, pero la incluyo a usted entre mis personas más queridas. Sé que es mi terapeuta y espero que no le parezca inquietante, pero cuando le digo a la gente que quiero a mi psicóloga, me refiero a que la amo de verdad.

Si bien he querido a muchos pacientes a lo largo de los años, nunca he empleado esas palabras con ninguno. En la formación nos enseñan a ser muy cuidadosos con los términos para evitar malinterpretaciones. Hay muchos modos de transmitir a los pacientes cuánto nos importan sin pisar terreno resbaladizo. Decir «te quiero» no es una de ellas. Pero Julie acababa de decir que me quería y yo no pensaba aferrarme al protocolo profesional y ofrecerle una respuesta descafeinada.

—Yo también te quiero, Julie —le dije ese día. Ella sonrió antes de cerrar los ojos y quedarse dormida otra vez.

Ahora, mientras espero a mi paciente en la cocina, recuerdo aquella conversación. Como ella, yo seguiré oyendo su voz mucho después de su partida, sobre todo en ciertos momentos, como al comprar en el Trader Joe's o al doblar la ropa limpia y ver en el montón la camiseta con la inscripción YO PREFIERO MEDITAR EN LA CAMA. Ya no guardo ese pijama para recordar a Novio, sino a Julie.

Todavía estoy devorando pretzels cuando la luz verde se enciende. Me llevo uno más a la boca, me lavo las manos y suspiro aliviada.

Julie ha llegado temprano. Está viva.

51

Querido Myron

Rita lleva un portafolio de artista, una gran maleta negra con asas de plástico que debe de medir un metro de largo como poco. Está dando clases de dibujo en la universidad, la misma en la que se habría graduado si no hubiera dejado los estudios para casarse, y hoy ha traído su obra para enseñársela a los alumnos.

La maleta alberga bocetos de las litografías que vende en internet, una serie basada en su propia vida. Las ilustraciones son cómicas en el plano visual, incluso caricaturescas, pero los temas —arrepentimiento, humillación, tiempo, sexo a los ochenta— delatan la oscuridad y la profundidad de la obra. Me ha enseñado los dibujos en otras ocasiones, pero ahora, cuando Rita hunde la mano en el portafolio, extrae otra cosa: el típico bloc de notas amarillo.

No ha vuelto a hablar con Myron desde aquel beso acontecido hace dos meses. De hecho, lo ha evitado: acude a gimnasia a otra hora en la asociación católica, hace caso omiso cuando él llama a la puerta (ahora utiliza la mirilla para filtrar las visitas, no para espiar a «hola, familia») y entra en modalidad furtiva cuando se desplaza por el edificio. Lleva un tiempo redactando una carta para él, y cada una de las frases le supone un dolor de cabeza. Me dice que ya no sabe si las palabras tienen sentido y que después de releerla esta mañana ni siquiera tiene claro que deba enviarla.

—¿Se la puedo leer antes? No quiero ponerme en el más absoluto de los ridículos —me pide.

—Claro —es mi respuesta, y ella se coloca el bloc amarillo sobre las rodillas.

Veo su caligrafía desde mi sitio, no las palabras en sí sino los trazos. Es una letra de artista, pienso. Inclinada con elegancia y unida por lazos perfectos pero con un estilo especial. Tarda un minuto en empezar. Toma aire, suspira, está a punto de empezar, vuelve a tomar aire y suspira de nuevo. Por fin, rompe a hablar:

—«Querido Myron» —lee, pero al momento me mira—. ¿Es demasiado formal... o demasiado íntimo, tal vez? ¿Cree que debería empezar con «hola»? ¿O con «Myron», que es más impersonal?

—Creo que si se preocupa demasiado por los detalles, podría perder de vista el conjunto del cuadro —es mi respuesta, y Rita hace una mueca. Sabe que me refiero a algo más que al saludo.

—De acuerdo, pues —decide, y devuelve la vista al bloc. No obstante, busca un bolígrafo, tacha la palabra *querido* y vuelve a empezar.

—«Myron —lee ahora—. Lamento mi inexcusable conducta en el aparcamiento. Estuvo fuera de lugar y te debo una disculpa. Sin duda mereces también una explicación. De modo que te la voy a dar y estoy segura de que, cuando termines de leer esto, ya no querrás saber nada de mí.»

Debo de haber emitido un sonido —un titubeo involuntario— porque Rita me mira.

—¿Qué pasa? ¿Es excesivo?

—Estaba pensando en su sentencia de cadena perpetua —digo—. Da por supuesto que Myron se rige por su mismo sistema judicial.

Rita lo considera, tacha algo y sigue leyendo.

—«Si te soy sincera, Myron —recita mirando el papel—, al principio no entendí por qué te había abofeteado. Pensaba que estaba enfadada porque habías estado saliendo con esa mujer que, con franqueza, no te llegaba a la suela del zapato. Pero, lo que es más importante, no entendía por qué llevábamos meses comportándonos como una pareja; por qué habías dejado que me llevara una impresión errónea de la situación solo para librarte de mí al cabo de un tiempo. Ya sé que después me has explicado las razones. Te daba miedo iniciar una historia romántica porque, si salía mal, perderías mi amistad. Y temías que, de ser así, resultaría tremendamente incómodo vivir en el mismo edificio, como si no hubiera sido la mar de violento para mí verte con esa mujer, cuyos graznidos se oían a dos pisos de distancia, incluso con la tele puesta.»

Rita me mira, enarca las cejas a guisa de pregunta y yo niego con la cabeza. Suprime algo más.

—«Pero ahora, Myron —prosigue— dices que no te importa arriesgarte. Afirmas que por mí merece la pena asumir esa posibilidad. Y cuando lo expresaste en el aparcamiento tuve que echar a correr porque, lo creas o no, te compadecí. Te compadecí porque no tienes ni idea de la clase de riesgo que estarías corriendo si te enredases conmigo. No sería justo que te lo permitiera sin revelarte antes quién soy en realidad.»

Un lágrima resbala por la mejilla de Rita, luego otra, y hunde la mano en el bolsillo lateral de su maleta, donde ha dejado un montón de pañuelos. Como siempre, tiene una caja llena a un brazo de distancia y todavía me pone frenética que *no sea capaz de coger uno*. Llora un ratito, guarda el pañuelo usado en el bolsillo del portafolio y devuelve la vista al cuaderno.

—«Piensas que estás al corriente de mi pasado —sigue leyendo—. Mis matrimonios, los nombres y las edades de mis hijos, las ciudades donde viven y que no los veo demasiado. Bueno, *demasiado* es un eufemismo. Debería haberte dicho que nunca los veo. ¿Por qué? Porque me odian.

Rita se atraganta, recupera la compostura y continúa.

—«Lo que no sabes, Myron, lo que ni siquiera mi segundo y tercer maridos llegaron a conocer a fondo, es que el padre de mis hijos, Richard, bebía. Y cuando bebía les hacía daño a nuestros niños, a mis pequeños, en ocasiones con palabras, otras con las manos. Los lastimaba de modos que no soy capaz de describir aquí. En esos momentos yo le chillaba que parara, de rodillas, y entonces él me gritaba a mí. Si estaba muy borracho, me pegaba también y como yo no quería que los niños vieran eso, renunciaba. ¿Sabes qué hacía en lugar de protegerlos? Me marchaba de la habitación. ¿Lo has leído, Myron? *¡Mi marido lastimaba a mis hijos y yo me marchaba de la habitación!* Y le decía mentalmente a mi marido: les estás haciendo un daño irreparable del que nunca se podrán recuperar, y yo sabía que con mi actitud también les estaba causando la ruina, pero lloraba y no hacía nada.»

Rita gime ahora con tanto sentimiento que no puede seguir leyendo. Solloza contra sus manos y, cuando se tranquiliza, abre el bolsillo del portafolio, extrae el pañuelo sucio, se enjuga las mejillas, se humedece el dedo y pasa la página de la libreta.

—«¿Por qué no lo denuncié a la policía?, te preguntarás tal vez. ¿Por qué no me marché y me llevé a mis pequeños conmigo? En aquella época, me decía a mí misma que no conseguiría salir adelante, cuidar de los críos y conseguir un trabajo decente sin una carrera universitaria. Cada día miraba las ofertas de empleo en el periódico y pensaba: Podría ser camarera, secretaria o librera, pero *¿cómo compaginar el trabajo con el hogar? ¿Quién recogería a los niños del colegio? ¿Quién les prepararía la cena?* Nunca me decidí a averiguarlo, porque la verdad es —y tienes que oír esto, Myron— la verdad es que no quería saberlo. Como lo oyes: *no quería.*»

Rita me mira como diciendo: *¿Lo ve? ¿Ve hasta qué punto soy un monstruo?* Esta parte también es nueva para mí. Levanta un dedo —una señal para indicarme que espere a que recupere la compostura— y sigue leyendo.

—«Me sentí tan aislada de niña —y no lo digo como excusa, solo como explicación— que la idea de quedarme a solas con cuatro hijos y trabajar ocho horas al día en un empleo sin futuro, bueno, se me antojaba insoportable. Había visto lo que les pasaba a otras divorciadas, cómo las condenaban al ostracismo, como leprosas, y pensé: *No, gracias.* Creía que no tendría ninguna persona adulta con la que hablar y, lo que era peor, perdería mi única tabla de salvación. No tendría ni el tiempo ni los recursos para pintar y me preocupaba que la confluencia de todas esas circunstancias me empujara al suicidio. Justificaba mi inacción diciéndome que para los niños era mejor tener una madre deprimida que muerta. Pero hay algo más, Myron: yo no quería perder a Richard.»

Un sonido oscuro emerge de Rita, seguido de nuevas lágrimas. Se enjuga los ojos con su bola de pañuelos sucios.

—«Yo... odiaba a Richard, sí, pero también le amaba o, más bien, amaba a la persona que era cuando no bebía. Richard era brillante e ingenioso y, por extraño que parezca, sabía que si lo dejaba lo añoraría. Además, no podía permitir que los niños pasaran tiempo a solas con él, dada su afición al alcohol y su mal genio, así que tendría que luchar para quedármelos conmigo todo el tiempo, y como él trabajaba todo el día y luego acudía con frecuencia a cenas de negocios, le habría parecido de maravilla. Y la idea de que él se fuera de rositas mientras yo cargaba con todo me enfurecía.»

Rita se humedece el dedo para pasar a la siguiente página, pero el papel se pega y le cuesta varios intentos separarlo del resto de hojas.

—«Una vez, en un arranque de valor, le dije que me marchaba. Pensaba hacerlo realmente y Richard se limitó a mirarme, con estupefacción al principio, si no recuerdo mal, pero luego una sonrisa se formó en su rostro, la más diabólica que he visto en mi vida, y a continuación dijo, despacio, remarcando mucho las palabras, con una voz que solamente puedo describir como un gruñido: "Si te marchas, no tendrás *nada*. Los niños no tendrán *nada*. Así que adelante, Rita. ¡Márchate!". Y luego se rio a carcajadas. Su risa destilaba veneno y yo supe en aquel mismo instante que estaba diciendo tonterías. Supe que me quedaría. Pero para quedarme, para vivir en esa situación, me conté toda clase de mentiras. Me dije que aquello terminaría. Que Richard dejaría de beber. Y de vez en cuando lo hacía, durante un tiempo por lo menos. Pero pronto yo descubría sus escondrijos, botellas que asomaban por detrás de sus libros de leyes en la estantería del despacho o envueltas en mantas en la parte alta de los armarios de los niños, y el infierno volvía a empezar.»

»Ya me imagino lo que estarás pensando ahora mismo; que estoy poniendo excusas. Que me estoy haciendo la víctima. Todo es verdad. Pero también he pensado mucho en cómo una persona puede ser una cosa y otra, ambas al mismo tiempo. He pensado en lo mucho que amaba a mis hijos a pesar de no haber actuado como debía y en que Richard, lo creas o no, también los amaba. Sé que los lastimaba y me lastimaba a mí, y también nos quería y se reía con nosotros y ayudaba a los niños con los deberes. Los entrenaba para la liga escolar y les daba consejos sabios cuando se peleaban con sus amigos. He recordado que Richard me prometía que cambiaría, una y otra vez, y deseaba cambiar con toda su alma, pero nunca lo hacía, al menos no por mucho tiempo, y cómo a pesar de todo eso nada de lo que decía era una mentira exactamente.

»Cuando por fin me marché, mi marido lloró. Nunca antes lo había visto llorar. Me suplicó que me quedara. Pero yo veía a mis hijos, ahora en la adolescencia o a punto de entrar en ella, meterse en drogas y lastimarse, desear la muerte como hacía yo. Mi pequeño estuvo a punto de morir de una sobredosis y yo vi la luz. Me dije: se acabó. Nada —ni la pobreza, ni la posibilidad de dejar de pintar, ni el miedo a estar sola durante el resto de mi vida— me impediría marcharme y llevarme a mis hijos conmigo. Por la mañana, antes de darle la noticia a Richard, saqué dinero del banco, respondí a una oferta de trabajo y alquilé un apartamento de dos dormitorios, uno para compartirlo con mi hija y el otro para los chicos. Y nos marchamos.

»Pero era demasiado tarde. Los muchachos estaban fatal. Me detestaban y, por raro que parezca, querían volver con su padre. Una vez que nos marchamos Richard adoptó una conducta impecable y se ocupaba de que no les faltara de nada. Se presentaba en la facultad de mi hija y los llevaba a ella y a sus amigos a cenar a restaurantes caros. Y los recuerdos de los chicos empezaron a mudar, sobre todo los del más joven, que echaba de menos jugar al fútbol con su padre. El pequeño le suplicaba que se lo llevara a vivir con él. Y yo me sentía culpable por haberme marchado. Dudaba de mí misma. ¿Había tomado la decisión correcta?

Rita se detiene.

—Un momento —me dice—. Me he perdido.

Pasa unas páginas y retoma el hilo.

—«En fin, Myron —lee—, al final mis hijos cortaron la relación conmigo por completo. Cuando me divorcié de mi segundo marido, me dijeron que no sentían ningún respeto por mí. Veían a Richard de vez en cuando y él les enviaba dinero pero, cuando murió, su nueva esposa se las arregló para quedarse todo y los chicos se enfadaron. ¡Montaron en cólera! Y de repente recordaron con más claridad cómo los había tratado su padre en la infancia, pero no solo se enfurecieron con él; también seguían furiosos conmigo por dejar que pasara. No querían saber nada de mí y si alguna vez tuve noticias suyas fue porque estaban en apuros. Mi hija vivía con un maltratador y necesitaba ayuda para marcharse, pero no quiso explicarme nada. *Tú mándame el dinero*, dijo, y lo hice. Le envié una suma para alquilar un apartamento y subsistir. Y, como imaginaba, no lo dejó. Por lo que yo sé sigue viviendo con ese hombre. Luego mi hijo me pidió dinero para la rehabilitación, pero no me dejó visitarlo.»

Rita echa una ojeada al reloj.

—Ya termino —dice. Asiento.

—«Te mentí acerca de otra cosa, Myron. Dije que no podía ser tu pareja de bridge porque no sé jugar muy bien, pero en realidad soy una jugadora excelente. Decliné tu oferta porque supuse que, si formaba pareja contigo, antes o después tendría que contarte lo que te estoy revelando; participaríamos en un torneo que se celebrase cerca de donde residen mis hijos y tú me preguntarías por qué no íbamos a visitarlos y yo tendría que inventar algo, que estaban fuera o enfermos, pero eso no siempre funcionaría. Tú sospecharías algo y, antes o después, lo sabía, sumarías dos más dos o comprenderías que yo ocultaba algo horrible. Te dirías: *¡Ajá! ¡Esta mujer con la que salgo no es en absoluto lo que parece!*»

La voz de Rita tiembla y luego se rompe según intenta terminar la última parte.

—«Esta soy yo, Myron —lee con una voz tan queda que apenas la oigo—. Esta es la persona a la que besaste en el aparcamiento de la asociación católica.»

Cuando Rita concluye, con los ojos clavados en la carta, me abruma la claridad con que ha sabido detallar todas las contradicciones de su historia. La primera vez que vino, mencionó que yo le recordaba a su hija, a la que añoraba con toda su alma. Comentó que la chica habló en cierto momento de estudiar psicología e incluso estuvo haciendo un voluntariado en un centro psicoterapéutico, pero luego su inestable relación la desvió de sus objetivos.

Lo que no le dije a Rita fue que, en muchos sentidos, ella me recordaba a mi madre. No porque la vida adulta de mi progenitora fuera en absoluto parecida a la de mi paciente; mis padres disfrutan de un matrimonio largo y estable, rebosante de amor. Sin embargo, tanto Rita como ella vivieron una infancia complicada y solitaria. En el caso de mi madre, su padre murió cuando tan solo contaba nueve años de edad y si bien su propia madre hizo cuanto pudo por sacarlas adelante a ella y a su hermana, ocho años mayor, la pequeña sufrió mucho. Y su padecimiento influyó en su manera de relacionarse con nosotros, sus hijos.

Así pues, igual que los niños de Rita, yo pasé por una fase en la que no quería saber nada de mi madre. Y aunque todo eso queda muy atrás, mientras escucho la historia de mi paciente, siento fuertes deseos de llorar, no por mi dolor sino por el de mi madre. He pensado mucho en nuestra relación, a lo largo de los años, pero nunca había considerado su experiencia como lo estoy haciendo ahora. Albergo la fantasía de que todos los adultos deberían tener la oportunidad de presenciar cómo los padres —no los propios— se abren sin reservas, se muestran del todo vulnerables y ofrecen sus versiones de los hechos porque, al verlo, no puedes sino contemplar la vida de las personas que te criaron con ojos completamente distintos, sea cual sea la situación.

Mientras Rita leía su carta, yo no me limitaba a oír sus palabras. Observaba al mismo tiempo su cuerpo, cómo se replegaba sobre sí misma por momentos, cómo le templaban las manos o presionaba los labios, la pierna que temblaba, la voz que fluctuaba, cómo desplazaba el peso a este lado o al otro cuando callaba. Estoy mirando su figura ahora mismo y, por triste que sea su expresión, su pose transmite, si no paz, sí más calma que nunca. Se recuesta en el sofá mientras se recupera del esfuerzo de la lectura.

Y entonces sucede algo portentoso.

Alarga la mano hacia la caja de pañuelos de la mesita auxiliar y extrae uno. ¡Un pañuelo de papel limpio y flamante! Lo despliega, se suena, toma otro de la caja y vuelve a sonarse. Estallo en aplausos sin poder evitarlo.

—Y bien —pregunta—, ¿cree que debería enviarla?

Imagino a Myron leyendo la carta de Rita. Me pregunto cómo reaccionará en cuanto que padre y abuelo, en cuanto que marido de Myrna, seguramente un tipo de madre muy distinta para con sus hijos, que crecieron en un hogar sano. ¿Aceptará a la mujer tal como es? ¿O la información le resultará excesiva, algo que no puede dejar atrás?

—Rita —le digo—, esa es una decisión que solamente usted puede tomar. Pero siento curiosidad. ¿Ha escrito la carta para Myron o para su prole?

Lo medita un momento, mira al techo. A continuación me devuelve la mirada y asiente, pero no dice nada, porque las dos conocemos la respuesta: *para los dos*.

52

Madres

—Pues bien —le estoy contando a Wendell—, volvimos a casa de una cena tardía con amigos y le pedí a Zach que se duchara, pero él quería jugar y yo le dije que no podía porque al día siguiente tenía colegio. Y entonces tuvo una pataleta y me gritó, llorando: «¡Eres mala! ¡Eres la mamá más mala del mundo!». Algo que no es nada propio de él. Pero a mí me hirvió la sangre.

»De modo que le solté algo mezquino como: «¿Ah, sí? Muy bien, pues puede que la próxima vez no os lleve a ti y a tus amigos a cenar, si tan mala soy.» ¡Como si fuera una niña de cinco años! Y él me gritó: «¡Vale!», cerró de un portazo (nunca antes había pegado un portazo) y se metió en la ducha. Yo me senté al ordenador con la intención de contestar correos pero en lugar de hacerlo empecé a mantener una conversación mental conmigo misma sobre mi maldad. *¿Cómo puedo haber reaccionado así? Soy adulta, al fin y al cabo.*

»Y entonces, de sopetón, recordé hasta qué punto me había sentido frustrada durante una conversación telefónica con mi propia madre por la mañana y todo encajó. No estaba enfadada con Zach. Estaba enfadada con mi madre. Un caso típico de desplazamiento.

Wendell sonríe como diciendo: *El desplazamiento es una faena, ¿verdad?* Todos usamos mecanismos de defensa para lidiar con la ansiedad, la frustración o los impulsos inaceptables, pero lo fascinante del asunto es que *no somos conscientes de que estamos recurriendo a ellos* en el momento. Un clásico ejemplo sería la *negación*: el fumador se aferra a la idea de que su falta de fuelle se debe al calor y no a los cigarrillos. Otra persona podría usar la *racionalización* (justificar algo que nos avergüenza) diciéndose, tras ser rechazado para un empleo, que en realidad nunca quiso el trabajo. Cuando recurrimos a la *formación reactiva*, expresamos sentimientos o impulsos que consideramos inaceptables como sus opuestos. Sería el caso de la persona que hace todo lo posible por trabar amistad con esa vecina a la que no traga o del cristiano evangélico que lanza observaciones homofóbicas porque en el fondo se siente atraído por los hombres.

Algunos mecanismos de defensa se consideran *primitivos* y otros *evolucionados*. A este último grupo pertenece la *sublimación*, que consiste en transformar un impulso potencialmente agresivo en algo menos dañino (un hombre con impulsos violentos decide hacer boxeo) o incluso constructivo (una persona que experimenta la compulsión de cortar se convierte en un cirujano que salva vidas).

El *desplazamiento* (trasladar el sentimiento que nos inspira una persona a una alternativa más segura) se considera un mecanismo de defensa neurótico, ni primitivo ni evolucionado. Sería el caso de alguien que, al recibir una bronca de su jefe, que tiene la potestad de despedirlo, le grita a su perro al llegar a casa. O de una mujer que, tras enfadarse con su madre durante una conversación telefónica, desplaza la ira hacia su hijo.

Le cuento a Wendell que, cuando Zach terminó de ducharse y fui a disculparme, descubrí que él también estaba desplazando su rabia. En el recreo, unos niños habían expulsado a Zach y a sus amigos de las pistas de baloncesto. Cuando el monitor estableció que todo el mundo podía jugar, los chicos no les pasaban la pelota a Zach y a los demás, y por lo visto más de uno dijo cosas «malas». Mi hijo estaba furioso con esos niños, pero era más seguro enfadarse con su madre, que lo obligaba a ducharse.

—La ironía del asunto —prosigo— es que ambos dirigimos nuestra rabia al objetivo equivocado.

De vez en cuando, Wendell y yo comentamos cómo evolucionan las relaciones parentales en la mediana edad, a medida que las personas dejan de culpar a sus padres para responsabilizarse de sus propias vidas. Es lo que Wendell denomina «el cambio de guardia». Mientras que en la juventud las personas acuden a terapia para entender por qué sus padres no se comportan como a ellos les gustaría, más tarde los trae el deseo de averiguar cómo sobrellevar «lo que hay». Así pues, mi pregunta sobre mi madre ha dejado de ser «¿por qué no puede cambiar?» para convertirse en «¿por qué yo no puedo cambiar?». ¿Cómo es posible, le pregunto a Wendell, que a los cuarenta años me afecte tanto una llamada de mi madre?

En realidad no espero respuesta. A Wendell no le hace falta aclararme que siempre hay regresiones, que puedes hacer increíbles progresos solo para volver a recaer en los antiguos patrones al cabo de un tiempo.

—Igual que los huevos —le digo a Wendell, y él asiente, captando la metáfora al momento. Hace tiempo le conté que Mike, mi colega, comentó que cuando todavía nos sentimos frágiles somos como huevos crudos: nos rompemos y lo salpicamos todo si nos dejan caer. Sin embargo, a medida que adquirimos resiliencia, nos vamos asemejando a huevos duros: tal vez nos abollemos en caso de caída pero no nos haremos añicos ni causaremos un estropicio. Con el paso de los años, he pasado de ser un huevo crudo en la relación con mi madre a uno hervido, pero en ocasiones todavía vuelvo a mi estado líquido.

Le relato a Wendell que esa noche, más tarde, mi madre se disculpó y las cosas se arreglaron entre nosotras. Antes de eso, sin embargo, me sentí atrapada en nuestra antigua dinámica: ella empeñada en que hiciera algo a su modo, yo obcecada en hacerlo a mi manera. Y puede que Zach me perciba a mí bajo una luz parecida, una madre que lo controla al obligarlo a comportarse de una forma determinada. Siempre en nombre del amor, alegando que queremos lo mejor para nuestros hijos. Por más que proclame no parecerme en nada a la mujer que me dio la vida, a veces las semejanzas resultan inquietantes.

Ahora, hablando de la conversación con mi madre, no me molesto en relatarle a Wendell las palabras de ella ni mis respuestas, porque no tienen importancia, ya lo sé. No me va a asignar el papel de víctima ni a ella el de agresor. Hace años, tal vez hubiera analizado a fondo nuestro toma y daca, tratando de granjearme sus simpatías: *¿Qué le parece? ¿Verdad que es una mujer difícil?* Pero ahora me tranquiliza su enfoque más objetivo.

Hoy le confío que he empezado a guardar los mensajes de mi madre en el ordenador, los más cálidos y tiernos, esos que querré oír en el futuro y que quizás mi hijo desee escuchar cuando tenga mi edad o más tarde, cuando las dos nos hayamos ido. También me estoy dando cuenta de que, si lo atosigo, no es tanto por él como por mí. Estar encima del niño me distrae de la conciencia de que un día se marchará, de la tristeza que la idea me inspira, por más que quiera verlo recorrer el saludable proceso conocido como «separación e individuación».

Intento imaginar a Zach en la adolescencia. Recuerdo a mi madre lidiando conmigo a esa edad, juzgándome tan extraña, tan ajena, como algún día yo juzgaré a Zach. No ha pasado tanto tiempo desde que estaba en preescolar y mis padres gozaban de buena salud, y yo, y los chicos del vecindario jugábamos cada tarde después de merendar, y la única idea que me inspiraba el futuro era la confianza de que *todo será más fácil, tendré más tiempo, podré dormir más*. Nunca me paré a considerar las pérdidas.

Quién iba a pensar que una simple llamada de mi madre iba a sacar a la luz estas emociones, que debajo del antiguo conflicto madre-hija no se agazapa el deseo de alejarme de ella sino el anhelo de que permanezca por siempre.

Pienso en algo que Wendell dijo hace tiempo: «La vida, por su propia condición, tiende a cambiar y las personas, por nuestra propia condición, tendemos a resistirnos al cambio». Estaba parafraseando algo que había leído y que resonó en él tanto personal como profesionalmente, me dijo, porque se trata de un tema central en casi todas las problemáticas humanas. El día antes de que lo comentara, el oftalmólogo me había informado de que sufría presbicia, una afección que nos afecta a la mayoría a partir de los cuarenta. Según envejecemos, desarrollamos una especie de hipermetropía; tenemos que alejar lo que estamos leyendo o mirar de lejos para ver con claridad. Y puede que en torno a esta edad desarrollemos también hipermetropía emocional, por la cual debemos retirarnos para ver la imagen completa: el miedo que experimentamos a perder lo que tenemos, por más que nos quejemos de ello.

—¡Y mi madre! —exclama Julie en mi consulta ese mismo día, un rato después, recordando su propia conversación matutina con su mamá—. Esto es tan duro para ella... Me ha dicho que su tarea como figura materna era asegurarse de que sus hijos estuvieran a salvo cuando ella dejara el mundo y ahora tiene que asegurarse de que yo abandone la Tierra a salvo.

Julie me cuenta que, cuando estudiaba en la universidad, discutió con su madre a causa de un chico con el que salía. La mujer pensaba que Julie había perdido su optimismo natural y que la conducta de su novio —cancelar planes en el último momento, presionarla para que le corrigiese los trabajos, exigirle que pasara las vacaciones con él en lugar de hacerlo con su familia— tenía la culpa. La madre le sugirió que pasara por el centro de orientación del campus para hablar del tema con una persona neutral y ella estalló.

«¡A mi relación no le pasa nada! —gritó Julie—. ¡Si busco orientación será para hablar de ti, no de él!». Al final no habló con nadie, aunque ahora lamenta no haberlo hecho. Pasados unos meses, el chico la dejó. Y su madre la quería tanto como para no restregarle el clásico *te lo dije* por las narices. En vez de eso, cuando Julie la llamó llorando, la mujer la escuchó todo el rato que hizo falta.

—Ahora —observa Julie— mi madre tendrá que ir a un psicólogo a hablar de mí.

Hace poco, uno de mis análisis dio positivo al síndrome de Sjögren, una enfermedad autoinmune más frecuente entre mujeres mayores de cuarenta. No obstante, los médicos no están seguros de que ese sea el problema porque no manifiesto el síntoma principal. «Podría ser una presentación inusual» —me explicó el doctor, y luego siguió diciendo que tal vez estuviera afectada de Sjögren y alguna otra cosa o solamente otra cosa que —todavía— no habían podido determinar. El síndrome de Sjögren, por lo visto, es difícil de diagnosticar y nadie sabe qué lo provoca; podría ser genético, ambiental, causado por un virus, una bacteria o una combinación de los factores anteriores.

«No lo sabemos todo», dijo el médico, y si bien la perspectiva de no saber me asusta, el comentario de otro facultativo me aterró todavía más si cabe: «Sea lo que sea, al final acabará por revelarse». Esa semana le confesé a Wendell una vez más que mi mayor miedo es dejar huérfano a Zach, y él me respondió que tengo dos alternativas: puedo ofrecerle a Zach una madre que está constantemente preocupada por su posible orfandad o una madre cuya salud incierta la hace aún más consciente de que todo el tiempo que pasamos juntos es precioso.

—¿Qué le da menos miedo? —me preguntó en un sentido retórico.

Su pregunta me hizo pensar en Julie y en mis dudas iniciales cuando me pidió que la acompañara hasta la muerte. Si al principio titubeé, comprendí más tarde, no fue tan solo a causa de mi inexperiencia, sino también porque Julie me obligaría a afrontar mi propio final, algo para lo que no me sentía preparada. Aun después de acceder a su petición, he intentado mantenerme a salvo absteniéndome de comparar mi mortalidad con la suya. Al fin y al cabo, nadie ha marcado un plazo a mi esperanza de vida, como le ha sucedido a ella. Pero Julie había aprendido a vivir aceptando dónde estaba y lo que tenía, que era, en esencia, lo que yo le había enseñado y lo que todos tenemos que hacer. Toda vida plantea una gran incógnita. A mí me toca asumir el hecho de no saber qué me alberga el futuro, sobrellevar la inquietud y concentrarme en vivir *aquí y ahora*. Y esa lección no puede ser únicamente un consejo destinado a Julie. Ha llegado el momento de tomar mi propia medicina.

«Cuanto más abrace su propia vulnerabilidad —me dijo Wendell—, menos miedo tendrá.»

No es así como vemos la vida cuando somos más jóvenes. En la juventud pensamos en términos de comienzo, nudo y alguna clase de resolución. Sin embargo, en algún punto del camino —quizás hacia la mitad— nos damos cuenta de que a todo el mundo le toca aceptar cosas que tal vez no salieron como esperaban. Que la mitad de la vida restante tendrá que ser la resolución; nuestra tarea consiste en darle sentido. Y si bien siento que el tiempo se me escapa entre los dedos y no puedo retenerlo, experimento algo más también: la enfermedad me permite ver más claramente. Por eso no podía escribir un libro vacío de sentido. Por eso estoy saliendo con gente otra vez. Por eso me estoy empapando de mi madre y contemplándola con una generosidad a la que hasta ahora no era capaz de acceder. Y por eso Wendell me está ayudando a examinar el tipo de maternidad con la que mi hijo tendrá que vivir. Ahora tengo presente que nadie puede amar y ser amado sin la posibilidad de una pérdida, pero hay una diferencia entre la conciencia y el terror.

Mientras Julie imagina a su madre en terapia, yo me pregunto qué le contará Zach de mí a su psicólogo cuando crezca.

Y entonces pienso: *espero que encuentre a su Wendell.*

53

El abrazo

Estoy acurrucada en el sofá —en el salón de mi casa— con Allison, mi amiga y colega del Medio Oeste que ha venido de visita. Después de cenar, estamos cambiando de canal para ver qué encontramos y vamos a parar a la serie de John. Ella no tiene ni idea de que John es mi paciente. Yo sigo buscando, con la esperanza de encontrar algo más ligero y relajado.

—Espera —exclama Allison—. ¡Vuelve atrás!

Resulta que le encanta la serie. Retrocedo con el mando a distancia. Hace un tiempo que no veo el programa e intento ponerme al día. Algunos personajes han cambiado; tienen nuevas relaciones. Estoy medio mirando y medio dormitando, contenta de poder relajarme con mi vieja amiga.

—Es genial, ¿verdad? —comenta Allison.

—¿Quién? —pregunto, soñolienta.

—El personaje de la psicóloga.

Abro los ojos de sopetón. El protagonista se encuentra en lo que parece ser un gabinete de psicoterapia. La terapeuta es una morena bajita, con gafas pero despampanante en su estilo intelectual, en la línea hollywoodiense. *Tal vez esa sea la clase de mujer que John tendría como amante,* pienso. El protagonista se levanta para marcharse. Muestra una expresión agobiada. Ella lo acompaña a la puerta.

«Me parece que necesita un abrazo», le dice el protagonista a la terapeuta.

Durante una milésima de segundo ella lo mira sorprendida, antes de recuperar su expresión impasible.

«¿Me está diciendo que le gustaría que lo abrazase?», pregunta ella.

«No», responde él. Se detiene una milésima de segundo y, de súbito, se inclina hacia ella y la abraza. No se trata de un gesto sexual, pero sí intenso. La cámara enfoca el rostro del hombre. Tiene los ojos cerrados, pero se le salta una lágrima. Apoya la cabeza en el hombro de la terapeuta y parece en paz. Entonces la cámara se desplaza al rostro de ella, que abre los ojos de par en par, como si quisiera salir corriendo. Recuerda a esas escenas de las comedias románticas en que dos personas han dormido juntas por fin y una muestra una expresión de absoluta serenidad mientras que la otra parece horrorizada.

«Me parece que los dos nos sentimos mejor ahora», dice el protagonista cuando deshace el abrazo y se da media vuelta para marcharse. Se aleja, y la escena concluye con la expresión de la terapeuta: *¿qué diantre acaba de pasar?*

Es una situación divertida y Allison ríe con ganas, pero yo estoy tan desconcertada como la psicóloga de la serie. ¿Es la manera que tiene John de reconocer el afecto que le inspiro? ¿Se está burlando de sí mismo y de su tendencia a proyectar sus necesidades en los demás? Las series de televisión se escriben con meses de antelación. ¿Era consciente en aquel entonces de hasta qué punto podía resultar ofensivo? ¿Lo es ahora?

—Los psicólogos aparecen en un montón de series últimamente —señala Allison. Empieza a hablar de sus terapeutas televisivos favoritos: Jennifer Melfi de *Los Soprano*, Tobias Fünke de *Arrested development*, Niles Crane de *Frasier*, incluso el bobo de Marvin Monroe en *Los Simpson*.

—¿Alguna vez has visto *En tratamiento*? —le pregunto—. ¿El personaje de Gabriel Byrne?

—Ah, sí... me encantaba —dice—, pero este es más realista.

—¿Tú crees? —dudo, y me pregunto si este personaje está inspirado en mí o en la terapeuta «simpática pero idiota» que John visitó antes de llamarme. En las series participan alrededor de una docena de guionistas y cada cual tiene asignados episodios distintos, de modo que también es posible que otro escritor haya creado el personaje.

Seguimos mirando hasta que aparecen los créditos, aunque tengo muy claro qué dirán. Fue John quien escribió el episodio.

—Vi su serie la semana pasada —le digo a John en la siguiente sesión.

Niega con la cabeza, mezcla la ensalada con los palillos, toma un bocado, mastica.

—Maldita cadena —dice, cuando traga—. Me obligaron a hacerlo.

Asiento.

—Dicen que a la gente les gustan los psicólogos.

Me encojo de hombros. *Ah, vaya.*

—Son como borregos —prosigue John—. Si en una serie aparece un terapeuta, todas las series tienen que tener el suyo.

—Es su serie —observo—. ¿No podía negarse?

John lo medita.

—Sí —reconoce—, pero no quería portarme como un capullo.

Sonrío. *No quería portarse como un capullo.*

—Y ahora —sigue hablando John—, a causa de los índices de audiencia, nunca me libraré de ella.

—Está atrapado —observo—. Por culpa de las audiencias.

—Maldita cadena —repite. John toma otro bocado, despótica de los palillos—. Pero no me importa. Me empieza a gustar. Tenemos buenas ideas para la próxima temporada.

Se limpia los labios con la servilleta, primero la comisura izquierda, luego la derecha. Lo observo.

—¿Qué pasa? —pregunta.

Enarco las cejas.

—Ah, no, no, no —protesta—. Ya sé lo que está pensando. Está pensando que hay alguna clase de «conexión» —dibuja las comillas en el aire— entre la terapeuta y usted. Es ficción, ¿vale?

—¿Todo? —insisto.

—¡Pues claro! Es una historia, una serie. Por Dios, si incluyera alguno de nuestros diálogos, la audiencia bajaría en picado. Así pues, no, evidentemente no es usted.

—Estaba pensando en las emociones más que en el diálogo —comento—. Puede que reflejen una parte de la realidad.

—Es una serie —repite.

Lo miro con elocuencia.

—Lo digo en serio. Ese personaje no guarda más relación con usted que el protagonista conmigo. Aparte de ser muy guapo, claro.

Se ríe de su broma. Al menos, creo que bromea.

Seguimos sentados en silencio y John mira a su alrededor: los cuadros de la pared, la tarima del suelo, sus manos. Recuerdo el chiste que hizo —«un elefante, dos elefantes»— cuando todavía no podía soportar la espera. Pasados dos minutos rompe el silencio.

—Quiero enseñarle una cosa —dice, y añade con sarcasmo—: ¿Me da permiso para usar el teléfono?

Asiento. Rescata el móvil, busca algo y me lo tiende.

—Esa es mi familia.

En la pantalla hay una fotografía de una rubia muy guapa y dos niñas que, por lo visto, se están partiendo de risa mientras le ponen a su madre orejitas de conejo: Margo, Gracie y Ruby. (Resulta que Margo no es la paciente que salía cuando yo entraba en la consulta de Wendell.) Al lado de Ruby está Rosie, ese perro tan feo que John ama con toda su alma, con un lazo rosa en la cabeza salpicada de calvas. Después de tanto oír hablar de ellas, por fin las tengo delante, un retablo hipnótico. No puedo dejar de mirarlas.

—A veces olvido la suerte que tengo —observa con tono quedo.

—Es una familia maravillosa —asiento, y le digo cuánto me conmueve que me haya enseñado la foto. Me dispongo a devolverle el teléfono, pero John me detiene.

—Espere. Esas son mis hijas. Pero aquí está mi hijo.

Noto un pellizco en las entrañas. Está a punto de mostrarme a Gabe. Como madre de un niño, no sé si podré mirarlo sin echarme a llorar.

John pasa varias fotos y ahí está: Gabe. Es tan adorable que me siento como si el corazón se me partiera en dos. Tiene el pelo denso y ondulado de John, los brillantes ojos azules de Margo. Está sentado en el regazo de su padre, presenciando un partido de los Dodgers, y lleva una pelota en la mano, mostaza en la mejilla y la misma expresión que si hubiera ganado el campeonato mundial. John me cuenta que Gabe acababa de atrapar la pelota en las gradas y estaba eufórico.

«Soy la persona más suertuda del mundo entero», dijo el niño ese día. John me cuenta que su hijo lo repitió cuando llegó a casa y le enseñó la bola a su madre y a su hermana, y luego de nuevo cuando John lo acostó. «¡La persona más suertuda del mundo entero, de toda la galaxia y más allá!».

—Fue la persona más afortunada del mundo ese día —constato, y se me saltan las lágrimas.

—Oh, por el amor de Dios, no me llore —protesta John, desviando la vista—. Lo que me faltaba, una psicóloga que se pone a llorar.

—¿Por qué no llorar ante un sentimiento triste? —observo con doble intención. John recupera el móvil y teclea algo.

—Mientras me deje usar el teléfono... —replica—. Le quiero mostrar algo más.

Ahora que he visto a su mujer, a sus hijas y a su difunto hijo, me pregunto qué más quiere compartir.

—Aquí —dice, alargando el brazo hacia mí. Tomo el teléfono e identifico la página web del *New York Times*. Hay una reseña de la nueva temporada de su serie.

—Eche un vistazo al último párrafo —sugiere.

Desplazo el artículo hasta el final, donde el crítico elogia con poética elocuencia el rumbo que ha tomado la serie. El personaje principal, escribe, empieza a dejar entrever su trasfondo humano sin perder sus afiladas aristas, un delicioso giro que lo hace aún más interesante si cabe. Si antes nos atrapaba su absoluta falta de consideración hacia los demás, afirma el crítico, ahora no podemos dejar de mirar cómo se esfuerza por reconciliar ese lado áspero con lo que está enterrado debajo. El autor concluye con una pregunta: ¿Qué descubriremos si sigue revelando sus facetas escondidas?

Alzo la vista y sonrío a John.

—Estoy de acuerdo —le digo—. En particular con la pregunta que plantea al final.

—Es una buena reseña, ¿eh? —observa.

—Lo es... Y algo más.

—No, no, no... no empiece a compararlo conmigo otra vez. Habla del *personaje*.

—Vale —concedo.

—Bien —asiente—. Solo para que quede claro.

Sostengo la mirada de John.

—¿Por qué quería que leyera eso?

Me mira como si yo fuera idiota.

—¡Porque es una reseña increíble! ¡Es el maldito *New York Times*!

—Pero ¿por qué ese párrafo en especial?

—Porque significa que van a vender los derechos de difusión. Si la temporada va tan bien, la cadena no tendrá más remedio que proponernos nuevas temporadas.

Una vez más, reparo en sus dificultades para mostrarse vulnerable. Hasta qué punto su faceta tierna le hace sentir avergonzado y necesitado. Hasta qué punto le asusta la conexión.

—Bueno —confieso—, estoy deseando ver qué revela el «protagonista» —dibujo las comillas en el aire, igual que John— en la próxima temporada. Me parece que el futuro alberga muchas posibilidades.

El cuerpo de John reacciona por él; se ruboriza. Y cuando se da cuenta, enrojece todavía más.

—Gracias —dice. Sonrío y busco sus ojos, y él consigue sostener mi mirada durante veinte segundos antes de desplazarla a sus pies. Al bajar la vista, susurra—: Gracias por... ya sabe —busca la palabra adecuada— por todo.

Se me saltan las lágrimas de nuevo.

—Encantada de ayudarle.

—Bueno —se anima John. Carraspea y dobla las piernas para apoyar esos pies tan cuidados en el sofá—. Ahora que hemos acabado con los preliminares, ¿de qué narices hablamos hoy?

54

No lo estropees

Podríamos clasificar a los individuos tan deprimidos como para contemplar la idea del suicidio en dos grandes tipos. Los primeros piensan: *He tenido una vida hermosa y, si logro superar esta terrible crisis* —la muerte de un ser querido, un desempleo de larga duración— *sin duda llegará algo mejor. Pero ¿y si no lo consigo?* Los segundos se dicen: *Mi vida no tiene sentido y ya no albergo ninguna esperanza.*

Rita pertenecía a la segunda categoría.

Por lo general, cabe esperar que la historia que un paciente trae a terapia no sea la misma con la que se marcha. Lo mismo que incluyó en el primer relato puede haber quedado fuera y algo que no aparecía al principio tal vez haya devenido la trama principal. Personajes importantes podrían transformarse en secundarios y algunos de los menores quizás adquieran una importancia estelar. Incluso el papel del paciente puede cambiar: de personaje intrascendente a protagonista, de víctima a héroe.

Pocos días después de cumplir setenta años, Rita acude a la sesión a la hora habitual. En lugar de celebrar la fecha con su suicidio, me ha traído un obsequio.

—Es mi regalo de cumpleaños para usted —anuncia.

El presente viene envuelto en un precioso papel y me pide que lo abra delante de ella. La caja pesa lo suyo e intento adivinar su contenido. ¿Unos frascos de mi té favorito, que vio en mi consulta hace un tiempo y despertaron su interés? ¿Un libro de tamaño considerable? ¿Un juego de esas tazas con mensajes retorcidos que ha empezado a vender en su web? (Espero que sí.)

Escarbo entre el papel de seda y noto el tacto de la cerámica (¡las tazas!) pero, cuando extraigo el objeto, miro a Rita y sonrío. Es un dispensador para pañuelos con las palabras RITA DICE: NO LO ESTROPEES pintadas con elegancia. El diseño es descarado y modesto a un tiempo, como la propia Rita. Le doy la vuelta al objeto y descubro el logo de su empresa: Nada termina hasta que se acaba, S. A.

Empiezo a darle las gracias, pero me interrumpe.

—Está inspirado en nuestras conversaciones sobre mi manía de no usar pañuelos limpios —confiesa, por si no lo he captado—. Siempre pensaba: *¿Por qué a esta mujer le preocupa tanto si uso pañuelos o no?* No lo entendía, hasta que una de las niñas —se refiere a las hijas de «hola, familia»— me vio sacar un pañuelo del bolso y exclamó: ¡Puaaaaj! *¡Mamá dice que no hay que usar pañuelos sucios!* Y yo pensé: *Igual que mi psicóloga. Todo el mundo necesita una caja de pañuelos sin usar.* ¿Por qué no añadirle un embellecedor con estilo?

Pronuncia la palabra «estilo» con un guiño en la voz.

La presencia de Rita en un día como hoy no marca el final de la terapia ni tampoco voy a medir el éxito de la misma por el hecho de que siga viva. Al fin y al cabo, ¿y si Rita ha decidido no suicidarse el día de su cumpleaños pero sigue gravemente deprimida? Lo que estamos celebrando no es tanto su continuidad física como su resurgimiento emocional, todavía en evolución:

los riesgos que ha asumido para empezar a desplazarse de un proceso de anquilosamiento a otro de apertura, de la autoflagelación a algo parecido a la aceptación de sí misma.

Si bien tenemos muchos motivos para estar contentas, la terapia de Rita proseguirá, porque los antiguos hábitos no desaparecen fácilmente. Porque el dolor se atenúa pero no se esfuma. Porque las relaciones rotas (consigo misma, con sus hijos) requieren reconciliaciones delicadas y deliberadas, y las nuevas necesitan cuidados y consciencia para prosperar. Si Rita quiere estar con Myron, tendrá que conocerse a sí misma en profundidad, con sus proyecciones, miedos, envidia, dolor y antiguos errores, para que el próximo matrimonio, el cuarto, no solo sea el último sino también su primera gran historia de amor.

Myron tardó una semana en contestar. Rita pasó la carta a limpio, a mano, y la introdujo en el buzón metálico de Myron, en el patio del edificio. Al principio se angustió preguntándose si el mensaje habría llegado a su destino. Su vista ya no era tan buena como antes y a sus dedos artríticos les había costado empujar el sobre por la oxidada ranura. ¿Y si, sin darse cuenta, había dejado la carta en el buzón contiguo, perteneciente a «hola, familia»? ¡Se moriría de vergüenza! Le estuvo dando vueltas a esa posibilidad en una espiral que yo denomino *catastrofizar* hasta que le llegó una nota de Myron.

Me leyó el texto en la siguiente sesión: «Rita, gracias por compartir conmigo tu verdad. Me gustaría hablar contigo, pero hay mucho que asimilar y necesito algo más de tiempo. Seguimos en contacto, M.»

—¡Mucho que asimilar! —exclamó Rita—. Ya sé lo que está asimilando: hasta qué punto soy un monstruo y la suerte que ha tenido de poder librarse de mí. Ahora que conoce la verdad, está asimilando cómo retirar todo lo que dijo el día que me asaltó en el aparcamiento.

Rita se sentía agredida por lo que percibía como un abandono por parte de Myron. De la noche a la mañana, el romántico beso se había convertido en un asalto en toda regla.

—Podría ser —admití—. Pero también es posible que usted le haya ocultado quién es tan deliberadamente y durante tanto tiempo que ahora necesite unos días para procesar la imagen completa. La besó en el aparcamiento, le abrió su corazón y usted le ha evitado todos estos meses. Y ahora recibe esa carta. Me parece que tiene mucho que asimilar.

Rita niega con la cabeza.

—¿Lo ve? —prosigue, como si no hubiera oído ni una palabra de lo que acabo de decir—. Es mejor guardar las distancias. Aquí tiene la prueba.

Le respondí a Rita lo mismo que les suelo responder a las personas que tienen miedo de sufrir en una relación, es decir, todo aquel que tenga corazón. Le expliqué que, por ideal que sea un vínculo, te van a hacer daño de vez en cuando y tú le harás daño al otro, por mucho que lo ames, no porque sea tu intención sino porque eres humano. Es inevitable herir a la pareja, a los padres, a los hijos, a los amigos íntimos —y que te hieran— porque, si firmas un acuerdo de intimidad, el dolor forma parte del trato.

Sin embargo, proseguí, lo maravilloso de la intimidad amorosa es que siempre queda espacio para la reconstrucción. Los terapeutas llamamos a este proceso ruptura y reparación, y si tuviste unos padres que reconocían sus errores, se responsabilizaban de ellos y te enseñaron cuando eras un niño a asumir igualmente tus equivocaciones y a hacerte cargo de ellas, entonces no contemplarás la posibilidad de una ruptura como un cataclismo cuando intimes con alguien como adulto. Ahora bien, si tus desavenencias, en la niñez, no vinieron acompañadas de reparaciones amorosas, te costará cierto trabajo tolerar las separaciones y dejar de pensar que cada discordia implica un final e incluso confiar en que serás capaz de sobrevivir cuando una relación no funcione. Pero es el único camino: creer que sanarás, te recuperarás y avanzarás hacia otra relación con sus propias rupturas y reparaciones. Tal vez no te encante la idea de exponerte hasta tal punto, renunciar a tu escudo, pero si quieres disfrutar de las recompensas de una relación íntima, no hay modo de evitarlo.

Sea como fuere, Rita me llamaba a diario para comunicarme que Myron no había respondido.

—Silencio total —dejaba grabado en el contestador, y luego añadía con sarcasmo—: Todavía lo debe de estar *asimilando*.

La animé a seguir conectada a todo lo bueno que había en su vida a pesar de la ansiedad que le inspiraba el asunto de Myron. Le pedí que no se hundiera en la desesperanza solamente porque un aspecto de su vida le provocaba dolor, que no fuera la típica persona que está a dieta y, solamente porque falla una vez, sentencia: «¡A la porra! Nunca seré capaz de adelgazar», y luego se pasa el resto de la semana comiendo compulsivamente y sintiéndose diez veces peor. Le dije que me enviase un mensaje a diario para informarme de cómo le iban las cosas y Rita, obediente, me contaba si había cenado con «hola, familia», confeccionado el programa para sus clases universitarias, llevado a «las niñas» —sus nietas honorarias— al museo para unas lecciones de arte o atendido pedidos de la web. Pero en todas las ocasiones acababa con su broma amarga sobre Myron.

En secreto, como es natural, yo también tenía esperanzas de que Myron estuviera a la altura y respondiera más pronto que tarde. Rita se había colocado en una posición delicada al abrirle su corazón y yo no deseaba que la experiencia confirmase su idea, tan arraigada, de que no era digna de amor. Según avanzaban los días, la ansiedad de Rita ante la falta de noticias de Myron aumentaba… y también la mía.

En la siguiente sesión, me alivió saber que mi paciente y Myron habían hablado. Y, efectivamente, el hombre se había quedado de piedra ante las revelaciones de Rita… y también al descubrir todo lo que ella le había ocultado. ¿Quién era esa mujer por la que se sentía tan atraído? ¿De verdad esa persona cariñosa y amable era la misma que había huido aterrada mientras su marido golpeaba a sus hijos? ¿Realmente esa dama que tanto mimaba a las niñas de «hola, familia» había tratado a sus propios retoños con tanta negligencia? ¿Cómo podía esa mujer divertida, creativa y aguda como un lince haber pasado tanto tiempo hundida en un estupor depresivo? Y si Rita era esa persona, ¿qué implicaba el descubrimiento? ¿Qué efecto podía causar algo así no solo en Myron sino también en sus hijos y nietos? Al fin y al cabo, razonó, su pareja sentimental se entretejería en la estrecha urdimbre de su familia.

Durante la semana que dedicó a «asimilar» la nueva información, le confesó Myron a Rita, habló con Myrna, su difunta esposa, en cuyo consejo siempre había confiado. Seguía hablando con ella y Myrna, ahora, le decía que no juzgara a Rita con excesiva severidad, que fuera precavido pero no estrecho de miras. Al fin y al cabo, si no hubiera tenido la suerte de criarse en un hogar amoroso y de contar con un marido maravilloso, a saber lo que ella, Myrna, habría hecho en tales circunstancias. Myron también llamó a su hermano, allá en el este, que le preguntó: «¿Le has hablado de papá?». Con eso se refería a: *¿Le has hablado de las profundas depresiones que sufrió nuestro*

padre tras la muerte de mamá? ¿Le has contado que tenías miedo
de que te sucediera lo propio cuando Myrna falleció?

Por fin, contactó con su mejor amigo de infancia, que respondió, tras escuchar con atención la historia de Myron: «Amigo mío, no haces nada más que hablar de esa mujer. A nuestra edad, ¿quién no lleva encima una mochila tan pesada como para precipitar la caída de un avión? ¿Acaso tú viajas ligero como una pluma? Cargas con una difunta esposa con la que hablas a diario y una tía en el manicomio a la que nadie menciona. Eres un buen partido, pero venga ya. ¿Quién te has creído, el príncipe azul?».

Y, todavía más importante, Myron habló consigo mismo. Su voz interior le dijo: *Arriésgate. Puede que el pasado no nos defina, pero nos proporciona información. Es posible que, si es tan interesante, tan cariñosa ahora, sea precisamente por todo lo que ha vivido.*

—Nadie se había referido a mí jamás como una persona cariñosa —me confesó Rita en sesión, deshecha en lágrimas mientras me relataba la conversación con Myron—. Siempre me han acusado de ser egoísta y exigente.

—Pero no es así con Myron —observé yo.

Rita lo meditó.

—No —dijo, despacio—. No lo soy.

Sentada con Rita, no pude sino recordar que el corazón es tan frágil a los setenta como a los diecisiete. La vulnerabilidad, el anhelo, la pasión, todo está ahí con la misma intensidad. El amor no envejece. No importa hasta qué punto estés cansada ni lo mucho que hayas sufrido por asuntos del corazón, porque una nueva pasión en el horizonte te aportará la misma esperanza y vitalidad que la primera vez. Es posible que ahora tengas los pies plantados en el suelo con más firmeza —posees más experiencia, eres más sabia, sabes que el tiempo apremia—pero todavía te da un vuelco el corazón cuando oyes su voz o su número aparece en la pantalla. Los amores tardíos ofrecen la ventaja de ser especialmente indulgentes, generosos, sensibles... y urgentes.

Rita me dijo que, después de su charla con Myron, se acostaron juntos y disfrutó lo que definió como «ocho horas de orgasmo», justo lo que su hambre de piel necesitaba.

—Nos quedamos dormidos, abrazados —prosiguió Rita— y eso me sentó tan bien como antes los orgasmos.

Desde hace dos meses, Rita y Myron se han convertido en compañeros de vida y de bridge: ganaron el primer torneo en el que participaron. Ella todavía se hace la pedicura, no solo por los masajes de pies sino porque ahora hay alguien más allí para admirar sus uñas pintadas.

Eso no significa que Rita haya superado sus problemas; sigue experimentando dificultades, en ocasiones importantes. Si bien los cambios de su vida le han aportado ese color que sus días pedían a gritos, todavía sufre lo que llama «apuros»: ataques de tristeza al pensar en sus hijos cuando ve a Myron con los suyos o la ansiedad que inevitablemente acarrea mantener una relación segura tras una historia inestable.

Más de una vez Rita ha estado a punto de dar una lectura negativa a un comentario de Myron y de sabotear su relación para poder castigarse a sí misma por su felicidad o retirarse a la seguridad de la soledad, que tan bien conoce. No obstante, cada una de las veces se ha parado a reflexionar antes de actuar; integra nuestras conversaciones y se dice, como en el dispensador de pañuelos: «no lo estropees, chica». Le he hablado de las muchas relaciones que he visto saltar por los aires solo porque una persona sentía terror a ser abandonada y hacía cuanto podía por alejar al otro. Empieza a entender que lo peliagudo del autosabotaje es que uno intenta resolver un problema (atenuar la ansiedad por abandono) creando otro (provocar en la pareja ganas de marcharse).

Ver a Rita en esta fase de su vida me recuerda algo que oí en cierta ocasión, aunque no recuerdo dónde: «Cada risa y cada momento de felicidad que me salen al paso me sientan diez veces mejor que cuando no había conocido una tristeza tan grande». Por primera vez en cuarenta años, me dice Rita después de que abra su regalo, ha celebrado una fiesta de cumpleaños. Y no porque la hubiera preparado. Pensaba que lo celebraría tranquilamente con Myron, pero en cuanto han entrado en el restaurante ha descubierto que había un grupo de gente esperándola: ¡sorpresa!

—Eso no se le hace a una mujer de setenta años —dice Rita hoy, encantada de recordarlo—. Por poco me da un infarto.

Entre toda esa gente que aplaudía y reía estaba «hola, familia» —Anna, Kyle, Sophia y Alice (las niñas le habían traído dibujos como regalo); el hijo de Myron y su hija, así como todos sus nietos (que poco a poco se estaban convirtiendo también en un nuevo equipo de nietos honorarios de Rita) y unos cuantos alumnos de la universidad (una alumna le dijo: «Para mantener una conversación interesante hay que hablar con una persona mayor»). También había miembros de la junta del edificio (cuando por fin accedió a formar parte, Rita promovió el cambio de los oxidados buzones) y algunos compañeros de bridge con los que ella y Myron han trabado amistad recientemente. Casi veinte personas acudieron a felicitar a una mujer que apenas un año atrás no tenía ni un solo amigo en el mundo.

Sin embargo, la gran sorpresa ha llegado esta mañana, cuando Rita ha recibido un email de su hija. Después de escribirle a

Myron, envió una carta cuidadosamente meditada a cada uno de sus hijos, cuya respuesta fue el silencio acostumbrado. Sin embargo, hoy mismo, tenía un email de Robin, que Rita me lee en la sesión.

Mamá: Tenías razón, no te perdono y me alegro de que no me lo pidas. Si te digo la verdad, estuve a punto de borrar tu email sin leerlo siquiera porque pensaba que serían las mentiras de costumbre. Y entonces, no sé por qué —quizás porque llevamos mucho tiempo sin mantener contacto— he pensado en abrirlo, aunque solo fuera para asegurarme de que no estabas al borde de la muerte. Pero no me esperaba en absoluto lo que encontré. ¿Esta es mi madre?

En fin, le llevé tu carta a mi psicóloga —sí, estoy haciendo terapia y no, no he dejado a Roger todavía— y le dije: «No quiero acabar así». No quiero quedarme atrapada en una relación abusiva y poner excusas para no marcharme, pensando que es demasiado tarde o que no puedo volver a empezar o lo que sea que me digo cuando Roger intenta retenerme. Comprendí que si tú has sido capaz por fin de entablar una relación sana, yo también puedo hacerlo y no quiero esperar a tener setenta años. ¿Has visto la dirección desde la que te envío esto? Es el email secreto que uso para buscar empleo.

Rita llora un momento, luego sigue leyendo:

¿Y sabes qué es lo más curioso, mamá? Después de leerle tu carta, la psicóloga me preguntó si guardaba algún recuerdo positivo de mi infancia, y no se me ocurrió nada. Pero luego empecé a soñar. Soñé que era una bailarina y tú me estabas enseñando pasos y, cuando desperté, me acordé de aquella vez que me llevaste a una clase de ballet, cuando tenía ocho o nueve años, y yo me moría por apuntarme pero dijeron que no tenía suficiente experiencia y me eché a llorar. Entonces tú me abrazaste y me dijiste: «Ven, yo te enseñaré». Buscamos un estudio vacío y fingimos bailar ballet durante horas. Recuerdo que reímos y bailamos. Yo quería que cada momento durase para siempre. Y hubo más sueños después de ese, que me ayudaron a recuperar las memorias felices de la infancia, recuerdos que ni siquiera sabía que estaban ahí.

Supongo que intento decirte que no estoy lista para hablar o para recuperar el contacto contigo ahora mismo, o puede que nunca, pero quería que supieras que me acuerdo de los buenos momentos. Aunque fueran escasos, significaron algo. Quizás te guste saber que tu carta nos dejó estupefactos a todos. Hablamos de ella y convinimos en que, aunque nunca lleguemos a mantener una relación contigo, tenemos que enderezar nuestras vidas porque, como ya he dicho, si tú puedes, nosotros también. Mi psicóloga dice que tal vez no quiero arreglar mi vida porque, en ese caso, tú ganas. Al principio no entendía a qué se refería pero creo que ahora sí. O empiezo a entender.

En fin, feliz cumpleaños.

Robin

P.D. Bonita web.

Rita levanta la vista para mirarme. No sabe muy bien qué pensar. Le gustaría que los chicos hubiera contestado asimismo, porque se preocupa mucho por todos sus hijos. Por Robin, que todavía no ha dejado a Roger. Por los chicos, uno con problemas de drogadicción, otro divorciado por segunda vez de una «mujer desagradable y criticona que lo arrastró al altar con un falso embarazo» y el pequeño, que dejó la universidad por dificultades de aprendizaje y ha ido saltando de un empleo a otro desde entonces. Rita afirma que ha intentado ayudarlos, pero no quieren hablar con ella y, además, ¿qué podría hacer ahora, de todos modos? Les proporciona ayuda financiera cuando se la piden, pero ese es todo el contacto que le ofrecen.

—Me preocupo por ellos —dice Rita—. Me preocupo todo el tiempo.

—Tal vez —propongo—, en lugar de preocuparse tanto, podría amarlos. Lo único que puede hacer es encontrar una manera de quererlos pensando en lo que ellos necesitan de usted y no en lo que usted necesita de ellos ahora mismo.

¿Cómo se habrán sentido sus hijos al recibir la carta? Rita quería hablarles de su relación con las niñas de «hola, familia», demostrarles que había cambiado, enseñarles su lado más amoroso y maternal, que le gustaría ofrecerles también a ellos. Pero le sugiero que lo deje tal como está, de momento. Imagino que estarán resentidos, como el paciente que me contó que su padre, tras dejar a su familia, se casó con una mujer más joven y tuvo hijos con ella. El hombre siempre fue un tipo malhumorado y emocionalmente ausente, pero los niños de la familia número dos disfrutaron del Papá del Año: entrenaba a sus equipos de fútbol, los llevaba de vacaciones, conocía el nombre de sus amigos. Mi paciente se sentía un marginado, un visitante no deseado en la familia número dos, y experimentaba, como muchas personas con historias parecidas, un gran rencor al ver su progenitor convertido en el padre que siempre quiso tener... de sus nuevos hijos.

—Es una primera toma de contacto —le sugiero a Rita, en relación con la carta.

Al final dos de los chicos llamaron a Rita y conocieron a Myron. Por primera vez en su vida estaban forjando un vínculo estable con una figura paterna fiable y amorosa. El más joven, sin embargo, sigue enredado en la furia. Todos los retoños de Rita se muestran todavía distantes y enfadados, pero eso está bien; por lo menos ahora ella es capaz de escucharlos sin ponerse a la defensiva o escudarse en las lágrimas. Robin se mudó a un pequeño estudio y encontró trabajo de administrativa en un centro de salud mental. Rita la animó a trasladarse al oeste para que estuviera más cerca de ella y de Myron y proporcionarle una red de apoyo mientras ella reconstruye su vida después de Roger, pero la chica no quiere dejar a su psicóloga (ni, sospecha Rita, a Roger); todavía no.

No es una familia ideal, ni siquiera funcional, pero es una familia. Rita disfruta de ella, aunque también lidia con el dolor de las cosas que no puede reparar.

Y si bien está ocupada de la noche a la mañana, tiene tiempo para ir añadiendo productos a su página web. Una de las novedades es un cartel de bienvenida para colgar en la entrada de casa. Consiste en dos grandes palabras rodeadas de figuras imantadas que parecen desarticuladas, cada cual a su manera. El cartel reza: ¡HOLA, FAMILIA!

La segunda creación reciente es una placa que ha creado para la hija de Myron, que es profesora. Al parecer, la mujer vio el mensaje en el escritorio de Rita y le preguntó si querría convertirlo en una pieza artística para colgar en su clase y enseñar a

sus alumnos el sentido de la resiliencia. Dice: LOS ERRORES FOR-
MAN PARTE DE LA CONDICIÓN HUMANA.

«Debo de haberlo leído en alguna parte —me comentó—.
Pero no recuerdo dónde.» De hecho, se lo dije yo en la primera
sesión, pero no me importa que no lo recuerde. Irvin Yalom, el
psiquiatra, escribió que es «mucho mejor [hacer progresos y]
olvidar lo hablado en sesión que la posibilidad opuesta (una
elección más popular entre los pacientes): recordar lo hablado a
la perfección pero no cambiar lo más mínimo».

La tercera nueva incorporación de Rita es un pequeño cartel
impreso. Muestra dos figuras abstractas de cabello gris, con los
cuerpos entrelazados y en movimiento, rodeados de exclamacio-
nes en burbujas de cómic: *Ay... ¡mi espalda! Más despacio... mi
corazón.* Sobre los cuerpos, en elegante caligrafía, escribió: LOS
ANCIANOS TAMBIÉN ECHAN POLVOS.

Es su pieza más vendida hasta la fecha.

55

Es mi fiesta y llorarás si quieres

Cuando llega el email, mis dedos se paralizan sobre el teclado. El asunto reza: *Vamos de fiesta… ¡ponte algo negro!* El remitente es Matt, el marido de Julie, y decido no abrir el correo hasta haber despedido al último paciente del día. No quiero leer la invitación al funeral de Julie justo antes de comenzar una sesión.

Vuelvo a pensar en la jerarquía del dolor. Cuando empecé a trabajar con Julie, imaginé que me resultaría complicado pasar de hablar de TAC y tumores a oír: «creo que la niñera me roba» o «¿por qué siempre tengo que tomar yo la iniciativa?».

¿Crees que tienes problemas?, temía espetarles mentalmente.

Resultó que pasar tiempo con Julie me tornó más compasiva. Los problemas de los otros pacientes también importaban: la traición de la persona a la que habían confiado el cuidado de sus hijos; los sentimientos de vergüenza y vacío cuando el cónyuge los rechazaba. Debajo de esos detalles se ocultaban las mismas preguntas existenciales que Julie se veía obligada a afrontar: ¿cómo sentirnos seguros en un mundo incierto por naturaleza? ¿Cómo conectar con los demás? Trabajar con Julie evocó en mí un sentido de la responsabilidad mayor hacia mis otros casos. Cada hora cuenta para todos nosotros y quiero estar plenamente presente en todas las sesiones, de la primera a la última.

Cuando mi último paciente se marcha, redacto las anotaciones clínicas despacio, demorándome un rato antes de abrir el email. La invitación incluye una nota de Julie en la que anima a la gente a acudir a una «fiesta de despedida para llorar a lágrima viva» y espera que sus amigos solteros saquen partido de la reunión «porque si dos personas se conocen en un funeral siempre recordarán hasta qué punto el amor y la vida son importantes y todo lo demás, nimiedades».

Le envío a Matt mis condolencias y, pasado un ratito, recibo otro email que, según me informa, Julie dejó para mí. *Como ya no estoy aquí, iré directa al grano,* empieza. *Me dijiste que vendrías a mi fiesta de despedida. Si no estás ahí, lo sabré. Acuérdate de mediar entre mi hermana y mi tía Aileen, la que siempre... bueno, ya conoces la historia. Conoces todas mis historias.*

Hay una posdata de Matt: *Por favor, no faltes.*

Por supuesto que no faltaré y ya medité las posibles complicaciones antes de prometerle a Julie que asistiría. No todos los psicólogos habrían tomado la misma decisión. A algunos le preocupa que este tipo de gestos implique cruzar una línea; implicarse demasiado, por así decirlo. Y por más que en algunos casos pudiera ser verdad, me parece raro que los psicólogos y los terapeutas, cuyo ámbito profesional es la condición humana, tengan que compartimentar su propia humanidad en lo concerniente a la defunción de sus pacientes. Este principio no se aplica a otros profesionales directamente implicados en la vida de una persona: la abogada de Julie, el quiropráctico, el oncólogo. Nadie parpadea siquiera al verlos en el funeral. En cambio, se espera que la psicóloga guarde las distancias. Pero ¿y si su presencia reconforta a los familiares del difunto? ¿Y si reconforta a la propia terapeuta?

Por lo general, los psicólogos lloran la muerte de sus pacientes en privado. ¿A quién le podría hablar del fallecimiento de Julie, aparte de mi grupo de supervisión o Wendell? Y aun en ese caso ninguno de ellos la conocía como yo o como su familia y amigos (que sí la pueden llorar juntos). El psicólogo tiene que dolerse a solas.

Incluso en el funeral se debe tener en cuenta el asunto de la confidencialidad. El deber del terapeuta de proteger la intimidad del paciente no prescribe con la muerte. La esposa de un hombre que ha cometido suicidio podría llamar al psicólogo de su marido para averiguar las razones de su decisión, pero no podemos romper esa norma. Los archivos, las interacciones, están protegidos. De manera parecida, si yo asisto al funeral de un paciente y alguien me pregunta de qué conocía al difunto, no puedo revelar que fui su psicóloga. Ese tipo de problemas es más habitual en los fallecimientos inesperados —suicidios, sobredosis, infartos, accidentes de coche— que en situaciones como la de Julie. Al fin y al cabo, en cuanto que terapeutas, hablamos distintos temas con los pacientes; y Julie y yo habíamos comentado su deseo de que yo asistiera al funeral.

—Prometió que se quedaría conmigo hasta el final —me dijo sonriendo a medias cosa de un mes antes de morir—. No puede abandonarme en mi propio funeral, ¿verdad?

En sus últimas semanas de vida, Julie y yo hablamos de cómo le gustaría despedirse de su familia y amigos. *¿Qué recuerdo querría dejarles? ¿Qué recuerdo de ellos le gustaría llevarse consigo?*

No me refería a conversaciones transformadoras en el lecho de muerte; estas pertenecen al terreno de la fantasía. Es posible que las personas busquen paz y claridad, discernimiento y reparación, pero el lecho de muerte suele ser una maraña de medicamentos, miedo, confusión, debilidad. Por eso es tan importante convertirnos en las personas que deseamos ser ahora y no más tarde, devenir más abiertos y expansivos mientras todavía somos capaces. Si esperamos demasiado, dejaremos muchos cabos sueltos. Recuerdo a un paciente que, tras años de indecisión, decidió contactar por fin con su padre biológico, que le había pedido varias veces entablar una relación, solo para quedarse destrozado al descubrir que yacía inconsciente, en coma, y que moriría al cabo de una semana.

Igualmente colocamos un peso excesivo en esos últimos momentos, permitiendo que desbanquen lo que hubo con anterioridad. Tuve un paciente cuya mujer se desplomó y murió en mitad de una conversación, mientras él le ponía excusas para no hacer la colada. «Murió enfadada conmigo, pensando que era un idiota», se lamentaba. En realidad, era un matrimonio muy unido que se amaba con ternura. Sin embargo, como aquella única discusión adquirió una categoría sacra al ser las últimas palabras que intercambiaban, adquirió un significado que no habría tenido en otras circunstancias.

Cerca del final, Julie se dormía con más frecuencia durante nuestras conversaciones, y si antes el tiempo parecía detenerse cuando acudía a verme, ahora cada sesión se asemejaba a un ensayo general de su partida; estaba «probando» qué sensación producía la quietud absoluta sin el terror de estar sola.

—Lo más duro es ese «casi», ¿verdad? —me dijo una tarde—. Casi conseguir algo. Casi tener un hijo. Que el TAC sea casi perfecto. Casi vencer el cáncer.

Me asaltó la idea de que muchas personas evitan embarcarse en aventuras vitales que son importantes para ellas porque duele más acercarse al objetivo y no alcanzarlo que no arriesgarse de buen comienzo.

Durante la plácida quietud de una de las últimas sesiones, Julie me confesó que deseaba morir en casa y las últimas veces fue allí donde la vi. Su cama estaba rodeada de fotos de sus personas amadas y jugaba al Scrabble o veía reposiciones de *The Bachelor*, escuchaba su música favorita y recibía visitas.

Al final, sin embargo, incluso esos pequeños placeres se tornaron complicados. Julie le dijo a su familia:

—Quiero vivir, pero no así.

Y ellos entendieron que se refería a que iba a dejar de comer. De todos modos, apenas era capaz de ingerir la mayoría de los alimentos. En cuanto decidió que la vida que le quedaba no era suficiente como para sostenerla, su cuerpo reaccionó de manera natural y se marchó a los pocos días.

No protagonizamos un final apoteósico, que era como Julie llamaba a nuestra última sesión. Las últimas palabras que me dirigió fueron sobre un filete.

—¡Dios mío, daría cualquier cosa por un buen filete! —exclamó con voz apenas audible—. Será mejor que tengan filetes allá donde voy.

Y, tras eso, se durmió. No fue un final tan distinto al resto de nuestras sesiones, en las que la conversación perdura aun después del «se ha terminado el tiempo» de rigor. En las mejores despedidas siempre nos queda la sensación de que hay algo más por decir.

Me quedo estupefacta —aunque no debería— al ver la cantidad de gente que ha asistido al funeral de Julie. Hay cientos de personas de todos los ámbitos de su vida: amigos de infancia, compañeros de los campamentos de verano, amigos de las maratones, gente del club de lectura, colegas, alumnos, sus amigos del trabajo y sus compañeros (tanto de la universidad como de Trader Joe's), sus padres, las dos parejas de abuelos, los padres de Matt, su hermana y el hermano de su marido. Sé quiénes son porque todos se levantan y cuentan historias de quién era Julie y lo que significaba para ellos.

Cuando le toca el turno a Matt, la concurrencia al completo guarda silencio y yo, sentada en la última fila, miro el vaso de té frío y la servilleta que tengo en la mano. ES MI FIESTA Y PUEDES LLORAR SI QUIERES, reza. Antes, cuando he entrado, he leído el mensaje de la gran pancarta: TODAVÍA NO ESCOJO NINGUNA.

Matt tarda un tiempo en recomponerse antes de hablar. Cuando lo hace, nos cuenta que Julie escribió un libro para que él lo tuviera cuando ella ya no estuviera y lo tituló: *Breve historia de un largo romance: un relato épico de amor y pérdida*. Por un momento, no puede seguir. Por fin recupera la compostura y prosigue.

Explica cuánto le sorprendió descubrir que, al final de la historia —su historia— Julie había incluido un capítulo hablando de su deseo de que siempre hubiera amor en la vida de Matt. Lo animaba a ser sincero y amable con las que ella llamaba sus «novias del duelo», los ligues intrascendentes, las chicas con las que saldría mientras se recuperaba. *No las confundas,* escribió. *Es posible que os podáis aportar algo el uno al otro.* Proseguía con un delicioso y divertido perfil que Matt podría emplear para buscar novias del duelo y luego se ponía más seria. Al modo de un segundo perfil que lo invitaba a usar para encontrar a la persona con la que pasaría el resto de su vida, había redactado la más preciosa y conmovedora carta de amor que se pueda imaginar.

Hablaba de sus peculiaridades, de su capacidad de entrega, de su fogosa vida sexual, de la increíble familia que Julie había heredado (y que, cabía suponer, heredaría su próxima compañera) y de su espíritu paternal. Lo sabía, escribía Julie, porque habían llegado a ser padres, aunque solo fuera por mediación del útero y durante unos meses.

Los presentes están riendo y llorando para cuando Matt concluye la lectura. *Todo el mundo debería vivir una historia de amor épica como mínimo una vez en su existencia*, concluía Julie. *La nuestra lo fue para mí. Con suerte, algunas personas protagonizan dos. Te deseo otra épica historia de amor.*

Todos pensamos que su intervención ha terminado, pero Matt dice que lo justo sería que Julie encontrara también amor allá donde esté. Desde ese deseo, dice, le ha escrito un perfil para el cielo.

Se oyen unas cuantas risillas, inseguras al principio. *¿No es demasiado morboso?* No, es exactamente lo que Julie habría querido, pienso yo. Constituye un gesto atrevido, incómodo, divertido y triste, y pronto la concurrencia al completo ríe y llora con abandono. *Odia los champiñones,* le ha escrito Matt al pretendiente celestial de Julie, *no le sirvas nada que tenga champiñones. Y si hay un Trader Joe's y dice que quiere trabajar allí, apóyala. Además, conseguirás grandes descuentos.*

Prosigue enumerando los distintos modos en que Julie se rebeló contra la muerte, sobre todo a través de una actitud que Matt describe como «actos de generosidad» hacia los demás y dejar un mundo mejor del que encontró. No los desarrolla, pero yo sé muy bien cuáles son... y los receptores de su bondad han relatado sus gestos en cualquier caso.

Me alegro de haber acudido, de haber cumplido la promesa que le hice a Julie y también de haber conocido un lado de ella que mis pacientes pocas veces tienen ocasión de mostrarme: sus vidas fuera de la consulta. Cara a cara, los terapeutas observan las profundidades pero no la anchura, las palabras sin imágenes. Y pese a contar con información privilegiada en lo concerniente a los pensamientos y sentimientos de Julie, aquí soy una forastera, entre toda esta gente que no conozco pero que conocían a Julie. En la formación se nos enseña que, si alguna vez asistimos al funeral de un paciente, debemos permanecer al margen y abstenernos de interactuar. Yo me atengo a la norma pero, cuando estoy a punto de marcharme, una simpática pareja se dirige a mí. Me cuentan que se casaron gracias a Julie; ella les organizó una cita a ciegas hace años. Sonrío mientras escucho la historia y luego doy una excusa para escabullirme, pero antes de que pueda hacerlo la mujer me pregunta:

—¿Y usted de qué conocía a Julie?

—Era una amiga —contesto automáticamente, leal a la confidencialidad. Sin embargo, en el mismo instante en que pronuncio la frase comprendo que también es verdad.

—¿Pensará en mí? —me preguntaba Julie a menudo antes de someterse a cada una de las cirugías, y yo siempre le respondía que sí. La seguridad la tranquilizaba, la ayudaba a permanecer centrada en medio de la ansiedad que suponía afrontar el bisturí.

Más tarde, cuando quedó claro que Julie iba a morir, la pregunta adquirió otro sentido: *¿permanecerá viva una parte de mí en usted?*

Poco antes de marcharse, Julie le confesó a Matt que se sentía fatal por dejarlo y, al día siguiente, Matt le envió una nota con unos versos del musical *El jardín secreto*. En ellos, el fantasma de la amada esposa le pregunta al doliente marido si podrá perdonarla, si la llevará en el corazón y «encontrarás una manera nueva de amarme, ahora que estamos separados». Matt había escrito: *sí*. Añadió que no creía que las personas desaparezcan; tenemos una parte eterna, que sobrevive.

El día del funeral, de vuelta al coche, oí la pregunta de Julie: ¿pensará en mí?

Después de tantos años, todavía lo hago.

La recuerdo sobre todo en los silencios.

56

La clave de la felicidad

—Sinceramente, no se reprima. ¿Piensa que soy un gilipollas? —me pregunta John a la vez que se sienta con el almuerzo entre las manos. Ha traído a su perrita, Rosie, a la sesión de hoy —la «danny» se ha puesto enferma y Margo está de viaje— y se la sienta en el regazo, donde olisquea los recipientes de comida para llevar. Ahora John posa los ojos en mí, al igual que Rosie sus ojillos negros, como si ambos aguardasen mi respuesta.

Su pregunta me ha pillado desprevenida. Si respondo afirmativamente, John podría sentirse herido y lastimarlo es lo último que deseo. Si le digo que no, podría estar consintiendo algunas de sus tonterías en lugar de ayudarle a tomar conciencia de ellas. Tampoco me gustaría convertirme en su comparsa. Podría devolverle la pregunta. *¿Piensa usted que es un gilipollas?* Pero me interesa más otra cosa. ¿Por qué me lo pregunta? ¿Y por qué ahora?

John se desprende de sus zapatillas de lona, pero en lugar de cruzarse de piernas en el sofá, se inclina hacia delante con los codos en las rodillas. Rosie salta, se acomoda en el suelo y mira a su dueño. Él le alarga un premio.

—Aquí tienes, princesita —canturrea, y luego me devuelve la vista—. No se lo va a creer, pero le hice, ejem, un comentario

546

desafortunado a Margo unas noches atrás. Me dijo que su psicólogo le había sugerido que hiciéramos terapia de pareja y yo le solté que le preguntaría a usted, porque no confiaba en el criterio del idiota de su terapeuta. En el momento en que la frase salió de mis labios supe que tenía que haberme mordido la lengua, pero era demasiado tarde y Margo me saltó a la yugular. *¿El idiota de mi terapeuta?*, se indignó. *¿El mío?* Dijo que si mi psicóloga no se da cuenta de lo gilipollas que soy, entonces soy yo el que hace terapia con una idiota. Yo me disculpé por llamar idiota a su terapeuta, ella se disculpó por llamarme gilipollas y los dos estallamos en carcajadas, y ni recuerdo la última vez que nos reímos tanto juntos. No podíamos parar y las niñas entraron y nos miraron como si fuéramos un par de chiflados. «¿De qué os reís?», preguntaban una y otra vez, pero no podíamos explicárselo. No creo que ni siquiera nosotros lo supiéramos.

»Entonces las niñas se unieron a las carcajadas y todos nos partíamos de risa por el hecho de que no podíamos parar de reír. Ruby se tiró al suelo y empezó a rodar de un lado a otro, Gracie la imitó y entonces Margo y yo nos miramos y nos tiramos al suelo también. Allí estábamos los cuatro, dando vueltas por el suelo del dormitorio y soltando carcajadas. En ese momento, Rosie llegó corriendo para averiguar a qué venía tanto jaleo y cuando nos vio a todos retorciéndonos por el piso se quedó paralizada en el umbral. Nos miraba sacudiendo la cabeza, en plan: los humanos están pirados. Y se largó pitando. Entonces nos desternillamos de la reacción de Rosie y yo estaba rodando por el suelo con mi mujer y mis hijas, el perro ladrando en la habitación contigua. Observaba la escena, casi desde fuera, como si la estuviera mirando y viviendo al mismo tiempo y pensé: *Adoro a mi familia, joder.*

Se deleita en el pensamiento un instante antes de proseguir.

—Hacía mucho tiempo que no era tan feliz —constata—. ¿Y sabe qué? Margo y yo pasamos una noche muy agradable después de eso. Así que parte de la tensión que suele haber entre los dos se esfumó. —John sonríe ante el recuerdo—. Pero entonces —continúa— no sé lo que pasó. Estaba durmiendo mucho mejor, pero esa noche me quedé horas despierto dándole vueltas al comentario de Margo de que soy un gilipollas. No me lo podía quitar de la cabeza. Porque sé que usted no me considera un gilipollas. O sea, es obvio que le caigo bien. Así que pensé: *Espera, ¿y si Margo tiene razón?* ¿Y si soy un gilipollas y usted no se da cuenta? En ese caso, usted sería realmente una terapeuta idiota. Así pues, ¿cuál es la respuesta? ¿Soy un gilipollas o usted es idiota?

Menuda trampa, me digo. *O bien lo insulto a él o bien me insulto a mí misma.* Pienso en Julie y en la frase que sus amigos escribieron en el anuario: *no elijo ninguna.*

—Puede que exista una tercera posibilidad —sugiero.

—Quiero saber la verdad —insiste John, terco. Un supervisor me comentó una vez que a menudo, en terapia, el cambio se produce «gradualmente y luego de súbito». Ese podría ser el caso de John. Supongo que, mientras daba vueltas sin poder pegar ojo, el castillo de naipes que ha construido para sostenerse, según el cual todo el mundo es idiota menos él, se ha derrumbado y ahora tan solo le queda el estropicio: *Soy un gilipollas. No soy mejor que nadie, ni especial. Mi madre estaba equivocada.*

Pero eso tampoco es cierto. Se trata sencillamente del desplome de las defensas narcisistas en forma de hipercorrección. Hasta ahora, John creía «yo soy bueno y tú eres malo», pero le ha dado la vuelta a la tortilla: «tú eres bueno y yo soy malo». En ninguno de los dos casos tiene razón.

—La realidad, tal como yo la veo —le digo con sinceridad— es que ni yo soy una idiota ni usted un gilipollas aunque de vez en cuando, para protegerse, se comporte como tal.

Observo a John esperando su reacción. Inspira y parece a punto de decir algo insultante, pero decide no hacerlo. Guarda silencio un ratito, mirando a Rosie, que se ha dormido.

—Sí —admite—. Me comporto como un gilipollas. —Sonríe y añade—: A veces.

Hace poco, John y yo hablamos de la belleza de la locución *a veces* y cómo nos iguala a todos, nos desplaza a una cómoda zona intermedia en lugar de dejarnos colgando a uno u otro extremo del espectro, aferrados por la punta de los dedos. Nos ayuda a escapar de la tiranía que conlleva el pensamiento en blanco y negro. John me relató que, cuando estaba luchando por sacar adelante su matrimonio y su carrera profesional, se decía que llegaría un momento en que volvería a ser feliz, pero entonces Gabe murió y pensó que ya nunca conocería la felicidad. Ahora, dice, tiene la sensación de que la vida no funciona en términos de esto o lo otro, sí o no, siempre o nunca.

—Puede que «a veces» sea la clave de la felicidad —observa, y se retrepa en el sofá. La idea lo reconforta—. Supongo que no nos hará ningún daño probar con el terapeuta ese de pareja —añade John, en referencia al profesional que, por lo visto, Wendell les ha sugerido.

Margo y John hicieron unas cuantas sesiones de terapia en pareja tras la muerte de Gabe, pero estaban tan furiosos y avergonzados —un estado que les llevaba a culpar al otro o a sí mismos, alternativamente— que ni siquiera cuando el terapeuta mencionó el informe de la policía sobre el papel del conductor borracho mostró John el menor interés en lo que llamó «inútiles análisis post mortem». Si Margo quería hacer terapia, le parecía muy bien, pero él no veía motivos para prolongar esa agonía semanal.

Ahora, explica, está dispuesto a darle una oportunidad a la idea de acudir a terapia con su mujer porque ha perdido tanto —a su madre, a su hijo, puede que a sí mismo— que quiere luchar por conservar a Margo, antes de que sea demasiado tarde.

Desde esa mentalidad, Margo y John han empezado a hablar de Gabe —con tiento, con delicadeza— pero también de muchas otras cosas. Están descubriendo quiénes son en este momento de sus vidas y qué significa evolucionar. Y sea cual sea el resultado, razona John, es posible que un tratamiento conjunto los pueda ayudar.

—Pero si el tío es un idiota... —empieza John, y yo le paro los pies.

—Si le asalta esa sensación —le digo—, lo animaré a continuar hasta que tenga más información. Si el terapeuta sabe lo que hace, el proceso podría incomodarlo y hablaremos aquí de su incomodidad. La analizaremos juntos antes de que tome una decisión.

Me acuerdo de la época en que yo dudaba de Wendell y proyectaba en él mi malestar. Me pregunté si estaba pirado la primera vez que hablamos de mi dolor. Recuerdo haberlo encontrado un tanto cursi en ocasiones y haber dudado de su competencia a menudo.

Es posible que todos necesitemos dudar, despotricar y cuestionar antes de dar el salto al vacío.

John me relata que la otra noche, cuando no podía dormir, empezó a pensar en su infancia. Siempre quiso ser médico, me confiesa, desde niño, pero su familia no tenía suficiente dinero para enviarlo a una escuela de Medicina.

—No tenía ni idea —observo—. ¿Qué clase de médico?

John me mira como si la respuesta fuera evidente.

—Psiquiatra —responde.

¡John, psiquiatra! Me lo imagino visitando a los pacientes. *¿Que su suegra dijo qué? ¡Menuda idiota!*

—¿Por qué psiquiatra?

John pone los ojos en blanco.

—Porque era un niño y mi madre había muerto, obviamente, y yo quería salvarla o a mí mismo o yo qué sé —se interrumpe—. Por eso y porque era demasiado vago para hacerme cirujano.

Me fascina su capacidad de introspección, aunque haya ocultado su vulnerabilidad con una broma.

Sea como sea, prosigue, se preinscribió en la facultad de Medicina con la esperanza de que le concedieran una ayuda financiera sustanciosa. Sabía que se graduaría endeudado hasta las cejas, pero supuso que el sueldo de médico daría de sí como para pagar los créditos. Cursó biología en los años comunes con una media aceptable, pero como tenía que trabajar veinte horas a la semana para pagar la matrícula, sus notas no fueron tan buenas como deberían. Desde luego, no tan buenas como las de otros alumnos que aspiraban a cursar los estudios de Medicina, las fieras que pasaban noches en vela y competían por las mejores calificaciones.

A pesar de todo, varias escuelas de Medicina lo entrevistaron. En todas las ocasiones el entrevistador le hacía un cumplido ambiguo sobre el magnífico ensayo que acompañaba a su solicitud y luego intentaba reencauzar sus aspiraciones, habida cuenta de su media, correcta pero no excepcional. ¡Deberías hacerte escritor!, le dijeron más de una vez, en broma pero muy en serio. John estaba furioso. ¿Acaso no habían leído en su solicitud que había tenido que trabajar mientras cursaba el programa previo? ¿No demostraba eso su dedicación? ¿Su ética laboral? ¿Su constancia? ¿No se daban cuenta de que un puñado de notables y un maldito aprobado bajo no reflejaban sus aptitudes sino el hecho de que nunca tenía tiempo para estudiar y mucho menos quedarse después de clase si se alargaban las prácticas en el laboratorio?

Al final, John fue admitido en una facultad, pero el crédito que le concedieron no le alcanzaban para vivir. Y como sabía que no podría trabajar mientras estudiaba Medicina como había hecho hasta entonces, rehusó la oferta y se plantó delante de la tele, presa del desaliento. Su padre, profesor como su difunta madre, sugirió que John diera clases de ciencias, pero él no podía quitarse de la cabeza el viejo dicho: «El que no vale, a la docencia». John valía; podía sacarse la carrera de Medicina, lo sabía, únicamente necesitaba el dinero. Y entonces, mientras rumiaba sus deprimentes apuros sentado frente al televisor, tuvo una idea.

Pensó: *Oye, yo puedo escribir estas chorradas.*

Fue dicho y hecho. John compró un libro sobre redacción de guiones, inventó un episodio, se lo envió a un agente cuyo nombre encontró en un directorio y, al poco, lo contrataron como guionista de una serie. El programa, dice, era una «completa basura», pero tenía pensado escribir durante tres años, reunir una buena suma y volver a solicitar plaza en la escuela de Medicina. Un año más tarde, sin embargo, lo contrataron para trabajar en una serie de éxito. Y para cuando había ganado el dinero que le permitía costearse los estudios, John tenía un premio Emmy expuesto en su pequeño estudio. Decidió no volver a probar suerte. ¿Y si esta vez lo rechazaban en todas partes? Además, quería ganar una pasta —esas cantidades absurdas que se pueden conseguir en Hollywood— para que sus futuros hijos no se enfrentaran a esa clase de problemas. Ahora, reconoce, es tan rico que sus hijas podrían estudiar la carrera de Medicina varias veces.

John estira los brazos, cambia las piernas de postura. Rosie abre los ojos, suspira, vuelve a cerrarlos. Prosigue contando que recuerda haber estado en el escenario al recibir el premio y haber pensado: *¡Ja! ¡Ahí tenéis, estúpidos! ¡Ya podéis coger vuestras cartas de rechazo y metéroslas donde os quepan! ¡Tengo un maldito Emmy!*

Cada año, cuando la serie acumulaba un premio tras otro, John experimentaba una satisfacción perversa. Ahí estaba, con un despacho repleto de Emmys, una cuenta bancaria a reventar, una carpeta llena de planes de pensiones. Recordaba a toda esa gente que no lo había juzgado válido y pensaba: *Esto no me lo podréis quitar.*

«Ellos», los mismos que le arrebataron a su madre, pienso.

—¿Quiénes son «ellos»? —le pregunto a John.

—Los puñeteros entrevistadores de las escuelas de Medicina —replica. Está claro que la venganza impulsó su éxito tanto como la pasión. Y me pregunto quiénes son «ellos» para él ahora mismo. Casi todos tenemos nuestros propios «ellos» entre el público, aunque nadie nos esté mirando en realidad. A las personas que sí nos miran —a las que de verdad nos ven— les trae sin cuidado nuestro falso yo y la imagen que vendemos. ¿Quiénes son esos otros, en el caso de John?

—Oh, venga ya —resopla—. A todo el mundo le importa la imagen que da.

—¿Cree que a mí me importa su imagen?

John suspira.

—Usted es mi psicóloga.

Me encojo de hombros.

—¿Y?

Se relaja en el sofá.

—El otro día, cuando estaba rodando por el suelo con mi familia —empieza— me asaltó una idea extraña. Pensé que ojalá usted pudiera vernos. Quería que presenciase ese momento porque me sentía tan distinto a la persona que usted conoce... Porque aquí, ya sabe, todo va de malos rollos. Pero hoy, mientras venía, he pensado: *Puede que sí conozca a mi otro yo.* Tal vez usted tenga, no sé, una especie de sexto sentido para intuir a las personas. Porque (y no estoy seguro de que sus irritantes preguntas o esos silencios sádicos a los que me somete sean la razón) tengo la sensación de que usted me capta, ¿sabe? Y no quiero que se le suba a la cabeza ni nada, pero he pensado que usted tiene una imagen más completa de mi humanidad al completo que nadie más en el mundo.

Estoy tan emocionada que no puedo hablar. Quiero decirle a John hasta qué punto sus palabras me conmueven, no solo sus sentimientos sino también su disposición a compartirlos conmigo. Quiero decirle que nunca olvidaré este momento, pero antes de que recupere la voz, John exclama:

—Oh, por el amor de Dios, no me llore otra vez, joder.

Se me escapa la risa y también a John. Y entonces le digo lo que no he podido decirle hace un momento. Ahora a él se le saltan las lágrimas. Recuerdo una sesión anterior, cuando me contó que Margo siempre llora y yo le planteé la idea de que quizás estaba haciendo doble trabajo, llorando por los dos. Tal vez debería dejar que Margo llore, sugería, y quizás usted debería aceptar sus propias lágrimas también. John todavía no está listo para que Margo lo vea llorar. Pero visto lo que acaba de mostrarme, tengo muchas esperanzas en la terapia de pareja.

John se señala las lágrimas.

—¿Lo ve? —dice—. Mi maldita condición humana.

—Es magnífica —respondo.

No llegaremos a abrir la bolsa del almuerzo. Ya no necesitamos que la comida se interponga entre los dos.

Unas semanas más tarde, sentada en el sofá de casa, berreo como un bebé. Estoy mirando la serie de John, y el personaje sociópata que se ha ido humaizando poco a poco, está hablando con su hermano, un personaje cuya existencia desconocíamos hasta hace un par de episodios. El sociópata y su hermano, por lo visto, habían perdido el contacto y nosotros, los espectadores, estamos descubriendo a través de un flashback el motivo de la ruptura: el hermano culpa al sociópata de la muerte del hijo de este.

Es una escena desgarradora y me hace pensar en el sueño infantil de John de convertirse en psiquiatra y cómo su capacidad de plasmar un dolor exquisito lo convierte en un escritor tan potente. ¿Procede su don de la angustia que le provocó la pérdida de su madre y luego la de Gabe? ¿O se trata del legado del amor que compartió con ellos mientras estaban vivos?

Ganancia y pérdida. Pérdida y ganancia. ¿Cuál antecede a la otra?

En la siguiente sesión, John me contará que vio este episodio con Margo y luego hablaron de él con el terapeuta de pareja que, de momento, «no parece particularmente idiota». Me relatará que, cuando el episodio empezó, Margo y él estaban sentados en extremos opuestos del sofá pero, al llegar el flashback, no sabe por qué, si fue por instinto, por amor o ambos, sintió el impulso de levantarse y acomodarse junto a su esposa, para que sus rodillas estuvieran en contacto, y enredó las piernas con las de ella mientras ambos veían la escena llorando. Y mientras me lo cuente, recordaré que me senté muy lejos de Wendell aquel primer día y cuánto tardé en sentirme tan cómoda como para aproximarme a él. John me confesará en la sesión que yo tenía razón, estuvo bien llorar con Margo y en lugar de ahogarse en un mar de lágrimas el llanto los llevó a la orilla sanos y salvos.

Cuando lo diga, yo me imaginaré a mí misma, a John, a Margo y a miles de espectadores de todo el mundo tendidos en el sofá, con el corazón abierto de par en par por sus palabras. Quién iba a decir que John, de todas las personas del mundo, nos iba a enseñar hasta qué punto resulta reconfortante llorar.

57

Wendell

—Le he llamado Wendell —le digo a mi terapeuta, cuyo verdadero nombre, debo confesar, no es Wendell. Acabo de darle una noticia: estoy escribiendo otra vez, una especie de libro y él —mi terapeuta, ahora llamado Wendell— tiene un papel importante en la historia.

No lo planeé, le explico. Hace una semana, corrí a mi escritorio como atraída por una fuerza gravitacional, conecté el portátil, abrí un documento en blanco y pasé horas escribiendo, como si una presa hubiera estallado en mi interior. Me sentí yo misma de nuevo pero distinta —más libre, más relajada, más viva— y experimenté lo que el psicólogo Mihaly Csikszentmihalyi llama «fluir». Solo cuando empecé a bostezar despegué la vista de la pantalla, miré la hora y me acosté. Estaba cansada, pero tenía las pilas cargadas, lista para desconectar tras mi estado de alerta.

Me levanté al día siguiente descansada y esa noche la misma fuerza misteriosa me arrastró al ordenador. Medité sobre los planes de John de convertirse en psiquiatra. Para muchos, sumirse en las profundidades de sus pensamientos y sentimientos se parece a internarse en un callejón oscuro; no quieren entrar a solas. Las personas vienen a terapia para que alguien las acompañe allí dentro y los espectadores miran la serie de John por la misma razón: los ayuda a sentirse menos solos, les permite contemplar en la pantalla un reflejo de sí mismos según tratan de orientarse en la vida. Es posible que, a su modo, John haga las funciones de un psiquiatra y tal vez el valor que ha demostrado al escribir sobre su pérdida me haya inspirado a mí a contar la mía.

Me he pasado toda la semana escribiendo sobre mi ruptura, mi terapia, la mortalidad, el miedo a responsabilizarnos de nuestras vidas y la necesidad de hacerlo para sanar. He escrito sobre historias pasadas y falsas narrativas y cómo el pasado y el futuro se cuelan en el presente, en ocasiones hasta eclipsarlo por completo. He hablado sobre retener y soltar, sobre lo difícil que es rodear esos barrotes aun cuando la libertad no solo esté a un paso sino literalmente dentro, en nuestra mente. He contado que sean cuales sean las circunstancias externas, podemos elegir qué hacer con la vida que tenemos y que, a pesar de nuestros errores, de lo que perdimos, de la edad que tengamos, como dijo Rita, esto no acabará hasta que termine. He escrito que a menudo tenemos la llave de una vida mejor pero necesitamos que alguien nos muestre dónde demonios la dejamos. Y que, en mi caso, esa persona es Wendell y, para otros, a veces esa persona soy yo.

—Wendell —dice él, probándose el nombre para ver cómo le queda.

—Porque vengo los jueves —digo—. He pensado titularlo Jueves con Wendell. La aliteración suena bien, ¿verdad? Pero es demasiado personal para publicarlo. Lo redacto para mí. Me sienta de maravilla estar escribiendo otra vez.

—Tiene sentido —asiente, en referencia a nuestras conversaciones anteriores. Es cierto; no podía confeccionar un libro sobre la felicidad porque no era eso lo que estaba buscando.

Buscaba *sentido*, del cual se derivan la plenitud y, sí, la felicidad de vez en cuando. Y pasé tanto tiempo sin ser capaz de cancelar el contrato del libro porque, si lo hacía, tendría que renunciar a mi muleta —la letanía de «debería haber escrito el manual sobre parentalidad»— que me libraba de analizar todo lo demás. Aun después de romper el contrato, a lo largo de semanas, me aferré a la fantasía de que mi vida habría sido infinitamente más fácil de haber redactado la obra original. Igual que Rita, me resistía a otorgar luz y espacio a mi victoria. Dedicaba más tiempo a pensar en los errores cometidos que en mi recién conquistada libertad.

Sin embargo, yo también he conseguido una segunda oportunidad. Wendell señaló una vez que hablamos más con nosotros mismos que con ninguna otra persona en el transcurso de la vida, pero nuestras palabras no siempre son amables, sinceras ni útiles; ni siquiera respetuosas. Casi nada de lo que nos decimos se lo diríamos a una persona a la que amamos o cuidamos, como los amigos o un niño. En terapia, aprendemos a prestar mucha atención a esas voces internas para encontrar una manera mejor de comunicarnos con nosotros mismos.

Así que hoy, cuando Wendell dice «tiene sentido» sé que también se refiere a nosotros, al tiempo que hemos pasado juntos. Las personas acuden a terapia en busca de una explicación —por qué Novio me dejó, por ejemplo, o por qué están deprimidas— pero lo que hacen en realidad es vivir una experiencia, algo único que se crea entre dos personas a lo largo del tiempo, semana a semana. Era el sentido de esa experiencia lo que me había permitido por fin hallar significado de otras maneras.

Pasarán meses antes de que empiece a acariciar la idea de convertir esas sesiones de escritura tardías en un libro de verdad, antes de que decida usar mi vivencia para ayudar a los demás a dar sentido a sus existencias, también. Y una vez que reúna el valor para exponerme hasta ese punto, mi trabajo se convertirá en esto: el libro que estás leyendo ahora mismo.

—Wendell —repite, dejando que el nombre se asiente—. Me gusta.

Pero queda una historia más que contar.

—Estoy lista para bailar —le dije a Wendell unas semanas atrás, una declaración que no solo me pilló a mí por sorpresa, también a él. Había estado pensando en la respuesta de Wendell, meses atrás, cuando le conté que mi cuerpo me había traicionado cuando quise bailar en una boda, que mi pie había perdido las fuerzas. Se ofreció a acompañarme en la danza para demostrarme que podía pedir ayuda y correr un riesgo y, al hacerlo, comprendí más tarde, él se había arriesgado también. Los terapeutas se aventuran constantemente por sus pacientes al tomar decisiones en milésimas de segundos bajo la suposición de que esos lances les van a sentar bien. La terapia no tiene recetas y en ocasiones la única manera de sacar a los pacientes del estancamiento es hacer una apuesta en sesión, abandonar la propia zona de comodidad para enseñar a través del ejemplo.

—O sea, si la oferta sigue en pie —añadí.

Wendell me miró. Yo sonreí. Habíamos intercambiado los papeles.

—Sigue en pie —asintió, tras la menor de las vacilaciones—. ¿Qué le gustaría bailar?

—¿Qué le parece *Let it be*? —propuse. Llevaba unos días tocando la melodía de los Beatles al piano y me vino a la cabeza antes de percatarme de que no es exactamente una canción bailable. Pensé en proponerle algo de Prince o Beyoncé, pero Wendell ya se había levantado. Rescató el iPhone de un cajón del escritorio y, un momento después, los icónicos acordes que abren la canción llenaron el gabinete. Me levanté, pero me arrepentí al momento y recurrí a las palabras para distraer a Wendell, diciéndole que deberíamos buscar algo más marchoso y bailable, algo como...

En ese momento el estribillo de la canción irrumpió —*let it be, let it be, let it be, let it be*— y Wendell procedió a darlo todo como un adolescente en un concierto de heavy-metal, todavía más exagerado si cabe para acentuar el efecto cómico. Yo lo miré boquiabierta. Allí estaba mi formal terapeuta, haciendo *air guitar* nada menos.

La canción entró en el sosiego de la segunda estrofa, que habla de las personas que han perdido la esperanza, pero Wendell seguía bailando en plan rockero, como diciendo: *¡Al cuerno Prince y Beyoncé! La vida no tiene por qué ser perfecta.* Miré su larguirucha figura bailoteando por el despacho, con el bonito jardín al otro lado de las ventanas, e intenté salir de mi cabeza y bueno, dejarme llevar. Me acordé de mi estilista, Cory. ¿Sería yo capaz de «vivir la vida, sin más»?

El estribillo volvió a empezar y, de sopetón, empecé a marcarme un baile en mitad del despacho, al principio riendo con timidez, luego girando con dejadez mientras Wendell enloquecía todavía más si cabe. Saltaba a la vista que sabía bailar, o quizás su desenvoltura tuviera menos que ver con clases y más con su conciencia de sí mismo. No hacía nada especial; sencillamente parecía a gusto en su propia piel. Y tenía razón: a pesar de mis problemas con el pie, tenía que salir a la pista de baile.

Ahora bailábamos y cantábamos juntos —acerca de la luz que brilla en la noche nublada—, desgranábamos un verso tras otro a voz en cuello, como si estuviéramos en un karaoke, mientras nos movíamos con pasión en la misma sala en la que yo me había roto en pedazos.

There will be an answer, let it be.

La música terminó antes de lo que yo esperaba, igual que nuestras sesiones más de una vez. Sin embargo, en lugar de sentir que necesitaba más tiempo, esta vez el final se me antojó casi satisfactorio.

No mucho tiempo atrás, le había dicho a Wendell que estaba empezando a acariciar la posibilidad de dejar la terapia. Habían cambiado tantas cosas en el transcurso de un año y no solo me sentía más capacitada para afrontar los desafíos e incertidumbres de la vida sino también más en paz conmigo misma. Wendell sonrió —una sonrisa nueva, que yo interpretaba como «cuánto me alegro por ti»— y me preguntó si debíamos hablar de terminación.

Titubeé. Todavía no.

Ahora, sin embargo, mientras Wendell devolvía el teléfono al cajón y se acomodaba de nuevo en el sofá, me pareció el momento adecuado. Hay un proverbio bíblico que viene a decir algo como «haremos y después entenderemos». A veces tienes que dar un salto de fe y experimentar algo antes de poder descifrar su significado. Una cosa es hablar de marcharse desde una mentalidad restrictiva. Otra muy distinta es abandonar tu actitud restrictiva. Al trasladar las palabras a la acción, con la libertad que había experimentado, sentí el deseo de llevar esa acción al exterior de la consulta, a mi vida.

Y, con eso, me declaré lista para fijar la fecha de la última sesión.

58

Una pausa en la conversación

Lo más extraño de la terapia es que está estructurada en torno a un final. Cuando empieza, ambos somos conscientes de que el tiempo que compartiremos está destinado a expirar y que el éxito implica que el paciente consiga sus objetivos y se marche. Dichas metas son distintas para cada cual y los terapeutas las comentan con las personas que acuden a ellos. ¿Experimentar menos ansiedad? ¿Disfrutar de unas relaciones más plácidas? ¿Ser más amable con uno mismo? El final depende del paciente.

En el mejor de los casos, la finalización llega de manera natural. Tal vez queden cosas por hacer, pero los avances son importantes, suficientes. El paciente se siente bien: más resiliente, más flexible, más capaz de sobrellevar la vida diaria. El terapeuta le ha ayudado a escuchar las preguntas de cuya formulación ni siquiera era consciente: *¿quién soy? ¿Qué quiero? ¿Qué puedo esperar?*

Ahora bien, sería de ingenuos negar que la terapia consiste igualmente en forjar unos vínculos profundos y luego despedirse.

En ocasiones el psicólogo llegará a saber cómo continuó el relato, si acaso el paciente regresa en un momento posterior de su historia. Otras veces se queda con la duda. ¿Le irán bien las cosas? ¿Habrá salido adelante Austin después de dejar a su esposa y salir del armario a los treinta y tantos? ¿Todavía vivirá el marido de Janet, enfermo de Alzheimer? ¿Seguirá casada Stephanie? Hay tantas narraciones inconclusas, tantas personas en las que pienso y a las que nunca volveré a ver.

«¿Se acordará de mí», me preguntaba Julie, pero la pregunta no se limita a su situación.

Y hoy toca despedirse de Wendell. Llevamos semanas hablando de este momento, pero ahora que ha llegado no sé cómo darle las gracias. Durante el internado, me enseñaron que, cuando los pacientes nos dan las gracias, ayuda recordarles que ellos llevaron a cabo el trabajo más complicado.

El mérito es todo suyo, les decimos. *Yo me he limitado a acompañarle.* El hecho de que levanten el teléfono para llamarte y luego trabajen sus dificultades una semana tras otra es algo que nadie puede hacer por ellos.

Ahora bien, también nos enseñan algo más que una no llega a entender hasta que no lleva miles de sesiones a las espaldas: no hay evolución sin conexión con los demás. Todo el mundo necesita oír a otra persona diciendo: *Creo en ti. Veo las posibilidades que tú todavía no atisbas. Visualizo cambios en tu vida, que adoptarán una forma u otra.* En terapia decimos: vamos a mejorar tu historia.

Al principio, cuando acudí a terapia para hablar de Novio desde mi perspectiva de víctima inocente e injuriada en un caso claro de traición, Wendell dijo: «Usted quiere que le dé la razón». Yo negué esa pretensión (¡aunque era lo que buscaba!); tan solo deseaba que mostrara sensibilidad hacia el estupor paralizante que estaba experimentando y luego procedí a explicarle cómo debía hacerlo, al detalle. Ante eso, me dijo que estaba intentando «controlar el proceso» y que mi tendencia a forzar las situaciones para que se ajustaran a mis deseos tal vez hubiera influido en mi incapacidad para ver venir el asunto de Novio. Wendell no quería hacer terapia al dictado. Novio no quería vivir en un entorno restrictivo, tal como yo deseaba. Novio intentó adaptarse hasta que ya no pudo más. Wendell no pensaba perder el tiempo de ese modo, me explicó; no quería tener que decirme, dentro de dos años, igual que mi novio: *Lo siento, no puedo hacerlo.*

Recuerdo hasta qué punto odié y amé a Wendell por hablarme con tanta crudeza. La sensación se parece a la que puedas experimentar cuando alguien te dice a la cara que tienes un problema y tú te pones a la defensiva pero también sientes alivio de que alguien llame a las cosas por su nombre. En eso consiste el trabajo de precisión que llevan a cabo los psicoterapeutas. Wendell y yo trabajamos mi dolor pero también mi cárcel interna. Y lo hicimos juntos; el mérito no fue solo mío. La terapia únicamente funciona mediante un esfuerzo compartido.

Nadie la va a rescatar, me dijo Wendell. Y no me rescató, pero me ayudó a rescatarme a mí misma.

Así pues, cuando le expreso mi gratitud a Wendell, él no desdeña el cumplido con una frase trillada de falsa modestia. Responde:

—Ha sido un placer.

Hace poco, John me comentó que, cuando una serie es buena, los espectadores tienen la sensación de que el espacio entre un episodio semanal y otro es una pausa en la historia. De manera parecida, observó, me había dado cuenta de que cada una de nuestras sesiones no eran conversaciones aisladas sino una misma que se iba desplegando, y que el lapso transcurrido entre una y otra se asemejaba más a una pausa que a un periodo. Comparto la idea con Wendell según los minutos de nuestra última sesión llegan a su fin.

—Vamos a considerarlo una pausa en la conversación —le digo—. Como las que hacemos cada semana, pero más larga.

Le digo que tal vez vuelva algún día, porque es verdad. La gente se marcha y regresa en distintos momentos de su vida. Y cuando lo hacen, el terapeuta sigue ahí, sentado en la misma butaca, sosteniendo la historia compartida.

—Podemos considerarlo una pausa —responde Wendell, antes de añadir las palabras que más cuesta pronunciar—: Aunque no volvamos a vernos.

Sonrío. Entiendo perfectamente a qué se refiere. Los vínculos no se cortan, aunque nunca más veas al otro. En las relaciones más próximas, la persona sigue viviendo dentro de ti, en alguna parte. Tus antiguos amores, tus padres, tus amigos, las personas vivas y muertas (literal o simbólicamente); todos ellos están en tu memoria, seas consciente o no. A menudo influyen en tu manera de comportarte contigo mismo y con los demás. De vez en cuando mantienes conversaciones mentales con ellos; en ocasiones te hablan en sueños.

Durante las semanas previas a la despedida, soñé varias veces con mi marcha. En uno de esos sueños, veía a Wendell en un congreso. Estaba hablando con alguien que yo no conocía y no sabía si me había visto. Percibía una inmensa distancia entre nosotros y todo aquello que habíamos vivido juntos. Y entonces sucedía: se daba la vuelta. Él asentía. Yo hacía lo propio. Esbozaba un amago de sonrisa que solo yo podía ver.

En otro sueño, iba a visitar a una amiga en su consulta (no tengo claro quién era) y, al salir del ascensor en su planta, veía a Wendell abandonando el gabinete. Yo me preguntaba si había acudido a un grupo de supervisión con varios colegas. O si acababa de salir de su propia sesión de terapia. Estaba fascinada: ¡Wendell haciendo terapia! ¿Trabajará el psicólogo de Wendell en este centro? ¿Será *mi amiga*? En cualquier caso, no parecía azorado. «Hola», me decía con cariño al salir. «Hola», respondía yo al entrar.

Me pregunto qué significan esos sueños. Siempre me avergüenza no saber interpretar lo que sueño, siendo psicóloga. Los comparto con Wendell. Él tampoco conoce su significado. Inventamos teorías, dos psicoterapeutas analizando las ensoñaciones de uno de ellos. Hablamos de cómo me sentí mientras soñaba. Hablamos de cómo me siento ahora: nerviosa y emocionada de pasar página. Hablamos de este momento. Qué duro es despedirse cuando se ha forjado un vínculo tan estrecho.

—Vale —le digo—. Una pausa.

Nos queda un minuto y yo intento absorber el momento, memorizarlo. Wendell con las piernas cruzadas, increíblemente largas, su estilosa camisa y el pantalón informal, los modernos zapatos de cordones que lleva hoy, sobre unos calcetines a cuadros. El rostro: atento, compasivo, presente. La barba, surcada de hebras grises. La mesa con los pañuelos, entre los dos. El armario, la estantería y el escritorio, que siempre alberga un portátil y nada más.

Wendell se propina las palmadas de costumbre en las rodillas, pero no pronuncia su habitual: «Nos vemos la semana que viene».

—Adiós —me despido.

—Adiós —responde y me tiende la mano para estrechar la mía.

Cuando la suelto, doy media vuelta y recorro la sala de espera, con las sillas de diseño, las fotos en blanco y negro y el zumbido de la máquina. Luego recorro el pasillo hacia la salida del edificio. Mientras camino hacia la puerta exterior, una mujer entra procedente de la calle. Lleva el móvil pegado a la oreja y empuja la puerta con la otra mano.

—Tengo que dejarte. ¿Te puedo llamar dentro de una hora? —le dice a su interlocutor. Yo me entretengo y la veo avanzar por el vestíbulo. Tal como pensaba, abre la puerta del gabinete de Wendell. ¿De qué hablarán? ¿Bailarán juntos?

Recuerdo nuestra última conversación y me pregunto cuánto durará la pausa.

En la calle, apuro el paso según me encamino a mi coche. Tengo pacientes que visitar, personas como yo, dispuestas a hacer lo posible por dejar atrás maneras de estar en el mundo que ya no nos sirven. El semáforo de la esquina está a punto de cambiar y corro para alcanzarlo, pero entonces noto una sensación cálida en la piel y me detengo en el bordillo. Levanto la cara hacia el sol, me empapo de su calor, me entretengo a mirar el mundo.

En realidad tengo tiempo de sobras.

AGRADECIMIENTOS

Tengo mis razones para preguntar, al principio de cada terapia, qué personas pueblan el entorno vital del paciente. Lo he dicho mil veces y no me cansaré de decirlo: evolucionamos a través de la conexión con los demás. Y resulta que este libro evolucionó del mismo modo. Mi más sincero agradecimiento a las personas siguientes:

En primer lugar y por encima de todo, a mis pacientes. Ellos son la razón de que me dedique a esto y la admiración que me inspiran es infinita. Cada semana se esfuerzan con más ahínco que los atletas olímpicos y considero un privilegio formar parte del proceso. Espero haber hecho justicia a sus historias y haber honrado sus vidas en estas páginas. Aprendo muchísimo de ellos.

Wendell, gracias por ver mi *Neshamá* cuando yo (y muy especialmente) todavía no podía verlo. Me quedo corta si digo que me siento increíblemente afortunada de haber ido a parar a tu consulta en el momento en que lo hice.

La terapia es muchas cosas, incluido un oficio que se perfecciona con los años, y yo he tenido la gran suerte de aprender de los mejores. Harold Young, Astrid Schwartz, Lorraine Rose, Lori Karny y Richard Dunn me ayudaron desde el principio.

Lori Grapes ha sido una sabia mentora además de una fan generosa, siempre dispuesta a ofrecerme una sugerencia rápida entre sesiones. Mi grupo de supervisión me ha proporcionado apoyo constante en el difícil trabajo de analizarme a mí misma así como a mis pacientes.

Gail Ross hizo posible esta empresa al ponerme en las capaces manos de Lauren Wein, un encuentro afortunado en muchos aspectos, uno de los cuales es el hecho de que, casualmente, su suegro trabaja como terapeuta, así que entendió a la perfección lo que intentaba hacer en estas páginas. Sus aportaciones sobre la marcha fueron la inspiración necesaria para que todo encajara y, en infinitos sentidos, ha guiado este proyecto con un entusiasmo con el que muchos escritores solo pueden soñar. Bruce Nichols y Ellen Archer me han brindado un aliento y una asistencia práctica maravillosos, y han apoyado y defendido este libro en cada paso del camino, literalmente. Pilar Garcia-Brown fue la hechicera entre bastidores; ojalá poseyera la mitad de capacidad y eficiencia que tiene ella para llevar las ideas a la práctica. Cuando llegó el momento de trabajar con el resto del equipo de HMH, no me podía creer que una sola editorial albergara tanto talento. Mi más inmensa gratitud a Lori Glazer, Maire Gorman, Taryn Roeder, Leila Meglio, Liz Anderson, Hannah Harlow, Lisa Glover, Debbie Engel y Loren Isenberg. Su talento y creatividad me maravillan. Martha Kennedy (gracias por el fantástico diseño de la portada original) y Arthur Mount (gracias por las ilustraciones de los despachos) le dieron al libro un aspecto precioso, por dentro y por fuera.

La doctora Tracy Roe no solo corrigió la obra y nos rescató a mí y a mis lectores de incontables desastres gramaticales. También descubrimos numerosas experiencias paralelas y sus ingeniosos comentarios al margen han convertido este proceso en una delicia (para mí; el laxo uso que hago de los pronombres pudo inducirla a salir corriendo de vuelta a sus pacientes de urgencias). Dara Kaye me ayudó a orientarme por el laberinto del papeleo internacional que han requerido las ediciones extranjeras y aquí, en Los Ángeles, la atención experta de las agentes Olivia Blaustein y Michelle Weiner han sido la guinda del pastel.

Cuando Scott Stossel me habló por primera vez de Alice Truax, usó la palabra «legendaria». Su claridad, consejo y sabiduría se han revelado, en efecto, legendarios. Veía conexiones entre mi vida y la de mis pacientes que ni siquiera yo había advertido; respondía emails a todas horas de la noche; y, como una buena terapeuta, formulaba preguntas perspicaces, me empujaba a ahondar y me animaba a revelarme más profundamente de lo que jamás creí posible. La presencia de Alice asoma, sencillamente, por todo el libro.

Cuando el primer borrador ocupaba nada menos que 600 páginas, un pequeño ejército de almas sinceras y generosas se ofreció a compartir sus observaciones. Cada uno de ellos mejoró el libro de un modo espectacular y, si estuviera en mi mano repartir buen karma, sería para ellos: Kelli Auerbach, Carolyn Carlson, Amanda Fortini, Sarah Hepola, David Hochman, Judith Newman, Brett Paesel, Kate Phillips, David Resin, Bethany Saltman, Kyle Smith y Miven Trageser.

Anat Baron, Amy Bloom, Taffy Brodesser-Akner, Meghan Daum, Rachel Kauder-Nalebuff, Barry Nalebuff, Peggy Orenstein, Faith Salie, Joel Stein y Heather Turgeon proporcionaron apoyo práctico y divertidas ideas para el título (*Hay polvo bajo el diván; En mi diván o en el tuyo*). Taffy también arrojó sus bombas de verdad cuando más las necesitaba. El perspicaz Jim Levine me animó en un momento clave y su ayuda ha sido inestimable. Emily Perl Kingsley me concedió su amable bendición cuando le pedí permiso para incluir su hermoso ensayo: «Bienvenidos a Holanda» en estas páginas. Carolyn Bronstein escuchó... y escuchó... y escuchó.

Cuando escribes un libro tardas un tiempo en conectar con los lectores, pero cuando redactas una columna semanal están ahí mismo, a tu lado. Muchísimas gracias a los lectores de «Querida terapeuta» y a Jeffrey Goldberg. Scott Stossel, Kate Julian, Adrienne LaFrance y Becca Rosen, de *Atlantic*, por darme la oportunidad y confiar en mi capacidad para mantener francas conversaciones con los valientes lectores que escriben buscando esa franqueza. Gracias a Joe Pinsker, un editor ideal allá donde los haya, por asegurarse de que lo que escribo tiene sentido y suena mucho mejor. Siempre es un placer trabajar con todos vosotros.

Un agradecimiento inmenso a toda mi familia. Wendell solamente me aguantaba un rato cada semana; vosotros me aguantáis todo el tiempo. Vuestro amor, apoyo y comprensión dan sentido a mi vida. Un agradecimiento muy especial al «chico diez», Zach, por aportar magia diaria a nuestras vidas y por tus útiles aportaciones a mi columna y al título del libro. No es fácil ser hijo de una psicóloga y no es fácil ser hijo de una escritora. Tú has tenido ración doble, ZJ, y lo has sobrellevado con asombrosa elegancia. Das sentido a la palabra *sentido* y, como siempre, te quiero «infinito elevado al infinito».

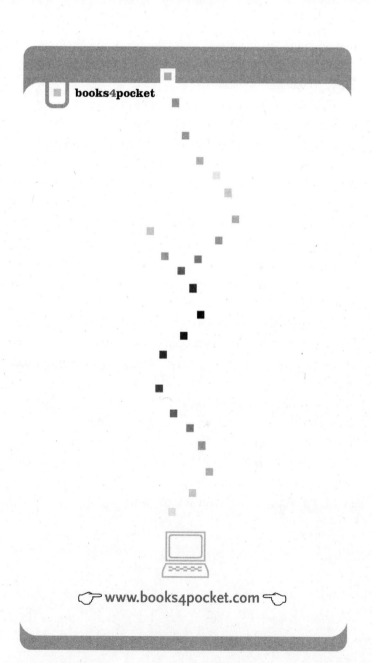

books4pocket

www.books4pocket.com